Les Idées Philosophiques Et Religieuses De Philon D'alexandrie... - Primary Source Edition

Émile Bréhier

5605

LES IDÉES

PHILOSOPHIQUES ET RELIGIEUSES

DE

PHILON D'ALEXANDRIE

LES IDÉES

PHILOSOPHIQUES ET RELIGIEUSES

DE

PHILON D'ALEXANDRIE

PAR

ÉMILE BRÉHIER

DOCTEUR ÈS LETTRES

PROFESSEUR AGRÉGÉ DE PHILOSOPHIE AU LYCÉE DE LAVAL

PARIS

LIBRAIRIE ALPHONSE PICARD & FILS

82, RUE BONAPARTE, 82

1908

INTRODUCTION

On a beaucoup écrit sur Philon, et le philonisme reste encore pour une grande part inexpliqué. Les œuvres de Philon ont eu dès le début de leur histoire une singulière destinée ; elles ont dû leur conservation, alors que tant d'autres ont péri, à l'usage constant qu'en ont fait les apologistes chrétiens. Les nombreux fragments que l'on en retrouve encore dans les Florilèges et les « Chaînes », les imitations poussées jusqu'à la servilité d'un saint Ambroise, enfin pour couronner le tout la légende propagée par Eusèbe qui fait de Philon un chrétien, sont la preuve du goût que témoignaient pour lui les premiers siècles chrétiens. Cependant ses idées et sa méthode ne jetaient pas de profondes racines dans le judaïsme : la colonie juive alexandrine reste après son époque presque ignorée, tandis qu'en Palestine, puis à Babylone, l'exégèse palestinienne se meut dans un cercle d'idées tout différent.

C'est pourquoi Philon a d'abord préoccupé les théologiens et les historiens qui cherchent les origines du christianisme. Que l'on ajoute le rapport indéniable de sa théorie du Logos avec celle du quatrième évangile, et l'on verra la signification historique du philonisme dans son rapport à la conception essentielle du christianisme de Jean, celle du Messie-Logos. Les recherches sur Philon se sont peut-être ressenties de ce rapprochement. Pendant tout le XVIII° siècle, et une moitié du XIX°, on s'est demandé si et jusqu'à quel point Philon était chrétien Malgré quelques excellents travaux, la critique oscille entre l'affirmation fantaisiste d'un Kirschbaum, qui voit entre Philon et le christianisme un lien si étroit qu'il fait des œuvres de Philon une invention apocryphe des chrétiens, et la thèse de Carpzov qui refuse de voir dans le logos philonien aucun trait du logos johannique.

Dans ces ingénieuses comparaisons, on perd ainsi de vue l'essentiel, qui est d'expliquer l'origine du philonisme par les

milieux intellectuels dans lesquels il s'est développé. La seconde
moitié du XIXᵉ siècle se marque, dans les études philoniennes,
par une recherche plus attentive de ce milieu. Ce sont en France
les ouvrages de Biet, de Bois, et d'Herriot, en Allemagne de
nombreuses études de détail sur les débris de la littérature
judéo-alexandrine, qui essayent de replacer Philon dans son
cadre historique. On cherche d'une part quels liens intellectuels
le rattachent encore à la Palestine (Frankel, Ritter, Siegfried),
et d'autre part quelle est la marque distinctive de son alexandrinisme.

Mais, soit par la pénurie des sources, soit pour toute autre
raison, Philon apparaît toujours dans le développement du
judaïsme alexandrin comme un isolé. Il est impossible de reconstituer une école juive alexandrine, dont les œuvres de Philon
nous feraient connaître les travaux et les aspirations. La philosophie de l'histoire de la Sagesse de Salomon ou de la Sibylle, le
syncrétisme évhémériste d'Artapan ou d'Eupolème nous font
connaître des directions d'esprit bien opposées à celle de Philon.
Il y a, comme l'a montré Friedländer[1], bien des partis différents
chez les juifs de la dispersion et le philonisme peut ne représenter qu'un parti assez restreint.

Mais peut-être faudra-t-il, pour mieux comprendre Philon,
étendre ses vues au delà de la colonie juive. Aussi bien a-t-on
vu depuis longtemps que le philonisme naît d'une fusion entre
l'esprit juif et l'esprit hellénique. Mais encore faut-il bien l'entendre. Il n'y a rien dans cette union d'artificiel et de voulu ;
Philon qui a reçu une éducation grecque, qui écrit des traités
philosophiques sans aucune intervention de la loi (comme le
de incorruptibilitate et le *de Providentia*), ne paraît jamais avoir
vu la moindre contradiction entre le génie hellénique et le
mosaïsme, et, nulle part, il n'éprouve le besoin de les concilier.
Il n'y a donc pas, chez lui, fusion de concepts opposés. Où
trouverait-on d'ailleurs une philosophie propre au judaïsme ?
L'entente paraît se faire moins sur la philosophie elle-même (que
Philon accepte tout entière) que sur certains concepts religieux
comme ceux du Logos et de la Sagesse. Des concepts de ce genre
ont, en partie du moins, une origine hellénique, mais ils ont
subi, à Alexandrie, une élaboration qui en renouvelle la signification. C'est par cette base commune que le philonisme va

1. *Der Antichrist*, pp. 90-106.

rejoindre l'hellénisme. La fusion s'accomplit moins dans la pensée claire d'un philosophe que dans les régions obscures de la religion populaire. Nous essayerons de montrer, par l'analyse des idées philosophiques et religieuses de Philon, que les œuvres du juif alexandrin nous révèlent une transformation profonde de la pensée grecque, qui s'est accomplie en grande partie en dehors du judaïsme.

L'activité intellectuelle de Philon s'exerce, comme l'on sait, pendant les quarante premières années de l'ère chrétienne ; c'est après la mort de Caligula en 41 qu'il écrit un ouvrage qui est probablement son dernier, l'*Ambassade à Caïus*. Nous ne parlerons pas ici de sa vie dont un seul événement d'ailleurs est bien connu : à plus de soixante ans, Philon fut choisi par ses coreligionnaires pour aller porter à Rome devant l'empereur Caligula les doléances des Juifs contre le gouverneur Flaccus.

Les belles études de Massebieau et de Cohn ont apporté la lumière dans un sujet préliminaire de la plus haute importance pour l'étude du philonisme, le classement des œuvres de Philon. Admettant la triple division en écrits purement philosophiques (*de incorruptib. mundi* ; *quod omnis probus liber* ; *de providentia* ; *de animalibus*), écrits d'explication du Pentateuque, et écrits missionnaires et apologétiques (*Vie de Moïse* ; *apologie des Juifs*, et Ὑποθετικά (ces deux derniers ne sont connus que par fragments), ils sont arrivés à préciser le classement du second groupe d'écrits qui est le plus important. On y distingue : 1º le *Commentaire allégorique* qui commence non par le *de opificio mundi*, mais par le premier livre des *Allégories* ; il était précédé d'un livre perdu, l'*Hexaméron*, qui portait sur la création des six jours ; il suit avec quelques interruptions qui proviennent sans doute de la perte des textes, l'ordre de la Genèse ; 2º l'*Exposition de la loi* qui commence par le *de opificio*, se continue par le *Traité sur Abraham* (il ne comprend pas la *Vie de Moïse* qui est intercalée dans les éditions entre le *de Josepho* et le *de Decalogo*) ; 3º Les *Questions sur la Genèse et sur l'Exode*.

Nous avons tenté de montrer, dans la *Revue de l'Histoire des Religions*, en nous appuyant sur les notes de M. Massebieau [1], que l'*Exposition de la Loi* est antérieure au *Commentaire*, et les *Questions* en partie antérieures et en partie contemporaines.

---

1. Nous saisissons ici l'occasion de remercier la famille de M. Massebieau, qui a mis gracieusement à notre disposition les notes et ébauches d'articles qu'il a laissés sur Philon, sans avoir pu malheureusement les publier.

Les questions d'authenticité sont compliquées pour quelques-uns des traités, mais non pas pour les principaux. On n'a guère attaqué, en effet, que des traités philosophiques sur l'*Incorruptibilité*, sur la *Liberté du Sage*, sur la *Providence* et le petit traité sur *La vie contemplative*. Il n'y a donc pas lieu de se poser dans l'introduction des questions sur l'authenticité qui seront mieux à leur place dans le cours de notre exposé [1].

1. Nous citerons, pour les traités parus dans l'édition Cohn-Wendland en renvoyant au paragraphe ; pour les autres en renvoyant au chapitre et à la pagination de Mangey (ou d'Aucher pour les *Questions*) qui est reproduite dans l'édition Holtze.

I. — MANUSCRITS ET EDITIONS

On trouve une histoire complète des manuscrits de Philon dans les prolégomènes de l'édition Cohn (Berlin, 1896, I-LXXXIX). Voyez aussi :

Fabricius, Bibliotheca gr., IV (743-746).

Mai, Nova bibliotheca patrum, VI, 6, p. 67.

Tischendorf, Philonea inedita (p. VII-XX).

Pitra, Analecta sacra. II, 314.

Ces manuscrits dérivent tous d'un modèle commun (Cohn, p. XXXVIII) et se rattache à un archétype de la bibliothèque de Pamphile, évêque de Césarée, mort en 307. Un des traités de Philon, le *de Posteritate Caini*, ne se trouve que dans un seul manuscrit (cod. *Vaticanus græcus*, 381 U).

Deux traités, *quis rerum divinarum heres* et *de Sacrificiis Abelis et Caini* ont été trouvés en outre en 1889 dans un papyrus du VI⁰ siècle (édités dans *Mém. publiés par les membres de la miss. archéol. française au Caire*, t IX. 2ᵉ fasc., Paris, 1893). D'après Cohn (p. XLII), ils ont la même source que les manuscrits de Césarée.

Une découverte plus importante fut celle de traductions arméniennes d'œuvres de Philon perdues en grec, connues seulement par quelques courts fragments de Procope. Les manuscrits découverts à Lemberg en 1791 sont traduits en latin par Aucher (2 vol. 1822-1826). Conybeare dans son édition du traité *de la Vie contemplative*, conservée en grec s'est servi d'une traduction arménienne de cette œuvre, pour combler une lacune (ch. IV, II 483 M.).

Les trois éditions principales avant celle de Wendland et Cohn, sont :

Edition Turnèbe, 1552 ;

Edition Hœschel, 1613, in-f° ; 2ᵉ éd. 1640 ;

Edition Th. Mangey, Londres, 1742, 2 vol. in-f°.

Il faut y ajouter la publication de deux traités inédits en grec *de festo Cophini* et *de colendis parentibus*, par Ang. Maio, Milan. 1818, in-4°, puis la traduction latine des manuscrits arméniens par Aucher (1ᵉʳ vol. : *I et II de Providentia* ; *de animalibus*, Venise, 1826 ; 2ᵉ vol. : *Quæstiones in*

Genesin : Quæstiones in Exodum ; de Sampsone ; de Jona, Venise, 1826).

Toutes ces œuvres se trouvent réunies, avec la pagination de Mangey, pour les œuvres grecques, d'Aucher et de Mai pour les autres, dans la seule édition complète jusqu'ici (Leipzig. Holtze, 8 vol., 1893, 1898, 1901).

L'édition Cohn qui est en cours de publication (*Philonis Alexandrini, opera quæ supersunt*, éd. Cohn et Wendland, in-8°, 1er vol., Berlin, 1896 (Cohn); 2e vol., 1897 (Wendland) ; 3e vol., 1898 (Wendland): 4e vol., 1902 (Cohn); aux mêmes dates, édition Minor, in-12, sans apparat critique) est bien supérieure, au point de vue critique, aux précédentes éditions : elle contient jusqu'ici la partie plus importante des œuvres de Philon, le *Commentaire allégorique* (I, II et III) et le début de l'*Exposition de la Loi*, avec la *Vie de Moïse* (voyez sur cette édition la discussion du *Philologus*, 1900, p. 256 et 521 et les années suivantes).

Passons aux éditions des traités séparés. Nous laisserons de côté les anciennes éditions antérieures à l'édition Mangey [1] pour arriver à des travaux plus récents et vraiment importants :

Neu entdeckte Fragmente Philos. von P. Wendland (Berlin, 1891), contient un fragment important du *de Animalibus sacrificiis idoneis*, du second livre perdu *sur l'Ivresse*, et des fragments des *Questions* tirées de Procope et Theodoret.

Quelques fragments ont été tirés des chroniques byzantines (Siméon Logothète, Léon le Grammairien, Julios Polydeukes) et publiés par Praechter (*Arch. f. Gesch. d. Philos.*, Bd. IX, 1896, p. 415), et identifiés à des passages des *questions*.

Une traduction latine anonyme d'une partie *des Questions sur la Genèse* (IV, 154-245), éditée à Bâle en 1538 (reproduite dans l'édition Holtze) peut servir de témoignage à la traduction d'Aucher [2].

L'édition du *de opificio mundi* de Cohn (Vratislaviæ, 1889, in-8°), reproduite dans l'édition complète ;

Le *de æternitate mundi*, par Cumont (Berlin, 1891), édition critique, qui a rendu bien plus facile l'interprétation de cette œuvre, en retrouvant l'ordre véritable des chapitres, troublé dans le manuscrit ;

Philo about contemplative life, éd. Conybeare. Oxford, 1895 (unique édition critique) ;

---

1. On en trouvera la liste dans Herriot. *Philon le Juif*.

2. Cette traduction, d'une concision et d'une obscurité parfois extrêmes, est mêlée de remarques critiques du traducteur; il rattache à Philon une opinion des Apollinaristes (§ 215), ce qui place la traduction vers la fin du ive siècle. Il est peu favorable à Philon (cf. surtout le § 2 de la partie non conservée dans l'arménien après le § 195, Auch., p 396). Il trouve dans son interprétation du puits une contradiction. Il le considère non pas comme un chrétien, mais comme un juif (ce qui prouve que la légende d'Eusèbe n'était pas universellement acceptée) qui, suivant la coutume des Juifs a corrompu le texte; cf. § 4 fin, § 10 d'autres remarques

Dans ses *Philonea inedita* (Leipzig, 1868), Tischendorf donne la première édition critique du *de Post. Caini.*

Voyons maintenant les fragments. Ils sont utiles tant pour faire connaître quelques œuvres perdues (comme les Ὑποθετικά) que pour vérifier l'authenticité du manuscrit d'Aucher. Ils sont tirés d'écrivains ecclésiastiques
comme Eusèbe et tous les auteurs de « chaînes » et de florilèges : Maxi-
min, Procope, Theodoret, Ant. Melissa, Leontius Ce fond a été utilisé
par :

Mangey, à la fin de son édition ;

Tischendorf. — *Philonea inedita,* Leipzig, 1868 [1] ;

Harris. — *Fragments of Philo Judæus,* Cambridge, 1886 (qui met en
regard les fragments grecs et la traduction d'Aucher) [2], et qui reproduit des
fragments de Tischendorf et de Pitra (Analecta sacra).

Une traduction française des œuvres de Philon manque. La traduction
de Bellier (*Œuvres de Philon le Juif, contenant l'interprétation de plusieurs
divins et sacrés mystères,* Paris, 1588, in-8°) ; 2ᵉ éd., 1612 ; 3ᵉ éd., 1619) ;
l'*Oraison de la vraye noblesse* (trad. Daniel d'Auge, 1855), *le livre de Philon
de la vie Contemplative* (trad. Montfaucon, Paris, 1709), ne suffisent plus.
Il faut y ajouter cependant la traduction du *Contre Flaccus* et de l'*Ambassade à Caïus* (trad. Delaunay, *Philon d'Alexandrie,* Paris, 1867 ; 2ᵉ éd.,
1870). On possède en outre une traduction anglaise de Yonge (*Philo J.
Works,* 4 vol. in-8°, 1854 1855), et en Allemagne. la *Chrestomathia philoniana* de Dahl (Hambourg, 1880, 2 vol.).

II. — BIBLIOGRAPHIE

1° MANUELS ET ÉTUDES GÉNÉRALES

Encyclopédies : *La Grande Encyclopédie* (Blum) ; *Schenkel, Bibel-
lexicon* (Lipsius) ; *Herzog, Realencyclopädie,* 1883 (Zœckler) ; 1885
(Müller), *Realencyclopädie für Bibel u. Talmud,* 1883 (Hamburger) ; *Dic-
tionnaire des sciences philosophiques* de Franck : Parthy's, *Realencyclopädie*
(Steinhart) : Cheyne and Blake, *Ecyclopädia Biblica* ; *Ersch. u. Grübers,
Allgemeine Encyclopädie* (Dæhne).

Manuels et histoires générales : Brucker, *Historia philosophiae* ;

---

1. Cf. les corrections d'Holwerda, *Verslag en mededeel. der Koningl. Acad.
Amsterdam,* 1873 et 1884. p. 69 sq.

2. Dans les passages « non identifiés » des *Questions,* nous avons pu identifier le deuxième passage (μεῖζον — ζημιωθέντι) à *Qu. in Gen.,* IV, 179, 382 ;
le quatrième (οὐ θέμις τὰ ἱερά — τελεσθῇς) à *Qu in Gen* IV, 8. 252; le premier
passage de la col. 2, p. 70 (τὰ αὐτὰ — πλεονεξίαν) à *Qu. in Gen.* IV, 211, 413.

Zeller, *Philosophie der Griechen* (dr. Th., zw. Abth., Leipzig, 1881, p 388-488); F. Picavet, *Esquisse d'une histoire générale et comparée des philosophies médiévales* (Paris, 1905); Schürer, *Geschichte des jüd. Volkes im Zeitalter Jesu Christi*, 1898, 3e vol.; Bousset, *die Religion des Judenthums in neutest. Zeitalter*, Berlin, 1903; Jost, *Geschichte des Judenthums*; Herzfeld, *Geschichte des Volkes Israël*, vol. III, 1847; Graetz, *Geschichte der Juden*, t. III, p. 265; Ewald, *Geschichte des Volkes Israël* (vol. VI, p. 270-290), Gœttingen, 1843; Hausrath, *Neutestamentliche Zeitgeschichte*, 2 vol., 1897; E. de Pressensé, *Histoire des trois premiers siècles*; Havet, *Les origines du Christianisme*, t. III, p. 382-452; Renan, *Histoire du peuple d'Israël*, t. V.

Etudes générales :

Carpzov. — *Philoniana* (avant les *Sacræ exercitationes in Pauli epist. ad Hebræos*), Helmstadt, 1750.

Stahl. — *Versuch eines systematischen Entwurfs des Lehrbegriffs Philo's von Alexandr.* (Eichhorn's Biblioth. d. bibl. Lit.), 1793.

Bryant. — *The sentiments of Philo Judæus*, Londres, 1797, in-8°.

Sarrazin. — *De philosophica Philonis Jud. doctrina*, thèse (Argentorati, 1835).

Gfrœrer. — *Philo u. die jüdische alexandrinische Philosophie* (dans Kritische Geschichte des Urchristenthums), Stuttgart, 2 vol., 2° édit., 1835.

Dæhne. — *Geschichtliche Darstellung der jüdisch-alexandrinischen Religionsphilosophie*, 2 vol. in-8°, Halle. 1834 (Recension de Baur dans Jahrbb. f. wissensch. Kritik, 1835, p. 476).

Dentzinger. — *De Philonis Philosophia et schola judæorum alexandrina*, thèse; Herbepoli, 1840.

F.-J. Biet. — *Essai historique et critique sur l'école juive d'Alexandrie*, Paris, 1854, in-8°.

Wolff. — *Die philonische Philosophie in ihren Hauptmomenten*, Gothenburg, 1859, et nouv. éd. en 1888.

Noack. — *Der Jude Philo u. seine Weltansicht* (Psyche, II, 1861).

Schultz. — *Die alexandrinische Religionsphilosophie* (Gelzer's Monatsb. octobre 1864).

B. Bauer. — *Philo, Strauss, und Renan und das Urchristenthum* (contient : 1° Philon comme guide de l'hellénisme au christianisme; 2° La religion universelle chez Philon ; 3° Philon dans le Nouveau Testament ; 4° Les écrits de Philon), Berlin, 1874.

Nicolas. — *Essai sur Philon d'Alexandrie* (Revue de l'Hist des Relig., t. V, p. 318 ; VII, p. 145 ; VIII, p. 468, 582, 756).

Drummont. — *Philo J. on the jewish-alexandrian Philosophy in its develop. and completion*, London, 1888, 2 vol.

Renan — *Philon d'Alexandrie et son œuvre* (Revue de Paris, 1894, février).

E. Herriot. — *Philon le juif; essai sur l'école juive d'Alexandrie*, Paris, 1898, in-8° (cf. L. Cohn, *Philo v. Alexandria*, Neue Jahrbb. f. das Klass. Alterth., 1898, 2 et Saltet, *Philon le juif, à propos d'un livre récent*, Rev. des quest. historiques, janvier 1899).

Cohn. — *Wochenschr. für Klass. philol*,, 1896, n° 43.

Abbé Martin. — *Philon* (Collect. des Grands Philosophes, Alcan, 1907).

2° ÉTUDES SUR LES SOURCES ET L'ORIGINE DU PHILONISME

Fabricius. — *De Platonismo Philonis Judæi*, 1693 (Leipzig).

Frankel. — *Vorstudien zu den LXX*, 1841, p. 18.

Werner. — *De Philone Judæo teste integritatis scriptorum mosaïcorum*, 1743, in-f°.

Hornemann. — *Specimen exercitat. critic. in versionem LXX interpretum ex Philone*, 1773

Siegfried. — *Die hebräischen Worterklärungen des Philo und ihre Einwirkung auf die Kirchenväter*, 1863, gr. in-4°.

Archiv für wissenschaftliche Einforschung, 1872, II, 43.

B. Ritter, — *Philo und die Halacha, eine vergleichende Studie unter steter Berücksichtigung des Joseph*, Leipzig, 1879.

Siegfried. — *Philon et les LXX* (Hilgenfelds Zeitschr. f. wissenschaftl. Theol., 1873, p. 217).

Ryle. — *Philo and Holy Scripture*, London, 1895.

Planck. — *De principiis et causis interpretationis Philon. allegoricæ*, Goett., 1806.

Grossmann. — *De Pharisaïsmo Judæorum Alexandrinorum Commentatio*.

Georgii.— *Ueber die neuesten Gegensätze in Auffassung der alexandrin. Religionsphilos.* (Zeitschrift f. die hist. Theol, 1839, H. 3 et 4).

Kirschbaum. — *Der Jüdische Alexandrinismus, eine Erfindung christlicher Lehrer*, Leipzig, 1841

Frankel. — *Einfluss der palästin. Exegese auf die Alexandrin. Hermeneutik*, 1831.

Nicolas. — *Les doctrines religieuses des Juifs pendant les deux derniers siècles avant Jésus-Christ*, Paris, 1860.

Lipsius. — *Alexandrin. Religionsphil.* (Bibellexicon, I 85-99).

Klasen. — *Die alttestamentliche Weisheit und der Logos der jüdisch. Alexandrin. Religionsphilosophie*, Freib. in-Br., 1879.

Ziegler. — *Ueber Entstehung der Alexandr. Philos.* (Verhandl. der 36. Versammlung deutsch. Philol. zu Karlsruhe, 1883. p. 136).

Bois. — *Essai sur les origines de la philosophie judéo-alexandrine*, Toulouse, 1890.

Néel. — *Le philonisme avant Philon* (Revue de théologie suisse, 1892, p. 417).

Scheffer. — *Quæstionum philonianarum pars I sive de ingenio moribus-que Judæorum per Ptolemæorum sæcula*, 1829.

Ueber den Philonism der LXX. Bonner Zeitschr., p. 103.

Joël. — *Ueber einige geschichtliche Beziehungen des philonischen Systems* (Monatschrift. 1. Gesch. et Wiss. des Judenthums, 1863, p. 19-31).

Biet. — *Quid in interpretatione scripturæ sacræ allegorica Philo Judæus a græcis philosophis sumpserit*, thèse, Paris, 1854, in-8°.

Siegfried. — *Philonische Studien* (Merx. Archiv, 1872. II. p. 143).

Siegfried. — *Philo von Alexandria als Ausleger des alten Testaments an sich selbst, nebst Untersuchungen über die Græcitaet Philo's*, Jena, 1875, in-8°.

Arnim. — *Quellenstudien zu Philo* (Kiessling u von Wilamowitz philol. Untersuch. XI. p. 101-140, Berlin, 1888). Recension d'Hilgenfeld, Wochenschr. f. klass Phil., 1889, p. 115

Wendland. — *Philo und die kynisch stoïsche Diatribe* (Beitræge zur Gesch. der griech. Philos. u. Relig. von Wendland und Kern.), Berlin, 1895.

Wendland. — *Eine doxographische Quelle Philo's* (Sitzungsber. der kais. preuss. Akad. d. Wiss., Berlin, Reimer, 1897).

Grossmann. — *Quæst. philonianæ* (I. de theol. phil. fontibus). Leipzig, 1829.

3° ÉTUDES CRITIQUES DU TEXTE, ET QUESTIONS D'AUTHENTICITÉ

Treitel. — *De Philonis J. sermone*, diss., Breslau, 1872.

Jessen. — *De elocutione Philonis Alexandrini*, 1889 (Gratulationsschr. des hambürger Johann. für Saüppe).

Dæhne. — *Einige Bemerkungen über die Schriften des Juden Philo* (Theol. Stud. u. Krit., 1833, p. 984).

Creuzer. — *Zur Kritik der Schriften des Jud. Philo* (Theol. Stud. und. Krit., 1832, H, I).

Müller. — *Uber die Textescritik der Schriften des Jud. Philo*, 1839.

Wendland. — *Krit. und exeget. Bemerkungen zur Philo* (Rhein. Mus. N. F. Bd 53. H. 1).

Cohn. — *Kritisch-exegetische Beiträge zu Philo* (Hermes, Bd. 32).

Sur le *de providentia* :

Müller. — *Des Jud. Philo Buch. von der Weltschœpfung*, Berlin, 1841.

Wendland. — *Die Quellen des Philo v. Alex. in seiner Schrift über die Vorsehung*, Berlin, 1892, in-4°.

Sur le *de posteritate Caini* :

Holwerda. — *Annotat. in post. Caini* Verslagen en Mededeeling. der k. ak. van Wetensch., Amsterdam, 1884).

Wendland. — *Zu Philo's Schrift de posteritate Caini* (Philologus, Bd 54, H. 2).

Drexler. — *Zu Philo de posterit. C.*, § 161 (Philol. 1899, p. 316).

Sur les écrits philosophiques grecs :
Zeller. — Hermes XV.

Sur la vie de Moïse :
Flesch. — *De Vita Mosis*, Prague, 1838.

Sur les écrits historiques :
Delaunay. — *Philon d'Alexandrie. Ecrits historiques*, Paris, 1867, 2ᵉ éd.. 1870.

Gottleber. — *Animadversiones historicæ ad Philonis leg. ad Caïum spectantes*, Meissen, 1773-1774.

Sur le peu d'autorité historique de Philon dans ces livres, voy. Willrich, *Judaica*, p. 127 sq. Gœttingen, 1900.

Sur le *de æternitate mundi* :
Bernays. - *Ueber die unter Philo's Werken stehende Schrift « über die Unzerstærbarkeit des Weltalls »*. Berlin (Gesamm. Abh., I, 283).

Cumont. — *Philonis de æternitate mundi*, 1891.

Wendland — *Sur l'authenticité du de ætern. mundi (Archiv f. Gesch. der Philos.*, 1888, p. 509) (Cf. Berl. philol. Wochenschr., 1891, p. 1030).

Bücheler. — *Philonea* (Rhein, Museum Bd 32, 1877).

Norden. — *Beiträge zur Gesch. d. gr. Philos.* (Jahrbb. f. cl. Phil. 1893, p. 440).

Sur la vie contemplative :
Montfaucon. — *Le Livre de la Vie contemplative*, avec des observations où l'on fait voir que les Thérapeutes étaient des chrétiens. Paris, 1709, in-12.

Bouhier. — *Lettres sur le traité de la Vie contemplative*, Paris, 1712.

Tillemont. — *Mémoires pour servir à l'histoire ecclésiastique*, 1715 (VII, 1, p. 277 sq. et 269).

Clemens. — *Die Therapeuten*, Kœnigsberg, 1869.

Delaunay. — *Etudes sur Philon*, Revue archéol., XXIV, p. 13 (Correspondant, 25 mai 1873).

Lucius. — *Die Therapeuten und ihre Stellung in der Geschichte der Askese. -- Eine kritische Untersuchung über der Schrift de vita Contemplativa* (Strassburg, 1880).

Massebieau. - *Le traité de la vie contemplative de Philon* (Rev. de l'Hist. des Relig., XVI, 170-284).

Derenbourg. — *Revue des Etudes juives*, 1888.

Ohle. — *Die pseudo-philonischen Essäer und die Therapeuten*, Berlin, 1888 (Beiträge zur Kirchengeschichte, I).

Renan. — *Journal des Savants*, 1892, p. 83-93.

Cohn. — *Sur le traité de vita contemp.* (Jewish Quaterly Review, oct. 1892, p. 20).

Schürer. — *Theologische Litteraturzeitung*, 1895, p. 385.

Wendland. — *Die Therapeuten und die philonische Schrift vom beschaulich. Leben* (Jahrbb. f. Klass. Philol., 1876).

Sur le *quod omnis probus liber* :

Hilgenfeld. — *Zeitschrift für wissensch. Theologie*, 1882, pp. 257-292.

Ausfeld. — *De libro* περὶ τοῦ πάντα σπουδαῖον εἶναι ἐλεύθερον, Gœtting., 1887, in-8°.

Ohle. — *Die Essäer des Philos* (Jahrbb. f. protest. Theol., 1887).

Wendland. — *Sur le quod omn. prob. lib.* (Arch. f. Gesch. der Phil. 1888, p. 509) (A propos du travail d'Ausfeld).

Krell. — *Philo quod omnis prob. lib. die Echtheitsfrage* (Prog. Augsburg 1896).

Treplin. — *Die Essenerquellen* (Th. Stud. u. Krit., 1900, pp. 20-92).

Pour la question des Esséniens que Philon décrit dans ce traité, voyez dans Schürer la littérature considérable du sujet.

Sur les livres apologétiques perdus :

Hilgenfeld. — Sur l'Apologie (dans l'article sur le traité *quod omn. p. l.*, pp. 276-78).

Bernays. — *Philon's* Ὑποθετικά (Monatsberichte der Berlin. Akad., 1876, p. 589) (Gesamm Abhandl., t. I, pp. 262-282).

Ohle. — *Contre l'authenticité du fragment de l'Apologie des Juifs* (Jahrbb. f. protestant. Theol. 1887).

4° CHRONOLOGIE ET CLASSEMENT DES ÉCRITS

Grossmann. — *De Philonis operum continua serie* (Leipzig. I, 1841 ; II, 1842).

Massebieau. — *Le classement des œuvres de Philon* (Bibl. de l'Ec. des H. Et. sciences relig., vol. I).

Léop. Cohn. — *Einteilung u. Chronologie der Schriften Philo's* (Philologus Suppl. Band, VII), Leipzig, 1899.

Massebieau et **Emile Bréhier**. — *Chronologie de la vie et des œuvres de Philon* (Rev. d'Hist. des Relig., 1906, 1, 2 et 3).

Les témoignages sur la personne de Philon sont rassemblées au premier volume de l'édition Cohn.

Wendland. — *Sur la fin de l'Exposition de la Loi*, Hermes, 1896, p. 435.

5º Dieu, le logos et les intermédiaires

Grossmann. — *Quæstiones philoneæ*. II, De logo Philonis (Leipzig., 1829).

Keferstein. — *Philos Lehre von den gœttlichen Mittelwesen*, Leipzig, 1846.

Bücher. — *Philonische Studien : Versuch üb. die Frage nach der persœnlichen Hypostase des Logos*, Tubingen, 1848.

Niedner. — *De subsistentia* τῷ θείῳ λογῳ *ap. Philon. Jud. et Johann. Apost. tributa* (Hilgenfelds Zeitschr. für hist. Theol. 1848, XIX, p. 337 sq.).

Rippner. — *Ueber die Ursprünge des philon. Logos* (Monatsschr. f. Gesch. u. Wiss. des Judenth. Breslau, 1872, p. 300).

Heinze. — *Die Lehre vom Logos in der griech. Philosophie* (Oldenburg, 1872).

Kennedy Anet. — *La notion du Logos dans la philosophie grecque dans saint Jean, et dans les apologistes*, thèse, Lausanne, 1874.

Henri Soulier. — *La doctrine du Logos chez Philon d'Alexandrie*, Rome-Turin, 1876, in-8.

Réville. — *Le Logos d'après Philon*; dissert, Genève, 1877.

Agathon Harnoch. — *De Philonis judæi Logo inquisitio*, Regiomonti, 1879.

Anathon Aall. — *Der Logos, Geschichte seiner Entwickelung in die griechische und die christl. Litteratur*, 2 vol., Leipzig, 1896 et 1899.

Horovitz. — *Untersuchungen über Philons und Platons Lehre der Weltschœpfung*, Marburg Elwert, 1900, in-8º.

Henri Guyot. — *L'infinité divine depuis Philon le juif jusqu'à Plotin, avec une introduction sur le même sujet dans la philosophie grecque avant Philon*, thèse, Paris, 1906.

Falter. — *Philon und Plotin* (Philosoph. Arbeit., herausg. v. H. Cohn und Natorp, Bd. I, H. 2, t. I), Giessen, 1906.

6º L'anthropologie et la morale

Frankel. — *Zur Ethik der jüd. alexandrinschen Philosophie* (Monatsschr. f. Gesch. und Wissensch. des Judenth., 1867, pp. 241-252, 281-297.

Schreitet. — *Sur l'immortalité*. Analecta de Keil et Tschirner, t. I (H. 2) et t. III (H. 2).

Schlatter. — *Der Glaube im neuen Testament* (sur la foi chez Philon, pp. 55-101), Leiden, 1885.

Freudenthal. — *Erkenntnisslehre Philos. v. Alexandria*, Berlin, 1891.

M. Wolff. — *Die philonische Ethik in ihren wesentlich. Punkten* (Philos. Monatsschr., 1879, VI et VIII).

Ziegert. — *Uber die Ansätze zu einer Mysterienlehre bei Philo* (Théol. Stud. und Krit., pp. 706-732).

Tiktin. — *Die Lehre von den Tugenden und Pflichten bei Philo v Alex.* Diss. Bern, 1895 (Francfort, 1897).

Pantasopulos. — *Die Lehre vornaturlichen und positiven Rechte bei Philo Jud.* Münich Straub, 1893, in-8.

Barth. — *Die stoïsche Theodicee bei Philo* (Philos. Abhandl. Heinze gewidmet, Berlin, 1906, p. 23).

7° SUR LES RAPPORTS DE PHILON AVEC LE CHRISTIANISME

Il faut consulter l'immense littérature sur le quatrième évangile. Nous nous bornons à indiquer deux études sur le rapport de Philon et de la patristique :

Ihm. — *Philo und Ambrosius* (Neue Jahrbb. für Philos. u. Pœdagogik, 1890, p. 282) (Cf. du même *Studia Ambrosiana*, p. 81).

Karppe. — *Philon et la patristique* (Dans les Essais de Critique et d'Histoire de philosophie, Paris, 1902).

LIVRE I

LE JUDAÏSME

CHAPITRE PREMIER

LE PEUPLE JUIF

Sommaire : L'avenir du peuple juif; comment il est décrit dans l'*Exposition de la Loi*. — L'idée du roi messianique ; sa parenté avec celle du sage-roi des Stoïciens. — Dans le *Moïse*, l'avenir de la Loi se substitue à l'avenir du peuple juif. — Dans le *Commentaire allégorique*, les idées eschatologiques sont totalement absentes.

Philon se donne comme un Juif fervent, observant avec piété toutes les coutumes religieuses de son peuple. Son activité philosophique est presque entièrement consacrée à l'explication de la loi mosaïque. Si l'on ne considère que la forme de son œuvre, elle prend place dans l'immense littérature exégétique qui a suivi, dans les écoles des rabbins, la fin de la période créatrice du judaïsme.

Pourtant il n'est pas besoin d'avoir beaucoup pratiqué les œuvres de Philon pour s'apercevoir que ses idées philosophiques et religieuses ne sont liées au texte de la loi que par le lien fragile de l'allégorie. Elles ont en elle-même une valeur universelle et dépassent la nationalité juive.

Ce contraste entre le fond et la forme de ses œuvres, l'auteur lui-même ne paraît pas un moment en avoir conscience. C'est donc un problème qui doit précéder tous les autres de savoir ce qu'était au juste ce judaïsme philonien, et comment pouvait, sans contradiction apparente, se développer en lui une religion universelle. Que pensait Philon du peuple juif considéré comme nation ? Que pensait-il de la loi juive comme loi positive ? Quel lien, enfin, établissait-il entre cette loi et sa philosophie ?

Nous voulons chercher dans ce chapitre quelle place tient dans les idées de Philon l'idée nationale juive. Les écrits de Moïse constituent avant tout en effet, non pas une philosophie, mais une loi. Cette circonstance entraîne chez Philon un ensemble de vues politiques, pratiques et théoriques que nous allons chercher à dégager.

L'on sait qu'à cette époque, des Juifs dont les conceptions nous ont été conservées par le livre III des poèmes sibyllins, rêvaient pour leur peuple un avenir de paix et de bonheur universel.

D'après les idées générales de son système, Philon se trouvait dans une situation difficile par rapport à ces idées eschatologiques ; toute la prospérité matérielle que les Juifs, comme les auteurs de la Sibylle, décrivent comme aboutissement du progrès[1], n'était rien aux yeux de Philon, au prix de la piété et de la connaissance du vrai Dieu. Elle ne concernait que le corps et les choses extérieures, alors que les biens de l'âme seule sont les vrais biens. Mais alors le progrès extérieur et historique du peuple cède le pas à un progrès intérieur et moral. Un tel progrès ne peut se concevoir comme celui de tout un peuple, mais seulement d'un individu. Par là on retire toute valeur et tout prix aux promesses de bonheur extérieur faites par Dieu à son peuple.

Philon revient à deux reprises sur l'avenir de la race juive. Dans le premier de ces textes (de præmiis, ch. XIV, fin), il montre comment le peuple juif, étant par excellence celui qui obéit à la loi divine, doit atteindre tous les biens extérieurs et corporels ; dans l'énumération de ces biens se trouve l'absence de la guerre à laquelle un roi prédit par les oracles doit mettre fin. Le second (de exsecrat., ch. VIII et IX) est destiné à expliquer les maux des Juifs comme un avertissement de Dieu ; ils doivent précéder leur repentir final et leur réunion en une même contrée.

Mais de pareils espoirs ne trouvent pas dans l'esprit de Philon une signification bien profonde. Nous croyons même que l'on se tromperait en rattachant ces peintures aux idées eschatologiques qui avaient pris une si grande valeur chez l'auteur juif du livre III des Sibylles. Il est aisé en effet de trouver dans le *Deutéronome* le fond et la suite de ces idées. Le premier texte est une explication des quinze premiers versets du chapitre XXVIII du *Deutéronome* ; le second une explication des dix premiers versets du chapitre XXX. Philon, en énonçant ces idées, fait donc un simple travail d'exégète de la loi, sans qu'il faille y voir aucune opinion véritablement personnelle. S'il y a d'autres

---

1. III, 744-762, qui d'après Schürer est antérieur à l'époque de Philon.

détails que ceux du *Deutéronome,* c'est également aux livres sacrés qu'il les prend. Ainsi, le début du chapitre XIV du *de præmiis* sur le bien qui est près du cœur de l'homme est emprunté à un passage voisin du *Deutéronome* (XXX, 11, 12, 13). Le prophète Isaïe est également utilisé dans les passages sur la pacification des animaux sauvages et pour le portrait du prince de la paix [1].

La part personnelle de Philon dans ces explications serait plutôt d'avoir évité ce que les prophéties avaient de trop précis. C'est ainsi qu'on trouve dans les passages commentés par Philon l'idée d'une nation spécialement élue par Dieu et conduite par lui pour combattre les Juifs (*Deut.*, XXVIII, 49, 50). Cette idée faisait partie intégrante des conceptions de la Sibylle [2]. Philon la laisse dans le vague; pour lui, cette nation ennemie devient un cadre dans lequel il fait entrer toutes les persécutions contemporaines dont pouvaient souffrir les Juifs [3]. Il évite donc, avec intention semble-t-il, toute représentation apocalyptique.

On pourrait nous objecter le portrait du prince de la paix, ce messie qui met fin à la guerre, et dont le portrait est tracé avec un développement qui rappelle la Sibylle [4]. Examinons de près ce passage.

Le chapitre XVI est le plus « messianique » des œuvres de Philon : il montre que la paix devait régner « dans le pays des pieux (διὰ χώρας εὐσεβῶν), soit par la honte que les hommes auraient d'être moins paisibles que les animaux, soit parce que les ennemis verraient combien l'alliance du Juste rend les pieux invincibles. Si par une rage incompréhensible, les méchants avaient l'audace de combattre contre les pieux, vaincus par une force plus puissante ils fuiront en déroute, la crainte seule les poursuivra ; car il viendra un homme, dit l'oracle [5], puissant et guerrier qui s'emparera de peuples grands et nombreux ; Dieu lui a envoyé l'aide convenable aux saints (τοῖς ὁσίοις), à savoir l'audace dans l'âme et la force dans le corps. Il aura sûrement

---

1. *De praem.*, ch. XX et *Isaïe,* 9, 6-9; *de praem.*, id. et *Is.* 11, 1-5 ; (comp. chez Philon θράσος ψυχῆς et σωμάτων ἰσχυς, et chez Isaïe πνεῦμα βουλῆς καὶ ἰσχυος.

2. *Sib.* III, 489-572 ; Gog et Magog.

3. Cf. p. 436 fin, l'allusion à des persécuteurs sûrement contemporains qui forçaient les Juifs à assister aux fêtes officielles.

4. III, 653 ; *de praem.*, ch. XVI fin.

5. L'oracle de Balaam, *Deutéron.*, 24, 71.

la victoire sans verser de sang (ἀναιμωτί), mais de plus, il gouvernera sans résistance pour l'utilité des sujets qui viendront à lui par amour, ou par crainte ou par honte ; son sérieux inspire la honte, son air terrible la crainte, sa bienfaisance, l'amour ». Philon a donc eu l'idée d'un Messie [1] guerrier et roi, qu'il rattache à une prophétie des livres de Moïse, et qui était destiné à établir la paix universelle. Mais sa pensée sur ce point est singulièrement hésitante. Le Messie n'est en effet qu'un des trois moyens possibles d'établir la paix universelle. Il n'est nullement considéré comme nécessaire. Les traits de ce Messie sont ceux du roi idéal que Philon a dépeints à différentes reprises dans le portrait de Moïse et dans le paradoxe stoïcien du sage-roi ; d'abord il a une victoire assurée sans faire couler le sang (ἀναιμωτί), de même que Moïse « a eu la royauté non pas comme quelques-uns, en s'élevant au pouvoir par les armes et la puissance militaire » [2]. Ce roi impose son autorité uniquement par ses qualités morales, le sérieux (σεμνόν) qui impose le respect (αἰδῶ), la δεινότης qui inspire la crainte, la bienfaisance qui inspire l'amour (εὔνοιαν). De même dans le grand passage sur la royauté de Moïse, Moïse est roi à cause de sa bienveillance pour tous [3] ; et peu après il est dit que le roi impose au sujet, ses propres vertus, par la crainte ou le respect (φόβῳ ἢ αἰδοῖ). Ce roi n'agit pas d'une autre façon sur ses sujets (et il faut indiquer ici ce parallélisme) que Dieu sur l'homme moral par ses puissances. Il inspire par sa bonté l'amour, mais à ceux qui ne peuvent concevoir sa bonté, sa toute-puissance inspire la crainte et le respect [4]. Ce parallélisme nous amène à une idée fréquente chez Philon, le caractère divin de la vraie royauté ; le sage est un roi, non pas choisi (κεχειροτονημένον) par les hommes, mais par Dieu [5] ; c'est une récompense que Dieu donne à Moïse pour sa vertu [6]. « Le sage est non un roi, mais le prince des princes, il est divin,

---

1. Philon ne prononce pas le nom, mais il a tous les traits du Messie de la Sibylle (cf. surtout III, 653, le rôle du Messie est de faire cesser la guerre). Dans un commentaire se rapportant au même passage du *Deutér.* (*de fortitit.*, 8, p. 382), ce n'est plus un homme, mais bien Dieu qui commande les armées (θεοῦ στραταρχοῦντος ἀοράτως), preuve du peu de consistance de cette idée.

2. *V. M.* I, 148 ; même opposition *Qu. in Gen.* IV, 76, p. 304, entre le sage roi et ceux qui réussissent « per vim violentam », et surtout *de Abrah.*, 216.

3. *V. M., ibid.*

4. *De fuga et inv.*, 98.

5. *De somn.*, II, 243.

6. *V. M., ibid.*

et roi des rois ; il a été ordonné non par les hommes mais par Dieu » [1]. Ce développement sur le Messie contient donc deux idées ; l'idée du Messie consacré à Dieu, et l'idée stoïcienne du sage-roi.

Philon s'inquiète moins au fond de l'avenir de bonheur promis aux Juifs que des conditions morales de cet avenir. Il y a parfois même des réserves sur la réalité future du bonheur. « Il n'en faut pas désespérer », dit-il simplement [2]. Il refuse d'accepter le bonheur matériel sans l'amélioration de l'âme. « N'est-il pas sot, dit-il comme s'il répondait à quelque adversaire, de supposer que nous échapperons aux bêtes, tout en exerçant à la férocité celles qui sont en nous. » Ces idées morales que Philon introduit évidemment après coup dans une eschatologie très matérialiste, produisent parfois un contraste assez bizarre, comme au chapitre XVII, où la frugalité, décrite à la manière des diatribes cyniques, est considérée comme le moyen d'obtenir de Dieu les plus grandes richesses! Ce souci moral enlève peu à peu toute valeur à la fin elle-même.

Enfin, il arrive que le souci de l'avenir du peuple juif disparaît devant celui de l'avenir de la loi. A la fin de la *Vie de Moïse*, Philon parle des prophéties que Moïse fit au moment de sa mort. Il ressort de ce passage qu'il croyait à une prophétie mosaïque dont tous les résultats ne s'étaient pas encore produits [3]. Il y a ici une évidente allusion à l'attente d'événements prédits par Moïse. Mais tout l'ouvrage prouve que cette attente se rapporte à la loi juive plus qu'au peuple.

Le *Moïse* est une œuvre apologétique adressée aux païens pour montrer la supériorité du législateur juif et de sa législation sur tous les autres. Aussi met-il l'accent, dans cette œuvre, sur l'avenir de la loi. La grande supériorité de cette loi, c'est qu'elle est restée immuable à travers toutes les vicissitudes du peuple juif, malgré les famines, les guerres, les tyrannies, et que l'on peut espérer qu'elle durera autant que le monde [4]. Le sort de la

---

1. *Qu. in Gen.*, IV, 76, 384 ; cf. *de Abrah.*, 261 ; *V. M.* II, 131, « celui qui est consacré à Dieu est roi ».

2. *De praem.*, ch. XX, cf. *Vita Mos.*, II, 43.

3. *V. M.*, II, 288 : τὰ μὲν ἤδη σύμβέβηκε, τὰ δὲ προσδοκᾶται ; cf. *de Humanit.*, ch. IV, II, 388 : (s.e., les prophéties mosaïques), ἅς, ὅτι τελεσφορηθήσονται, πιστευτέον).

4. Pour Philon, la loi juive n'est pas différente de la loi de nature, de celle de la cité du monde, et par là, l'idée stoïcienne du cosmopolitisme acquiert une valeur pratique et politique.

loi juive est donc en une certaine mesure considéré comme indépendant de celui du peuple juif. Cette impression est renforcée
par l'argument qui suit : la conquête du monde par la loi juive,
d'après le tableau que trace Philon, n'est plus à faire, elle est
faite ; il n'y a pas une cité qui n'ait en honneur et le sabbat et
le jeûne de la hiéroménie [1]. Le fait fondamental de cette domination de la loi juive est pour lui la traduction de la loi en grec
par les Septante, entreprise non, pense-t-il, pour les besoins
des Juifs, mais uniquement par le désir que les Grecs avaient de
connaître cette loi dont ils entendaient dire tant de merveilles.
Nous sommes donc ici en plein universalisme. Pourtant le souci
de la réussite du peuple juif lui-même revient dans la conclusion
qui présente la victoire définitive de la loi comme attachée au
bonheur du peuple : « Les lois sont l'objet des désirs de tous,
particuliers et gouvernants, bien que le peuple depuis longtemps ne soit pas heureux (οὐx εὐτυχοῦντος) ; s'il se produisait
quelque impulsion vers un état plus brillant, quel accroissement prendraient ces lois ! Quittant ses coutumes particulières,
abandonnant celles de ses pères, chacun se tournerait vers l'honneur de ces lois seules ; par la réussite (εὐτυχία) du peuple, par
leur éclat, elles obscurciront les autres, comme le soleil levant
fait des étoiles » (II, 63-44). Remarquons ici le conditionnel : εἰ
γένοιτο ; cet avenir est donc simplement hypothétique. On ne
peut guère douter que la condition qu'il passe sous silence est
le repentir moral de la fin du *de exsecrationibus*. Mais il eût été
maladroit, dans une œuvre de propagande, d'insister sur le côté
purement nationaliste de la question d'avenir. Nous prenons ici,
sur le fait, une des raisons qui ont pu faire abandonner à Philon ce point de vue d'un nationalisme étroit ; on ne pouvait
guère faire de la loi juive une image de la loi éternelle du
monde qui doit s'imposer à tous les hommes et en même temps
faire dépendre son succès de la réussite politique d'un petit
peuple. Le public étendu auquel Philon destinait son *Moïse*
n'aurait pu admettre une telle absurdité ; les nécessités de la
propagande le poussaient donc à atténuer ce qu'il y aurait eu ici
de trop choquant pour tout autre qu'un Juif.

Pourtant il y a une autre raison plus profonde ; on a pu remarquer que le seul chapitre du *Deutéronome* utilisé par Philon

---

1. *V. M.*, II, 20-25 ; cf. *ibid.*, I, 2. La gloire des lois qu'il a laissées se
répandant à travers le monde est parvenue jusqu'aux extrémités de la terre,

dans *Moïse*, est le chapitre XXXIII sur les bénédictions. Il laisse
entièrement de côté les chapitres XXVIII et XXX qui ne décrivent que des biens ou des maux matériels ; abandonnant ici
l'avenir extérieur du peuple, il pense seulement à son perfectionnement moral ultérieur : « Les demandes de Moïse, dit-il à propos des bénédictions, étaient des demandes des vrais biens (αἰτή-
σεις ἦσαν αἱ τῶν ἀληθίνων ἀγαθῶν) ; il demande non seulement
qu'ils arrivent dans la vie mortelle, mais surtout après que l'âme
sera libérée des biens de la chair »[1]. Au point de vue nationaliste de la réussite du peuple dans sa richesse et sa santé se substitue donc ici d'une façon complète le point de vue mystique et
individualiste du perfectionnement moral qui doit aboutir à la
vie éternelle : les vrais biens sont opposés aux biens extérieurs
et aux biens du corps.

Il y avait déjà dans l'*Exposition* une certaine bizarrerie dans
l'opposition entre la frugalité à laquelle doit atteindre le sage et
les récoltes et les biens immenses que Dieu lui offrait comme
récompense. C'est ce qui a pu décider Philon à une époque postérieure du développement de sa pensée[2] à abandonner entièrement l'avenir matériel de son peuple, la gloire, la richesse et
les honneurs au profit de l'avenir purement moral. Cette impression est fortifiée par l'examen de certains passages du *Commentaire allégorique* ; c'est la dernière en date des œuvres de Philon
et il s'y montre résolument hostile aux doctrines qui comptaient
sur un avenir de prospérité matérielle.

Déjà les quelques passages des chapitres XXVIII et XXX que
Philon y interprète sont, par l'allégorie, tournés en un sens
moral ; la pluie bienfaisante de *Deutér.*, XXVIII, 12, devient le bien
céleste opposé aux biens terrestres[3] ; les §§ 65 et 66 du même
chapitre désignent non pas des maux matériels, mais par allégorie l'instabilité du méchant[4]. Enfin, la réunion en une seule
contrée des Juifs revenus au repentir (*Deut.*, XXX, 11) est interprétée comme l'union et l'accord des vertus opposées à la dispersion et à la dissipation du vice[5].

---

1. *De Human.*, 4. p. 388.
2. Le *Moïse* est postérieur à l'*Exposition de la Loi*. Cf. Massebieau et
E. Bréhier. *Chronol. des œuvres de Philon* (*Revue de l'Hist. des Relig.*, janvier à juin 1906).
3. *Quod D. immut.*, 156.
4. *De post.*, C. 24.
5. *Confus. ling.*, 197 ; cf. encore *Q. in Gen.*, IV, 215 sq.

Il serait difficile de trouver dans les *Questions* ou le *Commentaire* une allusion à l'avenir historique du peuple juif ; en revanche Philon s'élève à diverses reprises contre une doctrine qui voit les fins de la vie autant dans les biens extérieurs comme la richesse et les honneurs et dans les biens du corps comme la santé que dans les seuls biens de l'âme, la vertu ; cette doctrine péripatéticienne, présentée sous le nom de Joseph et quelquefois de Caïn et combattue au nom du principe stoïcien que l'honnête seul est bon, paraît être celle d'un parti juif qui, comptant sur les promesses de Dieu, voyait dans l'avancement mondain aussi bien que dans l'accomplissement de la loi le but de la vie nationale. Peut-être faut-il voir autre chose qu'un pur symbole dans le portrait de Joseph le « politique » qui donne à l'Egypte la prospérité matérielle, tandis que ses frères (les stoïciens) dédaignent les biens extérieurs [1].

Ainsi cette seule idée reste vivante chez Philon de toute l'eschatologie juive : l'avenir de la Loi qui doit devenir universelle. Tout le reste vient s'imposer à lui comme un cadre sans valeur, ou bien devient symbole du progrès moral intérieur.

---

1. Philon, en raison du succès de la propagande juive à travers les pays de la dispersion, est amené à donner un rôle égal, dans l'extension de la Loi aux étrangers convertis et aux Juifs de naissance (ἰσοτιμία, *de Mon.*, I, 7 ; II, 219). On sait quelle estime il faisait des prosélytes qu'il recommande d'aimer comme soi même (*de humanit.*, 12) ; il fait d'Abraham le modèle des prosélytes (*de nobilit.*, 5 fin). Sans aller aussi loin que l'auteur du livre IV de la Sibylle qui fait dans son poème l'éloge des « saints », sans laisser aucun rôle aux Juifs de naissance dans l'avenir messianique, il les admet cependant dans la nation juive (cf. sur ce point Bertholet, *Die Stellung des Israël u. der Juden zu d. Fremden.* pp. 257-303. qui traite de la propagande, et Friedländer, *das Judenthum in der vorchristl griech. Welt*, pp 56-74 sur la situation des partis juifs vis-à-vis des convertis).

CHAPITRE II

LA LOI JUIVE

1. — *La loi juive suivant Philon*

Aux lois civiles fondées sur le despotisme du législateur, ou, dans le meilleur cas, sur la fiction d'une cité imaginée par lui, Philon oppose la loi de Moïse. Il y voit l'image de la loi éternelle suivant laquelle la grande cité du monde est gouvernée[1]. Toute l'*Exposition de la loi* n'est qu'un long effort pour rattacher la loi positive de Moïse à cette loi naturelle. Il peut sans doute dans les détails, avoir suivi les exégètes juifs de son époque et de son milieu. Mais l'entreprise hardie qu'il tentait est cependant issue d'une origine toute grecque. Le stoïcisme, considérant le monde comme une cité administrée par Dieu et l'homme comme un citoyen du monde, avait propagé l'idée d'une législation supérieure à toutes celles des cités ; c'est la loi morale conçue dans son essence à la façon d'une loi civile éternelle dont nous trouvons l'expression à l'état de pureté complète et dégagée de tout

---

1. Même idée chez Cicéron, *de Rep.*, II, 11, qui oppose Scipion aux autres législateurs comme Philon fait de Moïse.

élément proprement politique dans les œuvres de Marc-Aurèle. Mais l'idée d'une loi universelle et positive à la fois est étrangère aux préoccupations du grand empereur. Le stoïcisme prend ici son développement moral le plus élevé.

D'autre part, à sa période grecque il n'avait pu produire davantage tous ses résultats politiques. Les rivalités des cités grecques qui tenaient chacune, comme à un bien propre à leur législateur, ne pouvaient guère permettre de faire descendre dans le monde des réalités une loi universelle. Cet exclusivisme des lois grecques a frappé Philon [1]. Or à ce peuple grec profondément et définitivement divisé s'opposent deux autres peuples qui ont dans l'univers civilisé [2] une place spéciale : le peuple romain et le peuple juif. Tous les deux sont remarquables par une universelle extension [3] et en même temps par leur unité. Les mœurs et les lois juives restaient les mêmes à travers le monde entier et l'union des Juifs était renforcée par les envois annuels des députations de chaque colonie à Jérusalem pour apporter au temple les contributions des fidèles. De plus la conquête du monde par la religion juive pouvait donner les meilleurs espoirs ; les prosélytes étaient nombreux. Dans cette grande expansion des deux nations il devait dès lors se trouver, et dans le monde juif et dans le monde romain, des hommes qui, profondément imbus des idées stoïciennes contre les lois civiles, mais en même temps attachés avec force à leurs lois nationales, devaient, pour conserver un sens à celles-ci et leur donner un fondement, montrer qu'elles étaient l'image exacte ou l'émanation de la loi éternelle du monde ; nous avons nommé Cicéron d'une part, Philon d'autre part. On n'a guère remarqué la singulière analogie dans le plan et dans l'objet qui unissent les deux ouvrages de Cicéron sur *La République* et sur *Les Lois*, et l'*Exposition de la loi* de Philon ; il y a le même souci des deux côtés de défendre leurs lois respectives en les mettant sous l'invocation de la loi naturelle ; le travail de Cicéron n'est que le début de l'immense élaboration qui devait aboutir sous l'inspiration

---

1. « Dans la Grèce et les pays barbares, il n'est pour ainsi dire aucune cité qui honore les lois d'une autre. Les Athéniens rejettent les mœurs et les lois des Lacédémoniens, les Lacédémoniens, celles des Athéniens, etc... » (*V. M.*, II, 19).

2. Philon borne le monde civilisé aux limites de l'empire romain.

3. Cf. la grande extension de la dispersion suffisamment prouvée par les textes de Philon *in Flaccum*, 7, II, 524.

de légistes toujours animés de l'esprit stoïcien à la codification du droit romain

Au livre II *Des Lois*, Cicéron veut donner pour lois universelles et naturelles les coutumes romaines. A Atticus qui remarque, après que Cicéron a énuméré les règles naturelles du culte divin : « Cette constitution ne diffère pas beaucoup des lois de Numa et de nos propres mœurs », il répond : « Puisque notre république est la meilleure, n'est-il pas nécessaire que les lois de la meilleure république s'accordent avec nos mœurs ? » et plus loin : « Ce n'est pas au peuple romain, mais à tous les peuples bons et fermes que nous donnons des lois » [1]. Il oppose il est vrai, le droit de nature connu par nos propres réflexions, et le droit romain connu par les traditions (*de Legg.* III, 20 fin.), mais cette opposition nécessaire aussi chez Philon n'empêche pas la coïncidence. Pour une fois le point de vue traditionaliste coïncide avec le point de vue rationaliste.

Le code philonien a eu une moins brillante destinée ; suivant Philon en effet chaque juif devient citoyen du pays où ses aïeux ont colonisé et s'y attache comme à une patrie [2] ; la cité romaine absorbe, au contraire, tous les peuples conquis. L'application d'un code écrit suppose non seulement l'expansion religieuse d'un peuple mais sa puissance politique ; sinon les prescriptions politiques, comme telles, deviendront lettre morte, et il ne subsistera que le souffle moral qui l'animait : la formule écrite n'aura plus qu'une valeur symbolique. C'est ce qui arrive chez Philon lui-même ; lorsque les lois ne sont pas des prescriptions purement religieuses, il est fort incertain si l'on a affaire à une loi réellement pratiquée ou à un simple desideratum moral. Le dernier cas est sans doute le plus fréquent.

Pour faire accepter la supériorité du mosaïsme dans le milieu où il vivait, en faire une loi universelle, il fallait en modifier singulièrement les caractères nationaux. Nous allons montrer que de fait, Philon examine et défend la Loi en se plaçant toujours au point de vue des idées régnantes dans les écoles de rhéteurs ou de philosophes. C'est à ces écoles qu'il emprunte la critique des cités et des législateurs devant laquelle toutes les lois doivent tomber sauf celle de Moïse ; c'est chez elles qu'il prend

---

1. *Leg.*, II, 1, 14 ; cf. III, 5.
2. *In Flacc.*, 7, 524 ; cf. la différence entre la métropole commune, Jérusalem et leur patrie qui est le pays où ils résident.

le type du législateur idéal que Moïse seul réalise ; d'elles enfin
vient l'idée fondamentale de loi naturelle.

2. — *Critique des législations*

Philon trouvait dans la philosophie grecque, et en particulier
dans l'école cynique de violentes polémiques contre la politique,
les cités et les législations positives. Il s'approprie ces idées pour
opposer la loi juive aux lois ordinaires. Mais nous devons y voir
moins une doctrine suivie (qui serait d'ailleurs contredite par
des passages élogieux sur la politique) que des lieux communs.
Nous essayons donc seulement de les classer et d'en chercher
l'origine.

Le premier est le lieu commun concernant l'origine des lois
civiles : suivant la doctrine cynique qui nous est connue par
Dion Chrysostome, il pense que c'est par suite de leurs vices, et
en particulier de leur avidité que les hommes ont dû ajouter
aux lois de la nature (θεσμοί) les lois civiles (νόμοι) [1]. Peu importe
qu'ailleurs en décrivant les débuts de l'histoire juive, il attribue
la réunion des hommes en cités à la sociabilité entre les hommes [2]. Philon, suivant les points de vue, est séduit par les idées
les plus diverses, les plus opposées. D'origine également cynique est la diatribe contre les cités qui occupe tout le début du
traité sur le *Décalogue* (4-13) : la fumée d'orgueil (ὁ τῦφος) qui
engendre l'effronterie, le mépris et l'impiété, est une expression
favorite de l'école cynique.

Toute la partie allégorique du traité sur *Joseph* est occupée
par le développement d'un second lieu commun contre le politique. Le politique dont il s'agit ici n'est pas le législateur, ni le
roi, puisqu'il ne commande pas le peuple (§ 148), mais celui
qui se mêle à un titre quelconque de la vie de la cité pour
conseiller le peuple et le persuader. Un pareil type est chez
Philon tout d'emprunt ; ce n'est que dans une démocratie et
particulièrement dans la démocratie athénienne qu'il pouvait se

---

1. Comp. *de Josepho*, 28 sq. (*de Decal.*, 15, où les lois sont εὑρήματα ἀνθρώπου ; *Qu. in Gen.*, IV, 184, qui oppose « jus » existant par nature et « lex »
existant par convention), à Dion Chrys., *Orat.* (II, 244 ; II, 177, Arnim). Le
passage du *de Josepho* se rapproche de *Gorgias*, 483 *b*, où le principe des lois
est la crainte de l'avidité des puissants

2. *De septen.*, 14, II, 291.

réaliser. De fait dans le triple portrait qu'il trace du politique [1], le fond d'idées et d'expressions est empruntée au *Politique* et au *Gorgias* de Platon. Le premier portrait insiste, d'après le traité de Platon (294 *a-b*) sur l'absence de règles fixes en politique, par suite de la diversité des objets. Le second qui décrit le politique comme un sophiste cherchant à flatter la foule, rappelle le *Gorgias* sur bien des points [2]. Le troisième où le politique est présenté surtout comme un rhéteur, s'attachant au vraisemblable en des sujets particuliers rappelle à la fois le *Gorgias* et la définition de la rhétorique qu'a donnée Aristote [3]. Mais la source la plus immédiate de Philon paraît être la critique, que l'on trouve dans l'école stoïcienne d'Ariston et qui nous est connue par Sénèque, de la parénétique à laquelle il réduit de fait toute la politique [4]. Les préceptes que donne le politique de Philon ont le même caractère que les préceptes que Sénèque donne en exemples. Ceux-ci portent *in rem, non in omne* sur un fait particulier non sur un tout, et ceux-là περὶ ἑκάστου. Sénèque au § 37 rapproche d'ailleurs lui-même les préceptes des lois, puisque « non seulement elles commandent, mais elles instruisent ». Il critique à cet égard l'opinion de Posidonius qui voulait faire les lois brèves, sans explications ni prologues qui instruisent. Or nous trouvons dans le *Moïse* cette même critique, et ce rapprochement de la parénétique avec la politique [5]. Philon se sert, pour montrer la variété des règles de la politique, de la comparaison avec l'art du pilote et du médecin ; c'est cette comparaison même (95,7) que Sénèque indique comme étant celle des Stoïciens qui voulaient réduire la morale à la parénétique. Un mot de Sénèque qui leur est adressé n'est pas facile à comprendre sans le développement de Philon : « Tu te trompes, dit-il, si tu crois que la philosophie te promet seulement des œuvres terrestres ; elle aspire plus haut : je scrute, dit-elle, le monde entier, et je ne me tiens pas dans le *contubernium* mortel, en me contentant de vous conseiller et de vous dissuader ». Cette apostrophe touche justement la politique de Philon, qui, non seulement s'en tient

---

1. *De Jos.*, 28-32, 54-80, 125-151.

2. *De Jos.*, 62 et *Gorg.*, 465 *a* ; comparaison de la rhétorique et de l'art culinaire.

3. § 143 et *Gorg.*, 459 *c* ; — cf. Aristote, *Rhét.*, II, ch. Iᵉʳ ; la rhétorique est δύναμις περὶ ἕκαστον τοῦ θεωρῆσαι τὸ ἐνδεχόμενον πιθανόν.

4. Comp. *de Jos.*, 32 ; et Sén., *Ep.*, 94, 35 ; *de Jos.*, 144 et *Ep.*, 95, 37.

5. *V. M.*, II, 50. « Il est trop tyrannique d'ordonner sans conseiller ».

à la vie humaine et terrestre, mais oppose à cette vie pleine de troubles, l'éternité et l'harmonie du monde céleste (145-148).

Le politique, comme tel, est donc fort méprisé. Mais les législateurs autres que Moïse sont aussi l'objet de vives critiques. Ces critiques sont rassemblées dans deux passages à peu près identiques pour le fond, d'abord au début de l'exposé de la Loi mosaïque, et au début de la partie du *Moïse* consacrée au même sujet : « Parmi les autres législateurs, est-il dit dans la première phrase du *de Opificio*, les uns ont ordonné ce qui leur a paru être juste sans ornement de style ; les autres, ayant entouré leur pensée d'une grande pompe, ont aveuglé la foule et caché la vérité par des fictions mythiques. Le premier procédé est inconsidéré, faible (ἀταλαίπωρον), et sans philosophie ; le second, mensonger et charlatanesque ». Le second passage [1] reproduit avec plus de détail la même division et les mêmes critiques. Aux premières législations, composées sans plus des ordres légaux et des châtiments contre les transgresseurs, il reproche « leur despotisme, leur tyrannie ; elles ordonnent sans conseiller comme à des esclaves ». Une bonne législation doit donc dans sa pensée exposer les principes sur lesquels elle est fondée, et les raisons des lois ; elle implique toute une philosophie de la nature. Philon ne songe pas lorsqu'il parle de législations aux codifications pratiques et immédiatement applicables, mais plutôt aux législations philosophiques, telles que celles de Platon dans les *Lois* ou des néo-pythagoriciens. Les deuxièmes législations sont meilleures ; elles commencent par « fonder par la pensée une ville », puis imaginent la constitution qui conviendrait le mieux à la cité idéale ; elles « conseillent plus qu'elles n'ordonnent », et emploient, à cette fin, « des prologues et des épilogues ». Mais Moïse leur reproche d'être bonnes pour une ville artificielle (χειροποίητος), mais de ne pas être ce que doit être une législation, l'image du gouvernement de l'univers, la grande cité.

Ce dernier trait montre que ceux qu'il critique ici ne sont pas les Stoïciens ; au reste nous savons par le témoignage de Cicéron qu'ils se sont fort peu occupés de législation ; ils en restaient en politique à des principes très généraux. Pour la première espèce de législateurs, leur théorie correspond très exactement à un vœu de Posidonius que nous avons déjà rencontré. Les législations à prologue et à épilogue sont fréquentes à l'époque de Philon chez

---

1. *V. M.* II, 49-52.

les néo-pythagoriciens qui composent des lois qu'ils attribuent à d'autres philosophes [1]. Mais le prototype de ces faussaires se trouve dans les *Lois* de Platon, et c'est bien celles-ci qui sont dans la seconde partie de nos deux textes l'objet des critiques de Philon. Tout ce qu'il dit se rapporte très exactement au livre IV des *Lois*, qui précède immédiatement le détail des lois. Nous mettons ici les textes en regard [2]. Le reproche de fiction dans le *Moïse* peut s'adresser à Platon, et l'emploi que celui-ci fait souvent des mythes [3] peut expliquer les μυθικὰ πλάσματα du premier passage. Mais c'est sûrement le procédé de Platon qu'il décrit en l'approuvant lorsqu'il parle des prologues qui doivent ôter aux lois tout caractère despotique ou tyrannique et le remplacer par des conseils [4]. La critique qu'il fait (sous l'influence du stoïcisme) ne l'empêche pas d'approuver, et (ce qu'il fait souvent lorsqu'il approuve) d'attribuer à Moïse les traits essentiels de la méthode. Ce ne sont pas les seuls contacts que Philon ait avec l'auteur des *Lois*. Pour nous en tenir aux critiques, la fière comparaison entre les lois des autres peuples « ébranlées par mille circonstances, guerres, tyrannies et autres malheurs dus au hasard », avec la Loi mosaïque inébranlable au milieu de toutes les épreuves du peuple, semble être une réponse à un pas-

---

1. Lois de Zaleucus, de Charondas, conservées en partie par Stobée.

2. *Lois*, 712 *b*. Πειρώμεθα προσαρμόττοντες τῇ πόλει... πλάττειν τῷ λόγῳ τοὺς νόμους (dit l'Athénien ; puis il invoque le Dieu pour qu'il ordonne avec lui la cité et les lois). Puis sur le travail du législateur, 719 *e*. Πότερον οὖν ἡμῖν ὁ τεταγμένος ἐπὶ τοῖς νόμοις ἀρξάμενός τι τοιοῦτον προσαγορεύῃ ἐν ἀρχῇ τῶν νόμων ἀλλ' εὐθὺς ὃ δεῖ ποιεῖν καὶ μὴ φράζῃ τι καὶ ἐπαπειλήσας· τὴν ζημίαν ἐπ'ἄλλον τρέπεται νόμον, παραμυθίας δὲ καὶ πειθοῦς τοῖς νομοθετουμένοις μηδὲ ἓν προσδιδῷ (de la même façon, ajoute-t-il, le médecin des hommes libres, leur donnera les raisons de ses remèdes, non pas celui des esclaves).

722 *e* sq. montre la nécessité des prologues sans lesquels la loi serait un ordre tyrannique (ἐπίταγμα τυραννικόν).

V. M., 49 (sur la seconde espèce de législateurs) : πόλιν τῷ λόγῳ κτίσαντες καὶ ἱδρυσάμενοι πρότερον ἣν ἐνόμιζον οἰκειοτάτην... εἶναι τῇ κτισθείσῃ πολιτείαν... ἐφήρμοζον.

49 (Description de la première espèce de législateurs) : οἱ μὲν εὐθὺς ἅ τε χρὴ πράττειν διαταξάμενοι τιμωρίας κατὰ τῶν παραβαινόντων ὥρισαν.

50. Ὁ δὲ (Moïse) τὸ μὲν πρότερον ὑπολαβὼν τυραννικόν τε καὶ δεσποτικὸν ἄνευ παραμυθίας προστάττειν ὡς οὐκ ἐλευθέροις· ἀλλὰ δούλοις (Sc. Moïse) ὑποτίθεται καὶ παρηγορεῖ τὸ πλέον ἢ κελεύει, μετὰ προοιμίων καὶ ἐπιλόγων τὰ πλεῖστα καὶ ἀναγκαιότατα πειρώμενος ὑφηγεῖσθαι, τοῦ προστρέψασθαι χάριν μᾶλλον ἢ βιάσασθαι.

3. A propos du début de l'histoire des cités ou des législateurs mythiques : *Lois*, III, 677 *a*, 680 *d*, 681 *e*, 683 *d* ; IV, 713 *d*. Platon présente sa législation comme un mythe (IV, 712 *a*).

4. *Lois*, IV, 709 *a*.

sage où Platon montre les lois naissant et périssant par des circonstances accidentelles [1].

Tout ce recueil de lieux communs doit montrer la supériorité
de Moïse. Mais quelle idée se fait-il de Moïse comme législateur ?

3. — *Le législateur*

Chaque cité grecque plaçait à son origine un législateur
mythique. Moïse est supérieur à tous ces législateurs parce qu'il
est unique et qu'il a donné au peuple juif une loi universelle et
immuable ; mais de fait, les traits par lesquels le dépeint Philon
dans le deuxième livre de sa *Vie*, sont presque tous empruntés
aux traditions populaires des Grecs, telles qu'elles se sont fixées
chez Platon, chez les historiens et surtout chez les néo-pythagoriciens. Nous avons vu que Philon connaissait les *Lois*. Un texte du
livre III des *Questions sur la Genèse* [2] montre avec certitude qu'il
connaissait les fausses législations pythagoriciennes. Il parle de
la doctrine de la triple division des biens : après avoir dit qu'elle
est soutenue par Aristote, il ajoute : « On dit cependant que telle
est aussi la législation pythagoricienne ». Or les prologues qui
nous ont été conservés par Stobée contiennent précisément, dans
leurs principes, cette doctrine d'Aristote [3].

Le législateur est en même temps roi, grand prêtre et prophète. C'est au roi d'abord qu'il convient de légiférer. Puis
comme il ne peut réussir sans l'asistance divine, il lui faut la
science du culte, le sacerdoce. Enfin, comme l'avenir est indis-
cernable à l'homme, il lui faut l'inspiration divine : il est prophète. Toutes ces vertus s'unissent en Moïse, et échangent entre
elles leurs services « comme les Grâces inséparables » [4]. Un texte
précédent (à la fin du livre Ier) ne mentionne que trois de ces
dons, la royauté, le sacerdoce et la législation. Reitzenstein
signale un texte de Josèphe [5], qui attribue au roi des Juifs
Hyrcan « la souveraineté, le sacerdoce et la prophétie ». Il recher-

---

1. Cf. Cicéron, *de legy.*, II, 2, imitant Platon, et [Zaleucos] chez Stob. Floril.,
44, 20-21, donnant pour raison que la loi s'adresse non à des esclaves, mais à
des hommes libres.
2. 16, 188.
3. Fragments d'Archytas ; Mullach, p. 553.
4. *V. M.*, II, 1-8, correspondant à *de praem. et poen.*, 9, II, 416. Le don de
prophétie, dans ce dernier texte, est antérieur au don de sacerdoce.
5. *Poïmandres*, p. 175 : Jos. *Bell. Jud.*, I, 68.

che le prototype de cette conception commune dans le mythe
égypto-grec de l'Hermès-roi. Il en voit la trace dans le culte des
Sabiens, qui adorent l'Hermès trismégiste comme roi prophète et
philosophe. Mais il faut remarquer que ce culte est d'un âge fort
postérieur, et que l'Hermès roi qu'il retrouve dans l'Egypte
pharaonique ou encore représenté à l'époque impériale sous la
forme d'Auguste n'offre pas encore tous les traits de notre
Moïse. Quoi qu'il en soit, comme nous verrons que le mythe
d'Hermès a influé sur certaines parties du récit de la vie de
Moïse, une influence de ce genre n'est pas invraisemblable.

Les ressemblances de détail que nous trouvons entre ce portrait et celui du législateur des néo-pythagoriciens font supposer
que, s'il y a eu influence égyptienne, elle s'est exercée à la fois
sur ceux-ci et sur Philon. Chez Philon, Moïse n'est législateur
que parce qu'il est d'abord roi. C'est comme roi qu'il prend
toutes les fonctions humaines et divines, puisqu'il est comme
tel, législateur et grand prêtre. Il y a dans toute la suite, une
description d'un gouvernement à la fois paternel et irresponsable dont il faut chercher le pareil dans les traités apocryphes
de Diotogène, de Sténidès de Locre et d'Ecphante *sur la
Royauté* [1]. Pour Diotogène le roi est « la loi vivante ou le souverain légal » (νόμος ἔμψυχος ἢ νόμιμος ἄρχων). Ses trois fonctions
essentielles qui toutes sont les conséquences de la vertu royale
sont celles de stratège, de juge et de prêtre (στράταγόν τε καὶ
δικαστὰν καὶ ἱρέα). Comme le pilote sauve les passagers en péril, et
le médecin, les malades, le roi stratège sauve ses sujets. Il a
sur eux une souveraineté irresponsable (ἀρχὴν ἀνυπεύθυνον) ; d'où
il résulte qu'en en faisant un « souverain légal », Diotogène ne
veut pas dire que la loi est une borne à sa puissance, mais que
par nature et par essence, son pouvoir est légal. Il se fait donc
du roi la plus haute idée, et en fait sinon un Dieu, au moins
autre chose et mieux qu'un homme. Il est à la cité ce que Dieu
est au monde ; il ne doit pas être semblable aux autres, mais
supérieur ; il est convenable que, commandant aux autres, il
puisse d'abord maîtriser ses passions. Ce n'est pas la richesse, la
puissance et la force des armes qui le distinguent, mais la vertu.
Vient ensuite le portrait de ce roi idéal : son attitude n'est ni
rude, ni méprisante. Il imite les vertus de Zeus (θεόμιμον πρᾶγμα).

---

1. Ces œuvres sont impossibles à dater avec précision ; mais elles tombent
au 1ᵉʳ siècle avant J.-C. (Zeller, *Philos. der Gr.*, V, p. 100).

Il est vénérable (σεμνός) par l'excès de sa vertu, bon par sa bienfaisance et sa libéralité, terrible (δεινός) pour châtier les injustices, et commander à tous. Il est bienfaisant dans ses plaisirs ;
il fait part à autrui de ses richesses, et il a la prudence. Sténidès
développe surtout l'idée que le roi doit imiter Dieu, avoir comme
lui l'âme grande, la douceur et peu de besoins (μεγαλόφρονα,
πρᾶον, ὀλιγοδέα) ; Dieu à qui il ressemble, n'est pas seulement
créateur, mais maître et législateur. Ecphante, enfin, soutient
une thèse analogue.

Cette théorie est une utopie politique, qui néglige fort toutes
conditions pratiques. Au reste, chez les néo-pythagoriciens,
comme chez Philon, l'intérêt moral et religieux est essentiel, et
la politique pratique reste secondaire. Aussi sans dénier l'influence que l'auteur des *Lois* a eu sur ces conceptions, nous pouvons dire que jamais Platon n'a perdu contact à ce point avec la
réalité. Le portrait du bon tyran platonicien est évidemment un
des modèles [1]. Ce tyran qui n'est pas le législateur, mais sert à
celui-ci de moyen pour imposer les lois, est « jeune, tempérant,
apprend et retient facilement, est courageux et magnanime ». A
ce portrait idéal il est vrai, mais non pas utopique, il faut joindre
un autre passage, d'après lequel Cronos, « sachant qu'aucune
nature humaine, si elle exerce la toute-puissance, n'est capable
d'être exempte de violence et d'injustice, a institué comme rois
pour les cités, pendant l'âge d'or, non des hommes, mais des
êtres d'espèce plus divine et meilleure, des démons » [2]. Ce que
Platon considère comme un mythe a été pris au sérieux par les
néo-pythagoriciens qui en déduisent la nature divine du roi.

Mais le lieu même où ils écrivaient, l'Egypte, a dû être une
circonstance déterminante dans cette accentuation d'une idée
jetée en passant par Platon. La royauté pharaonique, à laquelle
avait succédé, sans qu'il y ait eu de changements dans les principes politiques, la royauté des Ptolémées, puis l'autorité romaine
était absolue et d'essence divine. Or ce sont bien les deux caractères les plus frappants et les plus nouveaux des fragments néo-
pythagoriciens.

Nous allons montrer maintenant, dans le *Moïse* de Philon, et
dans les portraits que l'on trouve çà et là du βασιλεύς une inspiration tout à fait identique. Pour lui aussi le roi est une loi

1. *Lois*, IV, 709 e-711 c.
2. *Ib.*, 713 e.

vivante et un souverain légal [1]. Pour ses fonctions, si l'on ne tient pas compte de la prophétie qui est toujours attribuée à Moïse, mais non pas toujours au βασιλευς idéal, le roi est prêtre et législateur [2]. Il n'est pas stratège, comme chez Diotogène ; mais Philon se croit obligé de montrer pourquoi et comment Moïse n'est pas stratège, comme s'il engageait une polémique contre une théorie ordinairement acceptée [3]. Toutes ces qualités dépendent en tout cas de la qualité royale. Leur union est, d'après Philon, une vieille tradition historique. « A mon avis, dit-il, les premiers rois furent en même temps des prêtres ». La comparaison du roi à un médecin ou à un pilote, est, depuis Platon, une banalité, que l'on rencontre souvent chez Philon ; mais, en un passage, elle reçoit une expression fort semblable à celle de Diotogène [4]. Le pouvoir absolu (ἀνυπεύθυνος), grâce à la perfection morale du roi, n'est pas une tyrannie ; il est au fond le même que ce pouvoir raisonnable (σὺν λόγῳ), « par lequel la justice et la loi sont honorées » [5]. Un tel pouvoir est accordé à l'empereur romain (*leg. ad Caïum*, 5, II, 550). Ce n'est pas le seul trait qui montre que Philon, probablement sous l'influence d'autres idées contemporaines, tendait à réaliser dans l'empereur la figure du roi idéal ; nous allons bientôt en rencontrer d'autres. Le pouvoir royal est de nature divine ; Moïse est l'élu de Dieu (ὑπὸ θεοῦ χειροτονηθεὶς *de pr et poen.*, 9, II, 417), pourtant avec l'acceptation de la volonté populaire, qui vient elle-même en ce cas de l'inspiration divine. C'est dans la monarchie divine que le roi doit prendre son modèle. Il est le dieu de ses sujets. Philon admet ici pour son compte le raisonnement qu'il prête à Caligula, lorsque ce mauvais empereur s'assimile aux dieux ; si le bouvier, dit-il, est supérieur aux bœufs, le

---

1. *V. M.*, II, 4 ; *de justit.*, 4, II, 354. Le portrait de Moïse comme roi se trouve tracé *V. M.*, I, 148-163. Ce portrait fait ressortir : 1° le caractère pacifique de la royauté ; 2° il est désintéressé, il ne cherche ni des avantages de famille, ni des richesses ; 3° il est bon modèle pour ses sujets. Il y a sûrement dans ce portrait des intentions critiques (cf. 148, ὥσπερ ἔνιοι... ; 152, μονος τῶν πώποθ' ἡγεμονευσάντων... ; 160 : il parle de rois qui sont de mauvais modèles.

2. Cf. aussi Moïse juge, *V. M.*, I, 47.

3. *De vita Mos.*, I, 148.

4. *De justit.*, II, 366. Il compare le roi au maître de maison, au pilote, au stratège, en disant qu'ils peuvent le bien et le mal, mais doivent vouloir le bien. Comp. Diotogène : « De l'ensemble dont chacun (à savoir, pilote, médecin, roi) est chef, il est aussi le guide et le démiurge » (ἐπιστάτας καὶ δαμιουργός.

5. *De Somn.*, II, 154 ; cf. *de fuga et inv.*, 10, βασιλεία : ἀρχὴ νόμιμος.

conducteur des hommes est aussi supérieur aux hommes [1]. Ces
paroles ne sont d'ailleurs qu'une reproduction à peu près exacte
d'un passage des *Lois* de Platon [2]. Nous pouvons voir dans ces
paroles une apologie raisonnée du pouvoir impérial. Dans le portrait du roi, il suit la même inspiration. Macron, le conseiller de
Caligula lui dit, en le réprimandant, dans des termes que l'on
croirait empruntés à Diotogène : « L'empereur ne doit être semblable à aucun homme, mais l'emporter autant dans chaque action
de sa vie qu'il l'a emporté en bonne fortune ; le maître de la terre
et de la mer ne peut être vaincu par un chant ou par une danse ».
Aussi bien, il attribue encore aux empereurs Tibère et Auguste
tous les traits du roi idéal. C'est Auguste « qui a dépassé la nature
humaine dans toutes ses vertus » ; Tibère est remarquable autant
par son intelligence que par son heureuse fortune ; il est, comme
le tyran de Platon, très noble, prudent et raisonnable [3]. Il y a
des natures royales aptes à la suprématie ; c'est une telle nature
que montra, d'après Philon, le gouverneur Flaccus, avant de
persécuter les Juifs [4]. Aussi fait-il soutenir par Caligula, la thèse
de l'hérédité : « J'ai été formé empereur, dit-il, avant ma naissance, encore dans le ventre de ma mère » [5]. C'est encore à
l'empereur qu'il attribue « le plus grand de tous les arts, l'hégé-
monie » [6]. Pourtant ce n'est plus à Rome, mais c'est chez Moïse ou
dans son roi messianique qu'il cherche les vertus royales. C'est
Moïse qui est arrivé au pouvoir « non comme quelques-uns par
les armes, mais à cause de sa vertu » [7]. C'est le roi messianique
qui reproduit exactement les trois vertus du roi néo-pythagoricien : il est « vénérable, terrible et bienfaisant ». La liste des
vertus royales dans le *Moïse* (I, 154), correspond à celle de
Diotogène. C'est la tempérance, la science et la justice. Enfin le
caractère paternel de la royauté est commun à Philon et aux
néo-pythagoriciens. Suivant une idée de Platon (*Lois*, IV,
711 *b.-c.*), le roi est encore le modèle que les sujets suivent
par force : il a donc dans ses propres mœurs la responsabilité
des mœurs d'autrui [8].

1. *Leg. ad Caïum*, 11.
2. IV, 713 *d*, a propos du gouvernement des hommes par les démons.
3. *Leg. ad. C.*, 7, II, 252 ; *ibid.*, 21-24.
4. *In Flacc.*, 1.
5. *Leg.*, 8, II, 553.
6. *Ibid.*, 7, 8, 22.
7. Comp. *de justit.*, 7 et Charondas (Stobée, *Floril.*, 44, 40) ; Ecphante, Π.
βασιλείας, p. 538, Müllach.
8. *V. M.*, I, 158-162.

Ainsi Philon a recueilli chez les néo-pythagoriciens le portrait idéal du roi. Tantôt c'est dans le législateur Moïse qu'il cherche à voir cet idéal réalisé ; tantôt il nous découvre l'existence et comme l'esquisse imparfaite d'une théorie de l'empereur romain idéal qui, peut-être, jouera plus tard un grand rôle ; une fois, enfin, par un tour d'idées peu fréquent chez Philon, le roi idéal devient le messie bienfaisant qui donnera la victoire aux Juifs. Cette idée du roi est donc une sorte de cadre, qui à l'époque de Philon, cherche son contenu. Dérivée d'influences égyptiennes, précisée par les néo-pythagoriciens sous l'influence de Platon, elle aura plus tard, dans l'histoire des idées politiques et religieuses, des conséquences que nous ne pouvons même pas songer à indiquer. Il nous fallait seulement étudier le moment philonien de son évolution [1].

4. — L' « Exposition de la Loi »

Cette thèse essentielle que la loi mosaïque est la loi de nature est indiquée avec le plus de force, pour des raisons faciles à comprendre dans l'ouvrage apologétique sur la *Vie de Moïse* [2]. Ces lois dont la solidité a résisté aux épreuves les plus fortes que peuple ait jamais subies, peuvent être considérées selon lui comme « imprimées par les cachets même de la nature ».

Mais ce principe forme en outre l'inspiration commune de tous les traités du grand ouvrage sur l'Exposition de la loi, dans laquelle les récits de la Genèse comme les prescriptions sont successivement exposés et justifiés par leur rapport avec la loi de nature.

I. — La Genèse, bien qu'étant un livre historique et cosmogonique, est le premier des cinq livres de Moïse, dont l'ensemble est appelé « la loi ou les lois ». Philon tente de justifier ce titre en montrant comment les lois écrites de Moïse se rattachent à la constitution du monde. Le Pentateuque suivant cette concep-

---

1. Il faut mentionner encore une autre idée sur le roi ; le roi est à la fois législateur et prophète, et c'est par l'inspiration divine qu'il connaît les lois (*V. M.*, II, 6 ; II, 187). Il faut en rapprocher Diodore de Sicile (I, 94) qui fait ainsi des premiers législateurs égyptiens ou grecs des inspirés, et cite, à côté d'eux, Moïse ; et Strabon (16, 2, 39) selon qui les législateurs, et parmi eux Moïse, sont des devins élevés à la royauté.

2. Surtout II, 45 sq.

tion se divise en deux parties : 1° la partie historique qui se sub-
divise en création du monde, et généalogie, relative aux châtiments des impies et à la récompense des pieux ; 2° la partie
relative aux prescriptions et aux défenses [1]. L'union de ces parties est tout à fait essentielle. Moïse dans la partie historique
nòtamment, n'est pas un simple annaliste (συγγράφευς) qui col-
lectionne les traditions pour le plaisir de la postérité [2] ; dans
cette partie même il fait œuvre de législateur en montrant le
modèle des lois qu'il va écrire et dans l'organisation du monde
et dans les vies des patriarches. L'exposition de la Genèse est
conçue comme un prologue (προοίμιον) des lois, que l'on doit rapprocher des prologues dont les législateurs anciens faisaient précéder leurs législations. Ces divisions n'indiquent pas, comme
Gfrœrer l'affirme, le plan de l'ensemble des œuvres de Philon.
Elles ne correspondent même pas exactement, comme on l'a cru
après lui aux diverses parties de l'Exposition de la loi. Cet
ouvrage débute bien en effet par l'histoire de la création du
monde (de opificio mundi) ; mais les vies des patriarches qui
viennent ensuite ne contiennent que la vie des hommes bons,
mais rien qui soit relatif à leurs récompenses, ni aux châtiments
des méchants. Ce sujet n'est développé que dans les deux derniers traités, le de Præmiis et le de Exsecrationibus, après l'exposé de toutes les lois écrites. Il serait d'ailleurs fort peu dans
les habitudes de Philon de n'indiquer la division de son œuvre
que tout à fait à la fin ou dans un traité qui comme le Moïse, est
étranger à cette œuvre. Ce plan présente en revanche une grande
ressemblance avec celui des législations néo-pythagoriciennes.
Le pseudo-Zaleucos, dans le prologue que nous a conservé Stobée (Flor. 44, 20) démontre d'abord l'existence des dieux et parle
des châtiments qu'ils infligent au méchant ; puis il conseille à
l'homme de bien « d'aller vers des hommes qui ont une réputa-
tion de vertu pour entendre parler de la vie humaine et des
châtiments des méchants », ce qui est précisément l'objet de la
deuxième subdivision de Philon.

Mais si cette phrase n'indique pas le classement des traités,

---

1. V. M., II, 46-48. Au début du de praem. et poen., division en trois parties qui revient au même : 1° la création du monde ; 2° la partie historique où
l'on raconte la vie des hommes mauvais et des hommes bons, leurs châtiments et leurs récompenses ; 3° la partie législative qui expose les lois
écrites.

2. V. M., 48.

elle nous renseigne au moins sur leur inspiration générale. Le premier d'entre eux se rapporte bien à la création, et, s'il en est ainsi, c'est que « le monde s'accorde avec la loi, et la loi avec le monde, et que l'homme légal est vraiment un citoyen du monde qui divise ses actions conformément au désir de la nature, suivant laquelle le monde tout entier est aussi gouverné »[1]. Si le *de opificio* se rapporte au monde en général les traités suivants (l'*Abraham* et le *Joseph* qui se complétaient par un *Isaac* et un *Jacob* perdus) nous présentent justement ces « cosmopolites », qui, en dehors de toute loi positive, vivent d'accord avec la nature. Lorsqu'il aborde les lois spéciales (à partir du *de decalogo*), il commence par montrer dans la monarchie divine le principe de toutes les lois qui gouvernent les hommes (*de monarchia* I et II). Donc les deux traités (*de opificio* et *de monarchia*) qui sont à la tête des deux divisions principales sont comme les prologues qui doivent mettre en évidence le gouvernement divin de l'univers. Dans le premier de ces traités, à travers toutes les dissertations physiques ou morales où l'amène le hasard de l'exégèse des textes, il poursuit un but unique qu'il indique très clairement dans les derniers paragraphes : montrer que « le divin existe, qu'il y a un seul dieu, que le monde est engendré, qu'il est unique, et gouverné providentiellement. » Or, c'est là, d'après sa phrase finale, l'objet du premier livre de la *Monarchie*, tandis que le second commence à parler des lois spéciales concernant le culte.

II. — Après le cosmos décrit dans le *de opificio* vient le « Cosmopolite », dépeint sous les traits des patriarches juifs. Ceux-ci, donnent, avant toute loi écrite, les modèles des vertus.

L'idée d'une littérature édifiante qui faisait voir dans les héros des modèles de la sagesse était peut-être empruntée aux stoïciens. Cicéron dans sa *République* parle des héros romains (II, 4) qui avant toute loi écrite suivaient la loi de nature. L'on connaît le mythe d'Hercule entre le vice et la vertu qui vient du cynisme et que Philon utilise. A côté et en dehors de l'explication allégorique d'Homère se développe une autre interprétation de source également stoïcienne et que nous trouvons chez Polybe[2], d'après laquelle Homère a voulu instruire, en montrant dans ses héros les modèles des vies[3]. Plutarque écrivant un traité pour

---

1. *De opificio*, 3.
2. Cf. Hirzel, *Untersuchungen*, II, p. 873.
3. Polybe, voulant montrer, οἷον δεῖ τὸν ἄνδρα τὸν πραγματικὸν εἶναι, propose comme modèle le personnage d'Ulysse.

montrer comment on peut utiliser la lecture des poètes pour
l'enseignement, paraît bien critiquer une opinion de ce genre,
lorsqu'il dit qu'il ne faut pas prendre les héros des poèmes pour
« des hommes sages et justes et des règles de toute vertu et de
toute rectitude » (κανόνες ἀρετῆς ἀπάσης καὶ ὀρθότητος) [1]. Philon lui-
même paraît bien avoir ainsi conçu la lecture des poèmes
grecs [2].

C'est dans ces dispositions que Philon écrit les vies des patriarches, au moins en partie. Ce n'est pas, dit-il, pour faire leur
éloge, mais « pour encourager les lecteurs et les amener aux
mêmes désirs » (de Abr. 4). C'est à titre d'encouragement qu'il
fait ressortir que, si ces hommes ont pu obéir aux lois morales,
alors qu'il n'y avait pas de loi écrite pour ordonner et punir,
l'accomplissement de la loi est d'autant plus facile, maintenant
qu'elle est écrite (ib. 5). Ils sont les lois vivantes, les lois non
écrites qui servent de modèles aux lois écrites [3]. Les lois non
écrites signifient ici, non pas comme il arrive souvent chez Philon [4] les coutumes des pères opposées à la loi positive, mais bien
les lois naturelles ou, ce qui revient au même, les vertus [5]. Nous
trouvons ici la même double conception de la loi non écrite que
Hirzel, dans sa belle étude sur le sujet, a signalé chez Aristote ;
il a montré comment la première de ces conceptions avait seule
persisté chez les juristes romains. Mais il n'y a pas de raison
que chez Philon, ces deux concepts tendent à se rapprocher : les
coutumes, quelquefois signalées comme bonnes, mais qui peuvent être également mauvaises, comme d'ailleurs toute espèce de
tradition, restent bien différentes des lois naturelles et spontanées personnifiées par les patriarches [6].

Tel est l'objet des Vies, mais le plan en est troublé par des
développements d'origine toute différente, et qui viennent, selon
nous, à la traverse de l'exposition, sans répondre au but tel
qu'il a été défini. Il ne s'agit pour lui que de retracer la piété,

---

1. De audiend. poet., 8.
2. De Abrah., 23 ; l'âge du sage s'améliore διά τε ποιημάτων καὶ τῶν καταλο-
γάδην συγγραμμάτων. Dans la littérature judéo-grecque, le livre IV des Macchabées peut se rapporter à cette littérature édifiante.
3. Νόμοι ἔμψυχοι qui est la définition même du roi, ib., 5 ; νόμος ἄγραφος, ib.,
276.
4. De justit., 3, II, 360-361 ; quis rer. div h., 295 (où ces lois donnent une
mauvaise éducation à l'enfant.
5. Qu. in Gen., IV, 42, 277.
6. Hirzel sur Aristote (Rhet., I, 10, 13-15), pp. 3-13 ; sur Philon, pp. 16-18.

l'humanité et les autres vertus des patriarches. Mais en outre
par la méthode allégorique, il fait de chacun d'eux le symbole
d'une vertu particulière, ou plutôt d'un moyen d'acquérir la
vertu : la vertu par enseignement (Abraham), par nature (Isaac),
par exercice (Jacob), et enfin le politique (Joseph). Les patriarches ne sont plus alors des hommes vertueux mais des symboles.
Tandis qu'au premier point de vue, ils étaient considérés comme
des autodidactes, qui suivaient spontanément la nature (§ 6), au
second, ce caractère ne convient qu'à un seul d'entre eux, Isaac.
Au premier point de vue tous sont également vertueux ; au
second, Abraham et Jacob n'arrivent à la vertu que progressivement, et Joseph, symbole du politique, reste à un degré inférieur. Enfin les patriarches, comme êtres humains, sont bien des
lois non écrites ; mais comme symboles de vertu, rien de tel ne
leur est attribué, par exemple au début du *de Josepho*, ou à la
fin de l'*Abraham*, où celui-ci est nommé loi non écrite, non pas
comme symbole de la vertu par instruction, mais comme ancêtre
du peuple.

L'exégèse allégorique, qui répond au problème de l'origine de
la vertu, a donc été ajoutée aux biographies littérales qui, seules,
rentrent vraiment dans le plan de l'Exposition. Le détail suivant
nous confirme que cette addition n'est pas essentielle. Dans
l'*Abraham*, chaque récit est suivi de son interprétation allégorique ; dans le *Joseph*, il en est ainsi jusqu'à la moitié ; la dernière
interprétation allégorique est celle du songe des eunuques de
Pharaon (151-157) ; puis jusqu'à la fin, le récit se poursuit sans
aucune interruption.

Les biographies édifiantes dégagées, d'ailleurs assez aisément
(puisque le passage à l'explication allégorique est toujours fort
nettement annoncé) de tous les symboles concernant la théorie
de l'origine des vertus, présentent un plan assez net. Bien que
Philon y suive la chronologie des événements racontés par la
Genèse, il fait correspondre chaque groupe successif de faits à
une vertu particulière. On sait que, dans l'exposition des lois
écrites, il groupe toutes les lois de Moïse en classes, dont chacune correspond à un précepte du Décalogue. Ces préceptes eux-
mêmes commandent les différentes vertus, les cinq premiers la
piété, et les cinq derniers les devoirs envers les hommes ou la
justice. Ces deux vertus sont en somme les principales et parmi
les nombreuses classifications, c'est elle qui revient le plus souvent chez Philon. Or dans ses *Vies*, Philon, tout en conservant

l'ordre chronologique, cherche un moyen de grouper les événements, de la même façon qu'il groupe les lois dans les *Lois spéciales*. Dans l'*Abraham*, il choisit au milieu d'une foule d'autres
faits, d'abord les exemples de piété, puis les exemples de justice.
Le traité (en exceptant bien entendu les allégories) se trouve
divisé en deux parties, comme il est indiqué au § 208 : « Tels
sont les faits concernant la piété ; il faut maintenant rechercher
sa droiture envers les hommes ». C'est par piété qu'il résiste à
son amour de la patrie et de la famille quand il reçoit l'ordre de
s'exiler (62-68) ; par piété, il va sacrifier son fils Isaac, sans céder
à son amour paternel (167-200); son impassibilité au moment où
l'oracle le lui ordonne vient de ce qu'il est dompté par l'amour
divin (170). Aussi reçoit-il les récompenses de cette piété soit
dans la visite des anges (114 sq.), soit dans la protection que
Dieu lui accorde contre les Egyptiens (89-99)[1].

Dans la deuxième partie, il montre son caractère pacifique,
lorsqu'il se sépare de Lot (208-217), son courage dans ses expé-
ditions guerrières (225-236). Son attitude à la mort de Sara, lorsqu'il « ne s'agite pas comme pour un malheur très nouveau, et
qu'il ne reste pas impassible, comme si rien de douloureux ne lui
était arrivé, mais que choisissant le milieu, il s'efforce à une
douleur modérée », le montre encore maîtrisant ses passions.

Joseph est le héros populaire dont les vertus sont victorieuses
de toutes les circonstances adverses. Il arrive au plus haut pouvoir politique, et il l'exerce pour le plus grand bien de ses sujets,
grâce à sa bonté naturelle, sa noblesse, sa tempérance, sa prudence. « Il est arrivé, dit Philon, au comble de la beauté, de la
prudence, et de la puissance oratoire »[2]. Il a, disent ses frères
dans leurs discours d'éloge « l'oubli du mal, l'affection pour sa
famille, l'intelligence, la piété, la patience, l'égalité et la droiture »[3].

Ces portraits d'hommes nobles et bons contrastent fort, par

1. Le récit de l'incendie de Sodome qui s'intercale avec son explication
symbolique (133-167) est sûrement un hors d'œuvre. A la fin du § 132 finit
l'explication symbolique de la théophanie. Il se rattache immédiatement au
§ 167 : « Voilà que nous avons montré, dit l'auteur, ce qui se rapporte à la
vision (s. e. des anges) et à l'hospitalité (celle qu'Abraham offre aux anges).
Il ne faut pas taire maintenant l'acte le plus grand » (le sacrifice d'Isaac). Ce
récit est un appendice à l'explication allégorique qui a pour objet de montrer
que l'identification des trois êtres apparus à Abraham avec Dieu et ses puissances est exacte (§ 142).

2. *De Jos.*, 268.

3. *Ib.*, 246-250.

leur simplicité facile et leur popularité, avec les savantes théories morales qu'y ajoute l'allégorie sur l'éducation et sur la politique. Le trait commun de toutes ces vertus, c'est la métriopathie, la victoire de la raison (λογισμός) sur la passion qui n'est pas détruite, mais qui cède, la bonne tenue de l'homme qui sait dissimuler sa douleur et sa joie. Tel Abraham chez qui l'amour de la patrie, ou l'amour paternel cèdent à la piété, et ne manifestant à la mort de Sara, aucun chagrin violent. Tel Joseph qui résiste, dans la maison où il est esclave, aux séductions de la femme de son maître, ou bien quand il reverra ses frères, refusant de s'abandonner à l'affection fraternelle. Ainsi, dans un ouvrage populaire du même genre, mais de but différent, il montre Moïse résistant, dans le choix d'un successeur, aux sentiments de famille[1]. Ce point de vue présente une ressemblance parfaite avec celui du IVe livre des *Macchabées*, dont l'auteur a voulu montrer, sur l'exemple des héros juifs, que la raison (λογισμός) pouvait non pas retrancher et détruire, mais gouverner et modérer les passions[2]. Cette espèce de prédication, écrite selon Schürer au Ier siècle après J.-C., mais avant la destruction du temple de Jérusalem, est d'inspiration semblable à celle de nos *Vies*. Eléazar comme Abraham garde dans la douleur sa volonté stable et droite[3]. Les martyrs voyant leur mère mourir d'avance résistent à l'amour fraternel, et leur mère à l'amour maternel.

Il y a, d'autre part, dans les *Vies*, quantité d'éléments et de procédés populaires, citations de poètes, proverbes ou lieux communs. C'est l'ébauche d'un discours sur l'Exil, dans l'*Abraham* (63-66), le discours de consolation sur Sara (257-261), auquel on doit joindre l'espèce de discours consolatoire par prétérition, où Jacob désigne successivement tous les moyens de se consoler des morts ordinaires. C'est enfin le discours sur l'adultère que Joseph adresse à la femme de Putiphar[4]. Wendland[5] a trouvé chez Crantor et dans la *Consolation à Apollonius* de Plutarque les traits essentiels des discours d'Abraham et de Jacob[6].

1. *Vita Mos.*, I, 150.
2. *Macch.*, IV, 1, p. 392, 11, Didot ; 3, p. 394, 40.
3. Comp. *Macch.*, IV, 6 : τὸν λογισμὸν ὀρθὸν καὶ ἀκλινῆ, et *de Abr.*. 170. Chez Philon, cette stabilité est due à la piété, dans les *Macchabées* au λογισμός εὐσεβής.
4. *De Jos.*. 23-28 et *ibid*, 42-49.
5. *Die Kynisch-stoïsche Diatribe bei Philo*.
6. Ces traits contrastent avec un court fragment de *Qu. in Gen.*, IV, 73,303, qui recommande, suivant le stoïcisme le plus rigoureux, l'apathie complète.

III. — Ces récits édifiants sur l'héroïsme naturel et spontané des patriarches juifs nous amènent à l'exposé des lois écrites qui commence au *de decalogo*. Le seul argument par lequel il défendra les lois de Moïse, celui que nous voyons revenir à toutes les pages et sous toutes les formes, qui fait le commencement et la fin de son apologétique, est le suivant : les prescriptions mosaïques sont les prescriptions mêmes de la nature ; les lois ne sont pas l'invention d'un homme. Aussi toutes ses explications, toutes ses interprétations, littérales ou symboliques, tendent à montrer dans les lois des prescriptions de piété, de justice ou d'humanité. On chercherait en vain dans cette œuvre une pensée de politique pratique : le code mosaïque ne fut sans doute jamais viable, et ce n'est pas le travail de Philon qui pouvait le rendre plus directement applicable. L'idée de grouper les lois suivant les différentes vertus en lois concernant la piété (les offrandes à Dieu et les fêtes), l'honneur des parents, la justice, la tempérance n'est rien moins qu'une idée de juriste. Aussi bien les lois inapplicables ou utopiques, concernant notamment la propriété[1], celles qui ne peuvent avoir qu'une signification symbolique, comme les lois concernant la tempérance[2], montrent que l'on a affaire à un pur moraliste. Lorsqu'il fait des reproches à ceux qui, sous prétexte d'explication symbolique, ne pratiquent pas la lettre de la Loi, il cite exclusivement des règles religieuses, toujours vivantes dans la communauté juive, telles que le sabbat ou l'offrande au temple. Mais il ne se fait pas faute de déclarer absurdes au sens de prescriptions littérales, certaines lois qui ne prennent un sens que par l'allégorie.

Cet exposé des lois écrites n'est pas un simple commentaire suivant le texte biblique. D'abord les lois spéciales sont classées suivant les commandements du décalogue. Il étudie d'abord les lois qui se rapportent au culte divin et à la piété, puis les lois qui régissent la famille et l'union des sexes, enfin la législation sociale.

Ensuite ces lois sont complétées. Les lois écrites ne remplissent pas en effet les cadres de ces divisions pour lesquelles elles n'ont évidemment pas été faites. Il arrive ou bien que Philon modifie les lois mosaïques[3], ou bien qu'il généralise ce que Moïse

---

1. *De septen.*, 8 sq.
2 *De concupisc.*, 4-10
3. Cependant Ritter, *Philo u. die Halacha*, p. 18, remarque que Philon se

n'a prescrit que dans un cas particulier [1], ou enfin qu'il ajoute des prescriptions nouvelles [2]. Il est *a priori* douteux que Philon respectueux des traditions de son peuple ait de lui-même ajouté ces compléments. D'autre part, Ritter, en comparant les additions philoniennes avec la tradition palestinienne, a montré que sur un grand nombre de points, elles ne s'accordaient pas avec la Halacha. Il suppose, avec un grand degré de vraisemblance qu'il puise à une tradition proprement alexandrine qui se formait des décisions du synèdre alexandrin. Ces additions sont d'ailleurs souvent suggérées par le texte même de la Bible [3]. Cependant on ne peut méconnaître les rapprochements depuis longtemps signalés par Mangey entre quelques-unes de ces prescriptions complémentaires et des lois étrangères grecques ou romaines [4]. Les influences ne s'étendent pas au delà de quelques détails.

Enfin le sens matériel des prescriptions se double toujours chez Philon d'un sens moral, et le sens moral subsiste parfois tout seul. Les rites religieux par exemple, sont des indications des conditions morales de la piété ; l'interdiction des animaux impurs signifie que les désirs doivent être réfrénés. Au total une pareille interprétation enlève décidément à la Loi juive tout caractère politique, et la transforme en une chose tout à fait nouvelle dans la pensée grecque, en loi morale. Dans la morale grecque, on ne conçoit pas dans l'âme humaine une conscience législative qui impose le devoir, et on laisse le bien agir par son seul attrait : en revanche, les lois positives, au moins telles qu'elles sont conçues idéalement par un Platon, dépassent sans

---

tient plus près de la lettre de la *Bible* que la tradition palestinienne. Pour les modifications, voyez par exemple l'interprétation d'Exode, 22, 6-14 sur les règles du dépôt (*de spec. legg.*, IV, 7).

1. Cf. le principe de cette méthode exposé *de concupisc.*, 3, II, 351. Moïse, ami de la concision se sert d'un seul exemple au lieu d'énumérer l'infinité des cas. Ainsi, Philon tire de la loi des prémices tous les préceptes de la tempérance.

2. Par exemple *de spec. leg.*, III, 15 (les punitions du meurtre); *ib.*, 20, sur l'exposition des enfants.

3. Exemples dans Ritter : *de spec. legg.*, III, 19 fin, où la punition est suggérée par la traduction des LXX ; *de spec. legg.*, II, 6 ; la punition du parjure suggérée par *Lév.*, 5, 1.

4. Le pouvoir judiciaire de Moïse (*de judice*) fait songer à celui du roi égyptien (cf. Dareste, *Journal des Savants*, mars 1883, p. 6). Voyez particulièrement les notes de l'éd. Mangey, II, 315 (sur les empoisonneurs) ; II, 317 (sur le meurtre involontaire) Philon soutient contre la tradition juive le droit de vie et de mort des parents sur les enfants (*de par. col.*, 4, p. 14).

cesse la vie extérieure du citoyen, et visent en outre à le rendre vertueux ; elles contiennent des prescriptions morales. Philon, en plaçant dans la nature même la source des lois mosaïques, de plus en identifiant la loi, conçue comme « un discours qui commande et qui défend », avec le logos intérieur au monde et à l'âme, contribue à créer l'idée de raison législatrice et de devoir.

5. — *Le gouvernement politique*

Philon a donc exclu du judaïsme toute aspiration et même toute signification politiques. Le juif alexandrin est juif de religion, non de nationalité. Chaque juif de la dispersion doit être, suivant Philon, citoyen du pays où il réside. Les questions politiques l'inquiètent au fond très peu. On rencontre sans doute chez lui des discussions sur les diverses formes de gouvernement. Mais ce sont en général de simples thèmes oratoires qui ne présentent aucune doctrine fixe. Après avoir fait l'éloge de la démocratie, le meilleur des gouvernements parce qu'il s'appuie sur l'égalité [1], il représente la monarchie, comme le gouvernement le plus naturel et le meilleur [2].

Philon ne critique jamais à un point de vue théorique une forme de gouvernement quelconque. Ce qu'il y a de vivant dans ses considérations politiques, c'est le désir d'un gouvernement pacifique et fort, assez fort pour protéger les droits des Juifs. Philon raconte dans le *contre Flaccus* combien ceux-ci ont eu à souffrir de la faiblesse du préfet romain Flaccus qui laissa la populace alexandrine se déchaîner contre eux. On sait d'ailleurs d'après d'autres témoignages [3], combien cette populace était instable, capricieuse et toujours en mouvement. Ce fait donne un fondement réel aux peintures vives, et d'où se dégage une animosité bien compréhensible que Philon fait de la foule, et de

---

1. *De justit.*, 14, II, 374 (dans un éloge de l'égalité). *Quis rer. div. h.*, 145, développe le principe de l'égalité politique.

2. *De Decal.*, 155 : elle est rapportée à l'univers. — *De confus. lingu.*, 170 ; *leg. ad Caïum.* 22 ; cf. le principe posé par Caïus : ἀκοινώνητον ἀρχὴν θέσμος φύσεως. La royauté est pour lui la royauté égyptienne absolue (cf. la théorie du sol tout entier propriété royale, *de plantat.*, 56-58). Cf. les critiques incidentes contre la royauté, contre l'habitude de l'espionnage (*V. M.*, I, 10), contre la succession héréditaire (*ib.*, 150, *de humanit.*, 1, p. 384).

3. Cf. Bouché-Leclercq, *Hist. des Lag.*, II, p. 35.

l'ochlocratie[1]. Pour cette raison, le choix des magistrats par l'élection, la liberté des associations ou confréries ne le trouvent pas plus sympathique[2]. S'il craint l'anarchie, c'est surtout à cause de l'ochlocratie qui en dérive.

Or ce gouvernement fort et pacifique, Philon le trouve réalisé dans l'empire romain, qu'il ne serait pas loin de considérer comme le gouvernement idéal, s'il admettait qu'il pût y avoir sur la terre, une monarchie véritable[3] et un monarque digne de ce nom[4]. Il n'en rassemble pas moins sur l'empire et sur l'empereur tous les traits de la monarchie et du monarque idéals. Il voit surtout avec satisfaction l'universalité de cet empire. Il s'étend sur tout l'univers, dit-il, depuis l'Euphrate jusqu'au Rhin, puisqu'au delà de ces limites, il n'y a plus que des nations sauvages[5]. Auguste est particulièrement loué d'avoir, en substituant le gouvernement d'un seul à celui de plusieurs, garanti la paix et l'harmonie du monde[6]. Les expressions par lesquelles il désigne l'empereur en font un personnage véritablement divin. Nous ne pouvons sur ce point que signaler le contraste assez étrange qu'il y a entre les vifs reproches que Philon fait à Caligula pour avoir voulu s'assimiler aux dieux, et les attributs divins qu'il lui décerne lui-même. Il a, dit-il, le pouvoir « de faire pleuvoir sur l'Asie et sur l'Europe des sources nouvelles de biens pour un bonheur indestructible, en faveur de l'individu et en faveur de la société[7] ». Ce contraste évident rapproché de ce que nous avons dit plus haut du législateur idéal, nous amène à croire que Philon rencontre et adopte une théorie de l'empereur idéal ; cette théorie s'accorde bien avec les anciennes conceptions de la royauté égyptienne, et il est naturel qu'elle soit

1. *De Jos.*, 59 sq.; *in Flacc.*, 5, II, 512 ; *de praem. et de pœn.*, 3, II, 411 ; *spec. legg.*, IV, 8, p. 343.

2. *De constit. princ.*, 1 : *mut. nom.*, 151 (il admet cependant que Moïse est ὑπὸ θεοῦ χειροτονηθεὶς ἑκουσίῳ γνώμῃ τῶν ἀρχομίνων (*de pr. et pœn.*, 9, 417. Sur les associations, *in Flacc.*, 1, II, 518.

3. *De decal.*, 155 : il ne peut y avoir chez les hommes que l'anarchie.

4. *De decal.*, 41-44 où il rappelle au roi qu'il est un homme.

5. *Leg. ad C.*, 2.

6. *Ib.*, 22 : ἀντὶ πολυαρχίας ἑνὶ κυβερνήτῃ παραδοὺς τὸ κοινὸν σκάφος οἰκονομεῖν ἑαυτῷ.

7. ch. IV ; cf. ch. VII fin : un prince doit ἀταμίευτα προφέρειν τὰ ἀγαθὰ πλουσίᾳ χειρὶ καὶ γνώμῃ. Cf. l'éloge de Tibère, ch. XXI. Il applique à Auguste ce que Platon disait du démiurge : τὴν ἀταξίαν εἰς τάξιν ἀγάγων... τὰς χαρίτας ἀταμιεύτους εἰς μέσον προθείς. Comp. Moret, *Caractère religieux de la royauté pharaonique* (Paris, 1902), p. 297 : le roi égyptien est au même titre que le dieu un créateur.

née en Egypte, où, comme l'on sait, les empereurs romains avaient succédé aux rois, en gardant tous leurs pouvoirs. Cette vue est encore renforcée par les paroles de Macron à Caligula. « Envoyé par la nature (ὑπὸ φύσεως) à la proue, gouverne pour son salut la barque commune de l'humanité, joyeux par-dessus tout de faire du bien à tes sujets »[1]. Il ressort de ces expressions que l'autorité romaine n'est pas conventionnelle, mais naturelle : elle réalise l'unité du monde en s'opposant aux maux résultant du suffrage populaire[2] (πολυψηφίαι). Le bonheur de l'empire sous Tibère, l'accroissement de richesse et d'égalité font songer à l'âge d'or, comme Philon le dit lui-même, et il peut y avoir, dans le rappel de ce mythe, plus qu'une comparaison flatteuse, à savoir l'idée d'une mission divine de l'empereur romain.

Philon est ce que nous appellerions aujourd'hui un homme de gouvernement ; il a vu dans l'empire romain une garantie de la culture juive ; l'empereur « gouverne avec les lois », c'est-à-dire respecte les lois de chaque pays où son pouvoir s'établit et spécialement la loi juive. « Auguste prend autant de soin d'affermir les lois particulières dans chaque peuple que les lois romaines ». Les Juifs de Rome n'ont pas été forcés de changer les coutumes paternelles ; le chapitre XXIII tout entier nous montre comment il concevait l'accord entre l'empire romain et la loi juive. Il faut bien distinguer ce point de vue purement pratique, qui n'empêche pas Philon lui-même de résister aux empiétements de l'empereur sur les Juifs, et la doctrine théorique de l'empereur divin dont Philon ne peut être l'auteur.

Le Juif veut comme le Romain l'empire universel. Mais ces deux ambitions ne sont pas exclusives. La royauté du sage n'est pas en effet l'assujettissement des nations ; le sage est comme un étranger sur la terre[3] ; en sortant du corps seulement, il revient à sa métropole qui est le ciel[4]. La politique des hommes lui apparaît comme un songe, et l'empire universel une illusion.

1. *Ibid.*, 7, II, 534.
2. *Ibid.*, 22, II, 567.
3. *Qu. in Gen.*, 10, p. 182 : *peregrinatur in terra, non sua*.
4. *Ibid.*, 11, 184 ; *ib.*, I, 51 (*Harris*, p. 14).

CHAPITRE III

LA MÉTHODE ALLÉGORIQUE

La pensée philosophique ne se présente pas chez Philon d'une façon directe, mais seulement sous la forme d'une perpétuelle exégèse des textes de la Bible. Ces textes, dans leur sens littéral, ne contiennent bien entendu pas les théories de l'auteur. De là la nécessité de les en faire sortir par une interprétation qui est l'interprétation allégorique.

L'allégorie semblera à un lecteur moderne être, dans l'exégèse des textes, le domaine de l'à peu près et de la fantaisie sans règles. Elle consiste essentiellement à déterminer une idée par une image. Mais l'image concrète qui veut exprimer une idée abstraite, la figure extérieure qui veut représenter la pensée intérieure s'y efforcent vainement. Il restera toujours dans l'idée quelque chose d'inexprimable qui fait précisément qu'elle est une idée, non une image. Aussi peut-on dire que les images, les allégories peuvent servir à réveiller une idée qui sans elles deviendrait peut-être difficilement consciente : mais elles ne forment que le premier anneau d'une chaîne de pensées qui se prolonge souvent bien loin ensuite, anneau non pas même indispensable, quoique souvent utile. Elle n'est au fond qu'un signe plus concret, plus vivant que les signes ordinaires, mais qui exige pour être compris que l'on connaisse d'abord la signification. Ceci donné, la méthode allégorique se pose le problème de renverser le sens de l'allégorie ; au lieu de partir de la pensée pour aboutir à l'image, elle part de l'image, cette pensée incomplète, pour reconstituer par elle l'idée génératrice. Cette reconstitution ne pourra être évidemment que tout à fait arbitraire. Telle est la situation de Philon vis-à-vis des récits et des lois que contiennent les cinq livres de Moïse. Ces livres sont le point de départ unique, la source de la sagesse qui renferme toute la vérité sur Dieu, la vie humaine, les rapports de l'homme avec Dieu. Le texte biblique est l'image dont l'interprétation allégorique montre le modèle, le corps à travers lequel, pour l'œil intellectuel de celui qui sait voir, transparaîtra l'âme. Dans une telle exégèse le lien entre le texte et son interprétation paraîtra toujours arbitraire. On sera porté à accuser l'auteur de chercher intentionnellement à introduire dans les textes les doctrines qu'il veut prouver ; et c'est en effet le reproche qui est au fond de cette formule si souvent employée que « la méthode allégorique a servi à Philon à trouver la sagesse grecque dans les livres juifs ».

Ce reproche n'est pourtant pas justifié. Pour un lecteur moderne, l'exégèse allégorique est arbitraire, mais il n'en est pas de même du tout en se plaçant au point de vue de Philon et de son entourage. Quelles sont les raisons qui ont pu justifier ce que nous serions portés aujourd'hui à considérer comme une aberration mentale ?

La méthode d'interprétation allégorique était à l'époque de Philon employée très généralement dans le monde grec. Nous ne voulons pas ici retracer cette histoire qui a été excellemment faite par Decharme [1]. Bien avant les stoïciens, le procédé avait été appliqué à la mythologie grecque et aux poèmes homériques. Mais c'est l'école stoïcienne qui, dès son début, dans l'intention avouée de retrouver sa doctrine dans la mythologie populaire, l'employa avec le plus de développement. L'*Abrégé de Théologie* de Cornutus contient une vue d'ensemble, empruntée surtout à Chrysippe, du sens allégorique que celui-ci prêtait aux divinités grecques et à tous leurs attributs et leurs actions. Mais il n'est pas de système philosophique, même celui d'Epicure

---

1. *Critique des traditions religieuses chez les Grecs*, Paris, 1905.

(du moins dans l'exposé de Lucrèce)[1] où nous ne rencontrions la même méthode. Cette rage d'allégorie était d'ailleurs diversement appréciée ; elle rencontre dans le bon sens pratique des Stoïciens de l'époque romaine des critiques assez vives, comme celle de Sénèque qui reproche à chacune des sectes de vouloir rendre Homère, suivant ses doctrines, stoïcien, épicurien ou péripatéticien[2].

Il est en effet bien évident que par des interprétations arbitraires on pouvait retrouver chez Homère tous les systèmes. Aussi les philosophes restés fidèles à une école ne pouvaient guère accepter l'autorité d'Homère, puisque, par la méthode employée, d'autres écoles pouvaient leur opposer cette même autorité. Il n'y eut jamais, de fait, une exégèse fixe et traditionnelle. Au contraire, des philosophes qui, ainsi que Philon et tant d'autres à son époque, n'acceptaient aucune doctrine particulière, mais prenaient partout leur bien, pouvaient sans danger accepter la méthode. Le syncrétisme est donc une circonstance éminemment favorable à la diffusion de l'exégèse allégorique.

1. — *La méthode allégorique chez les Grecs*

L'influence que l'hellénisme a eue sur Philon en cette matière peut être heureusement précisée ; si, en effet, la méthode allégorique est universellement répandue, nous pouvons cependant prouver d'abord que c'est à Alexandrie, vers le temps de Philon, qu'elle fut employée avec plus de goût et plus de faveur que partout ailleurs ; ensuite qu'elle y prit sous différentes influences une teinte beaucoup plus religieuse que philosophique, ce qui veut dire : il s'agissait non plus d'absorber les mythes religieux dans des doctrines philosophiques préconçues, comme les Stoïciens ne voyaient en Zeus que leur feu artiste ; mais on tentait de trouver sous de grossiers récits de la mythologie l'être spirituel concret et vivant qui peut être objet d'amour et de culte.

La source la plus importante sur cette direction de l'allégorie à Alexandrie dans les cercles helléniques, c'est Philon lui-même, mais son témoignage acquiert une haute valeur, si nous le con-

1. *De nat. rerum*, II, 598 ; III, 976 ; II, 655.
2. *Ep.*, 88, 5.

frontons avec les misérables débris qui nous restent de cette intense activité.

Philon connaît dans leurs détails les allégories communes à l'école stoïcienne. Il cite le plus souvent en les acceptant formellement, très rarement en les écartant, l'interprétation du mythe de Mnémosyne [1], de celui de Vesta [2], d'Ouranos [3], du Hadès [4], de l'ambroisie [5], de Triptolème [6], de Lyncée [7], des Sirènes [8]. Il faut ajouter cependant que dans ces mythes certains ont seulement la valeur d'expressions toute faites ou proverbiales, comme le supplice de Tantale, pour exprimer le tourment du désir ou le Hadès pour parler des malheurs de la vie mortelle. Mais pour les autres, il accepte l'allégorie en elle-même et sans essayer du tout de la justifier par un texte de la Bible. De la même façon, il lui arrive d'exposer des doctrines philosophiques sans les mettre sous l'autorité de Moïse.

La valeur qu'il attribue à l'allégorie grecque est prouvée encore par l'estime qu'il fait d'Homère et d'Hésiode, considérés comme autorités philosophiques. Dans le traité sur la *Providence* [9], il venge Homère et Hésiode de l'accusation d'impiété avec la même ardeur que l'auteur des *Allégories homériques*. Dans ce texte son Homère est plutôt un stoïcien qui cache la physique sous le voile de l'allégorie; ailleurs c'est un politique qui affirme la supériorité de la monarchie [10], il est aussi pythagoricien et il a montré la dignité du nombre trois [11] ; dans un texte fort curieux, il rapproche sans nommer cependant Homère, du récit de l'apparition des anges à Abraham (*Gen.*, 18, 2), l'apparition de Dieu dans l'Odyssée (17, 485-7) sous la forme de deux étrangers [12]. Il faut encore citer une interprétation mystique

1. *De Plant.*, 27-30 ; cf. Cornutus, p. 15, l. 15 : la fonction des Muses filles Mnémosyne.

2. *De Cherub.*, 26 ; parallèle presque littéral avec Cornutus, p. 52.

3. *De Plantat.*, 3. Le texte de Philon reste inexplicable si on ne le complète par Cornutus, p. 2, l. 1, qui explique φυλάκτηριον par ὀρεύειν.

4. *Quis rer. div.*, 2, 45.

5. *De Somn.*, II, 249.

6. *De praem. et poen.*, 2, 409.

7. *Qu. in Gen.*, II, 72, 158.

8. *Qu. in Gen.*, III, 3, 123 ; cf. encore *de incorrupt.*, 7, II, 494 ; la terre-Pandore.

9. *De provid.*, II, 40, 75.

10. *De Conf. lingu.*, 170.

11. *Qu. in Gen.*, IV, 8, 250.

12. *Ibid.*, 2, 245.

des trois âges d'Hésiode, l'âge d'or représentant le monde intelligible, l'âge d'argent, le ciel, l'âge d'airain, la terre ; Hésiode n'est pas cité, mais Homère est appelé en garantie de l'interprétation du dernier âge [1].

Mais c'est là le bien commun des allégoristes, bien que le dernier texte suppose une théorie platonico-stoïcienne particulière à l'alexandrinisme. L'influence proprement alexandrine se montre surtout dans la mythologie abstraite des intermédiaires et des puissances. Cette mythologie contient, comme nous le montrerons plus bas, le résultat d'un travail d'interprétation allégorique, qui a eu pour principe le syncrétisme religieux gréco-égyptien et auquel paraissent avoir la plus grande part les philosophes stoïciens. Le Logos, la Sagesse, les Puissances résultent de la spiritualisation par la méthode allégorique des divinités gréco-égyptiennes. Il est certain d'ailleurs que par sa nature même la religion égyptienne se prêtait à de telles allégories. On y rencontre de très bonne heure des dieux abstraits, sortes d'essences presque impersonnelles, qui sont en général invoqués dans leurs rapports avec les autres dieux [2].

Nous n'insistons pas ici sur ce point parce qu'on retrouve chez Philon, non pas le travail allégorique lui-même, mais le résultat de ce travail. Ces penseurs ont influé bien plus sur la doctrine que sur la méthode. Philon admet ces êtres divins abstraits sans paraître se douter de l'interprétation allégorique d'où ils sont issus. Le Logos et les autres hypostases analogues ont droit de cité dans la religion [3].

Il en est autrement des néo-pythagoriciens. Le centre de leur école est à Alexandrie [4]. Clément d'Alexandrie cite quelques-unes de leurs allégories qui n'offrent aucune originalité bien spéciale mais montrent qu'ils employaient les mêmes procédés que les stoïciens [5]. Mais le célèbre petit traité allégorique néo-pythagoricien intitulé le *Tableau de Cébès* nous révèle une manière d'allégorie dans le fond et dans la forme, qui a, avec la manière de Philon, de nombreux points communs. L'allégorie stoïcienne

1. *Qu. in Ex.*, II, 102, 534.
2. Cf. Maa, déesse de la vérité (*Ann. du Musée Guimet*, X, 561); elle est représentée par l'Athéna de Saïs dans le *de Iside* de Plutarque.
3. La raison en est probablement qu'il trouvait dans le judaïsme même, une théorie des puissances qui s'appuyait sur la Bible.
4. Zeller, *Ph. der Gr.*, t. V, p. 99.
5. Cité par Abel, *Orph.*, 257.

portait sur les personnages ou les récits mythiques, transmis
par les poètes, ou rencontrés dans la religion populaire. Mais la
doctrine philosophique par laquelle ils les interprétaient en était
indépendante et développée auparavant pour elle-même. Tout
autre est la méthode du *Tableau*. L'auteur décrit une peinture
placée dans un temple et il y montre en l'expliquant allégoriquement toute une doctrine morale. Ici la peinture, l'image
concrète, est le moyen indispensable sans lequel on ne saurait
arriver à la doctrine morale qu'il représente. La vérité est par
elle-même cachée, recouverte comme d'un voile par les figures
et il faut pénétrer le sens de ces figures pour l'atteindre. Une
pareille idée fait de l'allégorie, non plus une méthode auxiliaire,
comme chez les stoïciens, mais tout à fait indispensable à la
recherche de la vérité. D'où est provenue cette idée que la vérité
doit être cachée sous des symboles ? Elle paraît être née des
mystères, et plus particulièrement des mystères orphiques. A la
fin du II° siècle avant J.-C. le grammairien Denys de Thrace
oppose l'oracle de Delphes qui s'exprime littéralement (διὰ
λέξεων) à Orphée qui parle par symboles [1]. Certes on admet généralement que les mystères, dans leur origine et dans leur
essence, ne comportaient pas d'enseignement allégorique ; l'initiation était moins la révélation d'une doctrine secrète que des
pratiques par lesquelles on pouvait arriver au bonheur dans la
vie future. Ce qui était caché, ce n'était pas le sens mystique et
symbolique des mythes, mais les mythes eux-mêmes et les spectacles qui les représentaient [2]. Mais sous la même impulsion critique qui introduisait partout l'allégorie, les mythes mystérieux
eux-mêmes commençaient à être considérés comme des symboles de vérités profondes. Alors le sens même du mot initiation
changea. L'initiation désigna moins l'accès matériel au spectacle
du mythe que la vision spirituelle de sa signification cachée. La
vérité était réservée au petit nombre des initiés et des sages qui
pouvaient le pénétrer. « Au sage il appartient d'user de la parole
symbolique, et de connaître ce qui est désigné par elle » [3]. Après
coup on trouve de nombreuses raisons d'interposer ainsi un voile
difficile à pénétrer entre l'esprit humain et la vérité : des raisons
de piété pour que l'ignorant ne puisse pas exercer ses railleries

1. Abel, *Orph.*, 256 (Clém. Alex., *Strom.*, V, p. 242).
2. Foucart, (*Acad. des Inscr. et Belles-Lettres*, octobre 1893).
3. Abel, *Orph., ibid.*

sur ce qu'il ne comprend pas ; jusqu'à des raisons grammaticales, puisque l'allégorie permet la brièveté. Tous ces motifs sont présents dans le traité *sur Isis,* écrit par Plutarque.

La comparaison de l'initiation allégorique avec l'initiation aux mystères, sans être fréquente se rencontre chez Philon, comme dans le tableau de Cébès. Sa conception même de la vérité cachée sous l'allégorie n'est pas sans rapport avec celle des mystères. La vérité ne doit être communiquée qu'à un petit nombre et avec précaution ; les oreilles des profanes ne pourraient la contenir [1]. Le sage doit donc non pas dévoiler la vérité à tous, mais il saura mentir par piété et par humanité [2]. Ceux qui ne veulent pas admettre la méthode allégorique sont non seulement des sots, mais des impies [3]. On sait le châtiment terrible qui atteignit celui qui se moqua de l'interprétation du nom d'Abraham [4].

L'usage des mythes dans la philosophie remontait jusqu'à Platon et au delà ; mais Platon ne s'en servait pas de la même façon que les allégoristes. Dans le domaine où l'esprit humain ne pouvait atteindre que le vraisemblable, la philosophie appelait à son secours le récit mythologique. Mais pour les allégoristes c'est dans les sujets où le vulgaire ne peut pas atteindre la vérité, que cette vérité doit être recouverte d'un voile qui ne peut se découvrir qu'aux initiés.

Nous comprenons difficilement aujourd'hui cette façon détournée d'arriver à la vérité. Le lecteur du *Tableau de Cébès* se demandera en quoi la description de la peinture éclaircit en quoi que ce soit la doctrine morale qui y est exposée, et le lecteur de Philon se révoltera contre l'accumulation des explications allégoriques qui semblent n'intervenir que pour interrompre et obscurcir le développement. Mais c'est au contraire un des traits les plus essentiels de la mentalité antique d'employer de tels procédés indirects de connaissance. Une preuve en est le rôle important que jouait la divination sous toutes ses formes aux dépens de la prévision rationnelle des événements, et même dans les vérités morales qui semblent pourtant devoir être perçues par l'intuition directe de la conscience aussi bien que par un

1. *De Cherub.*, 48 ; *de sacr. Ab. et C.*, 61.
2. *Qu in Gen.*, IV, 67, 299 ; double sens d'un passage pour deux classes d'auditeurs ; *Qu in Gen.*, IV, 113, 341.
3. Ce sont d'abord des ignorants, des « aveugles de l'âme », *Qu. in Gen.*, IV, 168, 374. Les allégoristes sont appelés οἱ ὀξὺ τῇ διανοίᾳ βλέπειν δυνάμενοι.
4. *De mut. nom.*, 60, 61, 62.

oracle. La vérité ne se connaît que par des signes qui ne sont pas toujours évidents et qu'il n'est pas donné à tous d'interpréter. Or la parenté de la méthode allégorique avec la divination est peut-être plus intime encore qu'avec les mystères [1].

Un second caractère du *Tableau de Cébès* est le fond même de l'allégorie. Le plus grand nombre des allégories stoïciennes que nous connaissons sont physiques : l'ouvrage presque entier de Cornutus est destiné à identifier les dieux avec les diverses forces naturelles admises par la doctrine stoïcienne. Les récits mythiques immoraux deviennent des descriptions d'événements cosmiques. Quand certains stoïciens font d'Homère un maître de morale, ils l'interprètent non plus allégoriquement mais à la lettre, en éliminant par l'allégorie physique les traits inacceptables. Au contraire la peinture décrite par le pseudo-Cébès est exclusivement symbole d'une doctrine morale. C'est la doctrine du repentir et les moyens pour l'âme de se libérer des passions et du plaisir. C'est un procédé tout à fait nouveau. Comment est-il possible ? Les personnages mythiques peuvent bien être identifiés à des forces impersonnelles, mais leurs actes et leurs pensées semblent devoir rester moralement les mêmes. L'auteur du *Tableau* résout la question en voyant dans chaque personnage le symbole d'un état de l'âme humaine, le désir, la passion, la vertu ; par là il peut arriver à une transcription intérieure de sa peinture extérieure. L'histoire extérieure des événements et des relations entre les personnes devient l'histoire intérieure des différentes puissances d'une âme. La doctrine morale développée ici est certainement issue des doctrines orphiques du salut et pour autant que ces doctrines ont agi sur Philon, elle est semblable à la doctrine philonienne de la libération [2]. Mais la façon d'allégoriser est aussi semblable. Philon considère comme un des buts principaux de l'allégorie de transformer les personnes des récits bibliques en « manières d'être » bonnes ou mauvaises de l'âme [3]. Des récits inexplicables au sens littéral trouvent leur sens dès qu'on en fait la narration intérieure des états de l'âme. La Genèse dans son ensemble jusqu'à l'apparition de Moïse représente la transformation de l'âme humaine d'abord moralement indifférente, puis se tournant vers

1. Liv. III, ch. I⁰ʳ. § 1 fin.
2. Cf. une différence importante : la négation du rôle de l'éducation encyclique dans la vertu.
3. Par exemple *de Congr. erud. gr.*, 180.

le vice, et enfin, quand le vice n'est pas inguérissable revenant par degré jusqu'à la vertu. Dans cette histoire, chaque étape est représentée par un personnage. Adam (l'âme neutre) est attiré par la sensation (Eve) elle-même séduite par le plaisir (serpent) ; par là l'âme engendre en elle l'orgueil (Caïn) avec toute la suite des maux ; le bien (Abel) en est exclu, et elle meurt à la vie morale. Mais, quand le mal n'est pas incurable les germes de bien qui sont en elle peuvent se développer par l'espoir (Enos), le repentir (Enoch), pour aboutir à la justice (Noë), puis, malgré des rechutes (le déluge, Sodome), à la sainteté définitive. Telle est la trame du Commentaire allégorique de la Genèse ; l'allégorie morale y est on le voit l'essentiel, et si l'allégorie physique y joue un rôle elle est seulement auxiliaire et subordonnée.

Mais le néo-pythagorisme a influé d'une façon plus évidente dans les allégories numériques. Les nombres sont, pour Pythagore, l'être même des choses. Ses successeurs dégénérés d'Alexandrie n'ont pas compris la profondeur de cette pensée. Le pythagorisme ne se développa nullement comme on aurait pu le croire, en une recherche des lois numériques des choses. S'appuyant sur la partie la plus contestable du pythagorisme qui identifiait les nombres aux êtres moraux, ils firent du nombre le symbole des êtres bien plutôt que leur substance. Les nombres sont interprétés allégoriquement comme représentant un être différent d'eux, une vertu [1].

1. La théorie des nombres n'a, chez Philon, aucune portée physique ou métaphysique, pas plus sans doute que chez les néo-pythagoriciens auxquels il l'emprunte, mais uniquement un sens allégorique. Il trouve le symbolisme de chaque nombre soit dans ses propriétés mathématiques, soit dans la nature des êtres affectés de ce nombre (voy. pour l'analyse de textes sur les nombres du *de opificio m.* Carvallo, *Revue des Et. juives*, 1882). L'un est indivisible (*de An. sacr. id.*, Wendland, 9, 16), il est principe, élément, mesure (*ibid.*, 12, 5 ; *Qu. in Gen.*, I, 77. 52). image de la cause première (*de spec. legg.*, III, 32, 329; *de Somn.*, II, 70). générateur de l'âme et de la vie (*Qu. in Gen.*, II, 46, 12). Deux est par opposition divisible (*de An. sacr. id.*, Wendland, 9, 16), principe de discorde (*Qu. in Gen.*, I, 15, 12) ; le mal est son frère (II, 12, 93). Les propriétés mathématiques dont il use le plus sont les suivantes : 1° nombre vide, c'est-à-dire pair partagé en deux parties égales, ayant un commencement et une fin sans milieu (*Qu. in Gen.*, II, 12, 191); 2° nombre plein ayant début, milieu et fin comme 3 (*Qu. in Gen.*, III, 3,169 ; *de creat. princ.*, 4, II, 354; *Qu. in Gen.*, II, 5, 80 ; *ib.*, IV, 8, 250 ; *in Exod.*, II, 100, 532); 3° les puissances ; le carré primitif est 4 (*de plant.*, 121) ; le cube primitif 8 (*Qu. in Gen.*, II, 5, 80 ; *ib.*, III, 49, 283) ; le premier nombre à la fois carré et cube 64 (*Qu. in Gen.*, III, 49, 223) ; 4° le nombre parfait est celui qui est égal à la somme de ses parties aliquotes, comme $6 = 1 + 2 + 3$ (*de decal.*, 28 ; *Qu. in Gen.*, III, 38, 206) ou $28 = 1 + 2 + 3 + 4 + 5 + 6 + 7$ (*Qu. in*

Nous avons ainsi fini d'énumérer les circonstances contemporaines et immédiates qui ont agi sur la méthode allégorique de
Philon. En dehors de l'influence générale de l'allégorie surtout
stoïcienne, nous avons discerné l'influence du stoïcisme proprement alexandrin, celle des mystères et du néo-pythagorisme.
Mais un élément important nous manque pour le juger entièrement : c'est l'influence du milieu judéo-alexandrin.

Ex., II, 87, 526 ; de Septen., 1, II, 278) ; 5⁰ le nombre pair-impair égal au
double d'un impair (ae Sept , 6, II, 282) ; 6⁰ Construction d'un nombre avec
des séries d'autres nombres. Ainsi 300 est la somme de 144 + 156 ; 144 est le
24ᵉ terme de la progression suivante :

1	3	5	7	9	11	13	15	17	19	21	23
1	4	9	16	25	36	49	64	81	100	121	144

dont les termes supérieurs forment une progression arithmétique et les inférieurs sont la somme de l'inférieur et du supérieur précédent ; 156 est le
24ᵉ terme de la série (4 = 3 + 1, 9 = 5 + 4, etc.) :

1	4	6	8	10	12	14	16	18	20	22	24
2	6	12	20	30	42	56	72	90	110	132	156

obtenue dans les mêmes conditions (Qu. in Gen., II, 5, 80). Par là Philon veut
faire voir la parenté du nombre 300 avec le nombre 24. Cf. le même procédé
pour la génération du nombre 30 (ibid., 5, 82), du nombre 50, composé des
trois premiers carrés et des trois premiers cubes, et aussi de la somme des
carrés du premier rectangle (9 + 16 + 25) (Qu. in Gen., II, 5, 81 ; in Ex.,
II, 93, 530), de 100, qui a diverses compositions (Qu. in Gen., III, 56, 231), de
120 (ib., I, 91, 63), de 165 (ib., 183, 87), de 45 engendré par la somme
6 + 12 + 9 + 18 contenant les trois proportions arithmétique, géométrique
et harmonique (Qu. in Gen., IV, 27, 266), 127 (in Gen., I, 83) 7⁰ Un nombre
donné contient en puissance des nombres ou des rapports. 4 contient tous les
nombres jusqu'à 10 (de plant., 123-125, V. M., II, 84 ; ib., I, 115 ; de Septen.,
1, II, 278 ; Qu. in Gen., III, 121, 185 ; in Ex., II, 27, 487) ; il contient aussi
les harmonies musicales (II, 115) ; 10 renferme les diverses proportions arithmétique, géométrique, harmonique, musicales (de decal., 31-32) ; le sens de
ces termes a été élucidé dans l'article cité de Carvallo. 8⁰ Le nombre 7 a une
place unique dans la décade parce qu'il est premier et qu'il n'engendre pas
d'autre nombre dans la décade (de Abr., 28 : leg. alleg., I, 46 ; quod deus
immut., 11 ; de decal., 102-106 ; de Septen., 1 et 6 ; Qu. in Gen., II, 41, 119 ;
ibid., II, 12, 91 et 93 ; II, 78, 162 ; Vita Mos, II, 210 ; de opif., 89-128).

Ces diverses combinaisons permettaient à Philon ou plutôt aux néo pythagoriciens auxquels il l'emprunte (cf. sur les sources de Philon, Schmekel,
Die Mittlere Stoa, p. 411 sq.) en donnant un sens symbolique aux premiers
nombres ou à leurs propriétés les plus simples (pair, impair, premier) d'obtenir le sens symbolique des nombres apparentés avec eux par ces combinaisons : ainsi 13, âge d'Ismaël lorsqu'il est circoncis, est pair comme contenant
les deux premiers carrés (4 + 9) et impair, donc imparfait et parfait (Qu. in
Gen., III, 61, 235) ; 99, âge d'Abraham lorsque Dieu lui apparaît, est la somme
de 50 (nombre sacré, année du jubilé) + 7 × 7, 7 indiquant le repos et la
paix, et son carré les biens venant de la vertu (Qu in Gen , III, 40, 207).

2. — *La méthode allégorique chez les Juifs avant Philon*

Philon distingue très nettement trois sources de ses explications allégoriques : l'inspiration, la recherche personnelle et
réfléchie, la tradition [1]. Il ne distingue malheureusement pas
chaque fois les explications traditionnelles des explications nouvelles qu'il introduit. Mais si nous ne connaissons pas l'étendue
de cette tradition, nous sommes du moins assurés qu'il y en
avait une.

Deux moyens sont possibles pour déterminer ce qu'était cette
tradition : d'abord l'examen des littératures juives, palestinienne
et judéo-alexandrine, antérieures à Philon. Pour la littérature
judéo-alexandrine de trop courts fragments nous en ont été conservés par Eusèbe et Clément. Un second moyen est l'étude attentive des allusions de Philon lui-même aux allégoristes antérieurs qui pourra nous renseigner sur leur méthode et leur
doctrine.

Sur le premier point, le matériel de notre étude n'est plus à
rechercher. La confrontation des allégories philoniennes avec la
littérature palestinienne a été faite avec soin par Siegfried [2], et
complétée sur quelques points par Karppe [3].

Sans doute un trait général de l'esprit judaïque a persisté chez
les Juifs de la dispersion : toute pensée quelle qu'elle soit, philosophique, historique ou juridique fait partie de l'exégèse de
la Bible. Philon, sauf quelques exceptions, a toujours conçu le
développement de la pensée philosophique et religieuse sous la
forme exégétique. Mais les rapprochements de détail que l'on
constate entre l'exégèse philonienne et rabbinique ne peuvent
nullement prouver une influence de celle-ci sur celle-là. D'abord
les textes sont impossibles à dater ; ils présentent le résultat
d'une exégèse poursuivie depuis le IIe siècle avant J.-C. jusqu'au
IVe siècle sans aucune suite chronologique. Il n'est donc pas
impossible que les ressemblances soient dues à l'action en retour
du philonisme sur les exégètes palestiniens. Friedländer confirme la possibililité de cette influence en montrant l'existence
d'une communauté judéo-alexandrine à Jérusalem même, au

---

1. Tradition : *V. M.*, II, 98 ; inspiration, *de Cher.*, 27 ; recherche conjectu-
rale, *V. M.*, II, 122.

2. Siegfried, *Philo von Alexandria als Ausleger. des A. T.*, Jena, 1875.

3. *Etude sur l'origine et la nature du Zohar*, Paris, 1901.

temps des apôtres. Un membre influent et actif de cette communauté nous est même connu [1]. Si l'on songe qu'il y a eu une influence considérable de ce judéo-alexandrinisme sur le christianisme naissant [2], on comprend que cette propagande ait pu quelque peu agir sur les rabbins. De plus si les explications allégoriques se rencontrent çà et là, elles sont bien loin de former la substance des commentaires de la Loi. Le principe de l'exégèse rabbinique lui est tout contraire : elle prend pour tâche, comme l'a remarqué Bousset, d'expliquer la lettre de la Loi [3].

Si nous nous tournons vers la littérature judéo-alexandrine, les débris qui nous en restent ne nous permettent nullement de croire qu'elle manifestait un goût spécial et marqué pour l'allégorie. Il n'y a rien de pareil chez les historiens juifs et chez les Sibylles. Ils traitaient littéralement les légendes de la Genèse avec une tendance évhémériste à les identifier aux mythes grecs. Le livre III des Sibylles mêle à l'histoire de la tour de Babel, celle des Géants et des fils de Cronos. Artapan faisait de Moïse un dieu inventeur des arts [4]. Restent la *Sagesse de Sirach* qui est la traduction grecque d'un original hébreu écrit en Palestine (original dont on possède seulement quelques fragments), la *Sagesse de Salomon*, le livre IV des *Macchabées*, la lettre d'*Aristée*, enfin les fragments d'*Aristobule*. Si nous laissons pour le moment ce dernier, nous trouvons dans les autres écrits des traces d'explication allégorique ; mais elle est employée d'une façon toute occasionnelle, et sans aucun lien avec les doctrines qu'ils renferment. L'*Ecclésiastique* renferme une seule allégorie, celle d'Enoch [5], symbole du repentir. Cette allégorie se retrouve chez Philon. Mais ainsi que l'a remarqué Drummond, elle est fondée chez lui sur le texte de la traduction des Septante (μετέθηκεν) et elle peut être dans l'*Ecclésiastique* une interpolation du traducteur d'origine alexandrine [6]. La *Sagesse de Salomon* nous présente une histoire du peuple juif, faite pour y montrer l'influence constante de la sagesse : en règle l'histoire est interprétée dans

---

1. Textes cités par Friedlænder : I, *Cor.*, 3, 6-9 ; *Act.*, 18, 24-28 ; 6-9, sur la communauté alexandrine.

2. Cf. les allégories du nouveau Testament : la circoncision du cœur dans *ep. ad Rom.*, II, 28, le voile du Temple, II, *Cor.*, 3, 15. *Bousset*, p. 137.

3. Certaines interprétations des noms propres ne s'expliquent que par des étymologies hébraïques (Karppe, *Orig. et nat. du Zohar*, p. 550 sq.).

4. *Prép. év.*, 9, 27, 3 sq.

5. 44, 16.

6. Cf. Drummond, p. 144.

son sens littéral. Montrer dans les événements l'action sous-jacente de l'esprit et de la sagesse, ce n'est nullement comme Philon transformer l'histoire extérieure en histoire intérieure. Les très rares allégories que l'on rencontre ne permettent donc nullement de ranger l'auteur dans une école allégorique juive antérieure à Philon. Il faut remarquer cependant qu'elles sont communes à Philon et au pseudo-Salomon ; le vêtement du grand prêtre est le symbole du monde [1], la femme de Lot de l'incrédule [2] ; le serpent d'airain du salut [3]. Les autres exemples cités par Bois [4] sont moins des allégories que des métaphores interprétées en un sens spirituel.

Ces allégories suffisent du moins à prouver qu'il existait à l'époque où ces auteurs ont écrit une méthode allégorique régulièrement constituée. Enfin outre que ces mêmes allégories se retrouvent chez Philon, ce qui tend à prouver l'existence d'une tradition, elles sont indiquées chez eux comme assez courantes et répandues pour ne pas avoir besoin d'explication. Les raisons compliquées pour lesquelles le vêtement du grand prêtre signifie le monde et dont on peut voir le développement chez Philon, ne sont pas indiquées dans la *Sagesse*. Celle-ci et les autres paraissent donc provenir des emprunts à des allégoristes proprement dits par des auteurs qui n'employaient pas systématiquement ce procédé.

Possédons-nous en Aristobule un de ces allégoristes ? Ce juif péripatéticien qui adresse au roi Philomélor une explication de la Loi dont les principes sont exactement les mêmes que ceux de Philon, nous montrerait le procédé déjà constitué à une époque bien antérieure à celle de notre auteur.

L'objet d'Aristobule est tout autre et bien moins étendu que celui de Philon : il s'attache uniquement à deux points : éviter l'anthropomorphisme par la méthode allégorique, et faire de Moïse le maître des philosophes grecs [5]. Quant au premier point on sait que c'est une des préoccupations de toutes les traductions de la Bible à partir du IIᵉ siècle, soit de la traduction grec-

---

1. *Sap.*, 18, 24 ; Philon, *V. M.*, II, 117.
2. 10, 7 ; *leg. alleg.*, III, 213.
3. 16, 5, 7 ; *leg. alleg.*, II, 79.
4. *Essai sur l'origine de la philosophie alexandrine*, Toulouse, 1890.
5. Le fragment principal est une explication des membres que l'Écriture attribue à Dieu (*pr. ev.*, III, 10) ; comp. Philon, *de post.*, C., 7 ; *de conf. lingu.*, 135, etc.) soutient que la philosophie grecque vient de Moïse (XIII, 12).

que, soit des traductions araméennes d'éviter les anthropomor-
phismes trop évidents. On se sert pour cela de la théorie des
puissances divines auxquelles on attribue les actes que le texte
primitif attribuait à Dieu, par exemple les théophanies [1]. Ce fut un
procédé tout différent, et dont, sauf Aristobule, nous ne rencontrons pas d'indice avant Philon, d'utiliser pour cela la méthode
allégorique. C'est d'ailleurs chez Philon lui-même un objet très
secondaire de cette méthode. L'objet principal de la méthode
allégorique chez Philon et aussi comme nous le verrons tout à
l'heure antérieurement à lui, c'est la découverte de l'histoire
intérieure de l'âme ; elle est totalement absente d'Aristobule.
Nous avons l'impression d'un auteur, qui aurait utilisé sans en
comprendre toute la portée quelques-uns des procédés philo-
niens.

Pour le second point, Aristobule est le premier qui systématiquement ait rattaché la philosophie grecque à Moïse. Rien de
pareil chez Philon. S'il ne faut pas aller aussi loin qu'Elter [2] qui
méconnaît entièrement chez lui l'existence d'une pareille idée
nous voyons du moins qu'il se borne à rapprocher quelques
théories grecques du texte mosaïque, mais qu'il affirme en somme
l'originalité et la haute valeur des penseurs grecs [3]. L'idée est au
contraire devenue très familière à l'époque qui a suivi Philon,
surtout parmi les chrétiens.

L'inauthenticité des fragments d'Aristobule est devenue une
certitude grâce à l'analyse soigneuse et décisive des fragments
faite par Elter et la confrontation établie par Wendland avec le
texte de Philon. Il en ressort que l'auteur, qui d'ailleurs n'est
connu d'abord que par Clément d'Alexandrie, a copié Philon, en
l'abrégeant, en l'obscurcissant, et bien souvent sans le comprendre [4].

Il ne reste donc dans la littérature antéphilonienne pas un
seul fragment conçu dans la méthode et l'esprit de Philon. Cette
vérité est trop peu reconnue. Il ne faut pas se laisser guider par
des ressemblances trop générales, formées de traits communs à

---

1. Deissmann, *Die Hellenisierung des semitischen Monotheismus*, Leipzig,
1903.
2. Elter, *de gnomolog. graecor. hist. atque orig.*, Bonn, 1894-1895, p. 221.
3 Cf. outre les textes cités par Elter qui font Moïse maître d'Héraclite, de
Socrate, des stoïciens, le texte *Qu. in Gen.*, IV, 167, 373, où les stoïciens en
morale dérivent de Moïse. Le procédé est comparable à celui des allégoristes d'Homère, plus que des apologistes chrétiens.
4. Elter, *loc. cit.*, p. 229.

des cercles très étendus comme la théorie des puissances ou le rejet de l'anthropomorphisme. L'essentiel de la doctrine philonienne est une transformation par la méthode allégorique de l'histoire juive en une doctrine du salut. C'est ce que l'on ne retrouve nulle part ailleurs.

Faut-il conclure avec Elter [1] qui, sans nier les allégoristes antérieurs, soutient que le philonisme est dans l'histoire des idées juives une apparition sans précédent, que tout chez lui, procédé et système, vient de sa personnalité. Ce serait aller trop loin. L'opinion plus modérée de Bousset qui montre comment le philonisme tranche seulement sur le reste des doctrines de la diaspora, et par conséquent n'a pu exister que dans un milieu assez restreint, est aussi plus exacte.

Nous connaissons, en effet, non pas d'après leurs œuvres, mais par de courts témoignages des contemporains, un milieu juif assez restreint où, dès avant Philon, on pratiquait de la même façon que lui la méthode allégorique. Nous voulons parler de la communauté des Esséniens. Elle nous est connue par les témoignages concordants de Philon, de Josèphe et d'un auteur païen Pline l'Ancien [2].

La communauté essénienne, à l'époque de Philon, était déjà fort ancienne : on en constate l'existence sous les rois Jonathan et Aristobule Iᵉʳ. Il ressort formellement de nos sources qu'elle n'existait qu'en Palestine, où ses membres, au nombre de 4.000, vivaient en plusieurs communautés dans les bourgs et dans les villes. En aucun pays de la dispersion, il n'est fait mention d'Esséniens. S'il y en avait eu à Alexandrie, Philon n'aurait pas manqué de le dire. Mais leur doctrine se distingue par des traits si nombreux et si essentiels du judaïsme orthodoxe, que presque tous les auteurs sont d'accord pour y admettre des influences extérieures au judaïsme. Schürer lui-même tout en les appelant, à cause de leur théorie de la providence inconditionnelle [3], des Pharisiens décidés admet cependant bien des éléments étrangers aux idées juives : notamment l'adoration ou

---

1. *Loc. cit.*, p. 227.
2. Philon, *Quod omn. prob.*, lib. 12, 13, II, 458 ; ap. Eus., *Prep. ev*, 8, 11 ; Pline, *Hist. nat.*, V, 17 ; Jos., *Bell. Jud.*, II, 8, 2-13 ; *Ant. Jud.*, XV, 10, 45 ; XVIII, 1-5 ; XIII, 5-9.
3. C'est ainsi qu'il interprète la croyance à l'εἱμαρμένη (Jos. *Ant.*, XIII, 5, 91) ; le mot serait la coloration juive d'une idée grecque.

l'invocation du soleil, la théorie des anges, de la prédiction, de l'immortalité et de la préexistence des âmes.

Philon indique dans les termes suivants que les Esséniens employaient l'allégorie : « Au saint sabbat, ils vont dans des lieux saints, les synagogues où ils s'asseyent par rang d'âge, les jeunes au-dessous des plus âgés. Ils se disposent à écouter dans l'ordre convenable. Ensuite l'un prend les livres et on les lit ; puis un autre parmi les plus savants, s'étant avancé, explique tout ce qui n'est pas compréhensible [1]; c'est qu'en effet, chez eux, la plupart des passages sont médités [2], au moyen de symboles suivant un goût très ancien ».

Ce passage se trouve au milieu d'un développement où Philon expose les doctrines philosophiques esséniennes. Après avoir dit qu'ils rejettent la logique comme sans usage pour la vertu, et la physique trop élevée pour la nature humaine, il montre dans l'éthique, l'objet de leur principale étude. Dans cette étude ils se servent comme soutien de la loi juive. Cette loi est enseignée au sabbat, avec les symboles qui la recouvrent. La phrase qui vient ensuite (παιδεύονται δέ) se rattache à la phrase que nous avons traduite pour indiquer l'objet de cet enseignement. Ce qui leur est enseigné (certainement comme il ressort du contexte au moyen des interprétations allégoriques de la loi) c'est la piété, la sainteté, la justice, l'économie, la science des biens, des maux et des choses indifférentes, la volonté (αἱρέσεις) de ce qu'il faut, le refus (φυγαί) du contraire ». Le reste du paragraphe est destiné à montrer dans les mœurs des Esséniens, les excellents résultats d'une pareille éducation. Ainsi le centre de leur philosophie est une éducation morale reposant sur une exégèse allégorique de la loi. Il y a une ressemblance tout à fait remarquable entre cette peinture et le tableau de l'enseignement des synagogues alexandrines que l'on trouve dans les autres œuvres de Philon. L'époque de l'enseignement est la même : il se fait en tout temps mais surtout au sabbat [3]; le moyen d'enseignement est aussi la lecture et l'explication des textes sacrés ; enfin l'objet est uniquement l'éthique, avec la même triple division

---

1. Le texte est : ἕτερος δὲ τῶν ἐμπειροτάτων ὅσα μὴ γνώριμα παρελθὼν ἀναδιδάσκει... Παρέρχομαι signifie s'avancer dans une assemblée pour parler (Cf. Zeller, *Phil. d. G.*, V, 293. n. 3).

2. φιλοσοφεῖται n'a pas ici d'autre sens.

3. *V. M.*, II, 215, à propos de la synagogue de Moïse ; cf. les Esséniens παρὰ τὸν ἄλλον χρόνον, ἐν δὲ ταῖς ἑβδομαῖς διαφερόντως.

que l'on rencontre dans l'enseignement essénien [1] : les vertus en général, la piété et l'humanité. Dans un autre texte [2], l'attitude des assistants assis en ordre, et celle de l'interprète (« un des plus expérimentés s'étant levé... ») est peinte à peu près de la même façon. Nous constatons une seule différence, mais d'une importance extrême. Nulle part il n'est dit, que dans les synagogues alexandrines, on employait l'explication allégorique. Nous voyons d'ailleurs très bien, par les œuvres de Philon lui-même, comment les exégètes alexandrins pouvaient de la seule explication littérale, tirer des leçons morales. Pourtant nous ne pouvons conclure de ce défaut d'information que, dans les synagogues extrêmement nombreuses de la dispersion, l'on n'employait jamais cette méthode.

Un parallélisme aussi parfait entre la synagogue essénienne en Palestine et les proseuques que Philon connaissait et fréquentait à Alexandrie n'est pas pour nous inspirer beaucoup de confiance dans l'exactitude de cette peinture. Il est vraisemblable que Philon a pu imaginer sur le modèle de ce qu'il voyait autour de lui, les loisirs des Esséniens. D'ailleurs cet enseignement allégorique est témoigné uniquement par ce passage de Philon ; les autres sources, l'Apologie des Juifs de Philon et les passages de Josèphe qui pourtant contiennent des peintures d'ensemble de l'essénisme omettent les réunions hebdomadaires et l'explication des textes.

Comparons les deux portraits de la *Liberté du Sage* et de l'*Apologie*. Les détails précis sur leur nationalité, leurs lieux d'habitation, l'étymologie du nom, leurs occupations matérielles, les règles de leur communauté sont, à quelques nuances près, les mêmes. Le passage sur l'allégorie et les exercices sabbatiques, seul est tout entier ajouté dans le premier portrait comme une véritable interpolation. Bien plus ce que nous savons de leurs idées n'implique nullement ou même exclut cette exégèse allégorique qui, d'après le passage cité, aurait fait le soutien de leurs doctrines. Les livres de la secte qu'ils conservaient n'étaient sûrement pas des livres allégoriques. Ils renfermaient entre autres choses, les propriétés des racines et des pierres pour la

---

1. Cf. *quod omn. pr. lib.*, τῷ φιλοθέῳ καὶ φιλαρέτῳ καὶ φιλανθρώπῳ et l'énumération de Moïse : on enseigne d'abord les quatre vertus cardinales, puis les vertus concernant les choses humaines et divines.

2. *De Septen.*, 6, II, 282 ; cf. encore *Fragments*, II, 630.

guérison des passions. Lorsqu'ils se servaient des Ecritures pour deviner l'avenir, ils étaient loin de l'exégèse philonienne.

Mais c'est non seulement le passage sur l'allégorie, mais le développement tout entier dont il fait partie, qui doit être inexact. Zeller a déjà remarqué que l'on ne pouvait pas dire à la lettre que les Esséniens s'abstenaient de toute physique puisqu'ils avaient une théorie du destin et de la divination, des idées astrologiques, la croyance à la préexistence des âmes dans l'éther. Philon parle des Esséniens en apologiste non en historien. Il s'agit de montrer chez eux certains traits de son propre idéal. Ils lui sont un prétexte à des thèmes moraux qui nous sont familiers dans l'œuvre de Philon : au début, c'est le thème contre les cités reposant sur l'idée que les Esséniens n'habitent pas les villes, ce qui est en désaccord complet avec l'autre témoignage de Philon ; puis le thème contre l'esclavage et sur l'égalité humaine. Dans le texte de l'*Apologie*, nous avons d'abord l'indication d'un thème contre la noblesse de naissance, puis un long développement contre les femmes. Ce sont là des idées connues, et les Esséniens servent seulement de prétexte à leur introduction. Le long passage sur leur philosophie, dont nous cherchons maintenant la valeur développe l'idée philonienne bien connue que les subtilités du discours et les recherches physiques doivent être abandonnées pour la morale. Ceci s'accordait bien avec le genre de vertu purement pratique, avec l'ascétisme des Esséniens, mais n'a rien à voir avec leurs doctrines, telles que nous les connaissons d'ailleurs.

Il reste donc peu certain que les Esséniens employaient l'allégorie et nous ne pouvons voir en eux les représentants de la tradition juive que Philon invoque souvent. D'une façon générale toutes les tentatives de relier l'essénisme à l'alexandrinisme semblent échouer. Bousset a clairement démontré contre Zeller que cette communauté n'a rien emprunté aux communautés néo-pythagoriciennes ou orphiques dont le siège se trouvait surtout à Alexandrie [1]. Friedländer [2] a tenté sans y réussir de voir dans leurs doctrines des traces d'alexandrinisme. Il met en avant les explications allégoriques et les théories secrètes : nous avons vu ce qu'il faut penser de l'explication allégorique dont l'existence n'est pas prouvée et des théories secrètes qui sûre-

1 Bousset. p. 432, contre Zeller, *Zeitschr. für wiss.*, Th. 1899.
2 *Zur Ensteh. des Christ.*, pp. 98-142.

ment ne contenaient pas d'allégories. Pour le sujet des sacrifices,
l'opinion des Esséniens reste obscure : un premier texte dit non
pas qu'il rejetait les sacrifices mais qu'ils pensaient adorer Dieu
mieux par le culte intérieur que par les sacrifices [1], un deuxième
texte [2] dit « qu'ils n'accomplissent pas les sacrifices parce que
l'enceinte du temple leur est interdite ». Il est donc impossible
de comparer leur attitude avec le schisme égyptien du temple
d'Onias. La théorie platonicienne de Dieu, cause du bien seulement, se trouve dans la partie de la peinture de Philon dont
nous contestons l'exactitude. L'interprétation que donne Friedländer de la petite hache que recevaient les novices de la communauté par un passage de Philon où le pic symbolise la raison,
n'est qu'une hypothèse sans consistance. Reste la théorie de
l'âme, du corps-prison qui, à elle seule n'est pas suffisante pour
faire de l'essénisme un rameau du judéo-alexandrinisme.

L'essénisme se trouve donc bien en marge du judaïsme alexandrin en général et en particulier de la tradition allégorique.

C'est encore Philon qui nous renseigne sur une autre tradition allégorique chez les Thérapeutes, dans les termes suivants :
« Ils ont aussi des écrits anciens, de ceux qui furent les chefs
de la secte, et qui ont laissé plusieurs documents de l'espèce
allégorique : les Thérapeutes les prennent pour modèles et
imitent leurs systèmes » (ch. III, p. 375). Ce sont donc des livres
qui n'ont aucun caractère secret, et qui transmis dans la secte,
devaient imposer, par l'ancienneté de leur tradition, des règles
et des limites aux fantaisies et aux écarts des exégètes. Cette
donnée bien pauvre et bien isolée ne reçoit guère d'éclaircisse-
ment dans le reste du traité, et ce traité reste, malgré les recherches faites dans les autres œuvres de Philon et dans les papyrus,
notre seul document sur les Thérapeutes. Or, très riche en
détails sur les coutumes et les règles de la communauté, il ne
contient presque rien sur la doctrine. Même les deux explications allégoriques que contient ce traité, l'explication du nombre
cinquante (ch. VIII, p. 480) et le passage de la mer Rouge interprété comme la sortie de la sensibilité (ch. XI, p. 485), explications que l'on retrouve chez Philon (de Somn., II, 269 ; V. M., II,
80), ne sont pas formellement attribuées aux Thérapeutes et elles

---

1. Jos., *Ant.* 18, 2.
2. *Qu. omn. p. l.*, 12, signifie qu'ils considèrent le culte intérieur comme
essentiel non qu'ils ne font pas de sacrifices.

peuvent venir de l'auteur lui-même. En ce seul passage l'auteur
décrit avec quelque détail le principe de leur exégèse. « Les explications des saints écrits se font au moyen d'interprétations par
allégorie ; toute la législation ressemble pour ces hommes à un
animal : le corps c'est la prescription littérale ; l'âme c'est l'intelligence invisible qui gît dans les mots. Par elle l'âme raisonnable a commencé à contempler ses propres objets ; à travers le
miroir des noms, elle a vu les beautés singulières des pensées ;
elle a d'abord développé et dégagé les symboles, puis elle a amené
à la pleine lumière les idées pour ceux qui peuvent, en partant
d'une mention insignifiante [1], voir les choses invisibles à travers
les visibles » (ch. X, p. 483). Il y a des ressemblances fort grandes
avec le philonisme. Philon explique aussi sa méthode par la
comparaison de l'animal [2] et du miroir [3]. Les Thérapeutes, comme
lui, emploient la méthode d'une façon continue, pour tous les
passages de l'Ecriture, alors qu'ailleurs on ne rencontre que des
traces d'allégorie, au milieu d'une exégèse d'une tout autre
nature. Enfin la méthode d'exposition qui se compose de deux
parties, la recherche du symbole puis l'exposé de la doctrine qui
en est tirée, est familière à Philon. Il ne s'agit plus, comme dans
la Sagesse de Salomon, d'allégories rapides et sans suite, mais
d'explications suivies et raisonnées.

Nous sommes donc ici sur la voie d'une véritable tradition
purement juive. Il peut d'abord paraître invraisemblable qu'un
groupe aussi peu important que la communauté décrite par
Philon aie donné naissance à l'exégèse allégorique toute entière.
Mais les Thérapeutes du lac Maria ne sont pas les seuls. Il y en
a surtout au témoignage de Philon autour d'Alexandrie, mais
aussi dans tous les nomes égyptiens et même dans tous les pays
grecs ou barbares. Comme l'a montré Massebieau [4], ils ne constituent pas un ordre rigoureusement fermé ayant une maison mère
et des règles fixes, mais désignent d'une façon très générale ceux
qui adorent Dieu par leurs bonnes mœurs et une vie d'études.
Ils pouvaient donc former un parti juif assez étendu. Nous avons
vu chez Philon l'influence de l'allégorie non plus stoïcienne,

1. Allusion probable aux conséquences importantes que la méthode allégorique tire de textes insignifiants, comme l'addition d'une lettre au nom de
Sarra, d'Abraham.
2. *Migr. Ab.*, 93.
3. *De Decal.*, 21.
4. *Le traité de la vie contemplative, Rev. d'hist. des Relig.*, XVI, 170-284.

mais plus précisément stoïco-égyptienne et néo-pythagoricienne. Mais, d'autre part, le judaïsme des Thérapeutes s'infléchit précisément dans le sens même du mysticisme alexandrin. Le genre de vie des Thérapeutes est celui des prêtres égyptiens d'après Chérémon : une vie d'abstinence et de contemplation. Chez eux seulement a pu s'établir, sous l'influence grecque, une tradition proprement juive, qui comprenait, outre la théorie des puissances divines, la méthode d'explication allégorique. C'est, en effet, dès l'époque des premiers Lagides, avec Manéthon, que l'œuvre de syncrétisme religieux qui devait aboutir au culte spirituel et allégorique d'un Chérémon avait commencé. Il pouvait donc y avoir du temps de Philon une tradition assez solide et ancienne. L'œuvre de Philon se rattache aux mêmes influences. Il les a sans doute subies directement ; mais il était Juif, trop pieux et fidèle pour qu'il aie pu les accommoder avec le judaïsme, s'il n'avait pu les appuyer sur une tradition proprement juive.

Jusqu'à quel point a-t-il imité et reproduit les Thérapeutes, nous ne le saurons jamais à moins que quelque découverte de papyrus ne vienne nous renseigner sur l'activité littéraire de ces religieux. Encore ne paraissent-ils pas avoir écrit le résultat de leurs méditations qu'ils exposaient oralement, au jour des grandes fêtes, à leurs correligionnaires ; ils n'écrivaient que des hymnes et n'avaient comme livres que les anciens livres allégoriques de la secte où ils puisaient des modèles d'interprétation. Mais quelquefois Philon indique des explications empruntées à un allégoriste antérieur: le cas est d'ailleurs assez rare, il ne note pas la plupart du temps si l'explication est personnelle ou traditionnelle. Nous avons réuni une vingtaine de passages où l'indication est formelle.

Parmi ces explications quelques-unes ont été entendues par Philon, ce qui semble faire allusion à un commentaire oral analogue à celui des Thérapeutes[1]. Quelquefois il l'annonce comme une simple tradition sans aucune mention particulière d'origine[2]. Il désigne quelquefois plus clairement les exégètes aux-

---

1. Emploie le mot ἤκουσα de Abr., 99 ; de Jos., 151.
2. Mut. nom., 141-143 ; V. M, II, 98 ; Qu in Gen., I, 8. Les formules sont τινὲς φασιν (nonnulli dixerunt ; ib, III, 11, 184 ; est multorum sententia ; ib., III, 13 : quidam dixerunt; Qu. in Ex., II, 56, 310 : nonnulli accipiunt. De plant., 52, τινὲς ἔφασαν ; leg. alleg., I, 59 : οἱ δὲ λέγουσιν. Quelquefois la tradition peut se prouver parce qu'il oppose une interprétation comme personnelle, à une autre qui doit être courante (de An. sacr. id., 6, II, 242).

quels il fait des emprunts comme des personnes qui auraient l'habitude d'employer la méthode allégorique[1]. Il a donc connu personnellement ou par tradition, des allégoristes qui s'occupaient exclusivement ou à peu près de l'interprétation. Ces allégoristes sont désignés une fois sous le nom de « physiciens »[2]. Le mot ne peut d'après le contexte, puisqu'il s'agit d'une question morale, être pris en un sens étroit. Il désigne plutôt ceux qui étudient la nature pour s'y conformer : il présente une remarquable ressemblance avec la désignation des Thérapeutes[3], et s'explique par la distinction du *de Ebrietate* entre ceux qui honorent la nature (qui sont les allégoristes) et ceux qui respectent la convention (les interprètes littéraux). Lorsque Philon parle ailleurs, à propos d'un passage anthropomorphique de la Genèse d'en venir « à la méthode allégorique habituelle aux physiciens »[4], ces physiciens ne seraient donc pas, comme on l'a cru souvent, des Stoïciens mais des Juifs. Cette désignation devait être courante ; nous nous expliquons aussi qu'il reproche à certains interprètes d'exprimer à propos de l'arbre de vie une « opinion plus médicale que physique »[5] allusion probable à leur désignation de « physiciens ».

Les interprétations citées par Philon comme traditionnelles portent à peu près sur toutes les parties du Pentateuque ; c'est sans doute un simple accident si les plus nombreuses se rapportent à la vie d'Abraham[6]. Mais il y en a d'autres sur Adam et le paradis, Joseph, l'Exode, les miracles et la prière de Moïse, enfin sur les divers ornements du temple[7]. Elles se présentent sous différentes formes : tantôt c'est un recueil des sens divers d'un même passage, parmi lesquels Philon en choisit un auxquels il oppose une interprétation personnelle[8] ; tantôt une seule opinion est développée sans critique[9]. Le premier cas nous montre que l'interprétation allégorique est fort loin d'être fixée par un

1. Οἷς τὰ ῥητὰ τρέπειν πρὸς ἀλληγορίαν ἔθος, *de Septen.*, 18, II, 293 ; cf. *Qu. in Ex.*, II, 71, 518 ; *de plantat.*, 74.

2. *De Abrah.*, 99 ; les physiciens sont ici sans aucun doute des Juifs.

3. Qui ont consacré leur vie θεωρίᾳ τῶν τῆς φύσεως πραγμάτων, ch. VIII, II, 481.

4. *De post. C.*, 7.

5. *Leg. alleg.*, I, 59.

6. *De plantat.*, 73 sq. ; *mut. nom.*, 42 ; *de Abr.*, 99 ; *qu. in Gen.*, III, 11 et 13.

7 *Qu. in Gen.*, I, 8 et 10 ; *de Jos.*, 151 sq. ; *de Septen.*, 18 ; *V. M.*, II, 182 ; *de plantat.*, 52 ; *V. M.*, II, 198 ; *Qu. in Ex.*, II, 58 et 71.

8. Exemple, *Qu. in Gen.*, I, 10 (*Leg. alleg.*, I, 59) sur l'arbre de vie.

9 *De Jos.*, 151 sq.

canon. Le mot souvent cité par Philon « les canons de l'allégorie »[1] ne peuvent désigner que des règles générales qui laissaient
encore le champ libre à l'invention individuelle.

C'est qu'en effet ces interprétations reposent sur les doctrines
philosophiques les plus disparates. Tous ces exégètes ne voulaient pas voir dans Moïse la même philosophie. D'une façon
générale les interprétations traditionnelles que Philon combat
forment un groupe à part ; elles voyaient dans la loi une doctrine fataliste à la façon des Stoïciens, et y recherchaient surtout des théories physiques ou astronomiques. Ce sont ces interprètes qui tiraient le fatalisme du verset suivant de la Genèse :
« les péchés des Amorrhéens ne sont pas encore accomplis »[2].
Toute une série d'interprétations traditionnelles paraît avoir eu
pour objet de chercher dans l'arche d'alliance et les autres objets
du culte un symbole du monde et de ses parties ; les Chérubins
qui soutenaient le propitiatoire étaient les deux hémisphères
célestes[3] ; les parois de l'arche avec leurs anneaux représentaient
les deux équinoxes et les quatre saisons[4]. Ce genre d'interprétation s'étendait même à toute la loi. L'arbre de vie du paradis
était pour certains, la terre, le soleil ou les cercles célestes[5].
D'après une autre interprétation les pères d'Abraham vers lesquels il retourne à sa mort sont soit les corps célestes, soit les
éléments dans lesquels tout composé vient à se dissoudre[6]. Dans
la vie de ce patriarche lui-même le changement de nom d'Abram
en Abraham est interprété par Philon comme le passage de l'astrologie à la connaissance de soi-même et de Dieu. Mais il cite,
non pas comme traditionnelle il est vrai, une autre interprétation d'après laquelle Abraham serait symbole de l'astronomie[7].
A propos de « la montagne de l'héritage » de l'Exode, il cite avant
la sienne deux explications dont la seconde est traditionnelle ;
la première qui assimile la montagne de l'héritage au monde et
qui est rejetée doit l'être également.

Nous voyons dans tous ces passages les traces d'un système
d'allégories physiques et astronomiques pour lequel parle en

1. *De Somn.*, I, 73 ; *de Abrah.*, 68. Il ne s'agit là d'aucune règle spéciale,
mais seulement de la transformation d'une chose sensible en intelligible.
2. *Quis rer div. h*, 3oo ; cf. *Qu in Gen.*, III, 13, 181.
3. *De Cherub.*, 21-27 opposé à l'explication inspirée du § 29.
4. *Qu. in Ex.*, II, 56.
5. *Qu. in Gen.*, I, 10.
6. *Quis rer. div. h.*, 280-283.
7. *De plantat.*, 48-52.

outre l'exposé même de Philon. En effet dans les textes des *Questions* qui ne sont pas entrés dans son grand *Commentaire allégorique*, il en reste la plupart du temps à ce point de vue physique. Dans les *Questions sur l'Exode*, on sent fort bien·le double système d'interprétation, l'allégorie cosmique et l'allégorie spirituelle. D'abord l'arche est le ciel incorruptible contenant toutes les parties du monde (53) avec sa couronne d'étoiles (55), ses équinoxes (56), la connexion des causes qui est en lui (58) représenté symboliquement par les divers accessoires. Dans les *Questions* (62-69) la signification astronomique des Chérubins est remplacée par une autre ; mais nous savons par ailleurs qu'ils signifient les deux hémisphères célestes. La table de présentation est le symbole du corps (69) avec ses continuels changements (70), la nécessité de la nourriture (71) ; le candélabre contient symboliquement le ciel et les étoiles (72-82). Le tabernacle avec ses accessoires est le monde sublunaire, séparé par l'air (représenté par le voile) du monde céleste. Vient enfin le vêtement du Grand Prêtre qui, comme dans la Sapience de Salomon représente le monde et ses diverses parties[1].

Certaines parties de cette exégèse, soit ici, soit ailleurs, sont, notées comme traditionnelles ; l'on ne peut guère douter, à cause de son unité qu'elle ne le soit tout entière. Mais à elle s'en superpose en général une autre toute différente, bien plus spirituelle et dont certaines parties sont introduites comme personnelles. L'arche y représente le monde intelligible, et tous ses accessoires sont les diverses puissances divines[2]. Une de ces interprétations, les Chérubins, symbole des deux premières puissances divines, est formellement représentée ailleurs[3] comme résultat d'une inspiration personnelle ; il est donc probable qu'il en est de même pour l'autre interprétation. Philon va encore plus loin dans cette spiritualisation lorsqu'en superposant encore une troisième interprétation, il fait des objets du culte des symboles de l'état intérieur de l'âme. L'arche est l'âme avec ses vertus incorruptibles (53, fin), ses pensées invisibles, et ses actions visibles (54) ; le vase à libations placé sur la table est l'âme parfaite qui s'offre à Dieu (71) ; le lis du candélabre est la séparation des choses humaines et divines (76) ; la hauteur de l'arche est la grandeur

---

1. Toute cette interprétation brièvement résumée, *quis rer. div. h.*, 221-231.
2. *Qu. in Ex.*, II, 68.
3. *De Cherub.*, 27.

de l'âme qui sacrifie (100) ; l'huile de la lampe, la sagesse (103).

Ainsi Philon superpose à l'interprétation physique traditionnelle une interprétation spirituelle, dont les objets sont le
monde intelligible ou les états intérieurs de l'âme. Il y a souvent
ailleurs superposition des deux exégèses ; la division des membres dans la victime de l'holocauste représente non la marche
dans le monde de l'un au multiple et du multiple à l'un, mais à
son avis, les divisions de la prière d'action de grâces[1]. L'arbre
de vie du paradis n'est rien de matériel, ni le cœur, ni le soleil,
mais symbolise la piété centre de la vertu. Les « pères d'Abraham » sont pour certains des éléments matériels, mais pour d'autres des idées intelligibles. On voit aisément, même quand il ne
l'indique pas, où sont les préférences de Philon.

Ce sont seulement des interprétations du second genre qui
sont indiquées comme personnelles, et elles servent souvent à
en remplacer d'autres de nature physique.

Cette allégorie proprement morale qui cherche à saisir sous
la lettre de la Bible, les rapports intimes de l'âme avec le monde
intelligible, est-elle, elle aussi, traditionnelle ? Certes, et nous
rencontrons même la tradition dans les interprétations les plus
essentielles au philonisme. De plus, il n'y a pas une doctrine
vraiment importante du philonisme que l'on n'y retrouve.
D'abord sur les êtres intelligibles considérés dans leur rapport
à l'âme humaine, des exégètes antérieurs connaissent la théorie du logos ; ils décrivent la rencontre de l'âme et du logos,
dans laquelle la sensation et l'intelligence humaines cessent
d'agir[2]. Ils identifient encore le bien au logos, le logos est
la demeure de Dieu qui nous y introduit[3]. Le monde des
idées leur est également connu, et ils savent distinguer la vertu
idéale du bien engendré, l'homme créé de l'homme idéal[4]. Les
puissances despotiques et bienfaisantes correspondant au Sei-
gneur-Dieu des livres saints sont cités ; par ses bienfaits Dieu
devance le temps[5]. Pour l'histoire intérieure de l'âme, nous

---

1. *De Anim. sacr. id.*, 7, II, 2, 42. Cette interprétation peut se rattacher à la
métaphore du *Politique* de Platon (287 a) comparaison de la division logique
avec le démembrement des victimes par le prêtre.

2. *De Somn.*, I, 118.

3. *De plantat.*, 52 ; la τινὲς ἔρχεται porte en effet au moins jusqu'à κατα-
φύτευσον, puisque les épithètes du logos : élevé et céleste, complètent nécessairement l'allégorie de la montagne.

4. *Quis rer. div. h.*, 280 ; *mut. nom.*, 141-3 ; *Qu. in Gen.*, I, 8, 6.

5. *De plantat.*, 74-93 ; *mut. nom.*, 141.

trouvons l'interprétation si importante citée par Philon comme
un mystère, du mariage d'Abraham et de Sarra comme fécondation de la vertu par Dieu. Un passage insiste pour montrer l'impuissance radicale de l'âme à laquelle la vertu ne peut venir que
de l'extérieur [1]. Le culte spirituel est indiqué [2] ainsi que l'immortalité de l'âme par la piété [3] et la liberté conçue comme
esclavage sous Dieu [4]. Il faut faire ici une mention spéciale de
la doctrine ascétique de l'effort ; une interprétation traditionnelle des noix qui poussent sur le rameau d'Aaron développe
assez longuement la théorie de l'effort. Une interprétation traditionnelle assez longue également, du songe des serviteurs de
Pharaon, développe la théorie des ἀναγκαῖα [5].

Cette brève énumération contient en somme tous les principes
de Philon, les rapports mystiques avec le monde intelligible et
l'ascétisme.

Ce second genre d'interprétation n'est donc pas nouveau avec
Philon. Ce n'est pas lui qui a eu l'idée de chercher dans les
Livres saints une description de l'âme humaine. Mais cette
méthode n'est en effet que celle même des Thérapeutes. Dans le
passage que nous avons cité, les termes employés excluent formellement toute interprétation astronomique ou physique et ne
parlent que d'interprétations morales. L'auteur y insiste à
chaque membre de phrases. Ce que l'on voit sous les mots c'est
« l'intelligence invisible qui y est contenue » (νοῦν ἀόρατον) « les
beautés des idées » (κάλλη νοημάτων), « les idées » (ἐνθύμια), enfin
« les choses invisibles » (τὰ ἀφανῆ). Ceci serait inconciliable avec
une méthode qui aurait voulu retrouver le monde physique sous
le texte littéral. D'autre part, nous savons quelle extension chez
les Juifs de l'époque de Philon avait pris l'astrologie et la théorie stoïcienne du monde qui, à cette époque, en est solidaire.
Philon lui-même en est un témoin [6]. Il n'est donc pas étonnant
que l'on trouve des allégoristes qui veulent tirer dans ce sens le
texte sacré.

On voit combien, avec les éléments dont nous disposons, la
question de la tradition allégorique juive reste obscure. La lit-

---

1. *De Abrah.*, 99.
2. *Qu. in Gen.*, II, 72, 518, l'âme libation.
3. *Qu. in Gen.*, I, 10.
4. *De plantat.*, 52-54.
5. *V. M.*, II, 82 et *de Jos.*, 151-157.
6. Cf. liv. II, ch. IV, § 2.

térature judéo-alexandrine antéphilonienne ne renferme que des
traces insignifiantes d'allégories, mais qui du moins prouvent
l'existence d'allégoristes. Nous avons vu que nous ne pouvions
pas considérer comme l'un d'eux le faux Aristobule. Du côté du
judaïsme palestinien, il est fort contestable que les Esséniens
aient employé l'allégorie et l'on ne peut prouver que les rares
allégories des livres rabbiniques si hostiles d'ailleurs en principe à l'esprit allégorique, n'aient pas été précisément influen-
cées par les idées judéo-alexandrines. Reste le témoignage de
Philon lui-même ; la méthode allégorique qu'il attribue à certains de ses prédécesseurs s'accorde bien avec celle qu'il attribue
d'autre part aux Thérapeutes.

Son originalité est d'exclure de l'interprétation toute autre
doctrine philosophique que les doctrines morales, et de montrer
dans la succession des événements et des prescriptions de l'histoire juive, le mouvement intérieur de l'âme pécheresse, s'en-
fonçant dans ses fautes ou bien espérant le salut et l'entrée
dans le monde invisible et supérieur, grâce à la miséricorde de
Dieu.

Si la tradition juive se restreint à eux, le mouvement allégorique fut, dans le monde juif, aussi peu considérable en étendue
qu'important par ses conséquences éloignées. Cette exégèse
n'est pas conciliable avec toute espèce de doctrines. A l'époque
de Philon spécialement elle s'unissait étroitement aux théories
mystiques des néo-pythagoriciens, des orphiques, enfin des prêtres égyptiens. Les Juifs qui l'employaient furent naturellement
ceux qui étaient en contact le plus intime avec cette civilisation
hellénique dont les idées religieuses nous sont connues, surtout
par le traité de Plutarque *sur Isis*. Philon fait partie de ce
groupe peut-être peu nombreux et qui a peu marqué dans l'histoire nationale juive. Il acquit, moins d'un siècle après sa mort,
droit de cité dans les écoles chrétiennes d'Alexandrie, et c'est
par elles non par les Juifs que la méthode allégorique prit une
signification historique.

3. — *Philon et ses adversaires juifs*

Quelle place a ce que nous pouvons maintenant appeler le
parti philonien parmi les autres partis juifs ? Il n'est pas impossible de la déterminer en se référant au texte même de Philon.

Dans le traité *sur l'Ivresse* (33-93), il décrit trois attitudes possibles vis-à-vis de la Loi : d'abord la considérer comme simple coutume traditionnelle ; en second lieu mépriser la loi positive comme telle et rendre à Dieu un culte purement spirituel ; enfin combiner le respect des lois positives et le culte divin, en observant les lois, mais en leur cherchant, par la méthode allégorique, un sens intérieur et profond.

Philon accuse les représentants de ce premier parti d'être de faux législateurs qui, par attachement aux biens extérieurs, et par défaut d'initiation aux biens divins, préfèrent conformer leurs lois à la coutume qu'à la nature. Ils sont formellement accusés (41-47) de tirer le polythéisme de l'écriture sainte [1]. Si nous étions réduit à ce texte isolé, nous pourrions douter qu'il s'agisse ici d'un parti réel et nous croire en présence du simple développement oratoire, si fréquent chez Philon, contre les lois civiles et les coutumes. Mais nous pouvons montrer que nous avons affaire ici à un parti bien réel.

Il existe, dans les fragments de littérature judéo-grecque qui nous ont été conservés par Eusèbe, dans la *Préparation évangélique*, des fragments d'historiens juifs, Artapan et Eupolème, qui tentaient de retrouver dans l'histoire des patriarches, des légendes de la mythologie grecque et égyptienne. Ils ne voyaient d'ailleurs dans ces mythes aucun sens symbolique, mais les ramenaient, à la façon d'Evhémère, à la proportion d'un récit historique. Le Moïse d'Artapan, par exemple, est conçu sur le modèle de l'Hermès Thot [2].

En dehors de ces indications sommaires, les œuvres de Philon lui-même nous donnent des raisons de croire qu'au moment où il écrivait se poursuivait depuis longtemps un travail de syncrétisme, qui identifiait à des mythes grecs chaque récit de la Bible. Par exemple, énumérant les sources d'après lesquelles il a écrit la *Vie de Moïse*, il cite d'abord les livres sacrés, puis les traditions reçues des anciens [3]. Nous pouvons nous faire une idée de ce qu'étaient ces traditions, d'après les parties de son récit qui restent sans attache avec la Bible. Parmi elles se trouve en pre-

1. Cf. les mêmes thèmes : contre les faux législateurs, *de agric.*, 43 ; *de mutat. nom.*, 103-104. Sur le polythéisme rattaché à la vie des cités : *de decal.*, 2, et à la coutume : *Qu. in Ex.*, II, 5, 471.

2. Sur ce point cf. Reitzenstein, *Poimandres*, p. 181 (Eus., *prep. ev.*, IX, 27, p. 432).

3. *V. M.*, I, 4.

mière ligne le récit de l'éducation de Moïse [1] ; celui-ci apprend des Egyptiens la philosophie symbolique qu'on lui enseigne « dans ce qu'on appelle les lettres sacrées ». Or, nous trouvons chez Artapan que c'est Moïse qui a transmis aux prêtres les « lettres sacrées » et les a interprétées [2]. Le détail du récit philonien ne s'expliquerait pas, s'il n'avait été précédé du récit d'Artapan [3]. Mais on rencontre, en outre, chez Philon bien des assimilations du même genre dont quelques-unes paraissent être acceptées comme traditionnelles [4]. Philon n'est même pas du tout hostile à l'idée qu'il se trouve dans la Bible de véritables mythes, des récits fabuleux, dont, pour cette raison, il est vrai, le sens littéral doit être écarté [5].

Il a été remarqué bien souvent que Philon avait employé la méthode allégorique justement pour se débarrasser des difficultés de l'interprétation littérale ; mais ce que l'on n'a pas vu, c'est que bien souvent il attaque sous le nom d'interprétation littérale non l'explication littérale simple (ἀφιλόνεικον) dont il se sert lui-même et dont il ne fait que des éloges, mais l'explication tendancieuse et mythologique : c'est de l'élément mythique, dit-il, à propos du serpent, que l'on se débarrasse avec l'allégorie [6].

Bien plus dans les passages de la Bible incriminés de mythologie, il lui arrive souvent avant de passer à l'allégorie, de combattre l'interprétation mythologique sur son propre terrain, au moyen de l'explication littérale.

D'après le *de Abrahamo* (169-200) à propos du sacrifice d'Isaac, il n'est pas douteux qu'il y avait des interprètes essayant de l'identifier avec les sacrifices d'enfants que rapportait la mythologie grecque : ces interprètes citent « non seulement des particuliers, mais des rois qui ayant peu souci de ceux qu'ils avaient

---

1. *Ibid.*, 23.
2. *Prep. ev.*, IX, 27, p. 432.
3. Willrich, *Judaïca*, p. 111, place la limite inférieure de cet écrit avant la première moitié du premier siècle avant J. C.
4. Les géants de la Bible, et ceux des poètes : *Qu. in Gen.*, I, 92, 66. Dieu décrit avec les attributs de Zeus tonnant : *quod Deus immut.*, 60. Les Titans d'Homère ont construit la tour de Babel (*de confus. ling.*, 4). Ce passage ne s'expliquerait pas, puisque ce sont dans la Bible, les hommes, non les géants qui bâtissent la tour, sans un passage d'un historien juif anonyme (Eus., *prep. ev.*, 9, 18, 7) qui attribue cette construction à un géant échappé à la destruction des Titans.
5. La naissance d'Eve, *leg. alleg.*, II, 19 ; le serpent parlant *de agric.*, 9, Dieu auteur de la peste : *congr. erud. gr.*, 171.
6. *De agric.*, 97.

engendrés sauvent en les faisant mourir de grandes et nombreuses armées » [1]. Philon accuse ces interprètes de calomnie, d'injure, d'envie (διαβάλλουσιν, etc) [2], et, au lieu de leur répondre tout de suite par une explication allégorique, il s'attache d'abord à démontrer (184-200), au point de vue littéral, la supériorité d'Abraham sur les autres dans le sacrifice de son enfant.

Nous avons un bon exemple de ce procédé au début du *de confusione linguarum*, (6-15). Philon expose d'abord un mythe grec que les contempteurs de Moïse rapprochent de celui de la confusion des langues [3]. D'après ce mythe, bêtes et hommes parlaient au début le même langage. Puis il ajoute : « (Moïse) s'approchant plus près de la vérité a séparé les bêtes des êtres raisonnables, en témoignant l'unité de langage pour les hommes seulement ». Il y a donc là pour le mythe mosaïque une première supériorité ; « mais, ceci même, dit-on (ὥς γέ φασιν) est fabuleux » ; et Philon explique d'après d'autres interprètes (λέγουσιν, § 9) comment on ne peut admettre que la confusion des langues soit un remède aux vices de l'humanité (9-14). Il y a donc un effort pour montrer, même au point de vue de la lettre, l'impossibilité d'identifier le récit de Moïse et le mythe grec. Cet effort est rapporté par Philon à des exégètes qu'il approuve et qui, d'après la suite, ne sont autres que les interprètes de la lettre ; il ajoute, en effet, à la fin de ce développement : « ceux qui emploient ces artifices (à savoir d'identifier les récits de Moïse et les mythes) seront réfutés dans le détail par ceux qui gardent avec simplicité (ἀφιλονείκως) les interprétations littérales, en partant de la forme extérieure de l'Ecriture, qui ne luttent pas par des sophismes, mais suivent le lien des conséquences... Mais nous disons... » (suit l'interprétation allégorique). La situation est donc bien celle-ci : il y a d'abord une interprétation littérale tendancieuse évhémériste, puis l'interprétation littérale simple, enfin l'interprétation allégorique.

L'on comprend, en face de cette exégèse mythologique systématique, l'acharnement de Philon à défendre le mosaïsme contre l'accusation de mythographie, que l'on ne peut mieux comparer qu'à la défense de la piété et de la sagesse d'Homère par

---

1. § 180.

2. *De Abrah.*, 178 ; *ib.*, 184, parle de leur βασκανία, πικρία, *ib.*, 91. Ils ont des bouches sans frein et injurieuses.

3. L'identification se trouve dans l'historien juif Eupolème (Eus., *pr. ev.*, IX, 17, 2).

les Stoïciens allégorisants ; dans cette exclusion des mythes de la cité mosaïque, Philon suit incontestablement Platon : « Moïse, dit-il, à propos des géants est bien loin de faire des mythes (μυθοπλαστεῖν) ; il a chassé de sa cité la peinture et la sculpture, arts nobles et séducteurs... » [1]. Cependant Platon faisait usage des mythes là où l'on ne peut atteindre que le vraisemblable ; il semble bien que ce soit contre un pareil usage qu'est dirigé le § 12 du traité *de sacrificiis Abel et Caïni* : « Moïse n'aime pas les choses vraisemblables et persuasives, il poursuit la vérité sans nuage, car... au serviteur de Dieu il convient de s'attacher à la vérité en laissant de côté la mythologie imaginaire (εἰκαστικήν) et incertaine du vraisemblable ».

Ce sont donc ces partisans d'une exégèse mythologique, et non d'autres que Philon poursuit sans cesse sous le nom de « sophistes du sens littéral » [2]. Si, il est vrai, ce sont quelquefois des païens qui, pour critiquer la Bible, y cherchaient des ressemblances avec la mythologie grecque [3], ce sont bien des exégètes juifs qu'il accuse dans le passage suivant : « Ceux qui, accablés d'une puissance invincible (à savoir celle de la coutume) ont subi l'anthropomorphisme trouveraient pitié plus que haine ; mais ceux qui volontairement (ἑκουσίῳ γνώμῃ) se sont détournés de l'Etre... qu'ils soient punis de châtiments nouveaux » [4].

C'est bien ce parti qui, abandonnant le vrai pour le vraisemblable, tend à faire du mosaïsme une mythologie au niveau de la mythologie grecque. Ce sont les cités qui ont inventé les mythes, et c'est la coutume opposée à la loi naturelle qui les maintient [5]. Ceux qui restent attachés au sens littéral sont des μικροπολῖται, qui, par conséquent, ne considèrent le judaïsme que comme une petite cité, alors que les Juifs allégoristes sont des citoyens du monde [6].

Ce dernier mot résume le dessein de Philon dans l'emploi de la méthode allégorique. C'est l'universalisation de la loi juive. Pourtant les véritables adversaires que Philon rencontre devant lui ne sont pas les Juifs pieux, qui observent rigoureusement la

---

1. *De gigant.*, 59 ; cf. à propos de la statue du sel, *de fuga et inv.*, 121.
2. *De Somn.*, I, 102.
3. *De confus. lingu.*, 2.
4. *De post. C.*, 9 ; cf. *Quod det. pot ins.*, 13, où ces interprètes sont accusés d'être impies, de rabaisser les lois.
5. *De sac. et Ab. et C.*, 76.
6. *De Somn.*, I, 39.

lettre de la Loi ; il est de leur côté, et il n'a pas pensé un moment que les observances légales soient un obstacle à la religion universelle [1]. Le vrai danger est plutôt chez ceux qui, suivant les habitudes de syncrétisme mythologique des Alexandrins, abaissent la Loi juive à un simple récit mythologique.

1. *De Ebriet.*, 80-93.

LIVRE II

DIEU, LES INTERMÉDIAIRES
ET LE MONDE

CHAPITRE PREMIER

DIEU

Sommaire : Dieu est radicalement isolé du monde ; il est non seulement l'unité, et l'Idée suprême, mais supérieur à l'un et au Bien. — Le Dieu sans qualités. — Les déterminations de Dieu dans son rapport à l'homme. — Influence des stoïciens, du platonisme altéré par les stoïciens, des religions populaires. — Les influences juives sont prépondérantes. — L'importance du culte intérieur dans la détermination du concept de Dieu. — Le Dieu de Philon est non le terme de l'explication des choses, mais objet de culte. — Le problème de la création : Philon n'a pas l'idée de la création *ex nihilo*.

Il n'y a rien de moins dialectique, mais aussi rien de plus vivant, d'une vie trouble, confuse et intense que le concept de Dieu chez Philon. Dans la science de Dieu se trouve le salut, le comble de tous les bonheurs et de toutes les perfections [1]. C'est à ce désir de la conscience que répond le concept de Dieu, et Philon n'hésite pas, sans souci de l'unité des doctrines, ni de leur convergence, à prendre partout ce qui satisfait à ce désir.

I. — On se pose habituellement, à propos de la théologie de Philon, le problème suivant : comment peuvent s'unir dans sa pensée, d'une part, les déterminations les plus abstraites de la nature divine, où Dieu, identifié à la notion de l'Etre, exclut toutes les propriétés, et, d'autre part, les déterminations concrètes et morales, qui attribuent à Dieu à l'égard de l'homme les sentiments d'un père ou d'un justicier ? Il y a là, répondent la plupart des interprètes [2], une contradiction, dont Philon n'a pas pu se dégager,

---

1. *Qu. in Ex.*, II, 51, 505; *de sacrificant.*, 13, II, 264.
2. Réville (le Logos d'ap. Philon, p. 191) distingue des déterminations négatives qui éloignent Dieu du monde, positives qui l'identifient avec lui, et religieuses. Cohn (*N. Jahrb. f. das Kl. Alt.*, 1898, 2, p. 535) voit dans la conception fondamentale une influence juive, et grecque seulement pour le détail.

entre la représentation juive du Dieu vivant et humain toujours
en contact avec son peuple, et l'idée abstraite du principe impersonnel, issu du platonisme, et où les meilleurs d'entre les Grecs
voyaient un refuge contre les grossièretés du polythéisme.

Précisons d'abord l'opposition que l'on veut voir chez Philon.
D'une part, Dieu étant l'être en soi est aussi le genre suprême [1].
Philon s'inspire du platonisme, en ne séparant pas le caractère
logique et le caractère moral de ce genre. Pour Platon, c'était
l'Idée du Bien ; pour Philon, il est également « le meilleur des
êtres » ou le « premier bien » [2] ; employant la même métaphore
que dans la *République*, il en fait le « soleil du soleil, le soleil
intelligible du soleil sensible » [3]. Dieu, en ce sens, reste en
somme la première des Idées ; c'est à ce titre qu'il est dans le
même texte la « source de la vertu » et le « modèle des lois » et
qu'il est quelquefois appelé lui-même une « idée » [4] ; la vision de
Dieu, telle qu'elle est décrite, avec ses éblouissements, suit de
près la vision de l'Idée du Bien [5]. A ce caractère se rattache la
série des épithètes qui excluent de cette Idée suprême toute
composition ; Dieu est « une nature simple », « sans mélange »,
« sans composition » [6]. Nous trouvons, au début du livre II des
Allégories (2 à 4) un curieux essai de démonstration de la simplicité, qui nous permettra de découvrir l'origine platonicienne
de l'idée. Si un élément quelconque s'ajoute à la nature de Dieu,
cet élément sera supérieur, égal ou inférieur à Dieu. Egal ou
supérieur cela est impossible. S'il est inférieur, « Dieu sera
amoindri, et s'il est amoindri, il sera aussi corruptible (χαὶ αὐτὸς
ἐλαττωθήσεται. εἰ δὲ τοῦτο, χαὶ φθαρτὸς ἔσται), ce qu'il n'est même pas
permis de penser ». Cette argumentation suppose la définition de
la corruption que nous trouvons au chapitre II du *de Incorruptibilitate mundi* : « la corruption, c'est le changement vers le pire ».
Mais pour la forme et le fond de la pensée, elle est semblable à
celle qui démontre au chapitre XIII du même traité l'incorrup-

---

1. Τὸ ὄν, *mut. nom.*, 27 ; τό γενιχώτατον, *leg. alleg.*, II, 86.
2. *De fuga et inv.*, 131 ; *de sacrif. Ab.*, 92 ; *de sacrificant.*, 4 ; *de Septen.*, 6.
3. *De sacrificant.*, 4.
4. *De Abr.*, 122. Dieu mesure des êtres ; *de congr. er. gr.*, 101.
5. Comp. τὸ τῆς ψυχῆς ὄμμα σχοτοδινιᾶν ταῖς μαρμαρυγαῖς (*de Mon.*, I, 5) et
Platon, *Rep.* VII, 515 c : διὰ τὰς μαρμαρυγὰς ἀδυνατοῖ καθορᾶν.
6. Φύσις ἀπλῆ (*leg. alleg.*, II. 2 ; *mut. nom.*, 184 ; *quod deus immut.*, 56 ;
ἀμιγής (*de Abr.*, 122 ; *leg. alleg.*, II, 2 ; *quod deus, id.*); ἀσύμπλοχος, ἀσύγχριτος,
de Abr., 122 ; *de fuga*, 141 ; *de mutat. nom.*, 3 et 114 ; *de somn.*, II, 227 ;
quod deus immut., 56. Il n'est pas relatif, *mut. nom.*, 27.

tibilité du monde : si Dieu détruit le monde pour en faire un
nouveau, dit cet argument, le nouveau sera pire ou semblable ou
meilleur : s'il est pire, Dieu sera donc pire ; s'il est semblable,
Dieu aura travaillé en vain ; s'il est meilleur, le démiurge sera
donc devenu meilleur ; il était donc imparfait, dans sa première
création, « ce qu'il n'est même pas permis de penser : Dieu est
égal et semblable à lui-même, n'admettant ni relâchement en
mal, ni tension en mieux ». Là-bas Dieu était simple, parce que
toute composition le rendrait inférieur à lui-même ; ici le monde
est incorruptible, parce que Dieu n'est jamais inférieur à lui-
même. Or cet argument vient d'un platonicien ; il fait corps avec
l'argument précédent qui s'appuie lui-même sur un passage du
Timée. Le passage des *Allégories* finit ainsi : « Dieu est rangé
dans l'un et la monade, mais plutôt la monade en Dieu qui est
un ; car tout nombre est plus récent que le monde, comme aussi
le temps, mais Dieu est plus vieux que le monde et il en est
démiurge ». L'on sait que pour les néo-pythagoriciens, Dieu est
identique à l'un [1] ; c'est cette idée que paraît viser Philon, et
qu'il combat clairement en d'autres passages [2]. Il le fait par une
théorie d'origine platonicienne, que nous rencontrons ailleurs
chez lui, et d'après laquelle les déterminations numériques
ainsi que le temps sont postérieures au ciel ; l'astronomie est en
même temps la science des nombres [3].

Mais en élevant ainsi le paradigme suprême au-dessus de l'un,
il dépasse Platon. L'on connaît le célèbre passage du *de opificio*
dans lequel Dieu est déclaré « meilleur que la vertu, meilleur
que la science, meilleur que le bien en soi » [4]. Les deux premières déterminations ne souffrent pas de difficultés ; cela
revient au même que d'appeler Dieu « source de la vertu », ou
« source de la science » [5] et elles s'accordent parfaitement avec le
texte de la *République*, où Platon cherche une « justice en soi »
supérieure à la justice sensible, et une idée qui sera le principe
commun de « la science et du su » [6]. Justement parce qu'il suit

1. Cf. les placita dans *Diels*, p. 3o2 a, 6.
2. Dieu est plus pur que l'un : ἀγαθοῦ κρεῖττον καὶ μονάδος πρεσβύτερον καὶ
ἑνὸς εἰλικρινέστερον, *de praem. et poen.*, 6.
3. *De opif. m.*, 8 ; comp. *V. C.*, 1, II, 472 : ἀγαθοῦ κρεῖττον ; *leg. ad C.*, 1, II, 546.
4. *De sacrificant.*, 4 ; Dieu est à la fois πλέον τι ἢ ζωή et πηγὴ τοῦ ζῆν, *de
fuga*, 198.
5. *De Rep.*, VI, 5o8 e, 5o4 d.
6. *De op. m.*, 8. Dieu est dans le même texte meilleur que le bien, δραστή-
ριον αἴτιον et le νοῦς (§ 9) par lequel le monde est formé.

Platon jusqu'ici, la dernière détermination « κρείττων ἢ αὐτὸ τὸ ἀγαθόν », sonne étrangement, par son opposition avec le même passage de la *République*. Dieu est donc ici supérieur à l'Idée suprême ; nous ne trouvons rien d'analogue dans aucun des textes néo-pythagoriciens que nous avons conservé ; Dieu y est seulement l'un et le bien, tout à la fois : il ne s'oppose pas moins aux néo-pythagoriciens qui nous sont connus qu'à Platon. Cependant l'union d'épithètes tels que « le bien en soi » avec le caractère de « cause active », ou d' « intelligence de l'univers », caractérise bien le syncrétisme stoïco-pythagoricien de cette époque. On peut donc croire que la pensée de Philon trouve son point d'attache dans une forme de cette doctrine, inconnue par ailleurs.

Qu'est-ce qui inclinait Philon à cette doctrine ? Est-ce, comme on le dit d'ordinaire, le désir d'enlever toute détermination, toute limitation au concept de Dieu [1]. On prend en ce sens la déclaration de Philon que Dieu est sans qualités (ἄποιος) [2]. Nous ne recommencerons pas après Drummond [3] l'excellente discussion d'où il résulte que ποιόν ne doit pas être pris au sens général de détermination, mais au sens habituel chez les Stoïciens de *quid proprium* corporel. Pour le confirmer, remarquons que cette déclaration ne vient jamais qu'à la suite de réfutations de l'anthropomorphisme des Epicuriens, et que l'intention de Philon ne va pas plus loin que de prouver que Dieu n'a ni corps analogue au corps humain, ni passions [4]. Ainsi la théorie de Dieu sans qualités n'a rien de commun avec celle du Dieu « supérieur au bien en soi ».

Une raison beaucoup plus importante pour Philon est la suivante que rien n'est semblable à Dieu, et que Dieu n'est semblable à rien [5]. Or si les Idées sont les exemplaires des choses, il s'ensuit que les Idées sont semblables aux choses : chez Philon lui-même le Logos qui est un intelligible peut trouver son image dans le monde sensible ; Dieu au contraire ne le peut pas. C'est pour éviter cette conclusion que Philon a refoulé Dieu au delà même de l'Idée suprême, et a ainsi volatilisé son concept. Cette

---

1. Guyot, *L'infinité divine*, etc., pp. 45-48.
2. *Leg. alleg.*, I, 36 ; *quod deus imm.*, 55.
3. *Philo Judæus*, Londres, 1888, I. p. 23.
4. Plotin attribue aux Stoïciens cette remarquable définition de Dieu : ἄποιον σῶμα.
5 *De Somn.*, I, 73 : *leg. alleg.*, II, 1.

idée est étrangère à l'hellénisme : le but de la morale platonicienne ou cynique, l'idée plus ou moins cachée d'Aristote et des
Stoïciens, c'est la similitude du sage avec Dieu. Au contraire
dans un prophète comme le Deutéro-Isaïe, se trouve exprimée
presque à chaque page l'idée que Dieu est incomparable à tout
être [1]. Philon ne fait que teinter d'hellénisme cette idée, en disant
que pour arriver à Dieu, il faut aller au delà du monde sensible,
et même au delà du monde intelligible. Mais cette dissemblance
trouve surtout son expression dans l'idéal de sainteté et de pureté
absolues : comme saint et pur, Dieu doit être à l'écart et à l'abri
de toute chose profane ; il ne peut se souiller au contact du
monde sensible, et c'est pourquoi il en est séparé par le monde
intelligible. Donc la séparation violente, absolue, radicale du
monde tant sensible qu'intelligible, voilà le premier caractère
du Dieu de Philon.

D'autre part, Dieu dirige l'univers et l'âme humaine : il est
cette force de nature à la fois physique et morale qui, suivant les
Stoïciens, en retient les parties unies. On trouve chez Philon ces
doubles déterminations : mais cependant les dénominations purement matérialistes, comme « le feu », sont supprimées, et l'aspect
moral de la divinité, grâce à la piété juive, présente comme un
caractère de tendresse et d'intimité plus grandes. Ce dernier
aspect est de beaucoup le plus fréquent : l'explication physique
des choses n'a pas pour lui d'intérêt. A ce point de vue pourtant,
Dieu est l'intelligence ou l'âme de l'univers [2] ; il l'emplit tout
entier, et il a pénétré (διελήλυθεν) à travers toutes ses parties ; il
contient les éléments et les maîtrise [3] sans en être contenu [4] ;
par sa substance, il n'est nulle part [5], et il est d'ailleurs au-dessus du temps et de l'espace [6] ; en un autre sens il est partout
par sa puissance qu'il tend jusqu'aux confins du monde [7]. Il
est aisé de voir ce que Philon recueille du stoïcisme : tout le
panthéisme mystique qui affirme que le monde est comme plongé
dans la divinité, que tout est plein de Dieu. La croyance même
à la réalité du monde sombre dans ce sentiment : Dieu est « un

---

1. 48, 18-25 ; 46, 5-9 ; 44, 7.
2. *De op. m.*, 8; *migr. Abr.*, 192.
3. *V. M.*, II, 238.
4. *Migr. Ab.*, 182.
5. οὐδαμοῦ, puisqu'il a engendré temps et lieu, *de conf. ling.*, 136.
6. *Post. Caïni*, 14.
7. *De conf. ling.*, 136.

et tout » [1] ; il est le commencement et la fin [2]. Au point de vue
moral, Dieu est appelé avec le *Timée*, « père et créateur » du
monde [3]. Bien des expressions sont d'ailleurs empruntées au
Timée ; lorsqu'il appelle Dieu le «.générateur suprême et le
plus ancien », ou le « dieu des dieux » [4], il songe au rapport
entre le démiurge suprême et les dieux inférieurs; d'ailleurs, il a
imité brièvement le discours du démiurge platonicien dans un
discours de Dieu à ses puissances [5]. Cependant, comme nous le
verrons plus loin, l'idée de la paternité divine, par ses développements, dépasse singulièrement le platonisme. Dieu a, d'autre
part, tous les caractères du sage stoïcien ; Philon dans une
sorte de litanie, énumère de suite, à son propos, beaucoup des
paradoxes connus, que les Stoïciens appliquaient au sage [6] ;
Dieu est en ce sens « le seul sage », ce qui implique la doctrine de
l'impossibilité du sage. Suivant des comparaisons habituelles, il
est le « chef de la grande cité de l'univers, le stratège, le pilote,
le cocher, le prytane » de l'univers [7]. Enfin d'autres épithètes
introduisent comme des rapports plus intimes entre Dieu et
l'homme. Nous voulons parler de désignations d'un caractère
plus populaire, qui donnent à la théologie de Philon un aspect
beaucoup plus religieux que philosophique.

On sait que les Grecs attribuaient à une même divinité des
fonctions différentes, et accolaient à son nom autant de désignations qu'elle avait de fonctions. On peut voir à la fin de la
mythologie de Preller la quantité très grande d'épithètes que
possédaient des dieux comme Zeus ou Apollon. D'autre part,
dans les effusions à Dieu des *Psaumes* et des *Prophètes*, l'on voit
se substituer à l'appellation sèche de Seigneur Dieu que l'on rencontre dans les premiers livres une richesse très grande d'épithètes de caractère surtout moral. Philon connaît les épithètes
grecques, et il en use : le dieu « des hommes libres, des hôtes,
des suppliants et du foyer », qui est méprisé par le Pharaon,
n'est autre que le Zeus hellénique [8]. Lorsqu'il appelle son Dieu

---

1. *Leg. alleg.*, I, 44. Dieu est seul ; les autres choses ne sont qu'en apparence, *quod det. pot. ins.*, 160.
2. *De plant.*, 22.
3. Πατήρ καὶ ποιητής, *de opif. m.*, 10 ; *de decalogo*, 41, 64 ; *de Jos.*, 265, etc.
4. *De decalogo*, 53 ; *de fortit.*, 7 ; *de decal.*, 41.
5. *De fuga*, 69.
6. *De Cherub.*, 86 ; cf. *de Abrah.*, 202.
7. *De decal.*, 53 ; *de mon.*, I, 1.
8. *V. M.*, I, 36.

suprême sauveur, porteur de victoire, bienfaisant, qui nourrit, libéral, il donne des épithètes que l'on voit fréquemment appliquées à des divinités grecques[1]. L'on connaît ces divinités abstraites, que les Grecs adorent : le Hasard (Tyché), l'Occasion (Kairos), la Paix (Eiréné). Ces divinités, dont certaines sont en même temps des principes cosmiques ou moraux sont connues cependant de Philon comme divinités. Elles sont liées, en général, non pas au Dieu suprême, mais, comme nous le verrons plus loin, aux intermédiaires : cependant deux d'entre elles, Kairos et Eiréné sont assimilées à Dieu lui-même. Kairos est, comme dans la mythologie grecque, rapproché de Tyché[2]. Ils sont tous deux causes d'instabilité. C'est pour cela qu'il accuse « les méchants qui divinisent Kairos » ; c'est non pas Kairos, mais Dieu qui est la véritable cause[3]. Dans ce passage le dieu est relié à la doctrine du destin. Mais en un autre passage, le Dieu suprême est assimilé à Kairos[4], dont le caractère mythologique est mis hors de doute par ce qui précède. Aussi lorsque Dieu est ailleurs identique à Eiréné, nous sommes portés à penser à la déesse grecque[5].

Deux sentiments fondamentaux animent le psalmiste : la confiance en la bonté divine, et la crainte de sa justice. Les pieux doivent se remettre à la protection divine qui leur est assurée grâce à leur vertu ; les impies doivent le craindre ; car aucun vice ne lui échappe. Ce sentiment du divin plus vivant et plus concret que tout ce que l'on pouvait tirer de la mythologie abstraite des Grecs s'exprime fréquemment chez Philon. Dieu est bienveillant et favorable ; il combat pour le juste, il le secourt ; il est ami des hommes et bon[+]. Mais il est aussi le roi des rois, le maître, celui qui voit toujours, le témoin de la conscience, auquel il est impossible de cacher ses pensées les plus secrètes, le juge incorruptible auquel aucun ne peut échapper[6].

Ainsi la divinité remplit le monde et l'âme humaine de sa

1. Σωτήρ (de conf. ling., 93) ; νικήφορος (de congr. er. gr., 93) ; εὐεργέτης, (ib., 97) ; τροφεύς, πλουτόφορος καὶ μεγαλόδωρος (ibid., 171 ; cf. Preller, p. 941).

2. De Somn., II, 81 ; cf. Preller, Mythologie, p. 509.

3. Qu. in Gen., I, 100, p. 72 (Harris, 19).

4. De migr. Abr., 126.

5. De Somn , II, 253. Autres éléments grecs : Dieu ἔφορος.

6. Εὐμένης, ἵλεως, ὑπέρμαχος (Abr., 96) ; φιλάνθρωπος (V. M., 1, 198) χρηστός (de Abr., 202), βοηθός; (V. M., II, 252).

7. Δικάστης (de Abr., 137); ἀεὶ βλέπων, μάρτυρ τοῦ συνειδότος (de Jos., 265) ; βασιλεὺς βασιλέων (de Dec., 41) ; δεσπότης (de festo Coph., 2).

présence. Mais tout à l'heure, nous avons vu qu'il fallait pour
atteindre son séjour, dépasser au contraire jusqu'aux dernières
limites du monde intelligible. On trouve chez Philon une tentative de solution dialectique de cette opposition. Ces deux points
de vue sur la nature de Dieu ne sont pas au même niveau, mais
l'un supérieur, l'autre inférieur. Dieu, réellement et en vérité,
est un être absolu sans rapport avec aucun des êtres[1], et c'est
ainsi que nous l'avons considéré d'abord Mais lorsque nous considérons Dieu comme créateur, ou juge, ou ami des hommes,
nous introduisons dans son concept une relation, et nous ne
sommes plus dans la vérité, mais dans l'apparence[2]. Cette idée
est fort grave, puisque c'est en somme la piété juive, celle qui
s'adressait à Dieu comme à un père et à un protecteur, qui est
mise au second plan. Il semble que Philon l'ajoute comme une
pièce rapportée à la théorie du Dieu abstrait supérieur à l'un.
De fait, bien des interprètes expliquent ce manque d'unité dans
la théorie de Philon, parce que toute espèce de culte, de rapport
avec Dieu aurait été rendue impossible par la théorie abstraite
seule ; aussi c'est par bonté que Dieu qui en lui-même n'a pas
de nom, a permis qu'on le nomme pour l'invoquer[3], et en général qu'il condescend à entrer en rapport avec l'homme.

Nous pensons qu'il y a dans la théologie philonienne plus
d'unité. Mais cette unité n'apparaîtra pas si l'on considère seulement la nature de Dieu, et non pas l'âme qui rend un culte à
Dieu. A cet égard la théorie de Drummond qui veut voir dans les
attributs moraux et relatifs de la divinité des aspects divers de
l'essence même de Dieu, dont l'ensemble constituerait sa substance paraît une tentative tout à fait manquée[4]. Car Dieu serait
ainsi une somme de termes relatifs, alors qu'il est au contraire
placé au dessus de tout relatif. Plaçons-nous donc au point de
vue proprement philonien, celui de l'expérience intime de Dieu.
A ce point de vue il est tout à fait faux de dire que le culte
n'est possible qu'au moyen des attributs de l'Etre. De même que
l'on distingue un Dieu absolu, vrai, et un Dieu en relation avec
l'homme, parallèlement dans les sacrifices, Philon distingue
ceux qui sont faits en l'honneur de Dieu tout seul, et ceux qui

---

1. *De mutat. nom.*, 27.
2. *Ibid.*
3. L'être est « indicible », *quis rer. div. h.*, 170 ; *Vita Mos*, I, 76 : mais
par pitié pour les hommes, il permet de lui donner un nom, *de Abrah*, 51.
4. *Loco citat.*

sont faits en même temps pour nous, pour demander à Dieu des grâces, ou le remercier[1]. Le premier genre de sacrifice, l'holocauste symbolise au fond l'extase mystique, cet état de ravissement dans lequel l'âme, pour connaître Dieu, s'abandonne elle-même, avec toutes ses facultés ; c'est là véritablement le culte du Dieu absolu, et aussi le culte supérieur. Il a fallu, pour y arriver, une transformation intérieure complète, dans laquelle l'âme entièrement purifiée n'est plus dans le monde sensible, ni dans le monde intelligible, ni en elle-même. Le Dieu absolu ne pourrait pénétrer dans l'âme, ni l'âme en lui. Donc la théorie de l'extase est étroitement liée, comme l'a déjà fait remarquer Bousset[2], à la théologie. Son Dieu est un Dieu d'expérience intime.

Mais si ce Dieu suprême n'excluait pas le culte, et au contraire correspondait au moment le plus élevé du culte, pourquoi Philon a-t-il gardé le culte inférieur et ne se contente-t-il pas de l'extase ? Il y en a bien des raisons tant extérieures qu'intérieures. D'abord l'extase est un état rare, inaccessible à la plupart des hommes et peut-être même à tous les hommes, comme tels : faut-il donc que le monde soit privé de tout rapport avec le divin ?[3]. De plus Philon est personnellement un Juif pratiquant et dévot : or l'extase risque d'aboutir à une religion purement individualiste et intérieure, et à supprimer par conséquent les pratiques et tout ce qui fonde l'union politique des Juifs[4].

Mais il y a une raison interne plus importante. Antérieurement à Philon, on trouve dans le Deutéro-Isaïe ces deux idées parfaitement unies : d'une part Dieu n'est semblable à personne, d'autre part il a envers l'homme des sentiments de bienveillance ou de colère. C'est de ces deux idées que sont sortis les deux aspects, abstraits et concrets, de la théologie. Or ces deux idées, le prophète les avaient conciliées de la même façon que les concilieront les mystiques de tous les temps, et parmi eux Philon. Jamais un mystique n'a jugé contradictoire, dans son expérience personnelle, la vision concrète et parfois grossièrement matérielle d'un Dieu qui converse avec lui comme un ami, ou le conseille comme un maître avec le sentiment de l'Être infini et illi-

---

1. *De An. sacr. id.*, 4, II, 240.
2. P. 427.
3. Cf. la pitié de Dieu : *quod det. pot. ins.*, 93 96 ; l'abandon de Dieu comme le plus grand mal, 142.
4. Ceux qui ne pratiquent que le culte immatériel se croient devenus des âmes pures, *de migr. Ab.*, 90 sq.

mité dans lequel l'extase le plonge. Il passe facilement de ces
relations personnelles, à l'extase proprement dite, comme Moïse.
chez Philon, lorsqu'il annonce les lois, tantôt est le simple instrument passif de Dieu, tantôt converse avec lui. Il est d'un mystique et d'un mystique seul d'affirmer à la fois comme Philon que
Dieu est retiré du monde, et qu'il le pénètre cependant et le
remplit. Car le séjour divin est toujours à une distance infinie de
l'âme, et Dieu échappe pour ainsi dire devant l'âme qui la poursuit[1], et cependant l'âme a la conscience de son néant et du
néant des choses en face de Dieu qui contient tout et qui est
tout. Dieu est à la fois très près et très loin.

II. — Cette conception nouvelle dans l'histoire des idées d'un
Dieu absolu et transcendant, modifie considérablement le problème des rapports de Dieu et du monde. L'élément divin, fondement et raison des êtres, s'obtenait dans la philosophie grecque par l'analyse du monde donné dans lequel on isolait un
terme permanent et générateur. Telle fut évidemment la méthode
des premiers physiciens ; mais telle fut aussi celle de Platon et
d'Aristote qui virent dans l'Idée ou la forme, sorte d'essence
mathématique toujours identique à elle-même dans les êtres, le
genre suprème et des Stoïciens, qui placèrent ce principe dans
la force interne qui contient en germe l'évolution de tous les
êtres. Le monde n'est donc pour eux que l'apparition ou le développement même du divin. Le temps est pour Platon l'image
mobile de l'éternité.

Au contraire ce qu'il y a de plus important dans la notion
philonienne de Dieu s'est formé en dehors de toute conception
cosmologique, ou plutôt en opposition avec le monde sensible.
Dieu exclut radicalement de son être non seulement le monde,
mais toutes les propriétés d'un être sensible, serait-ce même les
propriétés mathématiques et idéales comme l'unité ou le bien.

Il est indubitable cependant que dans la description de la formation du monde, les formules sont empruntées de préférence
à Platon, et parfois aux Stoïciens. Presque tous les passages
importants du *Timée*, depuis le chapitre V (p. 27 c), jusqu'au
chapitre XIV (41 a), qui traitent comme l'on sait des principes
du monde, du démiurge et des divinités inférieures, se retrouvent, plus ou moins altérés, dans l'œuvre de Philon[2].

1. *De post. C.*, 18.
2. Nous donnons ici une liste des passages utilisés :
Le *Timée* de 27 d (τὸ μὲν δή) jusqu'à 29 b est tout entier cité dans l'ordre

Le but de Philon dans le *de opificio* est de montrer que le monde n'est pas éternel (§ 7). S'il y a quelques altérations à la pensée et au texte de Platon, elles paraissent venir exclusivement de l'influence stoïcienne. C'est ainsi que le démiurge platonicien est remplacé par la « cause active », et l' « intelligence de l'univers » (8-10), expressions entièrement stoïciennes [1]. D'autre part la théorie de la matière immobile et inerte d'elle-même est la théorie stoïcienne opposée terme à terme à la thèse platonicienne ; la formation des éléments par le changement de cette matière est également stoïcienne [2]. La façon dont le monde intelligible est introduit et expliqué, comme la pensée de Dieu créant le monde, ne ressemble guère aux Idées de Platon (16-21) ; le monde intelligible est un modèle que Dieu crée dans sa pensée pour le monde sensible. Il ressemble beaucoup en revanche au platonisme altéré que Sénèque nous fait connaître [3]. De même l'argument de l'éternité du monde tiré de la providence (§ 10, 11), la dignité et l'honneur du ciel (§ 37) paraissent revenir aux Stoïciens ; beaucoup d'entre eux (Chrysippe et Posidonius notamment) faisait du ciel la partie hégémonique du monde, et Chrysippe donne au ciel les épithètes mêmes que Philon attribue à l'intelligence de l'univers [4]. Un autre des fragments platoniciens les plus importants dans le traité *sur la Plantation* (3-18) est entremêlé d'une discussion sur le vide dirigée contre les péripatéticiens par les Stoïciens (7-9) ; la formule platonicienne de l'action divine (εἰς τάξιν ἐξ ἀταξίας ἄγων ὁ κοσμοπλάστης) est suivie

suivant : *opif. mundi*, 12 ; *ibid.*, 16 : *de provid.*, I, 21 ; *de opif. m.*, 12 ; *ibid.*, 7 ; *de opif. m.*, 16 ; *de plantat.*, 131 ; *de provid.*, I, 21. — L'imitation reprend à partir de 29 d sur la cause de l'univers (le mot ἀγαθός; ἦν se retrouve, *de opif. m.*, 21 ; *de Cherub.*, 127 ; *quod deus immut.*, 108 ; *de mut. nom.*, 46) ; sur le passage du désordre à l'ordre (*de plantat.*, 3). — Puis l'unité du monde, 31 b (*de op. m.*, 171 ; *de Ebriet.*, 30) ; sur l'emploi de tous les éléments dans la formation de l'univers, 32 c (*de provid.*, I, 21 ; *de opif. m.*, 171 ; *quod det. pot. ins.*, 154 ; *de plantat.*, 6) ; sur le mouvement circulaire du monde, 34 a (*de opif. m.*, 122) ; sur la formation des cercles célestes, 36 c (*leg. alleg.*, I, 4 et plus complet *de Cherub.*, 21-24) ; sur le temps, 37 d (*quis. rer. div. h.*, 165 ; *quod deus immut.*, 31) ; 38 b (*de provid.*, I, 20) ; sur les planètes, 38 c (*de Cherub.*, 22) ; le discours du Démiurge aux dieux inférieurs, 41 a (*de fuga*, 69 ; *de confus. lingu.*, 166). Un éloge de la vision (47 a) est assez souvent reproduit et développé : *de opif. m.*, 53, 54 ; *de spec. legg.*, III, 34, II, 330.

1. Diog., 7, 134 ; Cic., *de nat. d.*, II, 22, 58.

2. *De opif.*, 9 : cf. *Timée*, 30 a, et Sen. *Ep.*, 65, 2 ; Sextus, *Math.*, X, 312.

3. *Ep.*, 65, 7, *Haec exemplaria... deus intra se habet... mente complexus est.*

4. *De op. m.*, 8 ; Chrys. ap. Ar. Did. (Eus., *pr. ev.*, XV, 1), καθαρώτατον καὶ εἰλικρινέστατον.

d'une formule stoïcienne qui lui paraît dans la pensée de l'auteur
équivalente : ἐκ συγχύσεως εἰς διάκρισιν [1]. Nous pouvons remarquer
la langue stoïcienne, au milieu même de phrases empruntées
au *Timée*. Au lieu de dire avec Platon dans une citation presque
textuelle du *Timée* (32 c) que le démiurge emploie tout entier
pour faire le monde chacun des quatre éléments (τῶν τεττάρων
ἓν ὅλον ἕκαστον), Philon dit qu'il a ordonné la matière dans son
ensemble (τὴν δι' ὅλων ὕλην § 5) ; la matière désigne ici, comme
chez les Stoïciens, les quatre éléments confondus, et le terme
δι' ὅλων est spécifiquement stoïcien.

Il n'en reste pas moins, malgré ce syncrétisme, que son Dieu,
dans la création du monde reste assez semblable au démiurge
platonicien informant la matière. D'abord si l'on considère seulement la création du monde sensible, Philon admet une matière
préexistante ; il la désigne quelquefois mais rarement par des
expressions platoniciennes : elle engendre toute chose à la façon
d'une mère [2]. Il représente les êtres, avant d'être remplis par
l'essence divine, comme « défectueux, vides et solitaires [3] ». Mais,
nous l'avons déjà vu, il substitue dans le *de opificio* à la matière
mobile de Platon, l'être inanimé et immobile du stoïcisme. La
matière suivant cette conception est une « essence corporelle » [4],
qui dérive du mélange confus des quatre éléments. La création
ne serait alors, ce qu'elle apparaît en effet quelquefois, que
l'introduction de l'harmonie, de l'égalité, du même dans cette
matière confuse [5]. Dieu use, pour introduire cet ordre, d'une
division qui sépare et isole les êtres contraires [6]. Si le monde est
son œuvre (ἔργον), c'est seulement en ce sens qu'il fait apparaître les choses, qu'il en montre les natures [7] ; il les a ordonnées [8] ;
il en est le démiurge. La désignation de Dieu comme « père et
créateur » ne dépasse pas le *Timée* [9]. Philon fait également
ressortir, mais comme le *Timée*, que la création est un acte de la

---

1. De même d'après *de creat. pr.*, 7, II, 367, Dieu a fait τάξιν ἐξ ἀταξίας, καὶ
ἐξ ἀποίων ποιότητας.
2. *Qu. in Gen.*, IV, 160, 348 ; *de Ebriet.*, 61.
3. ἐπιδεᾶ, ἔρημα, κενά, *leg alleg.*, I, 44. Ceci est déjà plus stoïcien.
4. *Qu. in Ex.*, II, 70, 518.
5. *Qu. in Gen.*, I, 55, 38 ; *de creat. princ.*, 7, II, 367.
6. *Ibid.* ; *Qu. in Gen.*, I, 64, 44 (Wendland, 39).
7. φαίνει ; διαδείκνυς, *de Abrah.*, 75-77.
8. *Ibid.*, 121.
9. *De Mon.*, I, 5 ; II, 217 ; *Timée*, 28 c.

volonté divine, non une nécessité ; c'est par bonté qu'il a créé ;
il peut les contraires, mais il veut le meilleur [1].

Il y aurait pourtant, d'après certains interprètes des expressions qui ne seraient compréhensibles que dans l'hypothèse
d'une création *ex nihilo*. « Dieu, dit Philon, n'a pas seulement
amené les choses à la lumière, mais celles qui n'étaient pas
auparavant, il les a faites ; il est non seulement démiurge, mais
même créateur » [2]. Le mot χτίστης est le mot employé quelquefois par les Septante pour désigner la création [3]. Philon a donc
pu croire, en employant ce mot, opposer une idée spécifiquement juive à la théorie grecque du démiurge. On ne peut pas y
voir, avec Drummond [4], la distinction d'une création du monde
intelligible et du monde sensible. Le mot, en l'absence de tout
commentaire, reste énigmatique. Un autre texte présente également des difficultés : « Dieu a engendré, avec les corps, l'espace
et le lieu » [5]. S'il admet d'autre part que la matière est corporelle, il y aurait là une preuve de la création *ex nihilo*. Mais il
veut démontrer ici que Dieu n'est pas dans le lieu. De même,
pour démontrer que Dieu n'est pas dans le temps, il fait voir,
avec Platon, que le temps a été créé avec le monde [6]. Peut-être
ne faut-il donc voir ici qu'un parallélisme sans grande portée.

Ainsi la création se fait sur une matière, mais cette matière
n'est pas l'objet d'une création : l'action divine reste toujours
celle d'un démiurge. Pourtant, il y a des êtres qui sont sans

---

1. *De creat. princ.*, 7, II, 367 ; *Qu. in Gen.*, I. 55, 38 ; *de op. m.*, 21 ; *de Cherub.*, 127 (*Timée*, 29 e).

2. Οὐ δημιουργὸς μόνον ἀλλὰ καὶ κτίστης αὐτὸς ὤν, *de Somn.*, I, 76. Dieu est appelé κτίστης, *de Mon.*, I, 3 ; II, 216. Nous ne pouvons tenir compte des traductions arméniennes dans lesquelles, d'après la traduction d'Aucher, la matière
est présentée comme créée (*de Deo*, 6, p. 616). L'abbé Martin (*Philon*, p. 74)
voit la création de la matière par Dieu dans *de providence.*, II, 50 déb., dont
Eusèbe a conservé le texte grec (II, 625 *Mang*. Mais le mot γεγόνεν dans la
parenthèse εἰ δὴ γεγόνεν ὄντως ἐκεῖνο (?), s'applique au monde, non à la matière ;
Philon, pour répondre à Alexandre envisage successivement deux hypothèses :
1° (ch. 49) si le monde est éternel, la providence est encore possible ; 2°
(ch. 50) *si le monde est né*, Dieu en a été l'artisan par sa providence. Ἐκεῖνο
qui ne se rapporte à rien paraît douteux ; il faut peut-être lire ὁ κόσμος et tra-
duire : « Si donc, réellement le monde est né, parlons de la quantité de matière ». Ἐστοχάσατο ne peut désigner la création, mais seulement comme il
ressort de la suite qui compare le procédé de Dieu au procédé démiurgique,
l'acte de l'artisan qui prépare sa matière.

3. II, *Reg.*, 22, 32 ; *Judith.*, 9, 12 ; *Sirach.*, 24, 8, etc.

4. I, p. 304.

5. *De conf. ling.*, 136.

6. *Leg. alleg.*, I, 2.

matière : c'est la sagesse, ce sont les Idées, et les intelligences
pures. Ces êtres sont engendrés par Dieu sans mère. c'est-à-dire
sans matière [1]. Pour cette raison, à ces êtres intelligibles et à
eux seuls peut s'appliquer le mot de création *ex nihilo*. Elle n'est
donc pas conçue sous une autre forme que comme une production d'idées dans l'intelligence divine. Ce sont ces deux sortes
de création que Philon désigne en distinguant l'homme idéal
que Dieu a fait (ἐποίησεν) et l'homme terrestre qu'il a façonné
(ἔπλασεν). L'homme terrestre est πλασθείς et non γέννημα [2]. Par ce
texte Philon a une tendance à attribuer la filiation divine aux êtres
idéaux à l'exclusion des êtres sensibles [3]. Ce qui fait donc l'essentiel de la distinction entre ces deux créations, c'est moins le
rapport physique de causalité entre Dieu et la créature que le
rapport moral. Puisque tout est possible à Dieu, il semblerait
en résulter que la création *ex nihilo* ne peut lui être refusée [4].
Mais il faut d'abord se demander si l'être est digne d'une telle
origine divine. Seules les choses les meilleures peuvent naître à
la fois par Dieu (ὑπό) et par son intermédiaire (διὰ θεοῦ). Les
autres naissent non par lui, mais par des intermédiaires inférieurs
à lui [5]. La création ne vient pas de la puissance, mais de la bonté
de Dieu. Aussi l'être ne peut-il être créé par Dieu seul que dans
la mesure où il peut recevoir cette bonté. L'action divine sur
les êtres imparfaits n'aura donc lieu que par des intermédiaires
plus parfaits. L'idée que Philon introduit dans la philosophie
n'est pas l'idée de création *ex nihilo*, mais celle de création à
divers degrés et par des êtres intermédiaires.

---

1. Pour la sagesse, *de Ebriet.*, 61 ; pour la matière, *Qu. in Gen.*, IV, 160,
368.
2. *Leg. alleg.*, I, 31.
3. Cf. ci-dessous, ch. III, I, § 1er.
4. *Leg. alleg.*, I, 41.
5. Cf. pourtant l'idée d'une matière incorporelle dont le Logos serait le
cachet, *Qu. in Ex.*, II, 122, 548 ; *ib.*, 123.

CHAPITRE II

LE LOGOS

Etudier la théorie du Logos, c'est étudier le philonisme tout entier à un certain point de vue ; la parole divine retentit d'un bout à l'autre de la chaîne des êtres ; c'est le principe de la stabilité du monde, et de la vertu de l'âme humaine. Le vice qui est la mort véritable, l'instabilité des choses qui fait ressembler le monde à un songe fuyant, arrivent lorsque les êtres se détournent du logos ou le retranchent d'eux-mêmes [1].

Nous connaissons antérieurement à Philon des concepts analogues, le logos stoïcien, la sophia juive des *Proverbes* et des *Sagesses*, la parole (ρῆμα) de l'Ecriture. Chercher à déterminer la part de ces différents concepts dans la doctrine de Philon est une œuvre intéressante et utile. Elle a été entreprise depuis longtemps et en partie menée à bien ; cependant la doctrine de Philon

---

1. *Leg. alleg.*, III, 252.

est restée fort mystérieuse. Cette méthode d'étude, au lieu d'en faire voir l'unité, la fragmente en parcelles que l'on ne sait plus comment réunir. On est réduit à voir, et beaucoup d'interprètes voient en effet dans le logos philonien, un amas sans ordre de toutes les idées grecques et juives sur les intermédiaires entre Dieu et le monde ; le logos serait seulement un titre commun de toutes ces idées. Il suffit pourtant de remarquer que chacune de ces doctrines est bien antérieure à Philon[1] ; il serait fort étrange qu'elles se soient introduites dans la pensée de Philon comme des idées contemporaines et il est, d'autre part, impossible de le considérer comme un simple doxographe.

Il est exceptionnel que la doctrine du Logos soit traitée pour elle-même ; le concept est introduit en général comme connu et habituel. Elle n'appartient donc pas en propre à notre auteur. Quelle est donc l'origine, quelle est la nature de ce concept ? Cette question peut se préciser de la façon suivante : le Logos est, chez les Stoïciens, un des noms que prend la divinité suprême : il est la raison commune de toutes les parties de l'univers : cette conception est présente et vivante dans les œuvres de Philon. D'autre part, ce Logos avec les mêmes attributs que chez les Stoïciens n'y est cependant plus la divinité suprême, mais un intermédiaire entre Dieu et le monde. Nous aurons résolu le problème de l'origine et de la nature, lorsque nous aurons montré sous l'influence de quelle conception interférente, le Logos stoïcien s'est ainsi altéré et a changé d'aspect.

Notre première tâche, bien facilité par le travail de Heinze, est de montrer la présence d'une conception du Logos, lien des parties de l'univers, issue, pour l'essentiel, de la philosophie stoïcienne, à laquelle cependant il faudra ajouter l'influence d'Héraclite et de Platon.

i. — *La théorie stoïcienne du logos*

L'on sait par un texte de Plutarque[2], que les Stoïciens admettaient un logos de la nature, suivant lequel arrivaient tous les événements de l'univers. Ce logos universel (κοινὸς λόγος) n'est pas pour eux différent du principe suprême, qu'ils appellent nature commune, destin, providence et Zeus.

1. Seule, la Sagesse de Salomon est récente ; Zeller (*Phil. d. Gr.*, III, 2, p. 273 *n*), la place au temps d'Auguste.
2. *De Stoïc. repugn*, ch. XXXIV (*St. Vet. Fr. d'Arnim*, II, p. 269).

Philon a accepté, sans la transformer, cette notion du logos [1]. Le logos est le lien de tous les êtres [2] ; il en contient toutes les parties [3], les reserre (σφίγγει) et les empêche de se dissoudre [4] et de se séparer (διαρτᾶσθαι) [5] ; les êtres seraient d'eux-mêmes vides et béants (χαῦνα) ; il remplit tous les points de la matière ; il forme le tissu de chaque être [6] ; il est répandu partout (ὅλον δι' ὅλων) [7] ; il est continu et indivisible [8]. Il gouverne l'univers, et il en est comme le pilote [9]. Philon admet des « logoi spermatiques », pour expliquer la production des plantes, et, chez les hommes, la transmission des qualités héréditaires [10]. Même le Logos garde parfois les propriétés matérielles qu'il avait chez les Stoïciens [11] ; il est mis une fois en parallèle avec les cercles de l'éther [12].

Philon introduit formellement la notion du logos divin dans le sens d'ἕξις du monde dans un développement dont on peut retrouver avec quelque exactitude la source stoïcienne, et où il remplace le mot ἕξις par l'expression θεῖος λόγος. Notre auteur résout cette difficulté : quelle peut être la base du monde ? dans les termes suivants : « Rien de matériel n'est assez puissant pour avoir la force de porter le fardeau du monde, mais c'est un logos, le logos du Dieu éternel qui est l'appui le plus résistant et le plus solide de l'univers. Tendu du centre aux extrémités et des extrémités au centre, il court la course invisible de la nature en rassemblant et en resserrant toutes les parties : c'est lui que le père fit lien infrangible du tout » [13]. Cette difficulté est précédée d'une argumentation stoïcienne en faveur du vide dont la possibilité est justement assurée par ce lien qui empêche les parties de se dissiper. Elle reproduit avec plus de détails une partie de l'argumentation de Cléomède [14] ; celle-ci énumère trois

1. Comme l'a surtout montré Heinze, p. 235-245.
2. *De fuga*, 112 ; *quis rer. div. h.*, 188 ; *Qu. in Ex.*, II, 118, 545 ; *ibid.*, 90, 528.
3. *De fuga*, 112.
4. *De fuga*, 112.
5. *Ibid.*
6. *Quis rer. div. h.*, 188 ; *Qu. in Ex.*, II, 118, 545.
7. *De Somn.*, I, 245 ; *guis rer. dib. h.*, 188 ; *Qu. in Ex.*, II, 118, 545.
8. *Leg. alleg.*, III, 169, 170.
9. *Vita Mos.*, II, 124-125 : il est ordonnateur du cours des saisons ; *de Cherub.*, 36 ; *de Migr. Ab.*, 6.
10. *Leg. ad Caïum*, 8, II, 553 (l'hérédité des princes) ; *de opif. m.*, 43, *leg. alleg.*, III, 150.
11. *De Cherub.*, 30 : ἔνθερμον καὶ πυρώδη λόγον.
12. *Quis rer. div. h*, 79.
13. *De plantat.*, 10.
14. Cléomède, *de Motu caelesti*, I, 1, p. 10, Ziegler.

arguments contre le vide dont le deuxième se retrouve chez Philon :

Cléomède	*Philon*, § 7
Εἰ ἦν ἔξω τοῦ κόσμου κενόν, ἐφέρετο ἂν δι' αὐτοῦ ὁ κόσμος, οὐδὲν ἔχων τὸ συνέχειν τε καὶ ὑπερείδειν αὐτὸν δυνάμενον...	Εἰ μὲν δὴ κενὸν πῶς τὸ πλῆρες καὶ ναστὸν καὶ τῶν ὄντων βαρύτατον οὐ βρίθει ταλάντευον, στερεοῦ μηδένος ἐπερείδοντος.

Philon continue en développant le même argument [1]; ce développement manque chez Cléomède, qui passe tout de suite au troisième argument péripatéticien : s'il y a du vide, la substance qui par elle-même est fluente (χεομένη) se dissiperait et se disperserait à l'infini. A ce troisième argument Cléomède répond : ceci ne peut arriver parce que la matière « a une ἕξις qui la contient et la conserve ». C'est cette réponse qu'adopte Philon et que nous avons citée plus haut, mais il remplace seulement ἕξις par λόγος θεοῦ. D'une façon assez singulière, il n'expose pas l'argument péripatéticien (le troisième de Cléomède) auquel elle s'adresse. Il semble que Philon a utilisé la même source qu'a résumée Cléomède, mais seulement en partie et surtout sans vue d'ensemble. C'est ce que confirme encore l'examen du texte ; car dans la discussion sur le vide, deux hypothèses sont annoncées : en dehors du monde ou il y a du vide ou il n'y a rien [2]. Le εἰ μὲν δὴ κενόν, qui commence l'examen du premier point, annonce l'intention de traiter le second ; mais Philon n'en fait rien et il coupe court après un seul argument à l'exposé du premier point avec une sorte de mauvaise humeur : « Si l'on veut éviter les soupçons qui sont dans ces difficultés... qu'on dise en toute franchise, etc... » [3]. La notion du logos semble donc tellement établie qu'on peut éviter toute discussion à ce sujet. Nous voyons donc ici le logos divin prendre la place et le rôle exact de l'ἕξις stoïcienne.

2. — *Le Logos diviseur*

On sait que, pour Héraclite, l'harmonie du monde dérivait d'une loi invisible, dont un des noms était le Logos : au milieu

---

1. Le § 7 (fin) : ἐξ οὗ φάσματι — μέρη est altéré.
2. La deuxième hypothèse est examinée par Cléomède, *ibid.*, p. 6.
3. Ἐν τοῖς ἀπορηθεῖσι ; évidemment les apories péripatéticiennes concernant le vide. Cette mauvaise humeur peut venir de ce qu'ici le Logos est lié à l'existence du vide, alors qu'ailleurs le vide est repoussé (*quis rer. div. h.*, 228).

des forces contraires qui se menacent et tendent à se détruire, le Logos maintient la paix, et l'équilibre. S'il peut jouer ce rôle c'est d'ailleurs parce qu'il est lui-même l'identité des contraires.

De cette doctrine héraclitéenne, plus ou moins altérée par le stoïcisme, dérive un élément du Logos philonien, le Logos considéré comme diviseur (λόγος τόμευς). Le traité sur l'*Héritier des choses divines* contient un long fragment (133-235) sur le rôle de la division dans la constitution du monde. Philon qui cite si rarement ses auteurs, nous apprend ici que ce développement vient d'Héraclite[1]. Il y montre successivement les divisions binaires de l'univers (133-141), puis l'égalité de chacun des deux membres de la division (141-205), enfin la contrariété qu'il y a entre ces deux membres (205-215). Nous n'avons pas ici à faire l'analyse de ces idées cosmologiques. Il nous serait aisé cependant de démontrer qu'elles tiennent une place importante dans l'œuvre de Philon, et que le rapprochement de divers passages nous amène à une source syncrétiste, dont la note dominante est l'héraclitéisme[2].

Qu'il nous suffie de voir que sur cette cosmologie se constitue la notion du logos diviseur. Il est grossièrement comparé à un

1. Ou, ce qui revient au même, qu'Héraclite l'a emprunté à Moïse, §§ 214, 215.

2. La phrase d'introduction du fragment du *quis rer. div. her.* montre qu'il s'agit d'une suite, et que s'il est question ici des divisions de l'univers, il s'agissait, dans ce qui précédait, des divisions de l'âme et du corps. Ce début se retrouve *Qu. in Gen.*, III, 5, qui, après avoir parlé de ces divisions continue comme le début de notre fragment : « Voici les divisions de nos membres ; il faut savoir que les parties du monde sont aussi divisées en deux ». La première partie de notre fragment sur l'égalité est développée à peu près de la même façon, *de creat. princ.*, ch. XIV, II, 373; l'égalité y est liée comme ici à la justice, δίκη, qui, comme on sait, joue chez Héraclite un rôle important (cf. encore *Qu. in Ex.*, p. 452) : ce morceau est d'ailleurs présenté comme incomplet (ἐπιλείψει). L'idée de l'harmonie des contraires dans le monde se retrouve, *de plantat.*, 10 ; *Qu. in Gen.*, II, 64, 149 (Harris, 59).

Le syncrétisme se marque d'abord par la quantité d'exemples stoïciens qui ne peuvent venir d'Héraclite : les quatre éléments; les divisions ἕξις φύσις, rationnel-irrationnel (139) ; la notion de la matière sans forme (οὐσία, 133), la division des zones terrestres (cf. *Arnim fr. vet. st.*, II, 195, 6), la division du temps (*ib.*, 301), la théorie de la santé. Enfin la notion même de τομή est identifiée à celle de la division d'après laquelle dans le stoïcisme les éléments confondus d'abord dans la matière se divisent (§ 135). Il y a aussi des sources platoniciennes : l'égalité par analogie des éléments (§ 153; *Timée*, 32 *b*; 31 *c*), l'homme microcosme (*Timée*, 43 *d*). Ailleurs *qu. in Gen.*, I, 64 (Wendland, 39), la τομή est identifiée avec la τάξις platonicienne. Elle a les caractères du concept stoïcien du destin : ἀκολουθία, εἱρμος (*de an. sacr. idon.*, 4, II, 240).

couteau « que Dieu aiguise pour diviser les êtres jusque dans leurs plus petites parties » [1]. A cette activité productrice des contraires se lie l'activité productrice du logos comme médiateur. Les contraires en effet se menacent, et ils s'évanouiraient, se confondraient l'un dans l'autre, si le logos ne les maintenait [2]. En particulier le logos empêche l'engendré de toucher celui qui n'est pas engendré [3].

Quelle liaison y a-t-il entre cette conception et le premier élément de la théorie, le logos stoïcien ? Le stoïcisme insistait surtout sur l'unité de l'univers. Le danger de cette doctrine était pour Philon, comme il le dit souvent, dans la « monstruosité mythique » de la conflagration universelle, qui supprimait et la distinction de l'univers et de Dieu, et l'équilibre stable des parties de l'univers [4]. Cette doctrine de confusion et d'impiété, qui était pourtant celle de quelques Juifs [5], était liée à la théorie du logos, comme raison séminale commune, Dieu universel dans lequel toutes choses devaient finalement s'absorber. Philon a trouvé au contraire dans l'idée du logos diviseur, une garantie de la séparation et de la hiérarchie des êtres.

Nous en avons une preuve décisive dans la modification même qu'il fait subir à la théorie d'Héraclite. L'on sait, par le témoignage d'Hippolyte [6], que le Dieu d'Héraclite est non seulement le principe des contraires, mais l'identité des contraires ; il est « hiver et été, guerre et paix, satiété et famine ». Philon fait au contraire ressortir avec une insistance qui ne s'expliquerait guère s'il n'y avait une intention de polémique, l'impossibilité d'attribuer au logos lui-même les prédicats contraires. Tandis que d'après Hippolyte, le Dieu héraclitéen est γενητὸς ἀγένητος, κτίσις δημίουργος, le logos philonien n'est « ni inengendré comme Dieu, ni engendré comme nous » [7]. L' « Homme de Dieu » qui n'est qu'un aspect du logos, comme nous le montrerons ci-des-

---

1. *Quis rer. div. h.*, 130.
2. Cf. surtout *de plantat.* au début ; Logos comme principe de l'harmonie des contraires, de leur concorde, de leur amitié : *Qu. in Ex.*, II, 118, 545 ; *ibid.*, 90, p. 528 ; *ibid.*, II, 67. Harris, p. 68. Il est remarquable que dans le traité *du monde* du Pseudo-Aristote (ch. V, au début), la même idée se retrouve rattachée d'une part à une citation d'Héraclite et d'autre part à la définition stoïcienne du Logos (διὰ πάντων διήκουσα δύναμις).
3. *Quis rer. div. h.*, 205.
4. *Ibid.*, 228.
5. *De an. sacr. idon.*, 6, II, 242.
6. Hipp., *Haeres. refut.*, p. 283.
7. *Ibid.*, p. 281 et *quis rer. div. h.*, 206.

sous, n'est ni mâle ni femelle[1]. Le logos, principe des contraires, est lui-même supérieur aux contraires, et indivisible[2].

Le logos, principe de la stabilité du monde est opposé à l'univers lui-même, qui, à la façon héraclitéenne, est dépeint comme « ballotté et ébranlé de haut en bas (ἄνω καὶ κάτω) comme un vaisseau sur la mer ». En ce sens le logos est la fortune (τυχή) qui distribue leurs sorts à chaque individu et à chaque cité suivant la loi immuable de l'équilibre[3]. Son action a pour résultat d'établir la démocratie universelle, qui repose sur l'égalité.

Tels sont les éléments héraclitéens de la doctrine du Logos. Le Logos y reste l'être suprême : d'ailleurs, la division est parfois (de opificio m. 33) attribué à Dieu même et non plus au Logos. Remarquons cependant qu'en même temps, sa fonction de médiateur et d'arbitre, nous fait pressentir le rôle d'intermédiaire qu'il jouera entre Dieu et le monde.

3. — *Le Logos comme être intelligible*

Les Stoïciens cherchaient l'être suprême dans une raison séminale qui se développe à la façon d'un être vivant. Platon voyait l'essence de l'être dans un modèle intelligible, toujours identique à lui-même. Ce n'est pas la moindre étrangeté des idées de Philon que de voir deux conceptions aussi opposées donner naissance à un troisième élément de la théorie du logos, le logos comme être intelligible. Il nous faut tâcher d'expliquer les raisons de ce bizarre syncrétisme.

Philon ne paraît pas avoir vu là un problème : sans la moindre difficulté, il traite le logos comme le monde intelligible. Ce monde n'est que le logos de Dieu en tant que créateur[4]. Si inconsistants que soient les rapports du logos avec le monde intelligible[5], il est toujours le modèle idéal du monde sensible.

1. *De op. m.*, 134 ; *quis rer. div.*, 164.
2. Ἄτμητος ; *ibid.*, 234; cf. tout le développement, 230-237.
3. Çf. *quod deus immut.*, 173-176 : ce passage (concernant les sorts des cités) est la suite d'un développement du *de Josepho* (134-137), également imprégné de la notion héraclitéenne de l'écoulement des choses (sur les sorts individuels). Ce n'est qu'une forme héraclitéenne du lieu commun de la révolution des empires que l'on rencontre chez Démétrius de Phalère (*ap. Polyb.*, XXIX, 6) et chez Plutarque (*de fort. Rom.*, 1) (cf. encore *Polyb.*, VI, 9, 10). Mais la fortune est chez Polybe et Plutarque irrationnelle et dissemblable à la Sagesse. Chez Philon, elle est le Logos.
4. *De opificio m.*, 25.
5. Tantôt il en est le modèle, étant lui-même imitation de Dieu : *de fug a*

I. — Un premier lien entre les deux notions nous paraît donné par l'influence des doctrines pythagoriciennes de l'unité-principe qui identifient, on le sait[1], l'unité, principe intelligible au logos.

Le Logos, comme principe du monde intelligible est, chez Philon, identique à l'un (ἕν ou μονάς). « Dieu émet par la parole (λαλεῖ) des unités indivisibles ; car la parole n'est pas chez lui un choc de l'air ; elle ne se mêle à rien autre mais elle est incorporelle et une ne différant pas de l'unité »[2].

L'origine stoïcienne d'une pareille conception est visible d'elle-même : le logos divin est en effet ce qui donne aux êtres leur unité. « L'unité, dit Philon, par nature ne reçoit ni augmentation, ni diminution, étant image du Dieu seul complet ; car les choses sont d'elles-mêmes béantes, si elles ne sont resserrées et pressées par le logos divin »[3].

Le logos, étant principe de l'union dans les êtres est en soi unité. Nous entrevoyons d'autre part dans les sources de Philon, une théorie des intelligibles dans laquelle le monde intelligible ne serait autre chose qu'un ensemble de logoi ; chacun d'eux est une des unités qui par leur composition produisent le nombre ; « Dieu parle des unités (λαλεῖ μονάδας »[4]. Les logoi eux-mêmes sont indivisibles et indécomposables[5]. « Le nombre infiniment infini en composition à l'analyse finit à l'unité, et c'est en partant de l'unité que, par composition, on obtient la multitude indéfinie », dit Philon peu après avoir mentionné le logos-monade ; c'est-à-dire que toute multitude est un nombre composé d'unités. Ces unités sont en elles-mêmes sans mélange et, dans le monde intelligible, ne se composent pas les unes avec les autres. « Le monde intelligible, conclut-il, a une unité monadique »[6].

12; *leg. alleg.*, 19-21. Tantôt au contraire il est directement le modèle du monde sensible, et par conséquent absorbe en lui tous les intelligibles . *leg. alleg.*, III. 96 ; *de confus. ling.*, 97.

1. Cf. Schmekel, *Die Mittlere Stoa*, p. 403.

2. Ἀδιαφορῶν μονάδας, *quod deus imm.*, 83 ; notre langage est opposé au Logos divin comme la dyade à la monade.

3. *Quis rer. div. h.*, 187, 8. L'unité : εἰκὼν θεοῦ n'est précisément que le logos qui lie les êtres — Cf. μονὰς εἰκὼν αἰτίου πρώτου (*de spec. leg.*, III. 32, p. 329). Il y a fusion dans ce passage entre le stoïcisme et le néo-pythagorisme. Il admet cependant (*Qu. in Gen.*, I, 45, 12) une distinction entre la « puissance unifiante » qui lie les êtres et l'unité, premier nombre.

4. *De confus. ling.*, 81.

5. *Quis rer. div. h.*, 308.

6. *Ib.*, 190.

Nous rencontrons d'autre part dans le *de opificio* une liaison de même nature entre le logos et le nombre sept ; le monde intelligible est composé de sept termes dont le principe est le ciel ; puis viennent les idées de la terre, de l'air, du vide, et ensuite celles de l'eau, du souffle et en dernier lieu de la lumière. Le ciel comme fixe et indivisible (dans le *Timée*, le cercle du même) est un et premier par rapport aux six autres cercles planétaires (le cercle de l'autre) ; le septième terme, la lumière, est le soleil intelligible, modèle du soleil sensible. Ailleurs le soleil nous apparaît aussi comme le septième terme qui partage en deux triades l'ensemble des cercles célestes [1] ; il est, continue-t-il dans le *de opificio* (31) « l'image du logos divin ». Le terme εἰκών s'expliquera si nous remarquons d'abord que ce soleil intelligible est proche parent de l'idée du bien de Platon, et que le bien est chez Philon, toujours une imitation du logos non le logos [2], ensuite que le logos lui-même est souvent désigné comme nombre sept. Cette identification n'apparaît pas dans le *de opificio*, même pas dans le très long développement où sont énumérées les propriétés du nombre sept (89-129) ; elle devient, au contraire, dans le *Commentaire allégorique*, un principe admis. Quelques particularités du logos, sans cela assez incompréhensibles, s'expliquent naturellement comme propriétés du nombre sept : « Il y a six divisions, est-il dit dans l'appendice de l'abrégé sur la division, le logos diviseur est le septième terme, qui divise les triades » [3]. Le logos est aussi le septième terme qui sépare les six puissances divines [4] ; dans la progression morale des six patriarches à partir d'Abraham, Moïse qui est par ailleurs identique au logos, est le plus parfait et le septième [5]. Dans l'âme même, le sensible en nous s'arrête et nous passons à l'intelligible suivant le logos du nombre sept [6].

De cette identité résulte aussi le symbolisme du logos angle droit [4], le premier triangle rectangle ayant pour côtés de l'angle droit trois et quatre [7] ; de même que le logos est intermédiaire entre le corporel et l'incorporel, le septième terme d'une pro-

1. *Quis rer. div. h.*, 222.
2. Logos supérieur à ἀγαθότης de *Cher.*, 27.
3. *Quis rer. div. h.*, 219.
4. *Qu. in Ex.*, II, 68 (Harris, p. 67, l. 5 et 26).
5. *De post. Caïni*, 173.
6. *Leg. alleg.*, I, 16.
7. *De plantat.*, 121.
8. *De opific. mundi*, 97.

gression géométrique est toujours cube et carré, c'est-à-dire
« contient les espèces de la substance incorporelle et corporelle » symbolisées par le cube et le carré [1]. Le nombre sept est
donc conçu comme principe d'un monde des idées.

La spéculation sur le logos comme intelligible se rattache aux
spéculations sur les nombres tardivement, car les traités du *Commentaire* où nous l'avons rencontrée, paraissent être les dernières
œuvres de Philon.

II. — Le monde intelligible, dans l'*Hexaméron* [2], était conçu
comme la série des modèles des êtres psychologiques et des dispositions morales. Nous connaissons, par le début des *Allégories*
l'idée de l'intelligence, l'idée de la sensation, l'idée de l'intelligible et l'idée du sensible [3]. De plus par la façon dont se développent les dispositions morales du monde terrestre, nous pouvons supposer comment Philon entendait le monde intelligible.
Dieu crée, correspondante à la sagesse divine, une sagesse terrestre, identique au droit logos et à la vertu [4] ; cette vertu est la
vertu générique qui elle-même engendre les vertus spécifiques [5].
La vertu terrestre (ὄρθος λόγος) est l'imitation d'un archétype qui
n'est autre que le logos divin ou sagesse divine. Il doit donc y
avoir un monde intelligible de vertus, modèle des vertus sensibles, un monde moral idéal, modèle du monde moral terrestre.
Cette hypothèse serait sans valeur si elle n'était confirmée par
d'autres passages. Mais Philon parle souvent des νοηταὶ ἀρεταί
modèles et types des vertus terrestres [6]. Ce mode de conception
des Idées remonte d'ailleurs facilement à Platon [7]. Mais ce qui
nous intéresse, c'est que ces vertus intelligibles étaient considérées comme des logoi. « Les logoi, dit Philon, compagnons
et amis de l'ὀρθὸς λόγος ont les premiers fixé les bornes de la
vertu... ; lorsque Dieu sépara et divisa les peuples de l'âme...,
alors il posa les bornes des êtres dérivés de la vertu [8] en nombre égal aux anges ; car autant il y a de logoi divins, autant
il y a d'espèces de races et de vertus. Quels sont donc les lots

1. *Ib*, 92.
2. Traité perdu qui précédait le premier livre des *Allégories* et expliquait
le premier chapitre de la Genèse.
3. *Leg. alleg.*, I, 21-22 (γενικὸν νοητὸν et αἰσθητόν.
4. *Leg. alleg.*, I, 45.
5. *Ibid.*, 65.
6. *De confus ling.*, 81 où λόγων θείων revient à νοηταῖς ἀρεταῖς.
7. *Phèdre*, 247 d-e.
8. Τὸν ἀρετῆς ἐκγόνων qui désigne les vertus spéciales.

des anges et la part échue à leur commandant et à leur chef ? La
part des serviteurs ce sont les vertus spécifiques, celle du chef,
le genre élu Israël » [1]. Les vertus dont il s'agit dans ce texte
sont les vertus terrestres ; les logoi qui sont identifiés ailleurs [2]
aux vertus intelligibles, sont bien les idées des vertus, le logos
étant l'idée de la vertu générique. Ce logos de la nature
engendre les biens intelligibles qui sont les règles d'action (τὰ
δέοντα) [3]. Ainsi se trouvent expliqués les nombreux passages où
Philon, au lieu de parler de la justice et de la tempérance parle
du logos de la justice et de la tempérance [4].

Remarquons que ce logos et ces logoi, principes de la vertu,
sont foncièrement différents de la parole divine, qui elle aussi
pourtant a un effet moral. La parole comme nous le verrons est
un remède pour le mal, elle réprimande le mauvais ; rien de tel
dans notre logos : il est le principe de la vertu, non de la cessa-
tion du vice ; il se montre aussi fort différent du logos τόμευς à
la fois principe du bien et du mal [5]. Nous sommes dans un cercle
d'idées bien différent ; le logos dont il s'agit ici est le droit
logos des stoïciens, conçu à un point de vue uniquement moral
et interprété d'une façon platonicienne comme le modèle idéal
des vertus.

D'abord en effet la doctrine morale stoïcienne de l'ὀρθὸς
λόγος est incorporée tout entière et sans modification à l'œuvre
de Philon sans aucune tendance platonicienne. Le droit logos
est en certains passages identique à la vertu [6] ; c'est suivant son
ordre que s'accomplissent les bonnes actions [7] ; c'est un logos
spermatique qui est générateur des bonnes actions ; il est le
pilote et le guide, il est le mari de l'âme qui par lui devient
féconde en vertus [8] ; tout ce qui est sans logos est honteux ;
tout ce qui est avec lui est ordonné [9] ; le méchant a retranché de
lui le droit logos, il s'en est détourné [10], il agit contre lui [11]. Celui

1. *De post. C.*, 91 (cf. *ib.*, 89).
2. Cf. note 1.
3. *Migr. Ab.*, 105.
4. *Leg. alleg.*, III, 8, λογον τῆς τελείας ἀρετῆς ; *ib.*, II, 79, 81, 93, 98, 99 ; *quod
det. pot. ins.*, 51.
5. Le logos se rapproche par là davantage de la providence stoïcienne.
6. *Leg. alleg.*, I, 46.
7. *Ib.*, 93, κατορθοῖ.
8. *Sacr. Ab. et C.*, 46 ; *ibid.*, III, 148 ; *quod. det. pot.*, 149 ; *quod deus
immut.*, 71 ; *de Somn.*, II, 200.
9. Κοσμία, *ib.*, 158 ; *Mgr. Ab.*, 60.
10. *Ibid.*, 251-252 ; *de Somn.*, II, 198.
11. *Post. Caïni*, 24 ; *quod deus imm.*, 126.

qui peut user du logos est raisonnable (λογικός) ; celui qui ne peut pas ou ne veut pas est sans raison et malheureux [1] ; c'est le logos qui fait obéir les sens et la partie irrationnelle de l'âme [2] ; il est chef et guide du composé humain ; il avertit, il instruit [3], et il conseille [4] ; il est le principe de la vertu et des sciences [5] et aussi de la stabilité du sage [6] ; il inspire la pensée dans ses jugements sur la conduite morale [7]. Le droit logos pose des lois, à la différence de l'éducation qui n'introduit dans l'âme que des coutumes [8], et il est lui-même une loi incorruptible [9], ou encore : « La loi n'est rien qu'un logos divin qui ordonne ce qu'il faut et défend ce qu'il ne faut pas » [10] ; il blâme aussi [11]. Lorsque le logos sacré est dans l'âme, il n'y a aucun danger de péché, même involontaire ; mais s'il meurt, c'est-à-dire se sépare de l'âme, aussitôt commencent les péchés involontaires [12]. Les logoï instruisent, guérissent les maladies de l'âme, donnent des conseils, entraînent à la vertu [13]. Il détruit l'opinion vaine [14] par ses réprimandes [15]. Ainsi le logos est la raison morale naturelle, la loi telle que les stoïciens la comprennent. Nous voyons chez Philon, comment, pour eux, cette notion de la droite raison dans la conduite se rattachait à la notion du logos dans la nature ; la vertu est comme un principe d'unité (ἀρετὴ ἑνώσεως) ; le vice, c'est la dispersion et l'instabilité ; le logos a donc, au moral, le même rôle qu'au physique, il est spermatique et féconde les facultés humaines.

Aucun de ces passages ne dépasse beaucoup les notions morales communes des Stoïciens. Mais Philon les quitte entièrement, lorsqu'il érige cette raison morale en monde intelligible.

1. *De Cherub.*, 39 ; cf. *quod deus imm.*, 129.
2. Ici comme dans quelques passages, le logos tient la place du νοῦς platonicien, *quod det. pot. ins.*, 103 ; cf. *Migr. Ab.*, 60-67.
3. *De post. C.*, 68 ; *de mutat nom.*, 113.
4. *Ibid.*, 142.
5. *Ibid.*, 136-153 ; *de gig.*, 17.
6. *De gig.*, 48 ; *de post. C.*, 122 ; *quod deus imm.*, 90.
7. *Quod Deus imm.*, 50.
8. *De Ebriet.*, 80.
9. *Ibid.*, 142.
10. *De Migr. Ab.*, 130, c'est la définition de Cicéron, *de legg.*, I, 6, 18 : « Ratio summa insita in natura, quae jubet ea quae facienda sunt, prohibetque contraria ». Cf. le rapprochement νομος και λογος (*de Somn.*, II, 223).
11. λογος ἔλεγχος, *de fuga et invent.*, 6, 118.
12. *Ibid.*, 101-118.
13. *De Somn.*, I, 68-69.
14. *De Somn.*, II, 95.
15. *Ibid.*, 135.

Remarquons d'abord que le droit logos, principe des vertus est conçu tantôt comme un guide moral, créé, terrestre, opposé au logos divin intelligible qui est son modèle, tantôt au contraire, et même le plus souvent, cette distinction n'est pas faite, mais c'est le logos divin lui-même (monde intelligible ou principe de ce monde) qui guide l'âme humaine. Pour la deuxième conception il ressort d'un passage de *quod det. pot. ins.*, 82-84., que « la meilleure partie de l'âme qu'on appelle intelligence et raison (νοῦς καὶ λόγος) est un souffle (πνεῦμα), une empreinte d'un caractère divin, une image de Dieu ». C'est le logos divin lui-même non la sagesse terrestre qui guide et reprend Agar ; bien plus les vertus et parfois même les actes du sage [1] sont représentés comme identiques aux logoi divins. D'autre part Philon admet quelquefois entre Dieu et l'homme une hiérarchie plus compliquée ; l'homme se distingue en homme idéal, et homme terrestre ou composé ; cet homme idéal lui-même n'est pas directement l'image de Dieu, mais a été fait suivant une image de Dieu (κατ'εἰκόνα θεοῦ) qui est le logos ; il y a donc quatre termes : Dieu, logos ; homme κατ'εἰκόνα ; homme terrestre ; dans cette division la sagesse ou droit logos qui guide l'homme terrestre est elle-même terrestre et imitation d'un modèle céleste. Lorsque cette division (fort rare d'ailleurs) des deux logoi n'est point indiquée, le seul logos qui reste, dans le cas où sa nature est précisée est le logos divin, le logos comme lieu des vertus intelligibles.

Cette scission entre deux logoi, et cette fluctuation dans la pensée de l'auteur a de profondes raisons religieuses. Identifier le logos droit au νοῦς (ce qui semble bien être la pensée stoïcienne), ce serait donner à l'homme la puissance de produire de lui-même toute vertu et tout bien ; il faut donc écarter ce logos de l'homme comme un principe supérieur et transcendant vers lequel il doit monter ; l'homme n'est dans le logos et la sagesse qu'en puissance [2] ; croire que son intelligence peut par elle-même contempler les intelligibles, sa sensation atteindre les sensibles, c'est s'écarter le plus possible de la droite raison. On comprend donc la nécessité d'une raison idéale et transcendante à l'homme qui forme le but de son activité et la fin de

---

1. *Migr. Ab.*, 129.
2. *Leg. alleg.*, I, 53-56 : l'homme n'entre dans le paradis (= n'a des notions de la vertu) que pour en être chassé bientôt après.

son progrès. Mais lorsque çe logos divin sera atteint chez les parfaits, il n'y aura plus de différences entre l'âme parfaite et le logos ; elle ne sera pas gouvernée par le logos, elle sera elle-même logos [1]. D'autre part pour rendre possible ce progrès, il faut chez l'homme une faculté rationnelle (δύναμις λογική) et au moins une possibilité d'y atteindre ; c'est à ce plus bas degré que se place la sagesse humaine, elle est le germe de bien dont aucun être n'est privé [2], la notion innée ou commune du bien qui fait que l'homme ne pourra excuser ses fautes sur son ignorance [3] ; elle est un souffle léger (πνοή) et non le souffle puissant (πνεῦμα) qui anime l'homme idéal [4] ; mais elle n'a de sens que par rapport à son origine, le logos divin.

Que cette nécessité d'un logos transcendant distinct de la simple faculté morale des stoïciens soit bien la raison déterminante dans la construction d'un logos moral idéal, c'est ce que prouvent d'une façon décisive les rares passages où Philon fait allusion aux idées d'allégoristes juifs antérieurs sur le logos ; en premier lieu dans le développement du *de plantatione*, 52 : suivant quelques-uns, dit Philon, l'héritage dans lequel Dieu doit nous placer, c'est le bien (τὸ ἀγαθόν), et la prière que Moïse adresse à Dieu signifie symboliquement : « nous qui commençons à peine à apprendre, introduis-nous dans un logos élevé et céleste ». Le logos est donc chez ces allégoristes, le Bien que nous devons nous efforcer d'atteindre. De même dans un autre passage [5] Philon citant des interprètes d'un verset de l'*Exode*, dit que suivant leur opinion « tant que l'intelligence croit comprendre sûrement et parcourir les intelligibles, ou la sensation, les sensibles, le logos divin est bien éloigné ; mais lorsqu'ils avouent leur faiblesse, aussitôt se présente, en lui tendant la main, le droit logos surveillant de l'âme de l'ascète ». Le logos est donc opposé au νοῦς, comme un être transcendant qui ne peut apparaître dans l'âme que si le νοῦς lui cède la place.

Philon [6] admettait donc une interprétation platonicienne du logos qui en assurant son indépendance, répondait aux conditions de la piété.

---

1. Λόγοι = âmes immortelles, *de Somn.*, 1, 127.
2. *Leg. alleg.*, I, 34 fin.
3. *Ibid.*, 35.
4. *Ibid.*, 42.
5. *De Somn.*, 1, 118-119.
6. Et peut-être même les allégoristes antérieurs qui semblent identifier λόγος et τὸ ἀγαθόν (l'idée platonicienne du bien).

En résumé, dans les sens que nous venons d'étudier, le logos a surtout une fonction cosmique. Répandu à travers tous les êtres pour les relier ensemble, les divisant en couples contraires et contenant le modèle du monde sensible, il apparaît au premier abord le principe divin qui explique les êtres, et rend inutile un être supérieur à lui.

Comment s'est formée cette notion, composée d'idées héraclitéennes, stoïciennes, et platoniciennes. La conception héraclitéenne du logos diviseur est si imprégnée d'idées stoïciennes que l'on ne peut guère douter que ce syncrétisme dérive du stoïcisme. Comment le troisième sens, le logos comme pensée divine créatrice du monde, est-il venu s'ajouter aux deux premiers et se fusionner avec eux ? La conception de la pensée divine présente deux formes ; sous sa première forme, elle est en rapport avec une théorie des nombres ; le logos est soit l'unité, principe de tous les autres nombres, identifiés à leur tour avec les logoi ou les Idées, soit le nombre sept, qui, d'après les théories néo-pythagoriciennes, est identique à l'unité. Le logos unité des néo-pythagoriciens est intimement uni, dans un des textes que nous avons cités [1], au logos lien du monde des stoïciens. Déjà au début du *de opificio* nous avons rencontré une fusion analogue du Dieu cause active et du Dieu supérieur à la vertu et au bien. Donc le Dieu-monade, que nous connaissons comme celui des phythagoriciens est interprété comme logos, et par là même le logos devient Idée. Schmekel [2] a prouvé, en analysant les sources du *de opificio* que c'est du stoïcisme lui-même qu'était venue la fusion : Posidonius a modifié la théorie de Platon sur les Idées, qu'il a identifiées d'une part avec les forces actives ou logoi spermatiques du stoïcisme, d'autre part avec les nombres pythagoriciens. Or Philon a utilisé, dans le *de opificio*, le *commentaire du Timée* de Posidonius. Mais reste l'autre forme de la pensée divine, le monde intelligible, comme composée des êtres moraux et des vertus idéales. Ici encore la théorie stoïcienne de la droite raison a été, nous l'avons vu, déterminante. Le Logos source des vertus, y est conçu comme monde intelligible.

1. *Quis rer. div. h.*, 187-188.
2. *Die Mittlere Stoa*, p. 430 sq.

4. — *Le Logos comme intermédiaire*

Les Stoïciens, avec leur raison universelle, les néo-pythagoriciens, avec leur unité intelligible, pensaient avoir trouvé un principe dernier d'explication de l'univers. Rien, dans ces doctrines que Philon accepte, et dont il nous fait connaître quelques parties avec grande exactitude, ne peut faire prévoir que le logos n'est qu'un intermédiaire entre Dieu et le monde, d'un degré inférieur à l'être suprême. Il est aisément compréhensible que Philon, en soutenant une pareille idée, ait rencontré des contradicteurs chez ses contemporains. Comment en serait-il autrement, puisque lui-même, s'il sépare en théorie Dieu et le logos, aboutit souvent en fait à donner les mêmes attributions à chacun des deux [1] ?

Philon se trouve fort embarrassé pour déterminer la place relative du Dieu suprême et du logos dans la théorie des principes. C'est une des parties les plus faibles et les plus inconsistantes de cette doctrine : ne se trouvant évidemment soutenu par aucune grande école philosophique grecque, il tente seulement de s'y rattacher par des liens bien fragiles.

C'était un des mérites dont les Stoïciens se vantaient le plus d'avoir mis fin, dans la théorie des principes, à l' « essaim de causes » nécessaires, chez Aristote et les platoniciens, à l'existence d'un être, pour les remplacer par une cause unique, dont un aspect est justement le logos [2]. Aussi est-il bien étrange de voir Philon, dans le problème de l'origine du monde, faire appel à la théorie péripatéticienne des quatre causes, et encadrer le logos comme simple cause instrumentale entre Dieu, la cause formelle, la bonté, cause finale, et les éléments, cause matérielle [3]. C'est pourtant une des formules préférées de Philon, qui aime à considérer le logos comme l'organe dont l'artiste divin s'est servi pour modeler le monde [4].

---

1. *Leg. alleg.*, II, 86 : le logos est le second genre, et Dieu le premier et *ib.*, III, 175 : le logos est le premier genre. Tantôt c'est Dieu qui est l'Idée supérieure, tantôt c'est le Logos (cf. ci-dessus, ch. Iᵉʳ et ch. II, § 3). Tantôt c'est Dieu qui divise les êtres, tantôt le logos. Dieu est la force qui soutient le monde (cf. ch. Iᵉʳ) ; cette force est le logos (ci-dessus, § 1ᵉʳ).

2. Sen. *Epist.* 65, 11, (Arnim, *Fr. vet. St.* II 120).

3. *De Cherub.*, 127.

4. *Leg. alleg.*, III, 96 ; *de Migr. Abr.*, 6 (ὄργανον, δι'οῦ) ; *quod deus imm.* : le logos par lequel (ᾧ) Dieu a fait le monde. Philon a pu être amené près de cette conception par la théorie du logos diviseur.

Mais ce n'est pas la seule : lorsque le logos par exemple est conçu comme la pensée de Dieu en tant que créateur, ou comme fondement idéal de la vertu, il se rapproche beaucoup plus de la cause finale du monde que de sa cause matérielle ; et, de fait, il est presque identique à l'Idée du Bien [1].

Philon rattache encore bien artificiellement à quelques problèmes de philosophie grecque la nécessité de distinguer entre l'action de Dieu et celle du Logos. Il admet sous l'influence de Platon que Dieu qui peut à la fois le bien et le mal, ne veut cependant que le bien [2]. Or il trouve dans le logos, conçu suivant une inspiration héraclitéenne, comme le hasard, le principe des contraires, du bien et du mal. « Auprès de lui le bien et le mal sont accomplis ; c'est le logos divin... pilote et surveillant de l'univers qui nous fait participer aux biens et aux maux » [3]. C'est lui « qui détruit la guerre, dissipe nos découragements et nos désespoirs et proclame la paix de la vie » [4]. Le logos seul peut être principe des contraires, mais non pas Dieu. Là où il y a couple de contraires, en effet, il y a nécessairement bien et mal ; « l'un est réceptacle d'une bonne, l'autre d'une mauvaise idée » [5]. De plus il y a nécessairement guerre et changement, car les contraires s'attaquent et cherchent à se détruire. Or Dieu ne peut être principe que du bien. Dès qu'un être contient à la fois mal et bien, le logos intervient dans son principe. Ainsi c'est le logos non Dieu qui est principe de l'ascétisme, mode de l'âme caractérisé par le retour au mal [6]. Les puissances (intermédiaires analogues au logos) participent avec Dieu à la création de l'homme qui est mélangé de bien et de mal [7]. On comprend par là comment le Logos peut être inférieur à Dieu.

On ne peut attribuer en ceci à Philon, l'honneur d'une solution du problème du mal. Le Logos, en effet, lorsqu'il apparaît dans le monde intelligible comme le modèle de la vertu, ne peut être une explication du mal, mais seulement du bien chez l'homme. L'union des deux conceptions de Platon et d'Héraclite fut bien plutôt une occasion, pour introduire dans le problème

1. Cf. ci-dessus : le logos et l'intelligence ; et *de plantat.*, 52-53.
2. *De agricult.*, 128.
3. *De Cherub.*, 35.
4. *Ib.*, 37.
5. *Qu. in Ex.*, II, 33, p. 92.
6. *De Somn.*, 1, 115.
7. *De confus. lingu.*, 178-179 ; surtout *de fuga*, 69.

philosophique de l'origine des êtres, une distinction entre Dieu
et le Logos, qui en réalité ne dérive nullement de la position de
ce problème, mais bien de conceptions religieuses d'une origine et d'une nature tout autres.

Ce n'est pas du côté des théories philosophiques et cosmologiques qu'il faut nous tourner pour comprendre la place du Logos.
Il faut plutôt considérer Dieu et le Logos comme objets de
culte. Philon veut, en distinguant Dieu et le Logos, séparer leur
culte, et en montrer la hiérarchie. Chez les Stoïciens, les trois fins
successives : vivre conformément à la nature ou au droit Logos,
ou à Dieu n'étaient pas distinctes. Philon, lorsqu'il ne traite
pas la question pour elle-même, emploie indifféremment lui-
même les trois expressions : ἀκολούθως τῇ φύσει ζῆν, κατ'ἴχνος ὀρθοῦ
λόγου βαίνειν et ἕπεσθαι θεῷ [1]. Mais il y a là en général pour Philon
autre chose qu'une simple différence de formule. Nous retrouvons ailleurs la même triple division, mais l'auteur y marque
plus nettement la hiérarchie des trois termes : à « ceux qui aiment
la science il convient de désirer voir l'être ; mais, s'ils ne le pouvaient pas, au moins son image, le logos très sacré, et après lui
l'œuvre la plus parfaite dans les sensibles, le monde » [2]. Lorsque l'âme humaine s'élève vers Dieu ces trois termes marquent
les étapes successives de sa montée ; lorsqu'Abraham a abandonné la terre chaldéenne, c'est-à-dire la croyance à la divinité
du monde, alors il commence à se connaître lui-même et ses sensations ; et lorsqu'il abandonne les sensations et les sensibles,
l'œil de l'âme qui peut contempler les intelligibles (c'est-à-dire
le logos) s'est ouvert [3]. Lorsque par un mouvement inverse
l'ascète abandonnant la contemplation de Dieu déchoit à la vie
sensible, il rencontre, dans cette sphère sensible, non plus Dieu,
mais seulement un Logos divin [4]. Ces trois étapes ont une
valeur fort inégale ; le culte du monde est une simple impiété
et non pas même un degré de la piété. Le culte direct de Dieu
est celui des êtres les plus parfaits qui arrivent à Dieu d'un
bond ou par une série d'intermédiaires ; c'est aussi le culte que
le Logos lui-même comme être parfait rend à Dieu ; et de fait,

---

1. *Migr. Abrah.*, 128 ; cf. *de Ebriet.*, 34 ; c'est d'ailleurs le langage habituel ;
cf. Plut., *de recta rat. aud*, 1 ; ταὗτον ἔστι τὸ ἕπεσθαι θεῷ καὶ τὸ πείθεσθαι
λόγῳ.
2. *De confus. ling.*, 97 ; *de plantat.*, 48-73.
3. *Migr. Abr.*, 176-192.
4. *De Somn.*, I, 61-72.

les êtres parfaits sont eux-mêmes des logoi ou au moins arrivés au niveau des logoi [1]. Le culte du Logos, au milieu, est celui des êtres imparfaits, encore dans le monde sensible, mais qui sont en progrès vers le bien [2].

5. — *Le Logos comme parole divine*

Il existe en Egypte, à l'époque de Philon, des mystères, qui ont chacun leur ἱερὸς λόγος, parole sacrée qui ne doit pas être révélée, et par laquelle les vérités concernant les choses divines sont révélées à l'initié [3]. Il n'est pas douteux que le Pentateuque, si souvent nommé par lui « discours sacré », apparaisse à Philon comme l'objet d'un mystère dont Moïse est le hiérophante [4]. Bien entendu, ce terme n'a ici que la valeur d'une comparaison : il ne peut s'agir dans le judaïsme de mystères, en un sens positif et réel.

C'est justement cette absence de formes matérielles précises qui permet à Philon de donner à cette idée un sens intérieur et spirituel. Le Logos sacré ou divin est pour lui cette parole intérieure, révélée que l'homme pieux entend dans le secret de son âme, et qui constitue l'enseignement sur les choses divines, c'est-à-dire le culte [5] et la philosophie [6]. Si surprenant qu'il puisse paraître que Philon désigne par le même mot et considère comme le même être, la force qui mène le monde (logos au sens stoïcien) et la parole divine révélée, c'est ce double sens qui forme l'essentiel de la notion du Logos.

Le culte intérieur n'est pas contenu tout entier dans les senti-

---

1. Tantôt le sage est égalé au monde, *sacr. Ab. et C.*, 8, tantôt au logos lui-même (le type moral du grand-prêtre et des Lévites) (*fuga et invent.*, 110 ; *leg. alleg.*, III, 43 ; *de sacr. Ab. et C.*, 130).

2. *De Somn.*, I, 230, 239 ; *leg. alleg.*, III, 207.

3. Cf. en particulier pour les mystères isiaques, Plutarque, *de Is. et Osir.*, ch. Ier.

4. *De Somn.*, II, 164 : « O hiérophante, dit-il en s'adressant à Moïse, parle-moi, guide-moi, et ne cesse pas les onctions, jusqu'à ce que, nous conduisant à l'éclat des paroles cachées (ἱερῶν λόγων), tu nous en montres les beautés invisibles aux profanes ».

5. Le culte est la voix qu'entend l'âme purifiée et les paroles mortelles (ἀθανάτων λόγων) dont Dieu l'emplit (*Mut. nom.*, 270). *De post. C.*, 79 sur le logos que Dieu lui-même révèle au sage autodidacte.

6. « Cette route royale (vers Dieu) que nous disons être la philosophie, la *Loi* l'appelle parole et langage (λόγον καὶ ῥῆμα) de Dieu ». *De post. C.*, 102. Cf. les logoi des sciences : *quod det. pot. ins.*, 118 ; *de fuga*, 200 ; *ib.*, 183 ; *Migrat. Abr.*, 76.

ments pieux de l'âme ; il comporte, outre ces effusions, un développement rationnel sur la divinité ; il a pour charge l'explication des choses saintes (τὴν τῶν ἁγίων διήγησιν) et il est l'interprète des dogmes divins [1] ; le culte est symbolisé par Melchisédech (λόγος- prêtre) « qui a sur l'être [2] des pensées élevées, superbes et magnifiques » ; les logoi, fils du grand prêtre Moïse, pratiquent les discours sur la sainteté (τρίβοντες τοὺς περὶ ὁσιότητος λόγους). Pour pratiquer l'adoration, il faut diviser suivant leur ordre les objets de la prière [3], connaître par exemple les divisions de la vertu et rendre grâce pour chacune [4] ou les divisions des parties du monde, des races humaines, des parties de l'homme [5]. C'est dire que la prière est non pas effusion désordonnée, mais développement philosophique et divisé en chapitres avec leurs démonstrations (εἰς τὰ κεφάλαια καὶ τὰς εἰς ἕκαστον ἀποδείξεις) [6]. Le culte est donc un mélange de prière et de réflexions philosophiques dont l'œuvre de Philon lui-même nous présente le meilleur modèle, et qui sans doute était en usage dans les cercles religieux dont il faisait partie. Il est par un certain côté le triomphe de la religion rationnelle [7].

Seulement ces paroles ne sont pas des formules extérieures et verbales. Moïse ou Abraham parlent avec Dieu « non par la bouche et la langue, mais par l'organe de l'âme, qui n'a pour auditeur aucun mortel, mais seulement l'incorruptible » [8]. Les Lévites qui, symboliquement, sont les logoi divins, abandonnent toutes les facultés sensibles, y compris le langage [9]. Suivant le commandement du silence imposé par les mystères, Philon pense que la parole extérieure est impropre au culte et à la vérité [10]. Il n'est tout au plus qu'une chose indifférente dont on peut faire bon ou mauvais usage [11]. C'est à ce propos que Philon introduit

---

1. *Quod det. pot. ins.*, 133.
2. *Leg. alleg.*, III, 82.
3. *De Somn.* II, 185.
4. *De sacr. Ab. et C.*, 84.
5. *De An. sacr. id.*, 6, p. 243.
6. *De sacr. Ab. et C.*, 85.
7. Le culte est « la langue propre à l'animal raisonnable ».
8. *Quod det. pot. ins.*, 132-134 : cf. *quis rer. div. h.*, 4.
9. *Ibid.*, 71 ; *de Ebrietate*, 70.
10. *Migr. Abr.*, 12 ; recommandation du silence dans le culte ; *de Ebr.*, 71: *de fuga*, 92: *quis rer. div. h*, 71 ; cf. *de fuga*, 135-136; ἡσυχία et ἐποχή réunis; *de gigant.*, 52.
11. Cf. le langage du bon et du méchant : *quis rer. div. h.*, 109-110. Le mauvais usage du langage : *de mut. nom.*, 238, 240-242.

sa fameuse distinction, empruntée au stoïcisme du logos intérieur (λόγος ἐνδιάθετος) et extérieur (προφορικός). En son sens primitif, cette distinction est celle de la pensée intérieure restant
dans l'âme et de la pensée exprimée au dehors. Les Stoïciens
admettaient une pareille distinction ; ces deux « langages » ne
sont, en ce sens qui est admis d'ailleurs par Philon, que deux
facultés humaines [1]. Mais il faut bien admettre que cette parole
intérieure est identique au logos divin révélé au sage. En effet la
distinction en question est identique à celle de l'intelligence et
de la parole proférée qui en dérive [2]. Or l'intelligence, en tant
qu'intelligence du sage est gardienne « des dogmes de la vertu »,
et des « paroles de Dieu » [3]. A ces « paroles divines » s'oppose,
dans le passage même, la parole du sage lui-même, par laquelle
il enseigne aux imparfaits les dogmes de la vertu. Nous ne
voyons donc pas que les pensées intérieures du sage soient autre
chose que le langage divin lui-même [4]. Le langage divin est
opposé au langage extérieur, dérivé du choc de deux masses
d'air, comme l'un à la dyade [5].

Pour un moderne, le mot est le signe d'une pensée ; mais il
n'a en lui-même, comme son, aucune ressemblance avec la pensée. C'est au contraire une conception que l'on rencontre souvent dans l'antiquité, et en particulier chez Philon que la parole
garde, attachée à elle-même, quelque chose des pensées qu'elles
exprime [6]. Les paroles, étant en elles-mêmes les ombres des
choses [7], sont non seulement le moyen que l'homme a d'arriver

1. *Vita Mos.*, II, 127 ; *de Migr. Abr.*, 71 ; *ibid.*, 81, remplacé par l'opposition διάνοια-λόγος.

2. Distinction plus fréquente sous cette forme que sous la première, *quod
det. pot. ins.*, 66-92.

3. *Quod det. pot. ins.*, 66-67.

4. On a beaucoup discuté sur cette question, si le double logos de l'homme
se rencontre aussi en Dieu : le passage du *Moïse* (II, 127) contient en effet
l'affirmation d'un double logos d'une part en Dieu, d'autre part chez
l'homme. Les deux logoi de Dieu, celui qui se rapporte aux idées et celui qui
se rapporte au monde sensible correspondent-ils au logos intérieur et proféré
de l'homme ? Oui, dit *Heinze* (p. 231) ; le premier logos divin est la pensée
divine du monde sensible, restant intérieure ; le second c'est la pensée se développant dans la création extérieurement. Mais : 1° les deux logoi divins s'expliquent, comme nous le verrons plus bas, par la mythologie allégorique ; 2° le
logos intérieur de l'homme n'est autre chose que la parole divine elle même.

5. *Quod deus immut.*, 83.

6. Théorie de Platon reproduite par Philon, *Qu. in Gen.*, I, 20, 15. Les mots
du langage représentent clairement et immédiatement les choses mêmes.

7. *De Migr. Abr.*, 12.

à des pensées [1] fixes [2], ordonnées [3], distinctes [4], mais sont encore
en elles-mêmes une espèce de pensée inférieure. En particulier
le logos ou parole de Dieu est une ombre de Dieu même [5], et les
paroles de révélation qu'il émet dans l'âme pieuse (λόγοι καὶ
ῥήματα) « ne sont pas différentes des pensées (ἐνθυμήματα) » [6].

Nous comprenons par là comment le Logos divin (identique à
la parole révélée et au culte intérieur), est comme une notion
dégradée de Dieu, un second dieu propre aux imparfaits. Le
Logos est un discours, une formule qu'il faut dépasser pour
atteindre à la vision directe de l'Etre. Il est inférieur à Dieu
comme l'ouïe par laquelle le langage nous instruit, à la vue qui
nous fait voir les êtres [7]. Atteindre le Logos divin, c'est donc
arriver à une formule divine, qui, dans l'âme, exprime Dieu ;
c'est par conséquent non pas comprendre Dieu, mais que Dieu
est très éloigné du devenir. Abraham, dans sa recherche de Dieu
s'arrête, lorsqu'il a rencontré les logoi divins ; car il a vu qu'il
était engagé dans la poursuite d'un être qui restait toujours à
une distance infinie [8]. Le Logos sépare et unit à la fois Dieu et
l'âme, il est d'une part une borne limite (ὅρος), une frontière
entre le sensible et la divinité [9]. D'autre part en tant que prière
et culte, il est auprès de Dieu notre supplication [10]; comme
grand-prêtre, il prie pour le monde entier dont il est revêtu
comme d'un habit [11]. Par une association d'idées naturelles, il
n'est pas seulement l'enseignement divin, mais le hiérophante
lui-même qui, suivant une expression qui fait une allusion
certaine aux mystères, doit « changer nos oreilles en yeux »,
nous faire passer de la révélation apprise à l'intuition directe [12].

1. *Quod det. pot. ins.*, 128.
2. *De sacr. Ab. et C.*, 80.
3. *Migr. Abr.*, 4.
4. *De Agric.*, 133.
5. *Leg. alleg.*, III, 96.
6. *Migr. Abr.*, 80-81.
7. Il ne faut pas prendre la comparaison au pied de la lettre ; le logos étant
par ailleurs non une formule, mais le rayonnement du soleil divin, paraît
être parfois un objet de vision (*Migr. Abr.*, 49-52 ; *de Somn.*, I, 164 ; *quis
rer. div. h.*, 79).
8. *De post. C.*, 18; cf. *de Somn.*, I, 66.
9. *Quis rer. div. h.*, 205 ; *quod deus immut.*, 79 : ὅρῳ καὶ λόγῳ.
10. *De sacr. Ab. et C.*, 119 ; *de Somn.*, I, 142 ; *Migr. Ab.*, 122.
11. *Vita Mos.*, 134 ; *de mon.*, I, 6.
12. Comme le hiérophante qui, dans les mystères d'Eleusis, est chargé
d'abord de dire les formules mystérieuses (ἀπόρρητα), puis de faire voir les
objets sacrés. *Lysias*, VI, 59, cité par Foucart, *Personnel et cérémonies des
myst. d'Eleusis.*

Cette « religion des imparfaits » nous conduit au cœur même de la pensée de Philon, à sa préoccupation constante d'une religion humaine faite pour les malades de l'âme, pour ceux qui sont encore subjugués par la sensation et la passion [1]. Les parfaits qui comme Moïse n'éprouvent plus ni la passion (θυμός) ni le désir (ἐπιθυμία) peuvent se passer des secours du logos. C'est Dieu lui-même qui lui donne le bien, tandis que le Logos divin fait seulement éviter le mal [2]. Il réprimande, conseille [3], soigne [4]. Il n'extirpe pas les passions, mais il a sur elle cette action apaisante et calmante que Platon attribuait autrefois à l'intelligence. S'agit-il en effet des remèdes du θυμός et de l'ἐπιθυμία [5] ? Ce n'est pas à l'intelligence qu'il faut faire appel pour « les refréner et leur imposer comme guide et comme pilote la raison » ; c'est à la parole « distincte et exacte » (κεκριμένος καὶ δόκιμος) qui par sa clarté s'oppose aux emportements de la colère et par son exactitude aux mensonges du désir [6]. Cette puissance, elle l'acquiert uniquement parce qu'elle vient de Dieu, et elle ne peut donc la posséder que dans une âme sanctifiée au service de l'Etre. Philon n'admet aucun des moyens humains que les moralistes indiquent pour l'apaisement des passions : la notion humaine des devoirs (καθηκόντων, κατορθωμάτων), celle des lois positives sont inefficaces en elles-mêmes. Le point de vue proprement religieux est entièrement substitué au point de vue moral ; toute amélioration dépend de l'action de la parole divine que seuls les pieux sont capables d'entendre.

Nous sommes ici sur le terrain mouvant de l'expérience religieuse. Cette mystérieuse influence de la parole divine qui guérit nous ferait presque songer à quelque interprétation spirituelle des paroles magiques, que, dans l'Alexandrie de l'époque de Philon, employaient les médecins [7]. La parole qui améliore s'empare de l'homme comme par une possession divine et ne doit pas être révélée [8]. Il s'agit probablement d'une espèce

---

1. *De Somn.*, I, 148.
2. *Leg. alleg.*, III, 177 ; *de fuga*, 107.
3. *Quod deus immut.*, 182 ; *de conf. ling.*, 59 ; *de fuga*, 5-6 ; *de Somn.*, I, 68-69.
4. *Leg. Alleg.*, III, 177 ; *quis rer. div. h.*, 297.
5. Question traitée *Leg. alleg.*, III, 118-129.
6. Philon donne au langage par lui-même non seulement le pouvoir intellectuel de fixer les idées, mais celui de fixer la vertu : *de Sacr. Ab. et C.*, 89.
7. Cf. fragments de Néchepso-Petosiris (Riess, *dissert.*, Bonn, 1890).
8. *De sacr. Ab. et C.*, 62.

d'amélioration spontanée inexplicable à l'homme même qui l'éprouve, mais qui lui donne, à l'idée des rechutes possibles, un sentiment de paix, de certitude et de sécurité. C'est du moins ce sentiment de victoire assurée sur le mal qui domine dans les expériences personnelles que l'auteur lui-même a faites de cette influence divine [1].

N'est-ce pas par une sorte de réalisation extérieure de cette expérience que le Logos divin se présente non plus comme une formule intérieure combattant dans l'âme les passions, mais comme la vraie philosophie combattant avec des armes divines, les discours habiles et spécieux des sophistes ? [2] Il devient ici une espèce d'enseignement moral inspiré, qui par ses démonstrations et les divisions dont il se sert comme d' « armes tranchantes et défensives », réfute les dogmes impies, et sait retrancher le mal qui cherche à corrompre les âmes [3]. C'est toujours, dans tous les cas, un appel à l'inspiration religieuse pour se sauver du mal. Si Philon paraît parfois accorder beaucoup à la simple argumentation philosophique dans la vie morale [4], c'est sans doute parce qu'elle se trouve appuyée par une inspiration divine qui la rend efficace.

Telle est la signification de ce culte du Logos, distingué du culte de l'Etre suprême. La parole divine ne peut être Dieu : elle est la révélation de Dieu à l'âme pieuse, et aussi la prière qui monte vers lui. Elle inspire l'homme pour l'améliorer et guérir ses passions.

Nous avons ici une explication suffisante du rôle d'intermédiaire que joue le Logos entre Dieu et les êtres sensibles. Il ne peut rester, comme chez les Stoïciens, l'être supérieur. Mais cette explication même pose un autre problème : comment, dans l'esprit de Philon, pouvaient s'unir en un même être des

---

1. *Leg. alleg.*, III, 156 ; *Quis rer. div. h.*, 201.

2. *De Migr. Abr.*, 82-85.

3. Ces doctrines pieuses, où la parole exercée est mise au service de la piété (cf. *quod det. pot. ins.*, 39) sont représentées par Phinéés (*mut. nom.*, 108 ; *de post. C.*, 182-183), par les Lévites massacrant les Hébreux renégats (*de sacr. Ab. et C.*, 130 ; *de Ebr.*, 57 sq), contre les ennemis du logos divin (*de Cherub.*, 35 ; *ibid.*, 76 ; *de fuga*, 144) ou ceux qui contrefont les formules divines et inspirées (*Migr. Ab.*, 83).

4. Exemples : *de post. C.*, 149 ; par le logos de la division, l'ami de la vertu retranche les plaisirs du corps ; *quod deus immut*, 130 : la piété dérivant des discours ; *leg. alleg.*, III, 157. Le logos qui dans l'excès de boisson l'empêche de perdre la raison est « celui qui discerne la nature de chaque chose», c'est-à-dire l'intelligence qui définit.

notions aussi différentes que celles de Raison séminale du monde et de parole divine révélée ?

6. — *Le Logos être mythologique*

Le Logos, comme force cosmique, organe de la création et la parole divine coïncident, chez Philon, dans la représentation d'un être à personnalité peu définie, qu'il appelle le fils aîné de Dieu ; ce Logos est comblé des dons divins ; il est le messager de Dieu auprès des hommes, et il porte à Dieu leurs supplications; il apparaît sous forme humaine, et parle aux hommes [1].

On s'est demandé souvent jusqu'à quel point Philon croyait à une existence personnelle du Logos. Mais la question est ainsi très mal posée. Il est en effet fort douteux qu'un ancien ait jamais eu l'idée nette de la distinction d'une personne consciente avec un être qui n'existe pas pour soi, mais seulement en soi. C'était au contraire un concept courant à une époque d'interprétation allégorique des mythes que celle de ces êtres mi-abstraits, mi-concrets, qui, comme le Zeus des Stoïciens dans l'Hymne de Cléanthe, gardaient dans la notion physique ou morale qu'ils représentaient symboliquement, un peu de leur individualité mythique.

Or c'est précisément comme un de ces êtres que se montre le Logos ; nous allons essayer de rassembler les traits épars de cette mythologie.

Cornutus nous a conservé dans son *Abrégé de théologie grecque* un résumé de la théologie allégorique des Stoïciens [2] ; or dans son développement sur Hermès il n'y a pour ainsi dire pas un trait qui ne convienne au logos philonien. « Hermès est le logos que les dieux ont envoyé du ciel vers nous (ὃν ἀπέστειλαν πρὸς ἡμᾶς) [3] » ; de même chez Philon, Dieu ne daignant pas venir dans les sensations « envoie (ἀποστέλλει) ses logoi pour aider les amis de la vertu » [4]. C'est le don le plus beau qui nous ait été donné par Dieu [5]. Philon au même endroit dit que « de même que la nature a renforcé (ὠχύρωσε) chaque animal d'armes spéciales, elle a donné à l'homme comme défense (ἔρυμα) le logos ».

1. *Quod deus immut.*, 31 ; *de Somn.*, II, 141 ; *de fuga*, 5.
2. Résumé écrit dans la deuxième moitié du premier siècle ap. J.-C.
3. P. 20, 18 (éd. Lang).
4. *De Somn.*, I, 69.
5. *Ib.*, 103.

Le mot ἔρυμα ne s'explique guère que par l'étymologie que Cornutus donne à Hermès : « le mot Hermès vient de ce que le logos est notre moyen de défense (ἔρυμα) et comme une forteresse (ὀχύρωμα) » [1]. Hermès est chef des grâces [2]; de même chez Philon : « Dieu fait pleuvoir sur le logos ses grâces vierges et immortelles » [3]. Cornutus rapproche ailleurs les Charites, Peitho et Hermès comme concourant tous trois aux unions (διὰ τὸ περὶ συνουσίας ἀγωγόν) [4]; nous voyons aussi chez Philon le logos jouer un rôle de médiateur entre les éléments qui se menacent et cherchent à se détruire par la persuasion qui unit (πειθοῖ συναγωγῷ) [5]. La conception d'Hermès comme sauveur, la liaison de son culte avec celui de la santé (ὑγίεια) explique l'attribut ὑγιής accordé au logos sage et bon [6]. Le logos est chez Philon héraut des dieux ; c'est lui qui proclame la paix après la guerre [7]. Comment l'expliquer sinon par l'Hermès de Cornutus [8]. De la même façon s'explique le logos-ange ; « Hermès, dit Cornutus, est ange (ἄγγελος), parce que nous connaissons la volonté des dieux d'après les idées qui nous sont données dans le logos ». C'est précisément ainsi qu'est défini le rôle de l'ange chez Philon [9]. L'Hermès psychopompe [10] n'est pas sans analogie chez Philon où le logos tend la main (δεξιούμενος) à l'ascète ; c'est « par le logos que Dieu amène vers lui-même le parfait (λόγῳ... τὸν τέλειον ἀπὸ τῶν περιγείων ἀνάγων ὡς ἑαυτόν) [11] ». Lorsque Philon distingue, à côté des songes qui sont envoyés par Dieu, ceux qui viennent par les anges [12] (distinction qui concorde fort mal avec sa classification générale des songes) [13], son indication a peut-être pour fondement l'Hermès qui envoie les songes de Cornutus [14].

1. P. 20, l. 22.
2. P. 20, l. 15.
3. *Post. C.*, 32.
4. P. 45, l. 15.
5. *De plantat.*, 10. — Le Logos, dans ce passage, se rapproche aussi de l'Hermès de la cosmogonie hermétique publiée par Reitzenstein, « qui a sur ses lèvres la chaste persuasion » pour commander aux éléments de cesser leur discorde (*Zwei Religionsgesch. Fragen*, pp. 47-132).
6. *Leg. alleg.*, III, 150.
7. *Qu. in Ex.*, II, 118, p. 545.
8. P. 21, l. 18, κῆρυξ; son caducée produit la paix, p. 23, 2.
9. *De Cherub.*, 36. Nous n'abordons pas encore ici pour elle-même la discussion de la théorie des anges.
10. *Cornutus*, p. 22, l. 7.
11. *Sacr. Ab. et C.*, 8.
12. *De Somn.*, I, 190.
13. *De Somn.*, I, 1-4.
14. P. 22, l. 16.

Hermès, dit Cornutus [1], a été engendré par Zeus. De même chez Philon le logos est fils de Dieu ; on rencontre d'ailleurs chez Macrobe (*in Somn. Scip.* I, c. 14) la même conception devenue aussi complètement allégorique : « *Hic* (le Dieu suprême) *superabundanti majestatis fecunditate de se mentem creavit* ». Le couple Dieu-Sagesse engendrant logos [2] a son analogie dans l'union de Zeus et de Maia, Maia étant prise ici pour la recherche (ζήτησις) et Zeús pour l'intuition (θεωρία) qui engendrent Hermès [3].

Le Logos est appelé par Philon la voie [4]. Ce mot fait songer à l'interprétation de l'Hermès des carrefours chez Cornutus [5].

Nous nous sommes bornés à indiquer les attributs du logos philonien dont on ne peut comprendre l'origine sans l'interprétation mythologique d'Hermès ; mais ceci suffit pour nous montrer que dans cette interprétation, l'idée du logos-formule ou parole était intimement liée à l'idée du logos comme principe physique et moral, et c'est en effet par cette mythologie que nous pourrons établir l'unité entre les éléments divers que présente la théorie du Logos.

Mais le traité de Cornutus, dont la source la plus importante est Chrysippe [6], ne contient que des traits peu nombreux du logos de Philon. Au contraire la mythologie allégorique du traité de Plutarque *sur Isis et Osiris*, nous rapproche de l'époque et du milieu où vivait Philon [7]. Il contient une théologie, issue de l'application de la méthode allégorique à des mythes égyptiens. Ces mythes eux-mêmes ont été fortement altérés et influencés par les mythes grecs qui se sont combinés avec eux dans la période hellénistique. C'est ainsi que le mythe d'Osiris, chez Plutarque, est calqué sur celui du Dionysos hellénique. Dans ce traité, composé de sources d'inspiration fort différente et même opposée, la théorie du Logos ne joue qu'un

1. 23, 7.
2. *De fuga et inv.*, 109.
3. *Cornutus*, p. 23, 6. — Cf. la σκέψις chez Philon γύνη σόφη qui instruit, *de fuga et inv.*, 55.
4. Ὁδός, *de post. C.*, 102.
5. P. 24, l. 7 sq. — Cf. encore le logos τετράγωνος (*V. M.*, II, 128) et l'Hermès tétragone de Cornutus (p. 23, l. 12).
6. Decharme, *Critique des trad. relig.*
7. Wellmann attribue le modèle de l'écrit à l'antisémite Apion, contemporain de Philon ; les sources qui y sont utilisées (Hécatée d'Abdère, Eudoxe, Manéthon) nous reportent en tout cas vers l'époque de Philon ou antérieurement (cf. Wellmann, *Ægyptisches, Hermes*, 1896, p. 24).

rôle assez effacé, suffisant cependant pour jeter quelque clarté
sur le Logos de Philon.

Il ne suffit certes pas de trouver des ressemblances entre les
conceptions philosophiques de Philon, et celles que Plutarque
rattache aux mythes égyptiens pour conclure à un emprunt de
Philon à cette mythologie allégorique. Car ces conceptions ont
pu exister (comme c'est le cas général dans le stoïcisme) indépendamment de cette allégorie, donc parvenir à Philon par une
autre voie. Mais l'allégorie, employée dans l'interprétation des
mythes, imprègne les conceptions philosophiques de traits facilement reconnaissables ; elles ajoutent aux notions abstraites,
comme celles du Logos, une espèce de personnalité empruntée
au mythe.

Lorsque, par exemple, chez Philon, le logos comme fils aîné
de Dieu est distingué du monde, le jeune fils de Dieu, ces expressions nous mettent sur le chemin du mythe [1]. Il faut le chercher,
semble-t-il, dans la distinction des deux Horos, fils du dieu
suprême Osiris dont l'aîné symbolise le monde intelligible, et le
plus jeune, le monde sensible [2].

Nous en dirons autant de la conception d'un double Logos,
celui du monde intelligible tourné vers Dieu et celui qui descend au-devant de l'homme dans la région des sensibles [3]. Cette
distinction n'a aucun fondement dans la notion stoïcienne du
logos [4]. En outre le logos qui « vient au-devant de l'homme »,
donne la trace d'une conception d'abord mythique. Or d'après
le traité de Plutarque (ch. LIX) Osiris est « logos du ciel et du
Hadès ». Sous le nom d'Anubis, il fait connaître les choses célestes et il est le Logos des choses d'en haut ; mais son autre nom
d'Hermanoubis se rapporte pour une partie aux choses d'en
haut, pour l'autre à celles d'en bas [5].

1. *Quod deus immut.*, 31.
2. *De Is. et Os.*, ch. 54.
3. Distinction fréquente : *de plant.*, 61; *Vita Mos*, II, 127; *Migr. Abr.*, 95:
Qu. in Gen., III, 3, 174; *Qu. in Ex.*, II, 57. C'est ce qui explique cette contradiction que tantôt il faut quitter le sensible pour arriver au Logos (*de fuga*,
101 ; *leg. all.*, III, 118), tantôt le logos vient au-devant de l'homme dans la
région des sensibles (*de Somn.*, I, 68-69).
4. On ne peut en effet l'assimiler à la distinction dans l'homme du logos
intérieur et de la parole, pas plus (comme l'a fait Heinze) qu'on ne peut l'assimiler à la distinction stoïcienne reproduite par Philon (*quod deus imm.*, 34)
de l'ἔννοια et de la διάνοησις en Dieu. En effet au § 33 le mot διενοήθη désigne
non moins qu'ἔννοια la pensée du monde intelligible.
5. Le Hadès désigne chez Philon le monde sensible, *quis rer. div. h.*, 45.

Enfin la personnification de la parole divine chez Philon
trouve également son parallèle dans le mythe d'Osiris, symbole
de la mystérieuse « parole sacrée » que la déesse Isis transmet
aux initiés [1].

Il serait oiseux et périlleux de poursuivre dans le détail de
pareils rapprochements ; le traité même de Plutarque en effet
nous montre combien étaient diverses et peu arrêtées les interprétations que l'on donnait de ces mythes. Il serait donc peu
vraisemblable que Philon ait recueilli le résultat de ce travail
allégorique précisément sous la forme et avec les détails que
nous a transmis Plutarque. Qu'il nous suffise d'avoir montré,
dans la pensée égyptienne hellénisée, que représente le traité *sur
Isis*, la méthode qui aboutissait, par l'allégorie des mythes, à
une conception du Logos qui synthétise les traits essentiels du
Logos de Philon.

Malgré ce rapprochement, il faut reconnaître qu'il reste un
hiatus entre les deux éléments de la conception du Logos ; le
Logos, en tant que force cosmique, s'associe difficilement au
Logos en tant que parole divine. En ce dernier sens, le Logos
garde un rôle presque uniquement moral ; il est en rapport avec
l'âme humaine plus qu'avec la création. Philon a connu, au
moins par leurs résultats, les efforts que firent les théologiens de
l'Egypte hellénisé pour fusionner l'antique conception égyptienne d'une parole divine créatrice [2], et la notion philosophique du Logos, et ceci explique suffisamment pourquoi il rassemble dans un même être des attributs si différents. Mais il n'a pas
élaboré, ni profondément compris l'unité de ce concept, et les
parties en restent dissociées.

Il portait d'ailleurs intérêt non pas au problème métaphysique
de l'origine des êtres auquel se serait rattachée une telle élaboration, mais aux sentiments religieux de l'âme. C'est pourquoi il a
cherché dans le Logos, encore plus que la parole créatrice du
monde, la parole qui guide, apaise et console l'âme de ceux qui
ne sont pas encore arrivés à la perfection.

1. Ch. 1 et 2. Cf. encore (ch. 54), Hermès-logos défendant le monde sensible contre les atteintes du Typhon (le mal), comme le logos défend l'âme contre les passions.

2. Cf. sur la parole créatrice, Moret, *Caract. relig. de la roy. pharaon.*,
p 46 ; *Rituel du culte divin*, pp. 154-161.

CHAPITRE III

LES INTERMÉDIAIRES

Le Logos est un intermédiaire entre Dieu et l'homme ; Philon admet à côté de lui toute une série d'autres êtres ayant des fonctions semblables, comme la Sagesse et l'esprit divin. Il n'y a presque pas une seule propriété de ces êtres qui ne soit à l'occasion attribuée au Logos divin. Cependant Philon a souvent tenté d'établir entre eux une hiérarchie qui les mette avec le Logos dans un rapport de supériorité ou d'infériorité.

La conception de dieux myrionymes, d'un dieu unique auquel sous ses différentes formes s'adressent les prières des initiés était familière au stoïcisme [1], aux cercles isiaques imprégnés de stoï-

1. Cf. Diog. L., VIII, 235 : Dieu nommé νοῦς, Ζεύς, est nommé πολλαῖς τε ἑτέραις ὀνομασίαις.

cisme [1], enfin aux cercles orphiques [2]. L'idée n'est pas étrangère à Philon [3] ; la Sagesse divine est polyonyme ; l'Ecriture sainte l'appelle aussi « principe (ἀρχήν), image (εἰκόνα), vision de Dieu (ὅρασιν θεοῦ) » [4]. Le Logos « premier né de Dieu, l'aîné des anges, l'archange a plusieurs noms, on l'appelle principe, nom de Dieu, Logos, homme suivant l'image (ἄνθρωπος κατ᾽ εἰκόνα), Voyant (ὁ ὁρῶν), Israël ». Nous plaçons donc au même rang le Logos archange, la Sagesse, le nom de Dieu, l'homme idéal [5], le voyant ou la vision de Dieu, l'image de Dieu [6]. Dans d'autres textes sans que les autres intermédiaires soient des noms du Logos, le Logos divin se trouve cependant identifié à eux : Logos et sophia divine [7], Logos et κόσμος νοητός [8] ; les logoi sont les intelligibles qui le composent [9]. Le Logos est archange, les logoi sont les anges [10]. Les logoi sont également les grâces divines [11], et le Logos est grâce ou alliance [12]. Le Logos paraît être identique aussi à une puissance divine [13].

Mais, de même que dans les hymnes orphiques, la toute-puissance de chaque Dieu n'empêche pas leur hiérarchie, de même ici les êtres sont classés bien souvent hiérarchiquement comme s'il s'agissait d'êtres distincts.

Le texte fondamental se trouve dans les *Questions sur l'Exode* (II, 68, p. 515 ; Harris, p. 67) : il s'agit de l'interprétation symbolique de l'arche et des objets qui y sont renfermés : « Examinons chacun d'eux. Le premier est l'être plus ancien que l'un et la monade et le principe. Ensuite le Logos de l'être, substance spermatique des êtres ; du Logos divin comme d'une source, se séparent (σχίζονται) deux puissances : la puissance poétique sui-

---

1. Plut., *de Is. et Osir.*, ch. 67.
2. Cf. Macrob., *Saturn.*, I, 18, citant les vers orphiques :

Εἷς Ζεύς, εἷς Ἀδης, εἷς Ἥλιος, εἷς Διόνυσος,
Εἷς θεὸς ἐν πάντεσσι, τί σοι δίχα ταῦτ᾽ ἀγορεύω.

3. Τῷ τοῦ θεοῦ πολυωνύμῳ ὀνόματι à propos du serment (*de decal.*, 94).
4. *Leg. alleg.*, I, 43.
5. Cf. *de confus. ling.*, 41.
6. *De conf. ling.*, 97, 148 ; *quis rer. div. h.*, 230.
7. *Quod det. pot. ins.*, 118 ; *de Migr. Ab.*, 28 ; *de post. C.*, 136 ; logos et σοφία employés indifféremment comme principe de la vertu, *ibid.*, 136-154.
8. *De opif. mundi*, 25.
9. Λόγοι = νοηταὶ ἀρεταί, *de confus. lingu.*, 81.
10. *De post. C.*, 92.
11. *Post. C.*, 143.
12. Διαθήκη = χάριτες, *de sacr. Ab. et C.*, 57 ; *mut. nom.* 52 ; *de Somn.*, II, 237.
13. *De mutat. nom.*, 14-15.

vant laquelle l'artiste a fondé (ἔθηκεν) et ordonné toute chose, s'appelle Dieu ; la puissance royale suivant laquelle le démiurge commande aux choses créées (τῶν γεγονότων), s'appelle seigneur (κύριος); de ces deux puissances en poussent d'autres ; sur la puissance poétique germe la puissance secourable (ἡ ἵλεως), dont le nom est bienfaitrice (εὐέργετις) ; sur la puissance royale, la puissance législative dont le nom propre est celle qui châtie (κολαστήριος) ; sous ces puissances et autour d'elles est l'arche ; l'arche est symbole du monde intelligible ». Nous arrivons à l'énumération : « monde intelligible accompli (συμπληρούμενος) par le nombre sept ; les deux puissances congénères, celle du châtiment et celle du bienfait ; deux autres avant celles-ci la poétique et la royale qui se rapportent plutôt au démiurge qu'à la créature (τὸ γεγονός)[1] ; le sixième terme est le Logos ; le septième celui qui parle (ὁ λέγων) ». Les termes postérieurs à Dieu dans cette classification sont de trois sortes : 1º le logos ; 2º les puissances ; 3º le monde intelligible. Philon a eu l'intention d'énumérer ici tous les êtres non sensibles et par conséquent tous les intermédiaires ; en effet l'arche d'alliance (ἡ κίβωτος) dont il décrit le contenu tout entier[2] contient tout ce qui est au-delà du sensible. Or le plus grand nombre des intermédiaires comme la Sagesse, l'Homme idéal, ne figure pas dans cette liste ; est-ce que Philon forcé par son symbolisme de réduire à sept le nombre de ces êtres n'a pu les faire rentrer dans ce cadre ? ou bien, les intermédiaires non mentionnés sont-ils identiques avec ceux qui sont cités ici ? Nous espérons par ce qui suit prouver cette dernière hypothèse ; nous ferons voir comment par la conception du dieu myrionyme, Philon peut comprendre dans ce cadre restreint les êtres les plus divers d'une sorte de mythologie abstraite qu'il trouve devant lui toute faite, et que les influences extérieures non moins que la nature de sa piété lui font accepter dans sa doctrine. Nous allons d'abord étudier les êtres que Philon identifie souvent au Logos, puis cette sorte de monnayage du Logos en puissances divines dont l'ensemble joue à peu près le même rôle.

1. Tandis que les deux précédentes se rapportent aux hommes.
2. Cf le début du développement : τὰ μὲν οὖν περὶ κιβωτὸν κατὰ μέρος εἴρηται. δεῖ δὴ συλλήβδην... διεξελθεῖν.

I

1. — *La Sophia divine*

Les interprètes de Philon ont depuis longtemps remarqué les étranges contradictions contenues dans cet être ; nous allons à leur suite les exposer, mais nous ne pensons nullement qu'elles peuvent être réduites par un moyen dialectique quelconque ; elles tiennent à des raisons historiques fort profondes, et si Philon ne se montre pas plus habile logicien, ce n'est pas son esprit superficiel qu'il faut accuser, c'est qu'il se trouve en face de notions données et irréductibles.

Le Logos et la Sagesse divine, affirme Heinze, sont des concepts réciproques, que Philon substitue l'un à l'autre ; prise dans cette généralité, l'affirmation est trop étendue ; aucun des sens énumérés dans la deuxième partie du chapitre précédent (le Logos comme révélation intérieure) ne convient à la Sagesse ; en revanche elle est, comme le Logos, moyen de la création de l'univers [1]. Il faut remarquer qu'elle n'est pas cependant appelée ὄργανον, mais mère du monde [2]. Plus spécialement la Sagesse divise, comme le logos, les choses en contraires opposés : elle a le rôle de τόμευς [3]. Mais c'est avant tout comme principe des vertus, que la Sagesse se montre identique au Logos. Comme il y a un Logos céleste et un Logos terrestre, il y a aussi une sagesse divine et une sagesse terrestre qui en est l'imitation [4]. Dans la génération des vertus, la Sagesse (Eden) identique au Logos, est principe de la vertu générique ou bonté (ἀγαθότης), qui se divise elle-même en quatre vertus [5]. Cependant dans une autre explication du même texte, les termes changent : la Sagesse divine est source du Logos, qui se divise à son tour dans les quatre vertus. Le Logos tient ici la place de la vertu générique ou bonté [6]. Nous avons

---

1. Δι' ἧς τὰ ὅλα εἰς γένεσιν, *de fuga*, 109.

2. Dans ce passage, comme dans un célèbre passage du *de Ebriet.*, 30, sur lequel nous reviendrons.

3. Κρίσις τῶν ὅλων ᾗ πᾶσαι αἱ ἐναντιότητες διαζεύγνυνται (*de fuga*, 194) ; en aucun passage elle n'est conciliatrice des contraires ; le passage cité est sous la dépendance d'une interprétation allégorique, et l'idée paraît occasionnelle.

4. *Leg. alleg.*, I, 43 ; cf. *Qu. in Gen.*, I, 118 ; dans *de fuga*, 52, la sagesse est, comme le logos, appelée père.

5. *Leg. alleg.*, I, 64-65.

6. *De Somn.*, II, 242-243.

donc, en comparant les deux textes, la hiérarchie suivante :
Sagesse, Logos ou vertu générique, vertus spécifiques. Mais
ailleurs c'est la Sagesse elle-même qui est la vertu générique [1] ;
la Sagesse prend donc le rang du Logos. Elle est encore rabaissée
lorsqu'elle est appelée la source « où vient se satisfaire la pensée
qui a soif de prudence » [2], n'étant plus même principe de la vertu
générique, mais seulement de la prudence. De même la division
de la Sagesse [3], pratiquée par Dieu pour étancher la soif des
amis de Dieu, paraît indiquer la division des vertus spécifiques [4].
La Sagesse divine est donc le Logos divin, surtout dans le sens
de principe de la vertu ; elle suit, dans tous les détails les nuances de sens du Logos.

Pourtant cette même Sagesse est aussi subordonnée au Logos;
« le Logos divin est source de la Sagesse » [5]. La sagesse paraît être
d'après la métaphore λόγος-πηγή ce qui, puisé dans le courant du
logos, assure la vie éternelle. On ne peut donc dire qu'il s'agisse
de la sagesse humaine, puisqu'ailleurs [6], c'est bien la sagesse de
Dieu qui est principe de vie éternelle; le passage se comprendrait assez bien en faisant de la Sagesse, le principe des vertus
et des sciences qui, en effet, donnent l'immortalité. La Sagesse
intermédiaire entre le logos et les vertus s'expliquerait de la
même façon que tout à l'heure, le Logos intermédiaire entre la
sagesse et les vertus. La subordination de la sagesse est marquée
d'une façon toute différente dans un autre passage : « (Abraham) conduit (ξεναγηθείς) par la Sagesse arrive au premier lieu... »
Ce lieu est le symbole du langage divin. La Sagesse se fait donc
la conductrice de l'âme pour l'y introduire ; nous sommes ici
dans un ordre d'idées autre que le précédent.

Mais que penser si le Logos est à son tour subordonné à la
Sagesse ? « Dieu et la Sagesse sont, dit Philon [7], le père et la mère
du monde ; mais l'esprit ne saurait supporter de tels parents
dont les grâces sont bien supérieures à celles qu'il peut recevoir ;

---

1. *Leg. alleg.*, II, 49 : τὴν ἀρετὴν καὶ σοφίαν τοῦ θεοῦ.
2. *De post. C.*, 136.
3. *Leg. alleg.*, II, 86. La sagesse que Dieu divise ici est tout à fait semblable au logos (symbolisé par la manne) qui se divise aussi pour la nourriture
des êtres en un grand nombre de parties.
4. Cf. *quod det. pot.*, 115; la sagesse est la nourrice de ceux qui désirent
l'incorruptibilité et les vertus spécifiques en sont les nourritures.
5. *De fuga et invent.*, 97.
6. *Quod det. pot. ins.*, 115.
7. *De Ebriet.*, 30.

il aura donc pour père le droit logos et pour mère l'éducation
(παιδεία) plus appropriés à sa faiblesse ». Mais le droit logos, origine des lois morales naturelles [1] n'est pas différent de la sagesse
terrestre du premier livre des *Allégories* [2] qui est aussi le droit
logos, et l'on comprend qu'il puisse être, sans contradiction
subordonné à la sagesse divine. L'explication du texte suivant
est moins facile : « Le grand prêtre n'est pas homme mais logos
divin... Moïse dit qu'il ne peut être souillé ni à propos de son
père, le νοῦς, ni à propos de sa mère, la sensation, parce que, je
pense, il a eu des parents incorruptibles et très purs ; comme
père Dieu qui est également père de toutes choses, comme mère
Sophia, par qui (δι'ἧς) toutes choses sont venues à la naissance... » [3].
Le Logos est donc, comme tout à l'heure le monde, fils de la
Sagesse, provenant de son union à Dieu.

Les contradictions sont indéniables ; Philon, d'autre part, ne
cherche pas à les voiler ; elles ont leur source, non dans une pré-
tendue incapacité de surmonter les contradictions mais dans les
conceptions religieuses hellénistiques qui s'imposent à Philon ;
c'est ce que nous allons montrer maintenant.

On a remarqué l'absence presque complète de détails sur le rapport du Logos à l'être suprême ; le Logos est image (εἰκών) et fils
aîné (υἱὸς πρεσβύτερος). Au contraire, les renseignements abondent
sur le rapport de la sagesse à Dieu : Sophia est l'épouse de Dieu,
que Dieu féconde et qui enfante le monde : « Le démiurge qui a
fait cet univers est aussi, disons-nous, le père de la créature (τοῦ
γεγονότος) ; la mère c'est la science du créateur (τὴν τοῦ πεποιηκότος,
ἐπιστήμην) [4] ; Dieu s'unissant à elle a semé le devenir non pas
comme un homme (οὐχ ὡς ἄνθρωπος) ; elle ayant reçu les semences
divines a enfanté, dans des douleurs parfaites, son fils sensible,
unique et chéri, ce monde-ci... » [5]. Le couple Dieu-Science est
identique au couple Dieu-Sophia, qui, avec leur fils, le monde,
se retrouve souvent [6].

---

1. *Ibid.*, 80.
2. 46 ; ὀρθὸς λόγος = σοφία ἐπίγειος du § 43.
3. *De fuga et invent.*, 109.
4. Identique à la σοφία d'après le contexte ; cf. pour l'identité *quis rer. div.
h.*, 127-128. Ἐπιστήμη est quelquefois logos (*quod deus immut.*, 71).
5. *De Ebriet.*, 30.
6. *De fuga et invent.*, 109. La sagesse est mère et nourrice des choses qui
sont dans le monde (*quod det. pot. ins.*, 116). « Mater universorum » (*Qu. in
Gen.*, IV, 97, *De fuga*, 51).

La sagesse mère est aussi appelée la vertu de Dieu [1] ; elle est d'ailleurs mère de toutes choses mais particulièrement des purs [2]. Il y a ici une tendance à substituer une filiation morale à la filiation pour ainsi dire physique. Cette tendance se développe tout à fait dans un passage célèbre du *de Cherubim* [3] où la génération divine est présentée à la façon d'un mystère (τελετή) ; le mystère se rapporte à la cause qui est Dieu, à la vertu et à leur produit (περὶ τοῦ αἰτίου καὶ ἀρετῆς καὶ τρίτου τοῦ γεννήματος) ; la vertu est bien ici la sagesse comme il ressort de l'explication donnée du texte de Jérémie : « Dieu est père de toutes choses, les ayant engendrées et mari (ἀνήρ) de la sagesse, jetant pour la race mortelle, une semence de bonheur dans la terre bonne et vierge » (49) [4]. Cette sagesse est une nature sans souillure, la vierge véritable (τῇ πρὸς ἀλήθειαν παρθένῳ), non pas une vierge qui peut être souillée, mais la virginité elle-même (τῆς ἀεὶ κατὰ τὰ αὐτὰ καὶ ὡσαύτως ἐχούσης ἰδέας) ; l'union avec Dieu rend d'ailleurs l'âme vierge [5]. Ainsi la sagesse épouse de Dieu, ici mère du bonheur, là-bas du monde est en même temps vierge [6]. Il est curieux de voir qu'en d'autres passages le logos s'unit avec une vierge comme ici Dieu avec la sagesse ; le logos grand prêtre ne peut épouser qu'une vierge [7] « qui jamais, ce qui est très paradoxe, ne devient femme, mais inversement dans ses rapports avec son mari, a laissé τὰ γυναικεῖα ».Ces rapports de Dieu avec la vierge σοφία (et dans le texte précédent ceux du logos), sont exactement ceux du logos avec l'âme pure lorsque le logos est considéré comme mari de l'âme ; d'ailleurs dans le développement du *de Cherubim* la sagesse vierge devient l'âme (ὅταν... ὁμιλεῖν ἄρξηται ψυχῇ θεός) qui a détruit en elle les lâches désirs. Le logos est à la fois père [8] et mari [9] de l'âme ; les vertus (prudence et justice) s'engendrent par cette union de l'âme avec le logos, son mari légitime, si elle n'est

---

1. *Leg. alleg.*, II, 49.
2. « Mater universorum maxime eorum qui valde purgati sunt anima » (*Qu. in Gen.*, IV, 97).
3. 43-53.
4. *Leg. alleg.*. III, 119 ; cf. l'union de Dieu avec Sara, *de congr. er. gr.*, 7.
5. De même *Qu. in Ex.*, II, 3 (H., p. 51).
6. Cette même sagesse qui s'appelle dans son union avec Dieu ἀρίσκεια θεοῦ (*ibid.*).
7. *De Mon.*, 8, p. 228. — Surtout *de Somn.*, II, 185 : le logos, père avec Parthenos des saints logoi, rappelle le couple Dieu-Sagesse ayant pour fils le logos.
8. *De Ebriet.* ; *de confus. lingu.*, 41.
9. *Leg. alleg.*, III, 148-150 ; cf. *ibid.*, 221.

pas souillée par la passion et si elle est pure. Il s'agit bien comme dans le *de Cherubim* de l'âme qui a abandonné ses passions. Concluons : logos tient, dans son rapport avec parthenos, exactement la place de Dieu. La seule différence suggérée à Philon par un texte d'Isaïe est que Dieu s'unit à la virginité en soi, tandis que le logos ne paraît s'unir qu'à la vierge [1].

Essayons de débrouiller les éléments de cette théorie des générations divines : nous sommes en face d'une de ces hiérogamies dont la religion grecque [2] et surtout les mystères de la période hellénistique sont encombrés. Mais nous pouvons préciser : le trait essentiel de cette mythologie est la vierge épouse de Dieu (ou du logos), appelée σοφία, ἐπιστήμη ou ἀρετή), et enfantant le monde (ou ailleurs le logos). L'idée d'une épouse-mère gardant sa virginité est familière aux orphiques : dans les écrits postérieurs connus par le témoignage de Proclus, Koré est la vierge impolluée qui garde sa pureté dans la génération [3] ; bien plus c'est cette vierge (νύμφη ἄχραντος) qui bien qu'elle se soit unie à Zeus est la cause vivifiante du monde [4] ; dans le cycle de ses trois vies, la déesse comme Sara est vierge et mère [5].

La Sagesse est, d'autre part, chez Philon, fille de Dieu : Sara (la σοφία ou ἀρετή du *de Cherubim*) est sans mère (ἀμήτωρ), c'est-à-dire « qu'elle n'est pas venue de la matière qu'on appelle mère des êtres, mais de la cause et du père de toutes choses » [6]. On songe tout d'abord à l'Athéna de la mythologie grecque appelée aussi toujours vierge et sans mère [7]. La fusion entre l'épouse et fille de Dieu correspond étrangement à la fusion entre Artémis

1. De même *quod deus immut.*, 5-15 : l'union de Dieu avec Anna.
2. Cf. l'article Hiéros Gamos (Dict. *Daremberg et Saglio*) et l'interprétation du mariage de Zeus et d'Hera chez les stoïciens, comme l'union du feu avec l'air pour la διακόσμησις (*Dio. Chrys. Or.*, 36, § 55; II, 15, Arnim).
3. τὴν ἄχραντον ἐν ταῖς ἀπογεννήσεσιν ὑπεροχήν. Koré, fille de Zeus, a pu n'être pas sans influence sur le logos. Koré est dans l'exégèse stoïcienne, la pupille de Zeus (Athénagore, Just., Mart., *Apolog.*); de même le logos (dont la sagesse est un nom) est « assimilé à la pupille de l'œil (τῇ κόρῃ) pour sa vue pénétrante, capable d'aller partout »; Philon interprète ainsi l'apposition κοριον (corain dre) appliquée à la manne (= λόγος); on le comprendrait difficilement sans la Koré stoïcienne (*leg. alleg.*, III, 171).
4. *Abel*, 238. Il y a là une interprétation allégorique du mythe de Déméter, dont l'union avec Zeus formait, d'après Foucart, l'objet principal des grands mystères d'Eleusis.
5. *Abel*, p. 242.
6. *De Ebrietate*, 61 ; cf. *quis rer. div. h.*, 62.
7. Dans Philon même : τῇ ἀειπαρθένῳ καὶ ἀμήτορι.

et Athéna, chez les orphiques [1]. Reste à expliquer la triade
cause-vertu-produit des deux ; il y a de nombreuses triades dans
la mythologie hellénique et hellénistique : leur interprétation
symbolique explique comment elles ont pu entrer dans le philonisme ; Jean le Lydien [2] cite d'après Terpandre la triade Zeus,
Persephone, Dionysos. Mais ce sont les allégories du *de Iside et
Oside* qui nous fournissent le principal : « Osiris est principe,
Isis, réceptacle (ὑποδοχή), Horos le produit (ἀποτέλεσμα) » ; d'après
l'interprétation platonicienne qui précède, Osiris est l'intelligible, Isis la matière, et Horos le monde sensible. La matière est
pleine du monde (πλήρης τοῦ κόσμου) et s'unit au bien (ch. LVI) ;
cette matière est non pas l'être inerte et inanimé de quelques
philosophes (les Stoïciens), mais mère et nourrice, comme le νοῦς
est matière des intelligibles, et le genre féminin matière de la
génération (ch. LVIII). L'Isis se rapproche donc déjà par là de
notre Sagesse ; comme elle, elle introduit l'âme près du logos [3].
Osiris, à la fois logos et Dieu suprême, est notre θεός qui se change
parfois en logos. Remarquons enfin que, comme Dieu, avec la
Sagesse engendre tantôt le monde, tantôt le logos, Osiris avec
Isis engendre deux Horos, dont l'aîné est une image et représentation (εἴδωλόν τι καὶ φάντασμα) du monde à venir, et le second ce
monde lui-même ; il y a une distinction du monde intelligible et
sensible, l'intelligence étant l'aîné, le sensible le cadet : on la
retrouve chez Philon [4]. Pourtant une différence persiste ; Philon
substitue presque entièrement la génération morale, le bonheur
et la vertu, à l'explication du monde ; le passage le plus long où
il les interprète d'une façon cosmique [5], n'est encore qu'une

---

1. *Abel*, p. 242. Nous pouvons remarquer que Sophia a chez Philon d'autres caractères de la mythique Athena ; la sagesse est appelée père parce que
ὄνομα μὲν θῆλυ σοφία ἐστιν, ἄρρεν δὲ ἡ φύσις (*de fuga*, 50): de même Athena καί-
περ θηλείαν οὖσαν, ἥκιστα θηλύτητος καὶ ἐκλύσεως μετέχειν (*Cornutus*, p. 36, 8).
    Cf. Horace, I, *Od.*, 12, 17, 20 et tous les textes cités par Denis, *Histoire
des idées morales dans l'antiquité*, II. p. 229, où Athena est représentée,
d'après les Stoïciens, comme τὴν φρόνησιν διὰ πάντων διήκουσαν (Athénagore,
Leg. pro Christ., p. 490 *a*, Migne) ; le texte de Justin martyr (*Apolog. pro
Christ.*, I, 426 *c*, Migne) se rapproche beaucoup par la suite des idées du *de
opif. mundi*.
    2. P. 106, 20.
    3. *De Is. et Os.*, 2 : τὸν ἱερὸν λόγον, ὃν ἡ θεός... παραδίδωσι τοῖς τελουμένοις
θειώσεως.
    4. Cf. les deux Horos, ch. 54, et Philon, *quod deus immut.*. 31. Ceci expli-
que comment le logos peut être tantôt supérieur, tantôt inférieur à la Sagesse ;
tantôt il est le Dieu suprême, chef de la triade, tantôt le produit.
    5 Celui du *de Ebrietate*.

courte digression ; introduisant le problème de la vie morale et
de la piété dans des questions qui devaient paraître surtout physiques, Philon s'écarte définitivement de la pensée grecque, et
c'est ce qui fait pour nous sa plus grande originalité [1].

2. — ʾΑνθρωπος θεοῦ

L'on sait qu'il y a, au début de la Genèse, deux récits diver-
gents de la création de l'homme que la critique moderne attribue
à des rédacteurs différents (*Gen.*, 1, 26. 27 et 2, 7). C'est cette
circonstance qui permet à Philon, dans son exégèse, de distinguer l'homme fait à l'image de Dieu, de l'homme façonné de
terre. C'est le premier qui constitue l'Anthropos divin, identifié
au Logos.

Philon est revenu deux fois à l'interprétation de ces deux passages, au début de l'*Exposition de la Loi* (*de opificio*) et au début
du *Commentaire allégorique*. Chaque fois il présente des notions
différentes de l'Anthropos divin.

Dans le *de opificio* (69), l'Homme à l'image de Dieu est interprété comme étant l'intelligence humaine, qui guide l'âme ;
suivant l'idée que l'homme est un microcosme, il n'y a rien de
plus semblable à Dieu dans le monde, que l'intelligence dans le
composé humain. L'Anthropos est comme un dieu intérieur à
l'homme qui contemple les intelligibles. Telle est la première
notion de l'Anthropos divin.

Dans le même traité, il rencontre, en poursuivant le récit des
créations, le deuxième passage sur l' « homme façonné de terre ».
Cet homme façonné est très différent de l'homme fait à l'image
de Dieu : « Il est sensible, participe à la qualité, est composé de
corps et d'âme, mâle ou femelle, mortel : l'homme à l'image de
Dieu est une idée, ou genre, ou cachet (ἰδέα τις, ἢ γένος, ἢ
σφραγίς), intelligible, incorporel, ni mâle ni femelle, incorruptible par nature ». C'est là une deuxième notion de l'Homme
divin ; dans la première, il était une partie du composé humain,
l'intelligence [2]. Ici il est une idée, un modèle des individus
terrestres.

1. Cette génération morale est cependant connue des interprètes juifs
comme il ressort de *de Mut. nom.*, 142, où des interprètes antérieurs ont expliqué ainsi la génération de Sara.

2. Cf. § 69 : οὐδὲν γηγενές, qui montre bien qu'il ne s'agit pas de l'intelligence
séparée du corps, mais de l'intelligence humaine.

Cette deuxième notion est celle du *Commentaire allégorique*. L'Homme idéal y est mis à sa place par rapport aux autres intermédiaires. Le Logos est ombre et image de Dieu, et à son tour l'Homme idéal, image du Logos [1]. Mais la nature de son opposition avec l'homme façonné, l'Adam, change entièrement. Il ne s'agit plus d'opposer l'intelligence au composé humain, ou l'Idée de l'Homme à l'homme individuel. Il s'y oppose comme l'intelligence purifiée à l'intelligence terrestre, prête à entrer dans le corps [2]. L'Homme idéal est l'intelligence immatérielle [3], empreinte du souffle divin [4], qui a en lui-même et par lui-même la sagesse ; l'homme façonné est l'intelligence moyenne, capable de choisir entre le bien et le mal, et arrivant, selon son choix, à l'immortalité ou à la mort [5]. Ainsi non seulement l'Homme idéal n'est plus le chef du composé humain, mais encore il s'oppose comme intelligence tout à fait indépendante du corps, à celle qui est destinée à diriger le corps.

Dans la peinture de cet homme spirituel (χαραχθεὶς πνεύματι), Philon a accumulé tous les traits d'une perfection qui ne s'obtient pas par l'effort, comme dans la condition humaine terrestre, mais par la nature. Il a comme le sage autodidacte, auquel il est identifié [6], l'heureuse nature (εὐφυία) composée de la pratique naturelle de la vertu, et de la mémoire [7].

L'oscillation même de ces conceptions diverses, est caractéristique de ces théories. L'Homme divin à la fois intelligence humaine et modèle intelligible n'est plus comme une Idée platonicienne éternellement séparée de notre âme. Elle devient plus pénétrable à notre intelligence et d'idée elle se transforme en idéal pratique. Ce progrès se fait en somme par le rapprochement de l'Idée, modèle physique et éternel, avec le Sage être réel et concret que l'homme cherche à imiter.

Pourtant il y a encore autre chose dans cette conception. Nous trouvons dans le *de opificio*, une description mythique du pre-

---

1. *Leg. alleg.*, III, 96
2. *Leg. alleg.*, I, 31-43.
3. *Leg. alleg.*, I, 38, où il lui donne les épithètes du ciel. Cf. le rapprochement de l'homme idéal et du ciel. *quis rer. div. h.*, 232. Cf. d'après les Stoïciens la parenté du νοῦς et de l'éther (*de plant.*, 18).
4. *De plant.*, 44 ; *leg. alleg.*, III, 42.
5. *De plant.*, 44-45.
6. *Qu. in Gen.*, I, 8, p. 6.
7. *Leg. alleg.*, I, 88, 55 ; cf. l'identification aux sages, à Noé (*de Abr.*, 32), à Enos (*ibid.*, 7 ; *quod det. pot. ins.*, 138), à Moïse (*mut. nom.*, 25, 125).

mier homme né de la terre, de l'Adam. Pour sa naissance le
monde entier a été préparé d'avance. Il surpasse en puissance
comme en intelligence tous ses descendants [1]. Cette légende
d'Adam ainsi présentée n'est en aucune façon à confondre avec
le mythe abstrait de l'Anthropos idéal. Elle provient, comme l'a
montré Bousset [2], d'influences purement juives dont on voit
d'autres traces chez Ezéchiel et dans le livre d'Enoch. Pourtant
il semble bien que ce soit de la combinaison de cette légende
avec la notion de l'Homme idéal que soit sorti le mythe d'Anthropos. En effet, si dans le *de opificio* l'Anthropos divin est
seulement l'intelligence de l'homme composé de l'âme et du
corps, il est devenu dans les *Allégories* le sage parfait idéal qui
non seulement n'a plus aucun contact avec la matière, mais
qui même est tout à fait différent de l'intelligence de l'homme
terrestre. Il a emprunté en somme la plupart de ses traits, en ce
qui concerne la supériorité de l'intelligence et de la sagesse, à
l'Adam né de la terre, tel qu'il était décrit dans le *de opificio*.
En revanche l'Adam des *Allégories* est tout différent de celui du
de opificio ; il est devenu l'intelligence terrestre, qui entre en
contact avec la matière et qui, bien qu'ayant en lui un léger
souffle de bien, n'est prédisposé par sa nature ni au bien ni au
mal. Il paraît avoir cédé à l'Anthropos idéal toutes les supé-
riorités qu'il montrait dans le *de opificio*. Qu'est-ce qui a pu
pousser Philon à ce changement de point de vue ? La légende
juive d'un Adam terrestre et parfait se conciliait fort peu avec
la doctrine morale pessimiste admise par Philon qui fait de la
chair le fondement de toutes les imperfections et de tous les
vices. C'est la raison qui lui a fait rejeter cette légende et reporter
sur Anthropos les perfections de l'Adam. C'est ce que prouvent
fort bien les textes des *Questions sur la Genèse*. Là l'homme
céleste est encore identifié comme dans le *de opificio* avec
l'intelligence de l'homme terrestre. Mais le contact qu'il a avec
la matière en a fait un être imparfait : « Puisque la terre est
un lieu de misère, cet homme céleste lorsqu'il y a mélange de
l'âme avec le corps n'est, depuis la naissance jusqu'à la mort,
rien qu'un porteur de cadavre » [3]. C'est pourquoi voulant laisser
à l'homme idéal toute sa perfection, il distinguera dans les *Allé-*

1. *De opificio m.*, 135-140.
2. P. 347.
3. I, 93. D'ailleurs la légende du premier homme terrestre parfait coexiste
ici avec cette idée (Cf. I, 21, 30, 32, 36 ; II, 9).

gories, l'intelligence céleste de celle qui est destinée à entrer
dans le corps. Mais les textes sur Noé, symbole du juste, montrent que cette intelligence céleste est du même coup identifiée
au premier homme parfait. On sait que dans la tradition juive
les générations qui commencent à Noé sont considérées comme
une nouvelle genèse de l'humanité ; Noé lui-même est une sorte
de figure ou de répétition du premier homme. Cette interprétation est bien connue de Philon [1]. C'est contre elle cependant qu'il
raconte ainsi la suite du déluge dans les *Questions* : après le
déluge, Noé fut établi « roi des choses terrestres » ; par cette
royauté « il devint égal en honneur non à l'homme créé et terrestre, mais à l'homme à l'image de Dieu, c'est-à-dire incorporel » [2]. Or c'est le premier homme né de la terre qui, au premier livre des *Questions*, est roi de la nature [3] ; nous le voyons ici
se confondre avec l'Homme céleste. De plus dans les *Questions*
c'est l'homme né de la terre qui cultive le paradis et le garde [4],
fonction qui dans les *Allégories* est attribuée à l'homme céleste [5].
Dans un traité de l'*Exposition de la Loi*, enfin, l'Adam a tous les
traits de l'Homme céleste, et il est appelé image de Dieu [6]. Nous
ne pouvons pas expliquer autrement que par cette fusion que
l'Homme céleste soit appelé « père des hommes » [7]. Si véritablement la critique de saint Paul contre la priorité chonologique
de l'homme « pneumatique » [8] est une polémique contre cette
théorie, nous ne pourrions pas en expliquer le sens, sans cette
identification du premier homme parfait à l'Homme céleste.
Sans elle l'Homme céleste ne pourrait être dit antérieur à l'homme
« psychique ».

Cette synthèse d'Anthropos appartient-elle en propre à Philon ?
Ne sommes-nous pas ici encore en pleine mythologie hellénistique ? Reitzenstein a édité et étudié, dans son *Poimandres* [9], un
mythe d'Anthropos contenu dans un traité d'Hippolyte sur les

---

1. *V. M.*, II, 6o ; cf. fr. Wendland, p. 63 où Noé est comparé τῷ διαπλασ-
θέντι ἀνθρώπῳ, c'est-à-dire à Adam (*Qu. in Gen.*, II, 66) ; cf. *ib.*, 45-51.

2. II, § 6, p. 138.

3. *Qu. in Gen.*, I, 20 (p. 12, Harris) : ἡγεμόνα... τοῦ ἀνθρωπτίου, βασιλία.

4. *Ibid.*, 14, p. 11.

5. Ceci confirmerait que les *Questions* ont été écrites entre l'*Exposition de
la Loi*, dont le *de opif.* est le premier traité et le *Commentaire allégorique*.

6. *De Nobil.*, 3, II, 440 : εἰκὼν θεοῦ.

7. *De conf. ling.*, 41, explication beaucoup plus simple que celle de Reitzenstein (*Poimandres*, p. 110).

8. Paul, I, *Cor.*, 15, 46.

9. P. 81 sq.

Naasséniens. Il y a dans ce texte un mélange d'éléments différents que l'interprète a essayé de démêler ainsi : un mythe païen
de la période hellénistique qui est le plus ancien et se mêle à une
forme juive du mythe rattachée au nom d'Adam. Mais il semble
tout à fait impossible dans ce texte de basse époque de discerner
ce qui est vraiment ancien de toutes les fantaisies qui ont été
ajoutées par la suite. Ce syncrétisme étrange, qui identifie tour à
tour au dieu Anthropos, Osiris, Hermès, Adam, Oannès n'est
pas nécessairement antérieur à Philon. Bien plus la théorie juive
des deux Adam qui distingue un Adam intérieur, égal à Anthropos et un Adam terrestre suppose la fusion de l'Adam parfait de
la légende et de l'Anthropos céleste que nous avons vu s'accomplir chez Philon [1]. Un élément de cette légende paraît au moins
plus ancien : c'est l'androgynie de l'Homme céleste. Il se retrouve
chez Philon sous une forme négative [2] et également dans la
légende de l'*Adam* du Talmud [3]. Comme dans notre traité,
Anthropos est également Osiris et Hermès, Reitzenstein rattache
ce caractère aux représentations égyptiennes de ces deux divinités [4]. Pourtant la notion de l'Homme chez Philon pourrait être
indépendante de cette origine égyptienne. Certes on ne le ratta-
chera pas non plus comme quelques interprètes à la théorie de
l'androgyne du Banquet platonicien, puisque dans la *Vie contemplative*, il tourne cette thèse en dérision [5]. Mais il n'y a pas
plus besoin de l'origine égyptienne. Philon s'appuie, en effet,
formellement comme le Talmud sur le verset de la Bible : « Dieu
les créa mâle et femelle ». De plus nous avons déjà vu que la
négation « ni mâle ni femelle » ne prend tout son sens que par
la théorie du logos diviseur [6]. Enfin la théorie égyptienne de
l'androgyne a une signification cosmique ; Anthropos devient un

---

1. La définition de l'homme de Dieu dans un hymne juif cité par Reitzeu-
stein (p. 278) ; « une forme (πλάσμα) très belle faite de souffle de rosée et de
terre » correspond à l'Adam terrestre parfait du *de opificio*.

2. Οὔτ' ἄρρεν οὔτε θῆλυ.

3. Cf. Bousset, *loc. cit.*

4. P. 100, n. La puissance génératrice complète attribuée à un Dieu isolé
se trouve fréquemment en Egypte (Lefébure, un des procédés du démiurge
égyptien, *Ann. du Musée Guimet*, X, 553).

5. Cf. d'une façon générale les développements contre les « androgynes »
(*V. C.*, 7, 481).

6. Cf. livre II, ch. II. Ainsi s'expliquerait aussi sans recourir à une influence
perse que dans l'hymne déjà cité de Reitzenstein, il vienne avant le feu et la
neige (et en général avant le couple des termes contraires).

dieu producteur du monde, ce qu'il n'est jamais chez Philon [1].
Que le rapprochement se soit fait plus tard, c'est ce que prouve
le texte d'Hippolyte, mais nous n'avons aucun indice qu'il
était chose faite à l'époque de Philon·

3. — *Les anges*

Philon commente ainsi le songe de l'échelle de Jacob [2].
« L'échelle c'est symboliquement dans le monde l'air, dont la
base est la terre, et le sommet le ciel ; depuis la sphère de la
lune, la dernière dans les cercles célestes, la première à partir
de nous suivant les météorologistes, jusqu'à l'extrémité de la
terre, l'air s'est partout étendu (135). Cet air est la demeure
d'âmes incorporelles, car il a paru beau au créateur de remplir
d'animaux toutes les parties du monde. Aussi à la terre il réser-
vait les animaux terrestres, à la mer et aux fleuves les aquati-
ques, au ciel les astres (car chacun d'eux est non seulement un
animal mais, dit-on, intelligence dans toutes ses parties ($\ddot{o}\lambda o \varsigma$
$\delta\iota'\ddot{o}\lambda\omega\nu$) et très pure) ; mais dans la section restante de l'univers,
l'air, il est né aussi des animaux. S'ils ne sont pas perceptibles
($\alpha\dot{\iota}\sigma\theta\eta\tau\dot{\alpha}$) qu'importe ? L'âme aussi est bien invisible, d'ailleurs
il est vraisemblable que l'air, plus que la terre et l'eau, entre-
tienne la vie ($\zeta\omega\tau\rho\circ\varphi\epsilon\tilde{\iota}\nu$) puisqu'il a animé les autres êtres. C'est
lui qui est l'$\ddot{\epsilon}\xi\iota\varsigma$ des corps immobiles, la $\varphi\dot{\upsilon}\sigma\iota\varsigma$ des corps mus
sans représentation, l'âme de ceux qui ont tendance et
représentation (137). N'est-il pas absurde que ce qui anime les
autres êtres soit sans âmes ? Aussi que personne ne refuse la
meilleure nature d'animaux au meilleur des éléments qui
entoure la terre, l'air : car il n'est pas le seul à être désert,
mais comme une cité il est peuplé de citoyens incorruptibles et
a autant d'âmes immortelles qu'il y a d'astres (138). De ces âmes
les unes descendent pour se lier aux corps terrestres, celles qui
sont les plus voisines de la terre et aussi du corps, les autres
montent, se séparent par un mouvement inverse, suivant les
nombres et les temps fixés par la nature (139). De celles-ci les

---

1. A une exception près : *confus. lingu.*, 62-64, où l'homme incorporel est
l'image non du logos, mais de Dieu et son fils premier-né, et où il joue
comme le logos, le rôle d'intermédiaire entre Dieu et le monde des Idées. Le
nom qu'il porte ici d'après la Bible, le « levant » ($\dot{\alpha}\nu\alpha\tau\dot{o}\lambda\eta$), peut expliquer que
dans l'hymne juif cité par Reitzenstein, il soit assimilé à Hélios (p. 208).

2. *De Somn.*, I, 134-144.

ûnes qui désirent les coutumes de la vie mortelle reviennent par une course inverse ; les autres en ayant reconnu la vanité ont appelé le corps prison, tombe, et s'en échappant comme d'une prison et d'un tombeau, s'élèvent sur des ailes légères en haut vers l'éther (μετεωροπολοῦσι) pour l'éternité (140). D'autres, les plus pures et les meilleures, ayant eu un sort plus pur et plus divin, n'ont jamais désiré aucune des choses terrestres, mais lieutenants du tout-puissant comme l'ouïe et la vue du grand roi, ils surveillent et entendent tout (141). Ce sont celles que les philosophes appellent démons. L'Ecriture sacrée a l'habitude de les nommer anges, qui est le nom le plus propre. En effet ils annoncent (διαγγέλλουσι) aux enfants les ordres du père et au père les besoins des enfants (142) : ainsi elle les a représentées montant et descendant, non parce que Dieu qui devance tout en a besoin pour être averti, mais parce que, à nous misérables, il est besoin de logoi intermédiaires et d'arbitres (143); car ce n'est pas seulement les châtiments, mais même les bienfaits excessifs que nous ne pourrions recevoir si Dieu les présentait par lui-même sans se servir d'intermédiaires » [1].

On le voit, les anges sont ici introduits comme des êtres aériens dans un fragment de cosmologie classant suivant les éléments qu'ils habitent les différents êtres animés et leurs fonctions. C'est seulement dans ce rapport à la cosmologie que l'on peut en général comprendre la nature des anges. Cette cosmologie est résumée avec précision au début du *de Monarchia* : « Suivant Moïse, le monde comme une vaste cité, a des archontes et des sujets : les archontes, ce sont les astres du ciel, les sujets ce sont les natures sublunaires qui sont dans l'air autour de la terre » [2]. Ces natures ne sont pas ici appelées anges, mais au début du deuxième livre, dans un passage qui décrit le monde comme un temple, les astres sont les offrandes, et les prêtres ce sont les puissances subordonnées à Dieu ou les anges, âmes incorporelles. Elles ne sont pas comme les nôtres des mélanges

---

1. *De Somn.*, I. Ce texte important est complété par un passage du *de gigant.*, 6-16 qui suit en gros le même plan, mais ajoute quelques nouveaux détails : 1° le classement des êtres animés est complété par les animaux de feu (πυρίγονα) : il fait mention du mouvement circulaire des astres, « le plus parent du νοῦς » ; 2° il développe l'idée que l'air est animé, mais par un argument différent de l'argument stoïcien ; les états de l'air, dit-il, produisent maladie et santé ; dans la classification des âmes la chute des âmes suit de plus près Platon.

2. I, 1 ; II, 213.

d'une nature rationnelle et irrationnelle, mais « sans parties irrationnelles, toutes intelligibles, pensées pures, assimilées à l'unité ». Ces ἄγγελοι sont sans doute les êtres aériens de tout à l'heure.

La cosmologie utilisée par Philon est, sans difficulté possible, celle de l'*Epinomis* : la suite des idées à partir du § 135 est la même. L'auteur de l'*Epinomis* divise les races d'animaux suivant les cinq principes du monde : terre, feu, éther, air, eau (981 *b*) ; il signale d'abord les animaux terrestres, puis les animaux de feu ou astres (981 *c*) avec une discussion sur l'âme des astres (982 *a*- 984 *b*) [1], puis les animaux faits d'air, appelés δαίμονες transparents et invisibles. L'argument essentiellement stoïcien qui se fonde sur l'identité de l'âme avec le souffle aérien pour prouver que l'air ne peut être vide d'âmes est naturellement absent, et cela prouve que la source platonicienne a été ici élaborée par un Stoïcien.

Les §§ 138 à 140 aussi, sur la classification des âmes (les âmes du corps, celles qui l'ont quitté définitivement, celles qui n'y sont jamais entrées, ce troisième groupe formant à lui seul les anges) quittent également l'*Epinomis*. Cette digression résume le *Phèdre* ; Platon dans le *Phèdre* distingue aussi parmi les âmes les compagnes de Dieu qui pour une période entière restent sans subir le rorps (ἀπήμονα) et correspondent à nos anges μειζόνων φρονημάτων ἐπιλαχοῦσαι), puis l'âme philosophique, qui, après trois mille ans, quitte définitivement le corps et les autres âmes qui reviennent à nouveau dans le corps [2]. Chez Philon les mots τοὺς ὑπὸ φύσεως ὁρισθέντας ἀριθμοὺς indiquent évidemment les périodes platoniciennes.

L'*Epinomis* continue en décrivant les démons comme la race aérienne qui a la troisième place, celle du milieu (ἕδραν τρίτην καὶ μέσην). Ils sont la cause de l'interprétation (αἴτιον ἑρμηνείας). Ils ont une intelligence admirable, la science et la mémoire ; ils aiment le bon et haïssent le méchant ; ils connaissent notre pensée, ils conversent avec les dieux élevés et sont portés de la terre vers le ciel d'une légère impulsion.

La démonologie développée dans les textes de Philon est donc platonicienne d'origine avec une influence stoïcienne ; elle est

---

1. Correspondant à la parenthèse de Philon ; Platon distingue les dieux suprêmes, les astres et les démons, comme Philon met Dieu au-dessus des astres.

2. *Phèdre*, 248 *a* sq.

plus abstraite, plus symbolique que la démonologie superstitieuse que l'on trouve chez Plutarque. C'est contre celle-ci que Philon paraît engager une polémique lorsqu'il dit : « Ces âmes ne sont pas des mélanges de raison et d'irrationnel, mais l'irrationnel en est retranché ; elles sont intelligibles dans toutes leurs parties »[1] ; ce sont des essences pneumatiques (οὐσίαι πνευματικαί)[2], des esprits sans corps[3]. Au contraire d'après Plutarque il y a « chez les démons comme chez les hommes des différences de vertus ; la partie passive et irrationnelle n'est chez les uns qu'un reste faible et obscur, comme un superflu ; chez les autres elle est considérable et difficile à éteindre »[4]. Chez Plutarque, comme dans l'*Epinomis* et à la différence de Philon, les démons éprouvent plaisir et douleur[5].

Malgré ces différences, de même que chez Plutarque les démons expliquent les mythes[6], l'angélologie reste chez Philon intimement unie à la mythologie. Après avoir dit que Dieu ne peut se montrer qu'aux êtres incorporels, mais que les âmes qui sont dans le corps se le représentent par les anges, il ajoute : « On chante ce vieux récit : le divin imaginé par les hommes différemment en des lieux différents, fait en cercle le tour des cités examinant les injustices et les illégalités ; il n'est peut-être pas vrai, mais il est bien utile »[7]. La théorie des anges c'est donc

1. *De Monarchia*, II, 1, p. 222.
2. *Quaest in Gen.*, I, 92 (Harris, 18).
3. *Ib.*, III, 11 ; IV, 188 : *nusquam colligati* ; *Qu. in Ex.*, II, 13.
4. *De def. orac.*, ch. XII fin ; *de defect. orac.*, ch. X fin.
5. Cf. encore chez Plutarque, *ibid.*, 11, les démons n'ont qu'une vie limitée si longue qu'elle soit ; Philon croit au contraire à l'éternité des âmes anges (cette théorie mise dans la bouche de Cléombrote peut ne pas être celle de Plutarque (*Archiv. f. Gesch. d. Ph.*, vol. XVII, p. 42). Plutarque, *de Is. et Os.*, 25, attribue également à Platon, Pythagore, Xénocrate et Chrysippe l'opinion que les démons contiennent le divin non sans mélange, mais sont composés de l'âme et du corps (καὶ ψυχῆς φύσει καὶ σώματος αἰσθήσει) ; la sensation implique plaisir et peine et toutes les passions.
6. Les voyages (πλάναι) et autres événements attribués par les mythes aux dieux appartiennent aux démons ; *de def. orac.*, 14.
7. *De Somn.*, II, 233. Les discussions de Philon contre l'anthropomorphisme et la défense qu'il en fait ont toutes deux une source stoïcienne. Les deux passages principaux (*de post. C.*, 1-9 ; *quod deus|immut.*, 56-60) se ramènent aisément à une source commune avec les chapitres 33 et 34 du livre Ier du *de nat. Deorum* de Cicéron ; Cicéron, comme Philon, s'oppose aux Epicuriens. Le texte de Philon est parfois plus complet. A la question : « Quis pedibus opus est sine ingressu ? » Philon répond par une raison tirée de la nature de Dieu (*de post. C.*, § 5) ; cette raison est étendue (*quod deus immut.*, 57-58) aux autres actes matériels que l'on prête à Dieu. Cotta qui

toute la mythologie grecque qui entre dans le philonisme avec
le point de vue de l'anthropomorphisme utilitaire.

Nous nous expliquons par là aisément le degré de réalité et
les attributs des anges. L'apparition de Dieu sous forme d'ange
est seulement un degré plus haut de l'anthropomorphisme; si
aux natures lentes incapables de comprendre Dieu sans corps,
celui-ci apparaît sous forme humaine, pourquoi s'étonner que
« pour aider les hommes dans le besoin, il s'assimile aux
anges » [1]. L'ange est une image de Dieu [2], mais dans l'opinion
que Dieu impose à ceux qui se la représentent elle est Dieu lui-
même [3]. Il n'y a qu'un Dieu, mais le polythéisme reste vrai par
catachrèse [4]. La raison de l'infériorité divine, c'est l'infériorité
de l'âme humaine qui ne pourrait contenir l'abondance des
bienfaits de Dieu s'il n'usait d'intermédiaires [5], et qui est incapable de s'élever directement à la notion de Dieu [6]. L'ange est
donc comme le logos un être inférieur à Dieu mais que l'âme
prend pour Dieu lorsqu'elle est encore incapable d'avoir la
science du Dieu véritable [7].

La théorie du logos faisant intervenir dans la nature une
cause moins parfaite que Dieu explique l'origine du mal. Au
logos spécialement est confié le châtiment du méchant. La théorie des anges répond au même besoin. Une de leurs fonctions
principales est de punir les méchants ou de donner à l'homme le
bien inférieur qui est l'absence du mal [8]. La nécessité d'une théo-

---

critique Epicure comme Philon (*de post. C.*, 2) rattache en outre comme lui
(*ibid.*), l'anthropomorphisme au culte égyptien et aux religions populaires
(chap. 29). Les autres passages contre la théorie (*leg. alleg.*, I, 36 ; *de confus.
lingu.*, 98 ; *de decal.*, 32) se rattachent évidemment à la même source. Le
point de vue de l'anthropomorphisme utilitaire (surtout *quod deus immut.*,
52, 54, 55, 62 à 70 ; et *de confus. lingu.*, 98 ; *Qu. in Gen.*, I, 55, Wendland,
36) ; *ibid.*, II, 54, Harris, 23) se rattache également à la critique de Cotta :
« ... Consilio quodam sapientum, quo facilius animos imperitorum ad deorum cultum a vitæ pravitate converterent... » (cf. Philon : παιδείας ἕνεκα καὶ
νουθεσίας).

1. *De Somn.*, I, 238.
2. *Ibid.*, 239 ; *de vita M.*, I, 66.
3. *Ibid.*, 232.
4. *Ibid.*, 229.
5. *Quaest. in Ex.*, II, 13 ; *de Somn.*, I, 143.
6. *Ibid.*, 231.
7. Voici quelques passages où le logos est identifié à l'ange : *Leg. alleg.*,
III, 177 ; *de Cherub.*, 35 ; *de post. C.*, 91 ; *quod deus immut.*, 182 ; *de Sobriet.*,
85 ; *de confus. lingu.*, 27-28. 148 ; *quis rer. div. h.*, 205 ; *de mut. nom.*, 87 ;
de Somn., I, 138. 157.
8. *Leg. alleg.*, III, 177.

rie des démons est rattachée dans Plutarque aux mêmes raisons. « Beaucoup, dit-il, font de Dieu la cause de toutes choses ensemble. Il y a là des difficultés » (que Plutarque ne signale pas, mais qui se rapportent au problème du mal) ; « Platon, ajoute-t-il, a résolu ces difficultés par la théorie de la matière, mais ils me paraissent avoir résolu des difficultés plus nombreuses et plus grandes, ceux qui ont inventé le genre des démons entre les dieux et les hommes ; il nous réunit et rattache aux Dieux »[1].

Pourtant l'ange par son nom même paraît avoir plus de personnalité qu'une force abstraite comme le logos. Dans les théophanies de la Bible ce n'est pas Dieu qui apparaît, mais c'est l'ange qui prend une forme sensible.

Les anges invisibles par eux-mêmes s'assimilent souvent à des formes humaines « changeant de forme selon le besoin »[2]. L'ange est la forme supérieurement belle, dissemblable de toute chose visible, éclatante d'une lumière plus brillante que le feu, qui apparaît à Moïse dans le buisson ardent[3].

Pour expliquer la voix qui annonça le décalogue aux Hébreux assemblés, Philon décrit « ce bruit invisible de l'air..., non pas sans âme, non pas formé d'une âme et d'un corps à la façon d'un vivant mais une âme rationnelle (cf. les anges λογισμους ἀκραιφνεῖς) pleine de clarté et d'évidence, qui ayant donné à l'air une forme et une tension, et l'ayant changé en un feu enflammé, a produit comme un souffle à travers une trompette, une voix puissante... »[4]. L'ange est à la fois un oracle et un guide. Il prédit l'avenir à l'homme, ce qui explique son nom[5] ; il joue un rôle notamment dans la mantique du songe[6], dans la divination en général[7]. Il a la mission de rechercher l'âme errante pour lui enseigner qui il faut adorer[8].

On sent donc vivre, autour de soi, un monde d'êtres démoniaques qui nous protègent. Mais ces anges n'échappent pas à l'in-

*

1. *De def. orac.*, 10.
2. *Qu. in Gen.*, I, 92 (Harris, p. 18).
3. *Vita Mos.*, I, 66.
4. *De decal.*, 33. Ce passage présente une ressemblance curieuse avec la description du démon de Socrate chez Plutarque (*de Gen. Socr.*, 20) ; celui-ci est aussi une voix éclatante (φέγγος ἔχουσα).
5. *Vita Mos.*, I, 66.
6. *De Somn.*, I, 189.
7. *Quaest. in Gen.*, IV, 95, le même rapport des démons à la mantique est affirmé dans le néo-pythagorisme. *Diog. L.*, VIII, 19.
8. *De fuga et invent.*, 5-6.

terprétation allégorique, et par là, ils deviennent comme le logos
des êtres à réalité fuyante et à moitié symbolique.

Il suffit de relire les textes qui viennent d'être cités (les théophanies), pour voir que les fonctions attribuées à ces anges
dépendent de l'explication littérale. Ainsi, faisant suivre d'une
explication symbolique, l'explication littérale du buisson ardent,
il fait de l'ange le symbole de la providence divine[1]. Ou bien
l'ange est, comme le logos conçu comme cause d'harmonie dans le
monde et l'âme[2]. L'ange qui apparaît à Agar pour lui conseiller
de retourner vers Sara est la conscience morale (ἔλεγχος) qui, par
bienveillance, guide l'âme vers la vertu[3].

Les anges ne sont pas cependant une simple doublure du
logos. Si nous ne considérons que la fonction d'intermédiaire du
Logos entre Dieu et le monde ou entre Dieu et l'âme, il serait
trop absurde d'admettre des dédoublements sans cesse répétés
de cet être. La pensée de Philon a beau ne pas être fort systématique, on doit au moins essayer de chercher à expliquer autrement ces répétitions. Tout s'éclaire dès que l'on se place au point
de vue du culte. Le logos est non seulement un intermédiaire
mais le culte même rendu à Dieu. Les anges aussi sont de pures
intelligences qui rendent à Dieu ce culte intérieur[4]. Ils sont les
prêtres de ce temple qui est le monde entier. Ils admettent
parmi eux les intelligences terrestres qui, comme Moïse par leur
perfection, se sont entièrement dégagées de l'élément mortel.
Leur fonction physique doublerait inutilement celle du logos.
Mais il est bien au contraire que ce culte divin s'exerce par des
êtres sans cesse multipliés.

Cette idée du culte intérieur et spirituel des anges ne se trouve
dans aucune démonologie grecque à nous connue. Est-ce une
raison pour admettre avec Lueken[5] que des influences purement
juives se sont exercées dans l'angélologie. L'ange prêtre et surtout l'archange ne seraient autres que le Michel des Juifs palestiniens. Les textes que nous venons de citer constituent les
principaux arguments de Lueken[6]. Ils ne sont nullement déci-

---

1. *Vita Mos.*, I, 67.
2. *De mutat. nom.*, 87.
3. *De fuga et invent.*, 5-6.
4. *De humanit.*, 3, p. 387.
5. Lueken, *Michaël*, pp. 57-61.
6. Les autres arguments sont tirés d'un texte du *de confus. ling.* (28) ;
Philon interprète l'archange dans un passage de la Bible où les rabbins l'in-

sifs. Si les anges sont des prêtres et des adorateurs de la divinité c'est parce qu'ils sont de très pures intelligences. L'idée de la purification de l'intelligence pour l'adoration de Dieu dépend elle-même d'une théorie du culte spirituel que nous exposerons dans un prochain chapitre.

4. — *L'Esprit* (πνεῦμα)

Sous le nom de πνεῦμα les Stoïciens entendent le principe actif qui, par sa tension, lie ensemble les parties d'un objet, et en fait l'unité. Tantôt ce principe est l'air[1] ; tantôt il est fait d'air et de feu[2]. Philon admet la première de ces conceptions[3]. L'air est, pour lui, le principe de vie de chaque être. Dans un passage de physique stoïcienne sur les principes d'unité des êtres, il définit la cohésion « un souffle qui revient sur lui-même »[4]. Il explique en ce sens le verset de la Genèse : « Le souffle de Dieu était porté sur les eaux ». L'eau n'a de vie, dit-il, que par l'air qui est mélangée avec elle[5]. Le corps vivant a aussi un principe de cohésion (ἕξις) qui lui est propre, en tant que corps ; mais à ce principe s'en ajoute un autre, l'âme, qui, allant jusqu'à la surface, et revenant de la surface au centre, ajoute un second lien au premier[6].

Cette théorie du πνεῦμα paraît avoir été liée chez les Stoïciens à celle des notions communes. De même que la tension de l'âme à travers les organes des sens produit la connaissance sensible, c'est aussi à un acte ou à une tension de l'âme que sont dues les connaissances rationnelles[7]. C'est donc sans doute à l'influence stoïcienne qu'il faut attribuer l'explication que donne Philon de l'origine des notions communes par le souffle divin : la notion

terprètent Michel ; dans un passage du *quis rer. div. h.*, 42, l'archange philonien lui paraît semblable au Michel des Juifs palestiniens.

1. πνεῦμα opposé à πῦρ Galien περὶ πλήθους (Arnim, *St. Vet. Fr.*, II, 145).
2. Γεγονὸς ἐκ πυρός τε καὶ ἀέρος, Alex. Aphr., *de mixtione*, 224 (Arn., *ibid.*).
3. *Quod deus immut.*, 35.
4. *Gen.*, 1, 2 ; *Qu. in Gen.*, IV, 5, 249; cf. *de Gigant.*, 22. Cette explication ne se trouve pas dans le *de opificio* qui omet le passage.
5. Une seule fois (*de fuga et inv.*, 133), la cause active de l'univers ou le νοῦς est appelé ἔνθερμον καὶ πεπυρωμένον πνεῦμα.
6. *Qu. in Gen.*, II, 4, 77.
7. La comparaison se trouve dans Galien, *Hipp. et Plat., plac.*, V, 3 (Arnim, II, 228, 31).

du bien et la notion de Dieu[1]. La « science pure » par laquelle Philon définit le πνεῦμα, a un certain rapport avec la définition de la raison chez Chrysippe : « un ensemble de notions et de prénotions »[2].

Mais ces théories stoïciennes subissent une importante transformation chez Philon : d'abord il donne un sens nouveau à la distinction stoïcienne entre âme et âme rationnelle. La première qui nous est commune avec les animaux a pour substance le sang[3] ; la seconde a pour substance le souffle. Le souffle luimême n'est pas « de l'air en mouvement, mais une empreinte et un caractère d'une puissance divine, que Moïse appelle, de son nom propre, image ». Le souffle est donc, en quelque sorte, spiritualisé et ramené à son origine divine[4].

Une seconde modification plus importante est la transformation de la théorie des notions communes en une théorie de l'inspiration. Le souffle divin ne constitue pas, d'après cette seconde idée, la substance propre de l'âme, mais n'appartient qu'à Dieu. L'âme n'aurait jamais osé par elle-même s'élever jusqu'à la notion de l'être divin ; elle la reçoit donc par une inspiration ; mais elle n'est pas constituée par le souffle même[5]. Au moyen de ce souffle qui est un intermédiaire que Dieu tend jusqu'à l'âme, l'âme se trouve unie à Dieu. Le souffle devient donc l'intermédiaire par lequel l'âme reçoit les notions communes[6]. On reconnaît encore dans cette « tension » l'expression stoïcienne, mais dans un sens fort différent[7].

L'inspiration n'est pas, comme la raison, constitutive de l'âme, mais c'est un fait qui peut survenir et disparaître. Grâce à la

1. *De gigant.*, 20 : *leg. alleg.*, 34. La notion du bien qui est chez tous (34), est due au souffle divin (37-38).

2. Ἀκήρατος ἐπιστήμη, *de gig.*, 12, ἐννοιῶν τέ τινων καὶ προλήψεων ἄθροισμα, Gal., *ibid.* (Arnim., I. 23). Chez Philon, cette science « pure » se rapporte aux idées, comme il suit de l'exemple de Béséléel (*de gig.*, 23 ; cf. *leg. alleg.*, III, 95).

3. Idée inspirée par un passage de la Bible (*Lév.*, 17, 11), mais aussi par des théories grecques. *Quod det. pot. ins.*, 83.

4. « Le πνεῦμα est cette partie la meilleure de l'âme que l'on appelle intelligence et logos » (*ibid.*) ; il se trouve par là identifié au logos.

5. *Leg. alleg.*, I, 37-38. L'âme est incapable de voir d'elle-même Dieu (*quod det. pot. ins.*, 87). Philon admet cependant que des êtres exceptionnels comme le prophète Moïse peut lui-même être pour d'autres une source d'inspiration (*de gig.*, 24-25).

6. Ἕνωσις de l'âme, du souffle et de Dieu comme constituant l'inspiration (*leg. alleg.*, I, 37) ; le πνεῦμα est ici une « puissance » de Dieu.

7. *De gig.*, 20. L'esprit joue aussi le rôle de conscience morale (*ib.*, 21).

bonté divine, toute âme l'éprouve à un certain degré : il n'y a
pas d'âme qui reste sans aucune notion de Dieu[1], et la punition
serait tout à fait injuste, si l'homme n'avait reçu par l'inspiration
une notion du bien[2]. Mais cette inspiration a bien des degrés
depuis le souffle léger et sans consistance que seul l'homme terrestre est capable de recevoir, jusqu'au πνεῦμα fort et bien tendu
que reçoit l'homme idéal[3]. Le traité *des Géants*, dans sa plus
grande partie (§ 20 à 58) est destiné à montrer à quelles conditions l'inspiration peut non seulement être (μένειν) dans l'homme,
mais encore y subsister (καταμένειν). C'est là que l'on trouve
(28 à 32) l'opposition de l'esprit et de la chair. Ce qui empêche
l'esprit divin de subsister en nous, c'est d'abord le changement
perpétuel des choses humaines, puis les occupations pratiques
qui doivent disparaître pour que la sagesse « fleurisse », mais
avant tout la chair « le premier et le plus grand fondement de
l'ignorance ». Seules, les âmes incorporelles n'auront aucun
empêchement pour subir d'une façon stable et définitive le
souffle divin. Il faut donc nous préparer à l'inspiration en abandonnant les buts nombreux qui nous attirent dans la vie, en
nous dépouillant de toutes les choses du devenir pour aller à
Dieu avec la pensée toute nue[4]. Les conditions de l'inspiration
sont donc surtout morales.

Tel est le souffle divin devenu intermédiaire entre Dieu et
l'homme. Il serait exagéré de dire qu'il n'y avait pas dans le stoïcisme des germes de cette transformation. Pour les Stoïciens pan-
théistes, le souffle est dérivé de la substance commune des choses, et il est par essence divin. Si l'on combine cette idée avec
la transcendance de Dieu, l'on devra, sous peine de confondre
Dieu et l'homme, placer le souffle hors de l'homme. D'autre part
les textes de la Bible sur lesquels Philon s'appuie ne sont pas
suffisants pour donner naissance à une telle théorie. Elle est beaucoup plutôt dérivée de l'expérience religieuse intime qui transforme en un événement de l'âme, l'inspiration, ce qui, pour les

---

1. *Leg. alleg.*, I, 35.
2. *Ibid.*, 42.
3. Philon garde encore les expressions stoïciennes pour décrire la façon
dont se répand le souffle de Moïse « non pas en se divisant, mais en restant le
même, comme le feu qui subsiste le même après avoir allumé mille torches »
(*Gig.*, 25).
4. *De gigant.*, 53; comp. *Qu. in Gen.*, I, 90, 62, qui résume les mêmes
idées.

philosophes grecs, en était une disposition stable et permanente, la raison.

II

LES PUISSANCES (Δυνάμεις)

Les puissances forment une nouvelle catégorie d'êtres intelligibles intermédiaires entre Dieu et le monde sensible.

Quelle est la nature et la signification de ces êtres? Les interprètes sont loin de s'accorder sur ce point, mais peut-être ce désaccord tient-il à ce que chacun a mis en évidence un seul point de la pensée de Philon, en négligeant trop le reste. Pour les uns [1], Philon a introduit les puissances pour concilier le panthéisme stoïcien avec la transcendance divine; il est impie d'affirmer que Dieu touche le monde, que le pur est en contact avec l'impur. Pourtant le monde est dépendant de Dieu; Dieu agira donc non par lui-même, mais par des puissances distinctes de son essence. Pour d'autres [2] les puissances dérivent non pas de la nécessité d'expliquer le rapport de Dieu au monde, mais de la conception même de Dieu; elles sont les attributs qui déterminent chacune son essence sans jamais l'épuiser; elles se distinguent de Dieu non pas essentiellement, mais grâce à l'imperfection de notre intelligence, qui, trop faible, ne peut embrasser l'être divin que par fragments.

Ces deux opinions ne sont que partiellement exactes; pour la première comment admettre à première vue que ce soit un essai d'explication du monde qui ait été le motif déterminant de Philon dans l'introduction des puissances? Il faut méconnaître entièrement son peu de souci de la physique et de la métaphysique. De plus, comment concilier cette opinion avec les nombreux passages où l'on voit Dieu intervenir directement dans le monde? Il est d'une mauvaise méthode de recourir comme on l'a fait trop souvent aux inconséquences de Philon. L'opinion de Drummond, qui est ingénieuse et appuyée sur quelques textes importants, méconnaît cependant la pensée de Philon en la ramenant à une espèce d'idéalisme à la Spinoza, historiquement bien postérieur.

1. Heinze, p. 245.
2 Drummond, II, p. 89.

Les préoccupations de Philon sont avant tout morales et concernent l'ascension de l'âme vers la connaissance de Dieu. Il y a dans cette montée bien des degrés ; nous avons vu dans le chapitre précédent que ceux qui ne sont pas assez forts pour atteindre Dieu, s'arrêtent à la connaissance de son logos. Mais, il y a des âmes encore trop faibles pour atteindre le Verbe divin ; celles-ci s'arrêtent à la connaissance des puissances divines, inférieures au logos.

1. — *Le culte divin comme raison de la théorie des puissances*

Le plus haut degré du culte, c'est la connaissance de Dieu dans son unité, sans rien autre chose, dans laquelle l'intelligence a été séparée des facultés irrationnelles [1] ; c'est l'extase, état rare et difficile à garder. Or l'adoration de l'Etre ne peut être le but unique d'êtres impuissants à comprendre Dieu par lui-même ; Dieu ne sera pas pour eux un être unique et indivisible, mais ils le connaîtront à travers les choses qu'il fait (διὰ τῶν ὁρωμένων) et par conséquent dans ses différents rapports avec la création [2]. C'est la connaissance non pas précisément de Dieu qui n'est pas un être relatif, mais des puissances divines relatives au monde et à l'âme [3]. Or ce culte de Dieu sera confus tant qu'on n'aura pas séparé, par la méthode de division, les différentes vertus ou puissances divines ; si l'on veut adorer Dieu avec science et raison, « le discours sur l'être admet la séparation et la division en chacune des puissances et vertus divines ; Dieu est bon, il est créateur du monde et de l'univers, il pourvoit aux créatures ; il est sauveur, bienfaisant, bienheureux, plein de tout bonheur » [4]. Ici les puissances ou vertus divines sont seulement des épithètes ou attributs de Dieu. Mais pour conserver à la substance divine son unité simple, il fallait séparer les attributs de l'Etre lui-même, et c'est pourquoi leur connaissance constitue non la vérité sur Dieu, mais seulement l'opinion vraie [5].

Ce point de vue est exposé dans les deux interprétations du

1. *De fuga.* 91.
2. *De Abr.*, 122 ; *de mut. nom.*, 27 sq.
3. *Ibid.*, ἡ κτίζον ἡ ἄρχον ; *de mut. nom.*, 27-28.
4. *De An. sacr. id.*, 6, II, 242.
5. *De Mon.*, I, 6 ; Moïse ne pouvant voir Dieu le supplie de lui montrer τὴν δόξαν.

récit de la Genèse sur les trois hôtes d'Abraham [1]. Ces trois hôtes sont Dieu escorté par ses deux puissances ; dans cette apparition, Abraham « conçoit (καταλαμβάνει) une triple représentation d'un seul sujet, de l'un en tant qu'être, des deux autres comme ombres projetées par la première ; comme il arrive dans la lumière sensible où les objets mus ou immobiles projettent souvent deux ombres ». Ces ombres ne sont pas l'Être suprême mais ses puissances les plus anciennes : à droite la puissance créatrice que l'on appelle Dieu (θεός), à gauche la puissance royale que l'on appelle seigneur (κύριος). « L'être du milieu escorté par chacune des puissances offre à la pensée voyante une représentation tantôt d'un être, tantôt de trois ; un seul lorsqu'elle est complètement purifiée et qu'ayant dépassé non seulement la multitude des nombres, mais même la dyade..., elle se hâte vers l'idée sans mélange, sans composition, trois lorsque n'étant pas encore initiée aux grands mystères, elle reste aux petits et ne peut comprendre l'être de lui-même sans rien autre, mais par les choses qu'il fait, en tant que créateur ou maître. C'est, comme on dit, un deuxième moyen (δεύτερος πλοῦς). Mais la pensée participe cependant à l'opinion aimée de Dieu. Pour le premier mode de connaître, il n'y participe pas, mais il est cette opinion elle-même ou plutôt la vérité plus ancienne que l'opinion et plus estimable que toute apparence » [2].

Les deux degrés de la connaissance δόξα et ἀλήθεια, la comparaison des puissances de l'Etre à des ombres, et de Dieu à la lumière intelligible, l'initiation aux mystères, tous ces traits qui concernent ici plutôt la connaissance de Dieu et de ses puissances que leur être même sont tirés du platonisme. Si les stoïciens, comme nous le verrons, ont pu donner à Philon l'idée de puissances divines, ils ne se préoccupaient point de ce qui est le plus important, la valeur de la connaissance correspondant aux puissances.

La seconde interprétation est la même au fond ; nous n'en faisons ressortir ici que ce qui a rapport à la connaissance des puissances. C'est par défaut de subtilité que l'entendement ne peut voir seul l'être qui surpasse les puissances ; ceci n'est possible que lorsque l'entendement humain se rend lui-même

---

1. 1º *De Abrah.*, 119-124 ; 2º *Qu. in Gen.*, IV, 2. 4. 8.
2. *De Abrahamo*, 119-124.

un [1] ; plus loin Abraham s'adresse au singulier aux étrangers. « D'un œil plus libre et d'une vision plus lucide, l'entendement est rendu plus certain ; il n'est plus attiré violemment par la triade et la multitude, mais il court à l'un et se le représente sans puissances qui l'escortent... ». C'est la même différence entre la vérité et l'opinion comparée d'ailleurs à une illusion d'optique. C'est aussi la différence de la puissance à l'acte : la représentation triple est en puissance celle d'un seul sujet (de Abrah. 131). De même Moïse, à qui Dieu refuse de se faire voir en lui-même, demande dans une deuxième prière à voir au moins l'opinion sur l'être, c'est-à-dire les puissances qui l'escortent [1].

Les puissances ont, comme objet de l'opinion, un rapport particulier avec le monde sensible ; Dieu n'est nulle part, en aucun lieu, pourtant par l'opinion on se le représente comme étant partout. Cette opinion a pour objet sa puissance créatrice [3]. Les puissances si elles sont en elles-mêmes intelligibles ont au moins des images sensibles. Quelque chose de sensible peut leur ressembler. L'Etre suprême ou le logos au contraire n'ont aucune image [4]. Ainsi Abraham, c'est-à-dire l'esprit qui s'instruit en commençant par l'astrologie chaldéenne, a commencé par connaître Dieu dans le monde, non en lui-même mais par ses puissances [5] ; cette opinion sur Dieu est supérieure cependant à la connaissance inductive qui part non des puissances mais du monde [6].

Il y a dans la connaissance des puissances bien des degrés : il y a une suite ascendante dans le progrès moral, d'un état à un état supérieur et à chaque degré, dans cette espèce de course, correspond la connaissance d'une puissance divine supérieure ; la raison commune en est dans la bonté divine, qui n'est elle-même que la première puissance. Dieu dans sa bonté et son amour pour le genre humain n'a pas voulu le laisser périr sans

1. Ce texte est un peu obscur par le mélange quelquefois indistinct des deux interprétations littérale et allégorique ; tandis que, dans le *de Abrah.*, Abraham hésite entre la contemplation de l'un et celle de trois, ici il hésite d'une part entre la vérité et l'apparence des trois voyageurs, d'autre part entre la vision de Dieu comme un et trois.

2. *De Mon.*, I, 6, 218.

3. *De Migr. Ab.*, 183.

4. *De fuga et invent.*, 100-101.

5. *De post. Caini*, 167.

6. *Ibid.* La connaissance par les puissances se fait par l'évidence, celle qui part du monde par la démonstration.

secours ; et il émet des puissances qui soutiennent l'homme et le font progresser [1]. Sans doute les êtres, qui ne pèchent pas par nature, n'ont pas besoin de défenses, ni d'ordres, ni de conseils [2], étant eux-mêmes la loi non écrite [3]. Mais l'être moyen également enclin au bien et au mal a besoin d'un Dieu qui le conseille, et le méchant a besoin d'ordres et de défenses qui lui fassent sinón atteindre le bien, du moins éviter le mal [4] ; ce Dieu n'est pas l'être abstrait et un, mais il se résout en puissances divines.

« L'Ecriture sainte engage celui qui est capable de courir vite, à s'efforcer, sans respirer, vers le logos divin le plus haut ;... mais celui qui n'est pas aussi rapide, à se réfugier [5] dans la puissance poétique que Moïse nomme Dieu, puisque par elle (δι' αὐτῆς) ont été fondées et ordonnées toutes choses (en effet pour qui a compris que l'univers est devenu, survient la possession d'un grand bien, la science du créateur ; elle persuade la créature d'aimer celui qui l'a produite) ; celui qui n'y est pas assez prêt recourt à la puissance royale (en effet, comme sujet, par crainte pour le chef, sinon comme fils par amour pour son père, il est corrigé par les réprimandes) ; pour qui n'atteint pas à ces bornes, à cause de leurs grandes distances, il y a des tournants fixés à l'intérieur, celui de la puissance qui secourt, de celle qui ordonne, de celle qui défend ; celui qui a compris que le divin n'est pas inexorable, mais bienveillant par la douceur de sa nature, même s'il a péché auparavant, s'est ensuite repenti par espoir d'une amnistie ; celui qui a eu l'idée que Dieu est législateur sera heureux en obéissant à tous ses commandements, le dernier trouvera le dernier refuge, éviter le mal s'il ne participe pas aux biens supérieurs » [6]. Ainsi l'âme s'élevant à la piété, passe successivement par l'absence du mal, l'obéissance aux commandements de Dieu, l'espoir dans sa bonté, la crainte, l'amour du créateur ; au-dessus est la vie éternelle que seul donne le logos.

---

1. *Qu. in Ex.*, II, 66 (Harris, 65). « Si Dieu n'était propice aux êtres, il n'aurait rien fait par sa puissance poétique, ni donné de lois par sa puissance royale ». Ici, comme dans *V. M.*, II, 96, la puissance propitiatrice (ὁ ῖλεως) paraît la principale.

2. *Leg. alleg.*, I, 94.

3. *De Abrah.*, 4-5.

4. *Leg. alleg., ibid.*

5. Il s'agit dans ce passage de l'explication allégorique des villes de refuge pour les homicides involontaires.

6. *De fuga et invent.*, 97-100.

Mais si nous considérons successivement chaque fonction morale de ces puissances, nous verrons qu'il n'y en a pas une que Philon n'attribue quelque part au logos tout seul : c'est par le logos comme par la puissance poétique que sont nées toutes choses, et il inspire aussi l'amour du créateur [1]. Le logos, comme la puissance royale, réprimande les hommes et fait craindre Dieu [2]; il offre, comme la puissance secourable, une aide bienveillante au pécheur [3]. Il est la loi comme la puissance législative [4]. Enfin, comme la puissance qui défend il fait éviter le mal, et il est, dans ce rôle, opposé à Dieu lui-même qui fait participer au bien [5]. Il faut seulement remarquer que jamais le logos n'a à la fois, et dans un même passage, ces différents attributs ; lorsqu'il faut en présenter un tableau d'ensemble, comme dans le texte cité plus haut, Philon recourt alors à la diversité des puissances, séparant en des termes différents ce qui dans l'ensemble constitue les attributs d'un même terme.

Cette imprécision dans la détermination de l'être que l'on invoque, suppose moins un état d'esprit spéculatif qu'un état de prière [6], état dans lequel l'âme est poussée par le besoin [7] plutôt que par le désir de connaître. Aussi dans de pareilles improvisations, Philon change, selon les nécessités, l'ordre et le rôle moral des puissances. Dans le passage cité, il divise les puissances en puissances se rapportant au monde (puissances créatrice et royale), et puissances se rapportant à l'homme pécheur (celle qui secourt, celle qui ordonne, celle qui défend). Mais il a fait voir ailleurs que la puissance secourable dépendait de la puissance créatrice et que la législatrice dépendait de la royale [8]. Aussi dans la règle, se borne-t-il à invoquer les deux puissances divines « les plus anciennes », la puissance créatrice ou la bonté, et la puissance royale qui correspondent d'ailleurs pour lui à la distinction biblique de θεός et de κύριος. Le passage

---

1. *Leg alleg.*, III, 9; *Qu. in Gen.*, IV, 1, 238; l'âme est portée vers Dieu, « mediante forma ». Forma représente l'image ou logos de Dieu.

2. *De fuga*, 6.

3. *Quis rer. div. h.*, 297.

4. *De Migr. Ab.*, 23 ; *de Somn.*, II, 223.

5. *Leg. alleg.*, III, 177.

6. Les puissances sont les refuges des âmes dignes d'être sauvées.

7. Cf. dans les passages précédents χρεία, οὐχί δεῖ. L'Ecriture sainte engage (προτρέπει). *De Abr.*, 129, oppose ceux qui adorent Dieu pour lui-même à ceux qui l'adorent διὰ τὰς χρείας.

8. *Qu. in Ex.*, II, 68; Harris, p. 67 : παραδλαστάνει τῇ ποιητικῇ ἡ ἵλεως.

de la connaissance du Seigneur à la connaissance de Dieu est le progrès moral. Au lieu de craindre Dieu comme un maître puissant, on espère fermement en lui comme en un bienfaiteur ; on reçoit son amitié et sa bienveillance [1]. Si les meilleurs sont ceux qui se représentent l'être, après eux viennent ceux qui pensent à ses bienfaits et seulement ensuite ceux qui craignent sa souveraineté [2] ; l'être suprême n'est le maître que des méchants, il est le Dieu des hommes en progrès [3].

Chaque puissance distincte des autres correspond donc à un état de l'âme. Mais le culte des puissances prend encore une autre forme.

Philon fait fréquemment allusion à une théorie du mélange des puissances, qu'il présente parfois comme une doctrine mystérieuse. Elle paraît prendre deux formes distinctes et même entièrement opposées.

Philon qui trouve dans les puissances un appui mesuré, pour ainsi dire, à notre capacité, se trouve ailleurs frappé de leur immensité, de leur mystère et les déclare incompréhensibles. Le monde même ne peut les contenir [4]. Il déborde des bienfaits de Dieu ; et « si nous sommes incapables de recevoir les bienfaits de Dieu, comment supporterons-nous les puissances qui châtient ? » [5].

Il est donc nécessaire que les puissances divines se tempèrent l'une l'autre pour que le monde et l'âme puissent les contenir ; Dieu s'il n'agissait que par sa souveraineté et sa justice détruirait le monde et l'âme du pécheur. Mais sa pitié et sa bonté l'arrêtent. Il y a un « concours et un mélange (κρᾶσιν) des puissances sans mélange ; quand Dieu est bon, la dignité de sa souveraineté se manifeste ; quand il est souverain, sa bonté se manifeste » [6]. La raison profonde de ce mélange doit être cherchée dans le culte spirituel ; les sentiments d'amour et de confiance dans la bonté divine nous élèveraient trop haut, si nous ne craignions en même temps la souveraineté de Dieu et l'espoir en sa bonté nous sauve dans les maux involontaires que nous

1. *De plantat.*, 88-90.

2. *De Abrah.*, 124.

3. *Mut. nom.*, 19.

4. *De Mon.*, I, 6 ; II, 218 : ἀκατάληπτοι κατὰ τὴν οὐσίαν ; *de opif. m.*, 23.

5. Ici identique à la puissance royale ; *de Ebriet.*, 32 ; cf. *quod deus imm.*, 75 : aucun homme ne serait sauvé, si Dieu voulait juger sans pitié la race des mortels.

6. *De Cherub.*, 29.

subissons [1]. Ceci paraît être du moins le cas de l'intelligence moyenne, également portée par sa nature au bien et au mal pour qui l'être suprême est le Dieu qui récompense et le Seigneur qui châtie [2]. De même l'âme en progrès qui, ayant laissé le culte astrologique, débute dans le culte divin, a besoin de ces deux puissances, l'une pour lui imposer des lois, l'autre pour le combler de grâces [3]. Mais l'âme parfaite symbolisée par Isaac, n'ayant plus besoin d'être améliorée par la contrainte des lois, ne connaît plus que la bonté de l'être suprême et ses grâces ; pour lui le Seigneur Dieu devient simplement Dieu ; le mélange des puissances est donc un point de vue inférieur [4].

Mais ailleurs la connaissance du mélange des puissances est désignée au contraire comme un point de vue supérieur : « L'Etre juge bon d'être appelé seigneur et maître des méchants, dieu des âmes en progrès, mais à la fois seigneur et dieu des meilleurs et des plus parfaits [5] ». Le parfait est dans ce texte identique à l'homme divin. Comment concilier cette affirmation avec la précédente ? Il y a là une autre théorie partie d'un point différent. Dans l'apparition à Abraham, l'Etre apparaissait ou bien avec ses deux puissances à la fois, ou bien seul ; la vision des deux puissances à la fois et non pas du Seigneur d'abord et de Dieu ensuite, est donc le degré immédiatement inférieur à la vision de Dieu. « Il est bien de mélanger et de faire concevoir dans l'âme ces trois mesures (Dieu et ses deux puissances), afin que, persuadé que le plus élevé est Dieu, elle reçoive les empreintes de sa souveraineté et de sa bienfaisance [6] ». Ce mélange revient à une trinité indivisible. « Il a été permis (dans cette apparition) que trois soit un et que un soit trois » [7]. Les deux puissances conspirent à notre utilité ; s'étant séparées à cause de leurs fonction différente, elles se sont unies et accordées pour dépendre toutes deux de la pitié de Dieu [8]. Elles s'unissent ici non pour se limiter réciproquement comme dans la première théorie, mais mais pour ne faire qu'un, non pas pour affaiblir l'une par l'autre leur action sur le monde ou sur l'âme, mais pour se renfor-

1. *Ibid.*
2. *Leg. alleg.*, I, 95.
3. *De Somn.*, I, 162.
4. *De Somn.*, I, 163.
5. *De mutat. nom.*, 19 ; *ibid.*, 24.
6. *De Sacr. Ab. et C.*, 60.
7. *Quaest. in Gen.*, IV, 2, début.
8. *Qu. in Ex.*, II, 66 (65).

cer dans l'unité divine. C'est par l'amour que leur inspire Dieu qu'elles sont unies entre elles [1]. Partout cette théorie est présentée comme un mystère. C'est un « ἱερὸς λόγος initié relatif à l'inengendré et à ses puissances dont il faut garder le dépôt ; l'âme initiée à ces mystères parfaits ne les révèle à personne »[2]. Remarquons, sans insister, que l'union de Dieu avec la sagesse avait déjà fait l'objet d'un mystère. Peut-être pouvons-nous nous fonder pour appuyer ce rapprochement, sur la traduction latine assez obscure d'Aucher qui, à propos de cette vision d'Abraham, réunit dans un même mystère : « *intellectio sapientiae patris et superiorum ejus virtutum* »[3]. L'étude de la nature même des puissances nous éclairera sur ce culte mystérieux.

2. — *Les puissances comme êtres mythologiques.*

Nous avons vu le rôle que joue la théorie des puissances dans le culte et la morale ; nous pouvons maintenant aborder le contenu même de la théorie ; nous y reconnaissons un grand nombre d'éléments que nous allons essayer d'isoler.

Le panthéisme stoïcien place dans l'univers un être unique qui en contient toutes les parties ; dans les êtres individuels, il se manifeste par des forces de nature et de degré divers qui sous le nom de disposition, de nature et d'âme constituent l'unité de chaque être. Ces manifestations qui sont parfois appelées des puissances ont donc avant tout une signification cosmique. Elles ne sont qu'une partie de l'essence divine, affectée à la direction d'un fragment du monde. Philon connaît fort bien cette théorie des puissances. Elles sont, comme dans le stoïcisme innombrables, et elles sont destinées à empêcher la dissolution des êtres ; ce sont les gardiennes de la forteresse du monde [4]. Elles interviennent dans les explications physiques de détail. Ainsi c'est une puissance divine qui règle la chute de la pluie pour empêcher la destruction de la terre [5]. Leurs rapports à Dieu sont

---

1. *De Cherub.*, 20.
2. Ce mystère parfait (*de sacr. Ab. et C.*, 60), l'union des puissances, ne doit pas être confondu avec les petits mystères du *de Abrah.* (§ 122) qui se rapportent aux puissances isolées.
3. *Quaest. in Gen.*, IV, 8, p. 252.
4. *Qu. in Ex.*, II, 64 ; Harris, 64.
5. *Qu. in Gen.*, II, 64 ; Harris, 26 ; les comètes désignées assez obscurément comme des puissances divines et des logoi (*ibid.*, III, 15, 186).

exprimés en des termes entièrement stoïciens Elles sont une extension de Dieu qui ne provient pourtant pas d'une division de son être éternellement immuable, mais seulement d'une tension à travers le monde [1]. Pourtant d'autres influences viennent agir sur Philon. D'abord c'est tout à fait par exception qu'il explique par une puissance divine des phénomènes de détail. Notamment jamais il n'appelle de ce nom, les forces qui fondent l'unité du corps vivant ou animé. Les puissances règnent non pas sur un être individuel, mais sur une totalité ou un groupe d'êtres. Elles sont dans chacun des êtres par leurs effets pour en constituer la cohésion ; mais, et c'est là le point de vue nouveau, elles sont par leur nature supérieures à ces êtres, plus vastes qu'aucun d'eux, plus voisines de Dieu.

Ce n'est plus une fragmentation à l'infini de la « tension » divine en chaque être particulier, mais des fonctions cosmiques ou morales stables et déterminées. Comment expliquer cette idée ? On sait que la thèse générale de l'allégorie stoïcienne est de rapporter chacune des divinités populaires à une forme ou à une puissance du Dieu universel [2]. Parmi ces puissances se trouvent comme nous allons essayer de le montrer les puissances divines de Philon. Mais pour cela il faut entrer dans quelques détails sur la classification des puissances.

Philon a essayé à différentes reprises cette classification. Sans doute ces puissances sont innombrables et on ne peut toutes les énumérer [3]. Elles sont en cela semblables à ces attributs toujours nouveaux que la religion grecque populaire donnait aux dieux et que notre auteur empruntant à la mythologie donne souvent à son Dieu suprême [4]. Cependant ces puissances sont subordonnées les unes aux autres et c'est ce qui permet de donner l'ordre

---

1. *De post. C.*, 14 ; sur la différence de la division et de l'extension *quod det. pot. ins.*, 90 Pourtant la conception stoïcienne doit se modifier, à cause de la différence de l'idée de Dieu. Les Stoïciens dans le développement de l'être universel en puissances devaient voir nécessairement un changement de cet être (le changement de la dispersion à l'unité, ou le changement inverse). Si Dieu est immuable au contraire il faut que ce développement n'épuise nullement et n'affecte pas son être. C'est là la théorie même de l'émanation dont on trouve chez Philon une esquisse surtout métaphorique. Les puissances sont les rayons lumineux de l'être, les courants qui partent de la source divine. Dieu lumière (*de Somn.*, I, 75) ; θεοῦ νοηταὶ αὐγαί, *de Ebriet*, 44.

2. *Diog. La.*, VII, 147. D'après les Stoïciens, l'être qui traverse tout (διῆκον διὰ πάντων) est nommé de divers noms suivant ses puissances (κατὰ τὰς δυνάμεις).

3. Ἀμυθήτους.

4. Σωτήρ, νικηφόρος, εὐεργέτης, τροφεύς, πλουτοφόρος, μεγαλόδωρος.

des plus essentielles. En effet ces puissances sont soumises dans leur production comme tous les êtres intelligibles ou sensibles à la loi de la division en parties égales et contraires. Le logos diviseur agit d'abord pour les partager en deux puissances suprêmes opposées l'une à l'autre : la puissance poétique par laquelle Dieu crée le monde, la puissance royale par laquelle il en est souverain [1]. Cette division est remplacée parfois par une division en deux triades contraires dont chacune n'est que le développement et l'expression de l'une des deux puissances primitives. En tant que contraires ces deux puissances sont égales l'une à l'autre (ἰσάζουσι), et elles conspirent à une même action [2]. Cette façon de voir explique la contradiction souvent remarquée chez Philon qui place entre les puissances tantôt le Logos, tantôt l'Etre suprême. Dans le premier cas il s'agit du logos conciliateur (συνάγωγος) qui, chaque fois qu'il y a des contraires dans la nature, les empêche de s'entre-détruire ; dans le second du Dieu suprême et supérieur à toutes les divisions. Tel est le principe des classifications.

La plus nette se trouve dans les *Questions sur l'Exode* [3] ; les deux puissances les plus anciennes sont la puissance poétique, que Moïse appelle Dieu parce que c'est suivant elle que l'être a fondé (ἔθηκε) et ordonné l'univers, et la puissance royale, suivant laquelle l'Etre commande aux êtres une fois nés : subordonnée à la puissance poétique se trouve la puissance propitiatoire ou bienfaisante (ἵλεω καὶ εὐέργετιν) par laquelle Dieu a pitié de sa propre œuvre, et lui envoie des secours ; subordonnée à la puissance royale, la puissance législative (νομοθετικὴ) par laquelle Dieu châtie (κολαστήριος). Dans le *de fuga et inventione* [4] qui suit les mêmes divisions, cette dernière puissance se partage en puissance qui ordonne ce qu'il faut, et puissance qui défend le mal. En général Philon ne donne pas une énumération aussi longue [5]. Il se borne aux deux premières puissances royale et

---

1. La contrariété qui n'apparaît d'abord pas à première vue vient de ce que la puissance poétique est essentiellement providence, et la puissance souveraine, la justice qui châtie (*quis rer. div. h.*, 166 ; *Qu. in Gen.*, I, 57, *creativa = benefica virtus* ; *ibid.*, *regia = legislatrix et castigatrix*.

2. *Quis rer. div. h.*, 166.

3. II, 68.

4. § 95

5. Il a pu y être amené par la nécessité de trouver un sens symbolique dans le premier cas à tous les objets que contient l'arche, dans le second, aux six villes de refuge des Lévites.

poétique ; ce sont les puissances les plus hautes[1], les plus anciennes[2], les plus voisines de l'Etre[3] ; dans le détail, chacune d'elles prend le rôle des puissances subordonnées. La puissance poétique est aussi la bonté parce que c'est par elle qu'a été engendré le tout, c'est la douceur du Dieu qui aime à donner, la grâce de l'Etre[4] ; Dieu au sens restreint est cette puissance gracieuse, puissance paisible, douce et bienfaisante[5], suivant laquelle il créa le monde.

L'identité de la bonté avec la puissance créatrice n'étonnera pas si nous songeons à la théorie de la création du *Timée* que Philon cite souvent. C'est parce qu'il était bon que le démiurge a fait le monde[6]. La puissance souveraine n'intervient jamais dans la création, ce qui serait nécessaire s'il s'agissait véritablement d'une création *ex nihilo*. De même le seigneur, la puissance royale, appelée aussi la souveraineté[7] est identique au fond à la puissance législative et qui châtie[8]. Aux puissances bienfaisantes sont opposées parfois non la puissance royale, mais la puissance des châtiments[9] ; c'est « suivant celle-ci, que le Seigneur est souverain et chef de la créature »[10]. Enfin cette puissance est mise en parallèle avec la justice (δίκη)[11]. Sa fonction est d'arrêter l'avidité et de garder la loi d'égalité[12].

Cette opposition nette et tranchée ne peut être attribuée qu'à la différence des origines : nous en aurons la clef en montrant d'une part comment les dieux abstraits de la mythologie stoïcienne, Χάρις et Δίκη, se sont transformés chez Philon en Θεός et κύριος, les deux puissances principales ; et comment, d'autre part, l'idée platonicienne de la bonté de Dieu influe sur Philon.

Les Grâces et la Justice (Δίκη) sont parmi les divinités sur lesquelles s'était exercée l'exégèse allégorique stoïcienne ; l'abrégé de Cornutus[13] ne renferme sur ce point qu'une assez

1. *De Cherub.*, 27.
2. *Vita Mos.*, II, 99.
3. *De Abrah.*, 121.
4. *De Cherub.*, 27, 29, 32 ; *de sacr. Ab. et C.*, 59.
5. *Qu. in Ex.*, II, 68 (*Ib.*, 67).
6. *De opif. m.*, 21.
7. Ἐξουσία, ἀρχή, ἡγεμονία, *de Cherub.*, 27, 28, 29 ; δεσποτικὴ ἐξουσία, *de Abrah.*, 124.
8. *Qaaest. in Gen.*, I, 57.
9. *De Ebriet.*, 80.
10. *Quis rer. div. h.*, 166.
11. *V. M.*, II, 99.
12. *Qu. in Ex.*, II, 63 (*Ib.*, 64).
13. *Ch.* XV.

plate interprétation morale des grâces qui désignent les bienfaits et la reconnaissance ; un passage du *de Beneficiis* de
Sénèque [1] nous fait voir que cette interprétation remonte jusqu'à
Chrysippe. On rencontre aussi chez Philon une exégèse de
méthode pareille. Mais les Grâces désignent seulement les bienfaits de Dieu envers les hommes. Il est certain pourtant que son
exégèse est stoïcienne ; les Grâces divines sont les filles vierges
de Dieu [2] ; ce sont encore les trois vertus (la vertu par nature, par
instruction et par exercice) que Dieu a données (κεχαρίσθαι) ou
qui se sont données elles-mêmes aux hommes pour la perfection
de la vie [3]. Dieu principe et source de toutes grâces « est semblable au Zeus de Cornutus » [4]. Les vertus de Moïse sont inséparables ; elles se rendent et reçoivent réciproquement des services
« imitant les Grâces vierges pour qui c'est une loi immuable de
la nature de ne pas se désunir ; on pourrait en dire ce que l'on
dit des vertus : qui en a une les a toutes [5]...» « Quel bien manque
lorsque le Dieu fécondant est présent avec les grâces, ses filles
vierges qui, sans souillure ni corruption, sont nourries par le
père » [6]. Toutes ces formules supposent évidemment une interprétation symbolique des Grâces, filles de Zeus Les Grâces ont
au Dieu suprême un rapport plus intime et plus étroit qu'aucun
être. La grâce vierge se trouve toujours interposée entre Dieu et
les êtres qui reçoivent ses bienfaits [7], même le logos ; la pluie
bienfaisante de la bonté divine ne tombe que par la grâce [8].

La grâce est en somme l'ensemble de dons et de bienfaits qui
découlent de la bonté ou puissance poétique de Dieu. En un
sens, toute chose est une grâce de Dieu, le monde, les éléments
« qu'il donne à eux-mêmes, et les uns aux autres » [9] ; elles sont
plus rapides que tous les êtres et les préviennent puisqu'aucun
n'en est jugé digne par lui-même. « Elles sont éternelles, sans
lacune ni discontinuité, jour et nuit nous les rencontrons » [10].

1. I, 3 (Arnim, *Vet. Stoïc. fr.*, III, 1082).
2. *Qu. in Ex.*, II, 62 ; τὴν πάρθενον χάριτα, *de mut. nom.*, 53.
3. *De Abrah,*, 54.
4. P. 10, l. 2, « Dieu a été dit père des Grâces ».
5. *Vita Mos.*, II, 3.
6. *De Migrat. Ab.*, 31.
7. *De mutat. nom.*, 53.
8. Le passage *quis rer. div. h.*, 104, où les deux grâces, celle qui débute
(προκατάρχουσαν), celle qui rend (ἀντεκτινούσῃ) sont opposées, s'explique par
Cornut., p. 19, l. 17
9. *Leg. alleg.*, I, 78 ; *quod deus imm.*, 107.
10. *De sacrificant.*, 5, II, 254.

Mais la grâce est souvent cette puissance bienfaisante elle-même ; la divinité populaire est assimilée à une puissance de la divinité suprême, suivant une méthode habituelle aux Stoïciens [1].

De même la puissance royale ou celle qui châtie est la Diké grecque, fille de Zeus. La Diké est souvent citée par Philon : elle garde chez lui un grand nombre de traits qui rendent reconnaissable la déesse mythologique. D'abord ses deux épithètes habituelles : qui siège à côté de Dieu (πάρεδρος θεοῦ) et surveillante des choses humaines (ἔφορος τῶν ἀνθρωπίνων πραγμάτων) [2]. Elle est ennemie du vice, secours et allié de ceux qui ont subi une injustice (μισοπόνηρος, ὑπέρμαχος τῶν ἀδικηθέντων) [3] ; le rapprochement de Diké avec la guerre, tandis que Dieu est gardien de la paix [4] se comprend difficilement sans l'étymologie que les mythologues donnent de ce mot (δίχα χωρίζειν) et sans l'opposition de Diké à Εἰρήνη toutes deux filles de Zeus [5]. Certes Philon a souvent adapté cette mythologie à une idée bien étrangère à celle des Grecs. La Diké joue surtout un rôle important dans les punitions infligées aux ennemis d'Israël [6]. Philon en fait aussi un fréquent usage dans l'exposition du Code pénal juif ; c'est elle qui paraît proportionner la peine au crime, suivant la loi du talion [7]. Elle poursuit les faux serments, les meurtriers ; elle se sert pour punir de moyens cachés et invisibles, par exemple des meurtriers involontaires [8]. L'idée est en somme incorporée au judaïsme ; c'est probablement cette puissance de Dieu qui, dans les *Macchabées*, réside au temple de Jérusalem et intervient pour punir les ennemis d'Israël [9]. La δίκη μισοπόνηρος se trouve aussi dans les additions grecques du livre d'Esther [10]. Nous expliquons donc assez facilement l'origine de cette puissance royale qui agit sur les hommes par la crainte du châtiment [11].

---

1. *Quod deus imm.*, 108. La bonté est la plus ancienne des grâces, ἀγαθότης et χάρις sont toutes deux les raisons de la création (*leg. alleg.*, I, 78).

2. *De Decal.*, 177 ; *ibid.*, 95 ; *spec. legg.*, III ; II, 321.

3. *De spec. legg.*, III, 25 ; II, 323.

4. *De Decalogo*, 178.

5. *Cornutus*, ch. XXIX.

6. *Contre Flaccus*, ch. XVII, II, 538.

7. Dans un cas particulier, *V. M.*, II, 53.

8. *De spec. leg.*, III, 22.

9. *Macch.*, II, 3, 38, qui écrit en grec après l'année 160, est connu de Philon (Schürer, p. 739).

10. *Esth.*, 8, 13 ; cf. aussi dans II, *Baruch.* (qui est judéo-grec : Schürer, p 721) 59, 6.

11. *Qu. in Ex.*, II, 89. La représentation de Dieu avec ses deux puissances

Mais ces deux puissances ne sont pas toujours mises en opposition comme contraires l'une à l'autre. L'on a déjà rappelé la théorie platonicienne de la bonté divine. L'on sait aussi qu'il considérait le châtiment comme un bien pour le coupable, et qu'enfin le souverain ne doit exercer sa puissance que pour le bien de ses sujets. De même chez les Juifs, il y avait dans les psaumes et quelquefois dans les prophètes une tendance à accentuer moins la puissance inexorable du Dieu juste qui châtie les méchants que sa pitié profonde pour les pécheurs. Toutes ces idées trouvent accueil dans la pensée de Philon ; il voit surtout en Jéhovah le Dieu bon et miséricordieux qui accumule ses grâces sur le monde, et toujours prêt à pardonner au pécheur repentant. Par là la souveraineté et la justice étaient considérées non pas comme égales, mais comme inférieures à la bonté. C'est bien en effet ce qui arrive parfois. La puissance poétique est antérieure, dit Philon, à la puissance royale, puisque l'univers doit exister avant d'être commandé [1]. Bien plus, la puissance qui châtie est subordonnée à la bonté divine s'il est vrai que le châtiment procure un bien à celui qui en est frappé [2]. Dans cet ordre d'idées une puissance citée plus haut comme partie subordonnée de la puissance poétique apparaît comme la plus élevée d'où viennent toutes les autres ; c'est la pitié de Dieu ou puissance propitiatrice. D'elles viennent les deux puissances créatrice et royale [3], et la puissance poétique est appelée la raison de croire ($\pi\iota\sigma\tau\iota\varsigma$) à la bonté de Dieu [4].

Une deuxième modification à la théorie stoïcienne est la suivante. Chez les Stoïciens la puissance a avant tout une signification cosmique. Il s'agit d'une explication physique de la nature. Nous avons vu, au contraire, que les puissances acquièrent ici leur plein sens par leur rapport à l'âme humaine. Le passage d'un sens à l'autre cause chez Philon un certain embarras et de l'indécision. A cause de ce double sens, il divise les

---

trouve peut-être son modèle dans le symbolisme du mythe d'Apollon, *leg. ad C.*, 13, « il tient de la main gauche un arc et des traits et présente des grâces de la main droite : il doit en effet tendre le bien tout près et lui donner la meilleure place, celle de droite, mais retirer les châtiments et leur attribuer la place inférieure à gauche ». Cf. *de Abrah.*, 124 : $\tau\dot{\eta}\nu$ $\dot{\epsilon}\pi\dot{\iota}$ $\delta\dot{\epsilon}\xi\iota\alpha$ (s. e. $\delta\dot{\upsilon}\nu\alpha\mu\iota\nu$) $\tau\dot{\eta}\nu$ $\epsilon\dot{\upsilon}\epsilon\rho\gamma\epsilon\tau\iota\nu\ldots$ $\tau\dot{\eta}\nu$ $\dot{\epsilon}\pi\dot{\iota}$ $\theta\dot{\alpha}\tau\epsilon\rho\alpha$ $\tau\dot{\eta}\nu$ $\dot{\alpha}\rho\chi\iota\kappa\dot{\eta}\nu$.

1. *Qu. in Ex.*, II, 62.
2. *De conf. ling*, 171.
3. *Qu. in Ex.*, id.
4. *Ib.*, II, 68.

puissances en deux groupes : d'abord celles qui se rapportent au monde (Dieu et le Seigneur), puis celles qui se rapportent à l'âme humaine[1]. Mais souvent Dieu et le Seigneur sont en relation avec l'âme humaine. Comme pour résoudre cette contradiction, il explique que l'Etre suprême est appelé parfois Dieu et Seigneur d'Abraham, parce que le sage (Abraham) a une dignité égale à celle du monde[2]. De plus, même dans leur rôle cosmique, Philon marque que les puissances, suivant leur ordre de dignité, président à des parties du monde différentes en valeur. C'est l'Etre suprême qui a créé le monde intelligible, la puissance poétique a créé le ciel composé de la quintessence, enfin la puissance royale se réserve le monde sublunaire caractérisé par les changements[3]. Ce curieux texte, d'ailleurs isolé[4], présente, on le voit, une ébauche du démiurge des systèmes gnostiques postérieurs[5]. Mais il ne prend tout son sens que grâce à l'interprétation morale qui le soutient. Les différentes sphères cosmiques correspondent à la hiérarchie des êtres moraux. Le monde intelligible c'est le sage parfait qui se rattache à l'Etre ; le monde céleste, l'homme en progrès qui reçoit les bienfaits de Dieu, et le monde sublunaire, le méchant châtié par le Seigneur. Les puissances deviennent donc comme plus intérieures à l'âme humaine, elle se met en relation avec elles par l'action morale et la prière Cette transformation en un sens psychologique et moral que nous allons bientôt constater dans la conception du monde intelligible s'explique non seulement par la pensée philonienne toute seule, mais par la révolution qui avait transformé en Egypte le stoïcisme en un culte spirituel, sujet que nous aborderons au livre suivant[6].

1. *De fuga et invent.*, 103.
2. *De Somn.*, I, 159; *Qu. in Gen.*, II, 75, 160.
3. *Qu. in Gen.*, IV, 8, 250-251.
4. Cf. pourtant *quod deus imm.*, 70 : les méchants sont nés par la colère (θυμῷ), les bons par la grâce (χάριτι).
5. Il est tout à fait opposé à la théorie ordinaire de Philon qui attribue la création seulement à la bonté.
6. Nous n'avons pas à nous occuper ici pour l'interprétation du philonisme, des ressemblances que Darmesteter (*Ann. du Musée Guimet*, 1, 24) a signalé entre la théorie des puissances et une théorie perse, exposée dans l'Avesta, celle des Ameschas Spentas qui entourent Ormazd. Que l'on attribue cette théorie à une influence du philonisme (Darmesteter) ou comme Chapot (*Mémoire de la Société des antiquaires de France*, t. LXIII, 1902, p. 175) à l'influence de la doctrine hébraïque du Verbe, que l'on essaye enfin comme Lehmann (*Manuel d'histoire des religions* de Chantepie de la Saulsaye, tr. fr., p. 452), de leur donner une origine iranienne, on reste d'accord, malgré

III

LE MONDE INTELLIGIBLE ET LES IDÉES

Quelle que soit la transformation de nature que les Idées aient pu subir en passant de Platon à Philon, elle n'approche pas de la diversité des rôles qu'elles jouent chez les deux penseurs. Il ne s'agit plus chez Philon d'une explication du monde, mais du culte divin. Aussi le monde intelligible est-il avant tout considéré soit comme un objet, soit comme un moyen du culte intérieur. Reitzenstein a montré dans *Poimandres*[1] que les textes hermétiques renferment une espèce de religion cosmique spiritualisée, où l'adoration des objets sensibles, du soleil par exemple, est remplacée par celle de leurs exemplaires intelligibles. Il a retrouvé la trace d'une pareille conception dans un texte de Philon[2]. Mais les épithètes religieuses se trouvent encore ailleurs. Les choses sensibles sont séparées des intelligibles comme les choses saintes des choses profanes[3]. Si le monde sensible est un temple divin, le monde intelligible est un temple beaucoup plus sacré[4]. Mais le monde intelligible est surtout un moyen du culte, un intermédiaire pour arriver à Dieu. Les Idées étaient pour Platon des exemplaires; elles le restent pour Philon[5], mais elles deviennent autre chose encore. Le monde des Idées tout entier est un monde d'intelligences entièrement pures de tout élément matériel[6], et qui, pour cette raison, pratiquent le culte divin. La façon dont l'homme connaît les Idées en est une preuve. Nous ne les connaissons pas, comme chez Platon, par une dialectique ascendante, mais par une pénétration de l'âme dans un monde supérieur au monde sensible; l'âme devient un membre de ce monde; elle en fait partie plus qu'elle ne le connaît. A la race mortelle qui vit dans le sensible,

---

l'obscurité de la chronologie de l'Avesta, pour ne pas admettre sur ce point l'influence du parsisme sur Philon.

1. P. 241. *Poemand.*, I, 6 à 9.
2. *De confus. ling.*, 173.
3. *De Congr. er. gr.*, 25.
4. *Quis rer. div. h.*, 75.
5. *Qu. in Exod.*, II, 63; Harris, p. 64; les idées ἐπιστημονικωτάτης φύσεως μεταλαχεῖν.
6. *Vita Mos.*, II, 127; *de Mon.*, I, 6, II, 219.

les Idées sont inconnaissables [1] ; mais Dieu n'ayant pas voulu
la priver complètement, en a donné la connaissance à des êtres
exceptionnels entièrement détachés du corps, aux prophètes [2].
A leur mort leur intelligence immortelle entièrement purifiée
ne se rencontre plus dans le monde sensible, mais a fait retour
au monde intelligible. Ce monde est donc comme le lieu de
l'immortalité, le séjour des âmes pures d'où l'on contemple
la nature de Dieu. Il s'est pour ainsi dire combiné avec la théorie des anges qui ont prêté aux Idées un peu de leur personnalité [3].

Pour ce qui est de leur nature, les Idées sont, comme chez
Platon, des paradigmes ou mesures des êtres sensibles. Le bien
n'est pas dans une multitude périssable, mais dans l'unité qui
lui sert de modèle [4]. S'il faut chercher des modifications à la
théorie platonicienne, ce n'est certes pas, comme le veut Falter [5], dans une signification nouvelle des Idées par rapport à la
théorie de la connaissance. L'Idée philonienne est, suivant lui,
« la forme d'après laquelle l'entendement unifie le divers des
sensations », et elle joue à peu près, par rapport au Dieu créateur, le rôle des principes régulateurs de Kant. Mais bien au
contraire l'idée que les intelligibles auraient leur origine dans
l'intelligence paraît à Philon un dogme impie, un orgueil de
l'intelligence qui ne connaît pas ses limites [6]. Elle reçoit les
intelligibles du dehors par des impressions comme la sensation
reçoit les sensibles. Le mode de connaissance est décrit soit
comme une représentation à la façon stoïcienne [7], soit comme
un transport mystique [8]. Quant à ce caractère nouveau d'être
dans la pensée divine, il provient du contact de la théorie des
Idées avec celle des intermédiaires. C'est ici en effet qu'il faut
chercher la raison des modifications du platonisme.

1. *Leg. alleg.*, I, 8 ; *de Mon.*, I, 6, p. 218.
2. Cf. *ci-dessous*, L. II, ch. Ier, § 2.
3. Le texte connu du *Sophiste* (248 e) a été récemment interprété par Rodier
(*Evolution de la Dialectique de Platon*, Année philosophique 1906, p. 64)
dans le sens d'une identité entre l'intelligence et l'intelligible, à la façon des
Alexandrins.
4. *De mut. nom.*, 145.
5. *Beiträge zur Gesch. der Idee*, I, Band., 2, Heft., pp. 44-59 ; Giessen, 1906.
6. *De confus. lingu.*, 125.
7. *De Mon.*, I, 3, p. 216 : c'est Dieu qui imprime (ἐνσφραγίζεται, ἐγχαράτ-
των) les caractères de la piété.
8. *Qu. in Gen.*, II, 46, 125 : l'entendement, pris d'un désir céleste, veut
appliquer son sens « nudis incorporeisque naturis ».

Philon ne peut maintenir l'indépendance des Idées par rapport au démiurge, comme dans le *Timée*; déjà les Stoïciens
enseignent que toutes les causes productrices reviennent à la
seule substance divine, remplaçant par un seul principe aux
mille manifestations les deux principes, Idée et Démiurge de
Platon. La doctrine de Philon combine ces deux théories; d'une
part le monde intelligible est distinct de Dieu comme chez Platon; mais d'autre part, il est dérivé de lui et subordonné à lui,
Dieu étant la seule cause active. Nous retrouvons ici un trait
général de cette spéculation, la combinaison de l'unité absolue
de la causalité divine avec une indépendance relative dans l'ensemble de ses manifestations. C'est ainsi que le monde intelligible qui comprend l'ensemble des Idées devient la pensée même
de Dieu, en tant qu'il crée le monde[1]. Cette notion même du
« monde intelligible » revient, comme l'a montré Horowitz[2],
au νοητὸν ζῷον du *Timée*; mais l'idée de soumettre ce monde
intelligible à Dieu, en introduisant ainsi dans le platonisme
l'unité de principe revient au Stoïcien Posidonius dans son commentaire du *Timée*; le logos stoïcien prenait ainsi un sens dans
la doctrine de Platon[3]

Philon a tenté, à plusieurs reprises, d'introduire un ordre
dans les actes de la pensée divine ou les idées; ses tentatives
se mêlent étroitement d'une part à ses théories sur le logos
et sur les nombres, et d'autre part à sa théorie des puissances
divines.

Quelquefois ce sont tous les êtres non sensibles sans exception, y compris Dieu et le Logos, qui apparaissent comme des
Idées : Dieu n'est alors que le bien premier[4], le soleil intelligible[5], la mesure de toute chose[6], l'essence exemplaire sans
forme, invisible et incorporelle des êtres[7], la *forma similitu-
dinis*[8]. Il est pourtant accidentel chez Philon de trouver Dieu
représenté comme une idée; il est souvent au contraire au delà
des Idées; mais l'Etre suprême est tout au moins la cause des

---

1. Τὸν νοητὸν χοσμον ἢ θεοῦ λόγον ἤδη χοσμοποιοῦντος (*de opif. m.*, 24).
2. *Untersuch. ü Philons u. Platons Lehre der Weltschöpfung* (Marburg, 1900, in-8º).
3. Schmekel, *Die Philos. der mittl. Stoa*, p. 430 sq., Berlin, 1892.
4. *De sacrificant.*. 4, p. 254.
5. *Id. Quaest. in Ex.*, II, p. 505, on reconnaît l'idée platonicienne du Bien.
6. *Quaest. in Ex.*, IV, 8, 251.
7. *V. M.*, I, 158.
8. *Quaest. in Gen.*, II, 37, 495.

intelligibles, leur maître et leur guide [1]. Tel est aussi le sort du logos; il apparaît souvent comme la première et la plus ancienne des idées, l'idée des idées [2], le genre suprème, dont toutes les autres ne sont que des espèces. Mais d'autre part il est aussi l'organe par lequel Dieu produit les Idées.

Si nous considérons maintenant les idées elles-mêmes, nous voyons pour ainsi dire, à chaque ligne, les traces d'une méthode de division dichotomique en contraires dans leur détermination. Les idées se présentent par couples contraires dont l'une est bonne, l'autre mauvaise : la première division paraît être celle même de l'intelligible et du sensible. Le sensible en lui-même n'est en effet qu'une idée du monde intelligible [3]. La division entre l'idée de l'intelligence et l'idée de la sensation paraît être de même nature [4]. Philon réunit ainsi les diverses oppositions du monde intelligible : l'impair qui correspond à la cause active et le pair à la matière ; ressemblance et dissemblance. identité et diversité, séparation et destruction ; ce tableau ressemble aux oppositions de la matière et de la forme dans le *de opificio mundi* ; d'une part le désordre, le manque de qualité, d'âme, l'altérité, le désaccord, d'autre part l'ordre, la qualité, l'animation. l'identité, l'accord qui sont de la meilleure idée (τῆς κρείττονος ἰδέας) [5]. De même dans l'énumération des êtres idéaux que Dieu crée d'après la Genèse, Philon essaye parfois d'introduire la division en contraires [6]. A la fin de la description du monde idéal dans le *Commentaire allégorique* [7], nous trouvons à propos d'une de ces oppositions, celle de l'idée d'intelligence et de l'idée de sensation, des traces d'une théorie assez obscure sur les rapports des contraires dans le monde des Idées ; si l'on considère une intelligence individuelle et une faculté de sentir individuelle, ces termes sont en rapport. L'intelligence n'est active que sous l'influence de la sensation qui entre elle-même en acte par suite de l'impression des sensibles. Au contraire les Idées correspondantes sont sans rapport et n'ont pas besoin les unes des autres. L'Idée de l'intelligence n'élabore pas la sensa-

1. Philon paraît avoir vu dans *de confus. ling.*. 177, le culte des intelligibles comme culte de Dieu suprème (cf. Reitzenstein, *Poimander*).
2. Logos = idée, *de fuga et inv.*, 12.
3. Τὸ γενικὸν αἰσθητόν, *leg. alleg.*, I, 22.
4. *Ibid*.
5. *De opif. m.*, 22.
6. *Ib.*, 33.
7. *Leg. alleg.*, I, 22-28.

tion, puisqu'elle le ferait par l'intermédiaire des sensibles qui
n'ont pas de place dans le monde idéal, et la sensation générique ou idée de sensation n'a pas besoin non plus des sensibles :
les termes idéaux sont donc séparés l'un de l'autre dans le monde
intelligible ; ils ont, dit Philon, un achèvement, une limite [1].
L'imperfection et l'illimité dans le monde sensible devraient
donc être attribués (mais la conclusion n'est pas très explicite
chez Philon) à un mélange des Idées [2].

Cette conclusion n'est pas en effet bien comprise et le texte
suivant nous montre que Platon est assez grossièrement interprété. Dans le *Timée* (36 c d) Platon décrit la génération du ciel
sensible par le mélange de deux idées, celle du même et celle de
l'autre. Philon reproduisant ce passage l'a compris comme la formation de l'Idée intelligible du ciel. Il y oppose le ciel sensible
fait de matière, sans comprendre, dans le sens de Platon, que le
sensible venait du mélange des intelligibles. Cette interprétation
n'est d'ailleurs pas attribuable à Philon, mais aux « mathématiciens » qu'il nous dit suivre [3].

Les puissances divines ne sont pas distinctes des Idées ; les
modèles incorporels sont donc conçus comme des causes actives
et inversement, les puissances comme idées. Les deux plus
hautes puissances sont en même temps les idées des idées [4] ;
elles sont souvent qualifiées de mesures des êtres, la puissance
royale, mesure des choses sujettes, la puissance poétique,
mesure des biens [5]. Cette dernière n'est d'ailleurs pas différente
de l'Idée du bien ; elles donnent des qualités aux êtres sans qualités, des formes aux êtres sans formes [6]. Il est important de noter
la façon dont Philon affirme l'identité entre les Idées et les
puissances ; il ne dit nulle part précisément que les puissances
sont des Idées, mais seulement que quelques-uns ont coutume de
les nommer Idées [7]. Nous avons encore ici un exemple de cette
polyonymie que nous rencontrons dans le syncrétisme philoso-

---

1. *Ibid.*, 1.
2. Comp. la théorie du mélange des puissances, III, § 1 fin ci-dessus.
3. *Du decal.*, 102 105. Les « mathématiciens » désignent souvent les néo-
pythagoriciens.
4. *Qu. in Ex.*, II, 63 (Harris, 64).
5. *De sacr. Ab. et C*, 59; Dieu est également mesure (*Qu. in Gen.*, IV, 8,
251) ; logos = mesure (*ib.*, IV, 23).
6. *De Mon.*, I, 6, p. 219.
7. *Ibid.* ; *de sacrificant.*, 13, p. 261 : « Les idées sont le nom véritable (ἐτυ-
μον) des puissances ».

phique comme dans le religieux. Cette coutume de langage peut
être une allusion à un Stoïcien qui aurait essayé de retrouver
dans les Idées les forces vivantes du stoïcisme. D'ailleurs un
passage de Philon nous fait assister pour ainsi dire à cette fusion
entre le concept platonicien et stoïcien. La puissance vitale (δύναμις ζωτική) qui, dans le déluge, conserve les espèces animales [1]
joue bien le rôle de l'Idée. Il ne faut pas nous étonner si
cependant ces puissances sont en un passage [2] non les éléments,
mais les causes instrumentales (διὰ τῶν δυνάμεων) du monde intelligible. Ici le monde intelligible est de pair avec le monde sensible opposé à Dieu, et comme bien d'autres fois, la nécessité d'un
intermédiaire, manifestant Dieu dans chaque monde, pour l'empêcher de se dissoudre, se fait sentir [3]. L'interprétation stoïcienne
des Idées apparaît encore dans la mystérieuse κρᾶσις δυνάμεων
dont nous avons parlé précédemment, et qui s'explique tout
naturellement, comme une κρᾶσις ἰδέων formant le monde sensible, alors que les Idées sont elles-mêmes séparées. L'idée
est formellement identifiée à la qualité stoïcienne [4].

En résumé, toutes ces notions d'êtres intermédiaires qui ont,
pour la plupart, leur origine dans la philosophie grecque ont,
avant de parvenir à Philon, passé par une élaboration théologique, qui leur donne l'aspect de notions plus religieuses que philosophiques. C'est en cet état que nous les trouvons chez le juif
alexandrin. Mais il les transforme à son tour pour leur donner
un aspect plus conforme à son délicat spiritualisme religieux qui
écarte toutes les interprétations purement matérielles et physiques.

1. Τὸ κατὰ διαδοχὴν τῆς οὐσίας γένος διετηρήθη (Qu in Gen., II, Harris, 21).
2. De confus. lingu., 172.
3. De même dans Qu. in Gen., IV, 138 les mondes sensibles et intelligibles sont l'un et l'autre opposés à Dieu qui en est le modèle ; cela s'explique
lorsque Dieu est considéré comme modèle ; alors le logos formant le monde
des idées ne fait qu'imiter son modèle, comme dans de conf. ling. où le logos
est entre le père et le monde intelligible comme le démiurge de Platon entre
les idées et le monde sensible.
4. Εἶδος = ποιόν, de fuga et invent, 13.

CHAPITRE VI

LE COSMOS

1. — *Les théories cosmologiques*

Il n'y a pas chez Philon une cosmologie, mais plutôt des
notes, des résumés de dissertations physiques, arrivant au hasard
de l'explication allégorique, et souvent même à la faveur d'une
ressemblance de mots [1]. Si importants et intéressants que soient
ces fragments, comme sources pour la connaissance des philosophies antérieures [2], ils sont loin d'avoir, dans l'ensemble des
pensées de Philon, une valeur égale à leur étendue.

Si nous laissons de côté, dans ces expositions [3], les banalités
communes à presque tous les systèmes et les notions élémen-
taires d'astronomie [4], nous voyons que l'élément prépondérant
est stoïcien. L'affirmation de la sympathie des parties du

---

1. Ainsi la théorie stoïcienne du mélange, *de confus. lingu.*, 183-188.

2. En particulier le *de incorruptibil. mundi* et le *de providentia*, dissertations purement philosophiques, sources importantes pour l'histoire du
stoïcisme.

3. Le fragment le plus étendu, un exposé complet de cosmologie est au
liv. II des *Questions sur l'Exode* ; suivant le plan du § 83, il traite successivement du monde en général (69-73), du ciel (73-83), du monde sublunaire
(83-93) ; cette dernière partie est interrompue par une lacune de dix-huit versets.

4. *Qu. in Ex.*, II, 55, 509 ; *in Gen.*, IV, 164, 370.

monde [1] traverse toute cette cosmologie. Ce fait mérite d'être retenu puisque, par ce principe, les Stoïciens prétendaient expliquer l'existence de toutes les parties du monde, par une force interne. Une pareille cosmologie devait se suffire à elle-même. Philon admet aussi l'explication des êtres par un mélange de tension (ἐπίτασις) et de relâchement (ἄνεσις) ; il expose la théorie de l'ἕξις, de la φύσις et de la ψυχή, et admet la théorie du mélange des éléments [2]. Tout en rejetant la conflagration universelle [3], comme le stoïcisme moyen, il admet des conflagrations et des déluges partiels [4].

Dans sa théorie du ciel, le péripatétisme lui donne l'idée de la quintessence périodique [5]; mais c'est au *Timée* de Platon qu'il emprunte de préférence ses descriptions d'ensemble [6], et l'idée des astres dieux sensibles et porteurs d'une forme divine [7]. Le langage qu'il emploie pour opposer le ciel comme unité ou plutôt imitant l'unité aux éléments qui forment deux dyades [8], se ressent de la même influence, ainsi que l'idée de l'harmonie des sphères [9], et de la vitesse du ciel « qui surpasse celle des oiseaux » [10]. La description de la région sublunaire dans la *Vie de Moïse* (I, 118-122) et dans quelques autres passages n'offre aucune particularité intéressante, sinon l'insistance avec laquelle il oppose la terre comme siège de l'inconstance et des maux, au séjour céleste, incorruptible et séjour des bienheureux. Mais ici nous dépassons la physique.

A cette doctrine physique se rattache encore une espèce d'anthropologie physique qui décrit les fonctions mentales de l'homme, et que l'on tentera vainement d'unir à la doctrine morale et religieuse du salut [11]. L'âme est seulement la cause de

1. *Qu. in Ex.*, II, 69 ; *de op. m.*, 117 ; parenté spéciale des planètes avec la sphère sublunaire, *in Ex.*, II, 78-81 ; biens de la terre et de l'eau, *V. M.*, II, 119.
2. *In Exod.*, II, 86.
3. *Quis rer. div. h.*, 228.
4. *Vita Mos.*, II, 263.
5. *Qu. in Gen.*, IV, 8, 250 ; *ib.*, 7, 311 ; *ib.*, III, 178; admet aussi l'opposition du feu nutritif et du feu destructeur ; *V. M.*, I. 65 ; II, 148-155 ; *Qu. in Gen.*, p. 186, *de Abrah.*, 205.
6. *De Cherub.*, 21-27 et *Timée*, 38 c. d.
7. *Qu. in Gen.*, IV, 157, 365.
8. *Qu. in Ex.*, loc. cit.
9. *Qu. in Gen.*, III, 3, 172.
10. *Qu. in Gen.*, III, 3, 172.
11. Ce sujet a été fort bien étudié par Freudenthal, *Erkenntnisslehre Phil. v. Alex.*, Berlin, 1891.

l'union des parties du corps. Sur les divisions de l'âme, il admet successivement la division en sept parties des Stoïciens (la partie génératrice, la parole et les cinq sens ; ou huit en y comprenant l'intelligence) [1]. Bien souvent il indique par le seul mot irrationnel l'ensemble de ces sept parties. A cette division correspond encore celle en intelligence, parole et sens, où la partie génératrice est oubliée [2]. Il emploie également la triple division platonicienne, particulièrement dans les premiers livres des *Allégories*, où sa théorie de la résistance au désir et à la passion n'aurait aucun sens, s'il acceptait la division stoïcienne [3]. Enfin il indique quelquefois la division d'Aristote [4]. qu'il confond une fois avec celle de Platon. Lorsqu'il parle des localisations des parties, il ne manque presque jamais soit de présenter plusieurs opinions à la fois, sans choisir entre elles, soit de les présenter comme celles d'un autre, procédés qui indiquent son scepticisme sur ces questions [5]. Au milieu de toutes ces banalités, une idée importante se fait jour cependant, c'est celle de l'unité pour ainsi dire morale et intérieure de l'âme, observation qui dépend plutôt de sa psychologie religieuse que de la physique. L'unité des parties de l'âme n'est pas posée, sauf une seule fois [6], comme un fait, mais leur union est enseignée comme un idéal. Cette union a lieu par la hiérarchie des parties, l'irrationnel se subordonnant à la raison. Mais chaque partie doit être à sa place dans l'irrationnel ; la parole par exemple est plus près de la raison qu'aucune autre [7].

Nous trouvons assez fréquemment une définition physiologique du langage empruntée au stoïcisme [8], mais avant tout des détails sur les sensations. La question la plus importante est celle de la hiérarchie, c'est-à-dire du degré auquel chacune participe à la raison. Celle qui est la plus parente de l'âme, la plus philoso-

---

1. *De op. m.*, 117 ; *leg. alleg.*, I, 11 ; *quod det. pot. ins.*, 168 ; *de agric.*, 30 ; *Qu. in Gen.*, I, 28 ; *ib.*, I, 75, 49.

2. *Leg. alleg.*, III, 41 ; *ib.*, 103. Il y a (à la différence de la théorie stoïcienne ordinaire) une hiérarchie entre ces termes, le langage étant plus près de l'intelligence que la sensation (*Mig. Ab.*, 52).

3. Description détaillée, *leg. alleg.*, III, 115 sq. ; *de concupisc.*, 2, II, 287.

4. *Qu. in Gen.*, II, 59, 142 ; *Ibid.*, IV, 186, 386.

5. *De An. sacr. id.*, 7, II, 244 ; *de sacr. Ab. et C.*, 136 ; *quod det. pot. ins.*, 90 ; *Qu. in Gen.*, II, 3.

6. *Leg. alleg.*, II, 37, où les puissances de l'âme coexistent.

7. *Qu. in Gen.*, IV, 85, 310. La mort de l'intelligence (vice) détruit aussi l'irrationnel (*Qu. in Gen.*, I, 75 ; I, 95).

8. Sur le langage, *Migr. Ab.*, 70-86.

phique, c'est la vue; nous en trouvons plusieurs éloges assez longs[1]. Cette supériorité se rattache à un ancien dicton rapporté à Héraclite[2]. L'ouïe, moins certaine que la vue, forme avec elle les deux sens philosophiques les plus spirituels. A eux s'en ajoutent deux autres qui concernent non le bien-vivre, mais le vivre et s'adressent au corps : ce sont l'odorat et le goût[3]. Ailleurs, les deux sens inférieurs sont le goût et le tact, tandis que l'odorat forme un intermédiaire[4]. Les détails sur les conditions physiques et physiologiques de la sensation, surtout de la vue et de l'odorat, sont empruntés surtout à Platon et à Aristote[5]. La connaissance sensible exige un concours de la sensation et de l'intelligence. C'est elle seule et non pas le sens qui perçoit et comprend les diverses sensations. A son tour, la représentation excite l'intelligence à produire la volonté, puis l'assentiment. Mais l'assentiment se produit seulement s'il n'y a pas plusieurs représentations agissant avec une force égale et comme en équilibre[6].

En somme, un syncrétisme dans lequel sont admis tous les éléments, en particulier péripatéticiens et platoniciens, qui s'accordent avec l'idée stoïcienne fondamentale de la sympathie des parties du monde, telle serait la définition la plus exacte des vues cosmologiques de Philon.

1. *De Abr.*, 150-167 : οἰκειοτάτη ψυχῇ, toujours mobile comme la pensée, saisit la lumière, le plus beau des êtres, est l'origine de la philosophie (*spec. leg.*, III, 34, 330 ; *Qu. in Gen.*, II, 34, 113 ; Harris, 22). D'autre part, sur la faiblesse de la vue, *de Abr.*, 76.

2. Rapportée *de judice*, 2, II, 345 (Diels. *Fr. der Vorsokr.*, fr. 107, p. 81).

3. *Qu. in Gen.*, III, 5, 177 ; les 5 sens, *de Abr.*, 149.

4. *Qu. in Gen.*, IV, 147, 356 (cf. *de Abr.*, 241).

5. Freudenthal (p. 46) ramène à Aristote (*de anim.*, 420 *a*, 7 sq.) ce qu'il dit sur les conditions de l'odeur (*de ebriet.*, 191) et du goût, à Platon (*Timée*, 67 *b*) et Aristote (*de An.*, 419 *b*, 4 sq.), ce qu'il dit sur le son (*quod deus imm.*, 84). Le premier passage sur le goût, placé dans l'exposé des tropes lui arrive donc par un intermédiaire sceptique.

6. On trouve ici : 1° des théories stoïciennes (αἴσθησις venant de ἴσθεσις, *quod deus immut.*, 42 ; qualités sensibles réelles, *de sacr. Ab.*, 36, dans un jugement moral d'origine cynico-stoïcienne ; le rôle du πνεῦμα tendu jusqu'au sens, *leg. alleg.*, II, 37 ; *de fuga*, 182 ; les trois facteurs de la perception, *Qu. in Gen.*, II, 21 ; la représentation distincte de la sensation, *quod det. pot.*, 16) ; 2° péripatéticiennes et platoniciennes (les sens mâles et femelles, *quod det. pot.*, 172 ; l'air milieu des sensations, *V. M.*, II, 148 ; *de Somn.*, I, 20, encore dans un passage sceptique sur l'ἀκαταληψία du ciel ; la sensibilité purement réceptive, *leg. alleg.*, II, 38 ; rôle du νοῦς, *ibid.*, 40).

2. — *Les cultes cosmiques*

La plus grande singularité de la cosmologie que nous venons d'exposer est certainement de se mouvoir à l'aise dans les œuvres de Philon. Car elle a la prétention de contenir l'explication totale des choses. Le ciel est le maître de la terre, et la sympathie des êtres cause, par une liaison fatale, tous les événements. Mais n'est-ce pas là la négation même de l'idée d'un monde intelligible supérieur au sensible, donc de toute la pensée philonienne ? N'est-ce pas le cosmos identique à Dieu ? Philon, tout en admettant la conception stoïcienne du monde, combat cette conclusion. La conciliation des deux termes, le monde divin et un Dieu extra-mondain, ne se fait d'ailleurs pas autrement que le rapprochement du culte de Dieu et de celui du Logos. Le monde se transforme comme le Logos en un intermédiaire entre le Dieu suprême et l'âme humaine.

Philon connaît et cite pour les critiquer les cultes naturalistes qui, à son époque et dans son milieu, plus ou moins imprégnés de stoïcisme et d'astrologie, avaient divinisé le monde ou quelqu'une de ses parties. L'ensemble de ces cultes est pour lui la forme supérieure du polythéisme ; sa forme inférieure est l'idolâtrie ou le culte des animaux. Cette conception naturaliste du paganisme lui est visiblement inspirée par l'allégorie stoïcienne. Les Stoïciens, suivant en cela de nombreux précurseurs, avaient voulu retrouver sous les dieux populaires le symbole des parties du monde. La mythologie se trouvait par là surajoutée à l'adoration du monde qui en constituait le fond. C'est tout à fait ainsi que Philon la conçoit. Les Dieux ne sont que de faux noms donnés aux parties du monde, et les mythes des récits prodigieux et souvent absurdes ajoutés à ces noms [1]. Des sophistes sont accusés d'avoir inventé ces noms et ces légendes [2]. Il faut remarquer que, chez les premiers apologistes chrétiens, comme Athénagore [3], la théologie païenne se présente précisément sous cette forme.

Philon classe de la façon suivante les cultes du monde :

---

1. *De Decal.*, 53-58 ; *de conf. ling.*, 173.
2. *Quod omn. pr. l.*, II, 472. Homère et Hésiode sont considérés par Hérodote (II, 53) comme ayant donné leurs noms aux dieux. Cette tradition peut expliquer ce texte de Philon.
3. *Leg. pro Christ.*, 22 c sq.

d'abord le culte des éléments, puis les cultes astrologiques qui, quelquefois confondus en un seul, sont aussi distingués en culte des astres, culte du ciel et culte du monde [1].

Au sein même de l'école stoïcienne, nous savons que les éléments étaient parfois considérés non plus comme matière du monde, mais comme principes directeurs et divins. Varron et Sénèque distinguent ces deux sens des éléments [2]. Au temps d'Auguste, Manilius, énumérant diverses hypothèses sur l'origine du monde, après celle du chaos, du feu et de l'eau, ajoute :

> Aut neque terra patrem novit, nec flamma, nec aër
> Aut humor, faciuntque deum per quattuor artus [3].

On pouvait d'ailleurs, pour diviniser les éléments, s'autoriser d'Empédocle, à qui les doxographes prêtent cette théorie [4].

Ce culte eut des destinées diverses. Il semble, d'après le témoignage de Philon, qu'à son époque, il se présente dans quelques cercles juifs conjointement d'ailleurs avec l'astrologie. Certains interprètes juifs donnent le sens d'éléments aux « pères d'Abraham », vers lequel celui-ci retourne à sa mort [5]. Le culte des éléments que Dieterich a retrouvé dans des papyrus gnostiques doit se rattacher à cette direction [6]. Les formules mystiques de la prière qu'il cite (comme : ὕδωρ ὕδατος τοῦ ἐν ἐμοὶ ὕδατος πρῶτον), qui recherchent la source de chaque élément du corps individuel dans l'élément primordial présente une ressemblance remarquable avec la pensée de Marc-Aurèle : τὸ γεῶδές μου ἀπό τινος γῆς ἀπομεμέρισται [7]. Ainsi Philon représente chaque élément apportant sa part pour achever la forme humaine ; chacun d'eux élève la voix pour montrer à l'homme ce qu'il lui doit [8]. L'ensemble divin (ἄθροισμα θεῖον) formé par les éléments du tout inspire à Moïse des sentiments religieux [9].

---

1. *De Decal.*, 53-58.
2. Varron cité par Reitzenstein, *Poimandres*, p. 69. Sén., *Epist.* 117, 23 : « Elementa quibus hic mundus administratur ».
3. *Astron.*, I, début.
4. Diels, *Dox. gr.*, 303, l. 24.
5. *Quis rer. div. h.*, 28.
6. *Abraxas*, pp. 56-62.
7. *Pensées*, 4, 4.
8. *De op. m.*, 146 et *de sacrificant.*, 2, cf. surtout, *quis rer. div. h.*, 282-284, que reproduit à peu près Marc-Aurèle, 10, 7 ; comparez καθ'ὡρισμένας περιόδους καιρῶν chez Philon pour indiquer le moment du retour des éléments au principe, et κατὰ περίοδον ἐκπυρουμένου chez Marc-Aurèle.
9. *De human.*, 3, II, 387.

On ne peut d'ailleurs pas préciser davantage la nature de ce culte des éléments. Il est tentant, comme l'a essayé Reitzenstein, de la rattacher à la doctrine attribuée par Sénèque aux « Egyptiens »[1]. Chacun des quatre éléments s'y présente sous forme d'une paire mâle et femelle. Athénagore expose cette doctrine en la joignant au culte stoïcien des éléments[2]. Elle doit être en effet l'interprétation allégorique de l'ancien culte égyptien d'Hermopolis, où le dieu Thot formait une neuvaine avec quatre couples de dieux subordonnés. L'allégorie elle-même est sans doute stoïcienne ; car, outre que les égyptologues ne s'accordent pas à penser que les quatre couples de Dieux représentent originairement les quatre éléments[3], les Stoïciens pouvaient trouver dans leur physique les éléments d'une pareille interprétation[4]. Reitzenstein a voulu trouver chez Philon des traces de cette cosmologie allégorique. Le Logos de l'Etre est représenté revêtant comme un habit le monde, « c'est-à-dire les quatre éléments et leurs produits »[5]. Le Logos correspond en effet à Thot-Hermès, dieu suprême de la neuvaine. Mais il faut songer que ce passage est une petite partie de l'allégorie, plus développée ailleurs, du vêtement du grand prêtre. Ce vêtement est l'imitation du monde et de ses parties, et la raison pour laquelle il le porte est la suivante : « Lorsque le grand-prêtre sacrifie, le monde entier dont il porte l'imitation sacrifie avec lui ; il était nécessaire que celui qui se consacre au père du monde usât, comme intercesseur (παρακλήτῳ), de l'être le plus parfait, son fils ». Ainsi remis dans son cadre, notre texte signifie seulement que le cosmos est un être moral qui participe au culte divin, et un intermédiaire entre Dieu et l'âme en prière. Cette idée nous transporte fort loin du culte des éléments.

En résumé, le culte des éléments n'a pas d'autre signification pour Philon que celle de l'allégorie stoïcienne classique qui rapproche des éléments les dieux populaires, avec une certaine tendance à diviniser les éléments eux-mêmes.

Les partisans des cultes astrologiques sont appelés d'un nom d'ensemble des Chaldéens. Le « chaldaïsme » renferme un ensemble de notions assez confuses : la première et la principale

---

1. *Nat. Qu.*, III, 14.
2. *Legat. pro Christ.*, p. 23.
3. Chantepie de la Saulssaye, *Manuel*, p. 113 (tr. fr.).
4. Ils admettent notamment deux espèces de feu.
5. *De fuga et inv.*, 110.

c'est la divinàtion par les astres, et surtout la généthlialogique.
Les Chaldéens sont de simples tireurs d'horoscope qui s'appellent
ainsi par leur fonction plutôt que par leur origine [1]. Mais autour
de cette pratique viennent se grouper les théories qui y ont plus
ou moins rapport. D'abord l'astronomie, que Philon ne distingue
nulle part de la divination. Abram le Chaldéen est aussi « μετεω-
ρόπολος, μετεωρολογικός ». Les objets de sa science sont la grandeur du soleil, la production des saisons, les phases de la lune [2].
A l'astronomie se joignent les spéculations néo-pythagoriciennes
sur les nombres et leurs rapports qui gouvernent les mouvements des astres. L'astronomie n'est même qu'une partie de cette
science des nombres, et les devins sont appelés « mathématiciens » [3]. Mais l'on sait que le stoïcisme tirait de ses doctrines un
fondement théorique de la divination : c'est là ce qui forme la
philosophie religieuse des Chaldéens. Toutes les parties du
monde sont dans une société et une sympathie mutuelles ; les
choses visibles existent seules ; c'est en elles qu'il faut chercher
le Dieu suprême qui est soit le monde, soit l'âme du monde,
soit le destin et la nécessité ; les mouvements circulaires des
astres sont la cause de tous les biens et de tous les maux chez les
mortels [4].

Philon paraît avoir connu et même goûté l'astrologie. Il
raconte avoir entendu un « mathématicien » raconter que « les
astres, comme les hommes, combattaient pour le premier rang,
et que les plus forts étaient escortés par les moindres » [5]. Ce passage peut faire allusion à des luttes entre des doctrines astrologiques [6] concernant le Zodiaque. Pour Philon [7] comme pour les
devins chaldéens et égyptiens, le premier signe est le Bélier :
cette idée s'opposait à des doctrines plus anciennes [8]. Nous
rencontrons exposés sans aucune critique quantité de détails
d'astrologie : les couleurs diverses produites dans chaçun des

1. Bouché-Leclercq, *Astrologie grecque*, p. 51 : Ces « Chaldéens » sont des
astrologues grecs.
2. *De mut. nom.*, 67.
3. *Qu. in Gen.*, III, p. 167. Deux importants fragments astronomiques se
trouvent dans des passages néopythagoriciens sur le nombre 4 (*op. m.*, 55-62)
et sur le nombre 7 (*ib.*, 112-117) ; *de Somn.*, II, 115.
4. *De mut. nom.*, *ibid.*
5. *De Somn.*, II, 114.
6. Cf. une autre allusion, *V. M.*, I, 24.
7. *Qu. in Ex.*, I, 1, p. 444.
8. Cf. Diels, *Dox. gr.*, p. 196².

éléments, l'air, la terre et l'eau par les signes du Zodiaque [1], l'influence de la grande ourse sur l'union entre les hommes, la détermination de la génération par le soleil et la lune, l'influence plus immédiate de la lune sur l'homme, sur la maturité des fruits [2]. Philon admet enfin le principe de la divination astrologique. Dans les astres sont les signes du futur et par leur lever, leur coucher, leurs éclipses, on peut prédire tous les événements : d'après les observations répétées d'hommes sages, « il n'y a pas de choses terrestres dont les signes ne soient au ciel » [3].

N'est-ce là, comme le veut Bouché-Leclercq (p. 610), qu'une concession de Philon, nécessitée par un texte biblique où les astres sont en effet appelés σημεῖα? Nous ne le pensons pas. Philon connaît, au moins en partie, l'argumentation de Carnéade [4] contre l'astrologie, et il la rejette d'une façon formelle [5]. Cette argumentation est indiquée assez peu clairement dans la traduction d'Aucher. « Ceux qui attaquent le destin, dit Philon, procèdent, entre autres, par l'argument des morts accidentelles qui, en peu de temps, accumulent les cadavres, comme dans l'écroulement d'une maison, un incendie, un naufrage, une bataille, une peste. » Ce passage est dirigé contre la généthlialogique, comme il ressort du mot de Cicéron : « Je vous demande si tous ceux qui sont morts à la bataille de Cannes étaient nés sous un seul astre ; il y a eu pourtant pour eux une seule et même fin » ; [6] et surtout d'un discours de Favorinus contre la divination chaldéenne populaire, où il cite les morts simultanées de ceux qui sont nés sous des astres différents « aut hiantibus terris, aut *labentibus tectis*, aut oppidorum expugnationibus, aut eadem in navi fluctu obruti... » [7]. Or Philon n'admet pas cette objection, mais il y répond avec le prophète Moïse que « le temps de vie de chaque homme est déterminé, et que la fin commune des hommes dans le déluge a été déterminée par je ne sais quelle conjonction d'astres ».

---

1. *V. M,*, II, 126.

2. *Leg. alleg.*, I, 8 ; *op. m.*, 114-115 ; fr. Wendland, p. 9, l. 8. Bouché-Leclercq (*Astr. gr.*, 103³) considère comme une réponse à la théorie des astres diurnes et nocturnes, le texte du *de op. m.*, 56 : « Dieu a donné le jour au soleil, la nuit aux astres ».

3. Développement identique : *op. m.*, 58-60 et *de mon.*, II, 5, p. 226.

4. *Ap.* Cicéron, *de Divin.*, II, 42-48.

5. *Qu. in Gen.*, I, 100, p. 72.

6. *De Divinat.*, II, 47.

7. Aulu-Gelle, *Att. Noct.*, XIV, 1.

Il faut cependant reconnaître qu'ici même, il abandonne la solution de la question « à ceux qui étudient ces sujets et à leurs contradicteurs », ne se plaçant ni d'un côté ni de l'autre. Dans un traité qui ne fait pas partie des trois groupes principaux d'écrits, le *de Providentia*, nous voyons au contraire une discussion assez violente contre la généthlialogique[1], et qui reprend dans le détail l'argument des *questions*, non cette fois pour y répondre, mais pour en soutenir la valeur. Toute cette réfutation de l'astrologie provient sans doute de Panétius[2]. Bien que l'authenticité de ce traité ait été niée, cette contradiction n'est pas une raison pour l'attaquer. Philon a certes à défendre contre l'astrologie la providence divine et la liberté humaine. Il est significatif que, malgré ces raisons considérables, il n'approuve pas toujours pleinement les contradicteurs de ce genre de divination.

L'astrologie est donc traitée par Philon avec une grande bienveillance. Elle a pour lui une place à part dans la série des connaissances humaines. Elle n'est pas rangée, comme en d'autres classifications, parmi les « sciences encycliques » qui sont au-dessous de la philosophie. Elle est plutôt le premier degré de la sagesse. Elle est enseignée à Moïse dans son enfance[3], et Abraham est de souche chaldéenne. Celui qui la possède a une sagesse, boiteuse et imparfaite, il est vrai. Elle n'appartient qu'à une âme bien née, et l'astrologue n'est pas sans germe de sagesse[4]. C'est la reine des sciences qui se rapportent aux êtres sensibles, puisqu'elle étudie les plus puissants d'entre eux[5]. Par elle, par le spectacle des astres et de leurs mouvements harmonieux, la philosophie pénètre dans l'âme humaine. La philosophie se réduit même quelquefois à l'astronomie, à la recherche de la substance du ciel et de son mouvement[6]. La con-

---

1. I, 77-88.

2. Connu par Cicéron, *de Divin.*, II, 42 sq. Voici les arguments de Philon : 1° il n'y a plus de châtiment possible, ni de réprimande (79, 80, 81), plus de lois, ni de justice (82) ; 2° la loi juive reste la même sous les climats les plus divers (84) ; 3° l'argument cité plus haut des morts simultanées ; 4° on ne peut déterminer l'instant où l'être est engendré (Cf. Cicéron, ch. 46 et 47). Le troisième argument qui est commun avec les *questions* est, d'après Cicéron, de Panétius ; le reste de l'argumentation ne coïncide pas avec celle de Cicéron, qui a pour auteur Carnéade.

3. *V. M.* I, 23.

4. Εὐφυοῦς... οὐκ ἄγονος σοφίας, *de mut. nom.*, 68.

5. *De Cong. er. gr.*, 48-50.

6. *De op. m.*, 54-55.

naissance philosophique supérieure est bien souvent désignée comme une connaissance des êtres célestes[1].

Il ne faut pas s'étonner de cette indulgence, commune à Philon et à d'autres juifs alexandrins, comme l'auteur de la *Sapience*[2]. Lorsque les idées grecques commencèrent à pénétrer chez les Juifs, ceux-ci ne pouvaient nullement s'accommoder de la mythologie qui, avec ses représentations plastiques, répugnaient trop au précepte de l'interdiction des images. Mais ils pouvaient accepter cette astrologie chaldéenne teintée de stoïcisme qui faisait du ciel ou du monde le dieu suprême. Un passage de Strabon nous amène à croire que beaucoup l'acceptaient. Il se figure de la façon suivante la théorie mosaïque de Dieu : « Dieu est cet être unique qui nous contient (περιέχον) tous, ainsi que la terre et la mer, et que nous appelons ciel, monde, et nature des êtres »[3]. A ce culte, il oppose la fabrication des statues (ξοανο-ποιίαν), le culte égyptien et grec où les dieux sont représentés.

Cependant si des Juifs, épris de culture grecque, ont pu trouver, comme le frère d'Abraham qui symbolise chez Philon celui qui est resté à l'astronomie, une satisfaction suffisante dans la sagesse chaldéenne, Philon pense que le vrai sage doit, dans son mouvement intérieur, dépasser le monde sensible tout entier pour aller jusqu'à l'intelligible. Sans doute les astres sont des causes, et la « sympathie » stoïcienne est véritable ; mais ils ne sont pas les causes les plus anciennes[4]. La véritable critique de l'astrologie et des cultes cosmiques n'est pas, comme chez un Carnéade ou un Panétius, une critique dialectique, mais elle est la description des démarches intérieures de l'âme qui, partant du sensible, l'entraîne dans un au delà intelligible.

Cette démarche est symbolisée par Abraham qui, de Chaldéen, devient véritablement philosophe, et elle est guidée par les considérations suivantes.

D'abord le scepticisme astronomique qui s'accorde d'ailleurs assez mal avec les exposés dogmatiques précédents : Philon laisse à débattre aux météorologistes (τοῖς μετεωροθήραις) la vérité ou la vraisemblance (εἰκαιολογίας) de leurs opinions[5] ; il laisse égale-

---

1. αἰθεροβατεῖν... οὐκ μετάρσιος — συμπεριπολεῖν ἡλίῳ καὶ σελήνῃ — διακύπτων ἄνωθεν ἀπ'αἴθερος (spec. *Legg*, III, 1, p. 299).

2. *Sap.*, 13, 2. Cf. Reitzenstein, *Poimandres*, p. 69 79 pour l'extension de l'astrologie au judaïsme.

3. XVI, 2, 35.

4. *Migr. Abr.*, 181.

5. Dans la discussion sur le premier signe du zodiaque, *de Somn.*, II, 114.

ment libre de croire ou non à l'influence des astres : « Haec ita-
que, utcumque velint, accipient qui his student, et qui illis con-
tradicunt »[1]. Même des questions d'astronomie simple, la
détermination des mouvements du soleil et de la lune, dépasse
notre intelligence « parce que ces astres ont une destinée trop
divine »[2] et l'ordre même des planètes ne lui paraît être qu'une
conjecture plus ou moins vraisemblable[3]. Il n'y a de compréhension ferme d'aucune chose céleste. Le passage le plus important
se trouve dans le traité *des songes*[4] où il oppose l'incertitude
des choses célestes à la certitude relative des choses terrestres.

Ce scepticisme n'est d'ailleurs qu'une préparation à une
sagesse plus élevée, la connaissance de soi-même ; elle nous fait
distinguer en nous deux parties : l'esprit invisible qui commande
au reste et une partie visible, le corps, qui est sujette. Elle nous
amène donc à la contemplation de l'intelligible, de l'invisible.
Ainsi nous connaîtrons que l'univers lui aussi doit être inférieur
à un être intelligible qui le dirige comme l'âme en nous dirige
le corps. Nous ne connaissons pas ainsi Dieu en lui-même, mais
en tant que maître et qu'ordonnateur du monde[5]. Ce qu'il reproche le plus aux Chaldéens c'est de « n'avoir pas eu idée de la
substance intelligible ». Remarquons cependant que ce passage
de l'univers à l'homme, et de nouveau de l'homme à l'univers
est fondé sur une théorie du microcosme, qui elle-même est
astrologique[6] ; « ne pouvant comprendre la grande cité, le monde,
il émigre vers une plus petite (l'homme) qui lui fera comprendre
le maître de l'univers »[7]. Malgré l'esprit hautement intérieur de
Philon, ce n'est pas ici le recueillement idéaliste du *Cogito* de
Descartes. Le microcosme n'est observé que comme imitation du
cosmos trop difficile à connaître ; cette imitation doit nous
amener au modèle[8] ; c'est ainsi que Dieu peut être désigné
par « intelligence de l'univers »[9], et cet esprit de l'univers n'est

1. *Qu. in Gen.*, I, 100, p. 72.
2. *Mig. Ab.*, 184.
3. *Quis rer. div. h.*, 224.
4. I, 21-21.
5. Pour tout ce qui précède, cf. *Mig. Ab.*, 185.
6. Comme le montre Bouché-Leclercq, *Astrol. gr.*, p. 76.
7. Cf. sur le microcosme, surtout *de opif. m.*, 143-144.
8. Τὸ παράδειγμα, *de Ab.*, 73 ; ὁ ἐν σοι νοῦς est opposé à νοῦς τῶν ὅλων ; comme
dans le culte gnostique des éléments (hymne de Dieterich cité plus haut),
ceux-ci sont connus parce qu'ils sont en nous.
9. Νοῦς τῶν ὅλων ; *Migr. Ab.*, 92.

pas fort différent de l'âme du monde que certains « Chaldéens » eux-mêmes admettent comme Dieu ; ici Philon ne s'élève guère au-dessus du culte cosmique.

Enfin d'une inspiration toute différente de l'argumentation précédente se trouve l'objection platonicienne que le monde ne peut être un Dieu indépendant parce qu'il est devenu et qu'il a ainsi besoin d'une cause[1].

Mais la façon dont nous quittons les explications astrologiques dépend de la nature de la piété philonienne que nous allons bientôt étudier.

Philon ne rejette donc pas les cultes cosmiques. Il prétend seulement les absorber de la même façon qu'il a fait le culte du logos, de la sophia, des puissances, des Idées, c'est-à-dire en faisant du cosmos un nouvel intermédiaire, un être subordonné à Dieu, et supérieur à l'homme[2]. Le monde est comme le logos, un être moral, qui rend un culte à Dieu, dicte à l'homme les lois de sa conduite, lui fournit bienfaits et châtiments ; le sage parfait s'efforce dans son ascension à Dieu de s'élever en dignité jusqu'au niveau de cet être.

Le monde comme être moral pratique, comme le logos, le culte et la philosophie ; sous le symbole du vêtement du grand-prêtre qui est ici le logos, il accomplit avec le logos le service divin (συλλειτουργῇ) ; car « il est convenable que celui qui est consacré au père du monde s'introduise avec son fils au culte du générateur »[3]. Nous savons déjà ce que Philon entend par la filiation divine du monde. Il est au même titre que le logos fils de Dieu. Si, lorsqu'il est comparé au logos (υἱὸς πρεσβύτερος) ou au monde intelligible, il n'est que le fils cadet et moins parfait, quelquefois considéré isolément, il devient le fils le plus parfait en vertu[4] ; alors le rôle du logos est oublié ou effacé, et c'est le monde lui-même au lieu du logos qui sert de paraclet pour amnistier les péchés ou nous combler de biens immenses[5].

D'une façon plus impersonnelle, le cosmos est considéré non plus comme l'être qui adore Dieu, mais comme un temple dont

---

1. *De opif. m.,* 12.

2. Le monde est appelé comme le logos ὄργανον de Dieu : *de Humanit.,* 3, II, 387.

3. *De Mon.,* II, 6, 227.

4. Τελειοτάτῳ τὴν ἀρετὴν υἱῷ.

5. *Ibid.* Le mot παράκλητος peut se comparer à l'attribut ἱκέτης du logos ; ce n'est pas une preuve que, pour Philon, le monde soit plus « impersonnel » que le logos, comme le veut Drummond, II, p. 237.

le sanctuaire est le ciel, les offrandes sont les astres, et les prêtres sont les anges de nature incorporelle [1]. Le monde en ce sens est appelé aussi maison de Dieu (οἶκος θεοῦ) [2] de même que le logos était le lieu (ὁ τόπος) des puissances divines.

Le cosmos est philosophe [3] ; comme le sage, il est bienheureux. Philon énumère comme devant jouir d'une joie éternelle les hommes vertueux, les démons, les étoiles et enfin le ciel et le monde ; on le voit, le monde est ici au sommet de la hiérarchie des êtres parfaits et par là même comme le concevaient les stoïciens, il comprend toute perfection sans qu'il y ait aucune mention d'autres êtres. C'est « un animal rationnel, doué de vertu et philosophe par nature » [4].

Comme le logos le monde par lui-même et par ses parties est le vengeur des méchants : toutes les parties du monde, les terrestres et les célestes, s'unissent pour faire la guerre à l'injuste, et ne lui laisser aucun espoir de salut [5]. Le monde est donc par lui-même Δίκη et puissance du châtiment ; c'est pour le châtiment des injustes qu'il a créé les fléaux, bêtes féroces et reptiles [6]. Dieu dans les plaies d'Egypte, emploie successivement, pour punir les Egyptiens, tous les éléments [7]. La terre et le ciel, principes de l'univers, sont destinés aux châtiments des impies [8].

Le monde est aussi puissance bienfaisante ; Philon s'assimile tout l'optimisme stoïcien [9] ; le monde (ou la nature) joue le rôle de la puissance bienfaisante de Dieu ; c'est pourquoi toutes les parties du monde sont formellement dénommées la grâce de Dieu, c'est-à-dire sa puissance bienfaisante. Philon énumère

---

1. *De Mon.*, I, 1, 222.

2. *De Somn.*, II, 246, de même que chez les Stoïciens :

> *Estne Dei sedes nisi terra, et pontus, et aër,*
> *Et cœlum?* (Lucain, *Phars.*, IX, 566).

3. *Qu. in Gen.*, I, 57.

4. *Qu. in Gen.*, IV, 188, p. 388.

5. *Qu. in Gen.*, I. 71. p. 48.

6. *Ibid.*, 74 (fr. Wendl., p. 42).

7. *Vita Mos.*, I, 96 ; *ib.*, II, 53. Les méchants sont les ennemis de l'ordre du monde et leurs châtiments viennent de tous les éléments.

8. *V. M.*, II, 285.

9. Φύσις οὐ ματαίουργος, *V. M.*, I, 117. Les explications finalistes comme celles du thorax (*de præm. sac.*, 3, p. 235), le fruit de la plante (*Qu. in Gen.*, II. 52, 133), la finalité externe : « Les bêtes sont nées pour les hommes » (*Qu. in Gen.*, f. Harris, 18 *d*).

ainsi les « dons de la nature » [1] : d'abord ceux qui viennent de
chaque élément, terre, eau, air et ciel, qui rendent chacun des
services, la terre pour la demeure et la nourriture ; l'eau pour
la boisson, le bain, la navigation ; l'air pour la respiration, les
saisons qui sont ses états (παθήματα) ; le feu terrestre pour les
aliments et la chaleur, le feu céleste pour la lumière [2]. Le feu est
aussi principe des arts [3], et l'air est l'élément qui donne la vie ;
les animaux sont fréquemment divisés suivant le nombre des
éléments ; les anges sont les êtres qui animent l'air ; le feu céleste
forme la substance des astres et leur donne leurs propriétés ; et
la lacune des animaux de feu terrestre est comblée par la
légende des πυρίγονα [4]. Après les éléments vient la contemplation
du ciel qui, nous l'avons vu, est presque toute la philosophie ;
puis la puissance sur les choses terrestres ; l'homme est en effet
le roi de la terre pour qui toutes choses ont été faites [5]. La
nature est une mère qui veille à ses enfants et les instruit.

La nature est aussi puissance législatrice et donne comme le
droit logos un idéal de conduite. Ici Philon assimile tout le
« cosmopolitisme stoïcien » : le monde est une grande cité. Il
use de la loi la meilleure que Dieu ait faite [6]. L'idée d'une loi
naturelle, en même temps morale est essentielle chez Philon ; le
thème fondamental de son exposé de la législation juive est que
Moïse a pris cette loi pour guide [7]. La race élue est l'intermédiaire (c'est le sens de son apologétique juive), par lequel la loi
doit s'imposer au monde entier [8]. C'est par là qu'il défend les lois
particulières.

La « loi divine de la nature » est enfin nommée d'une façon
précise comme le logos, le mari et le père de l'âme [9].

Sous l'influence de cette conception, Philon devait tracer
l'idéal du sage comme citoyen du monde ; c'est ce qu'il n'a pas

1. *De spec. legg.*, III, 20. L'air produit la manne ; toutes les parties du monde
sont soumises à Dieu comme des esclaves pour la fonction qu'il voudra (ὑπη-
ρετεῖν est appliqué souvent aux anges).

2. *Vita M.*, II, 148.

3. *Ibid.*, 220.

4. *De gigant.*, 7.

5 Cf. la raison pour laquelle l'homme est créé le dernier, *de opif. m.*,
77-79.

6. *Qu. in Ex.*, II, 42, p. 499.

7. Et non le logos dont il ne parle pas toujours comme inspirateur de
Moïse (cf. ci-dessous le chapitre sur la Loi juive).

8. *Qu. in Ex.*, 42, p. 499.

9. *Qu. in Ex.*, II, 3, p. 470 (H., p. 51).

manqué de faire. Le monde est le seul héritage du sage, qui ne fait partie d'aucune autre cité que celle-là [1]. En des passages qui font songer à Marc-Aurèle, il indique les préceptes de résignation fondés sur ce principe. « Il faut toujours admirer la nature de l'univers, il faut se plaire à tout ce qui se fait dans le monde, en dehors du vice volontaire, cherchant, non si quelque chose n'est pas arrivé à notre gré, mais si à la façon d'une cité bien réglée, le monde est guidé et gouverné salutairement »[2].

D'après la théorie du microcosme le monde n'est plus seulement le tout dont l'homme est une partie, mais le modèle qu'il doit s'efforcer d'imiter ; il n'est pas par nature microcosme, mais il le devient par la sagesse ; alors les rapports numériques qui constituent l'ordre du monde se reproduisent chez l'individu.

Mais de même que l'âme la plus élevée dans l'ascension vers Dieu, n'obéit plus aux logoi, mais les a pour compagnons de route, de même le sage véritable n'est plus inférieur au monde, mais lui devient égal en dignité [3]. C'est ainsi que la vertu (Sara) est comparée pour son immutabilité au ciel lui-même [4]. Les mêmes puissances de Dieu sont en rapport avec le monde, et en rapport avec le sage. Dans de pareils textes, Philon paraît avoir tout à fait oublié le logos intermédiaire entre l'homme et Dieu, et c'est le κόσμος (ou le ciel) qui prend cette fonction. Il y a là comme un double emploi. Sans doute quelquefois Philon subordonne le culte du cosmos (ordre de la nature), au culte du logos et à celui de Dieu ; mais souvent un des termes de la hiérarchie est oublié, à savoir le logos. Au cosmopolite, à « l'homme du ciel » qui pratique les sciences du monde sont opposés immédiatement « les hommes de Dieu... qui n'ont pas daigné rechercher le gouvernement du monde et devenir citoyens du monde, mais, ayant dépassé tout sensible ont émigré dans le monde intelligible [5] et y ont habité, s'étant inscrits au gouvernement des idées incorruptibles »[6].

---

1. A cette idée se rattache la critique des idées. Cf. *V. M.*, I, 157.
2. *De præm. et p.*, 5.
3. *De decal.*, 37 ; *Qu. in Gen.*, II, 75, 160.
4. *Qu. in Gen.*, IV, 37, 322 ; cf. Sén., *Ep.* 104, 23. L'esprit humain est très semblable au monde : *quem, quantum licet, sequitur æmulaturque.*
5. Il est fait allusion ici à l'émigration d'Abraham du chaldaïsme à la religion véritable.
6. *De gigant.*, 61. Même opposition, *V. M.*, I, 158. L'ami de Dieu est cosmopolite, mais « a été jugé digne d'une société encore meilleure avec le créateur », c'est la contemplation de l'essence divine.

Ainsi Philon accepte le culte du monde de la même façon qu'il a accepté le culte du logos ou de la sophia, *à condition d'en faire un intermédiaire entre l'homme et Dieu*, et comme chaque intermédiaire, le monde avec l'ordre qui est en lui, est parfois considéré comme l'unique intermédiaire entre l'homme et Dieu. Il n'y a là rien d'étonnant. Le logos et les logoi eux-mêmes, comme les puissances, sont, nous l'avons vu, sous certains aspects des êtres intra-mondains et comme des parties du monde. L'harmonie des parties du monde peut se substituer facilement au logos qui est la cause de cette harmonie. La conception matérialiste du logos a subsisté chez Philon. Les anges ou logoi divins ne sont jamais que des êtres aériens, parties du monde. Philon met des logoi divins dans le monde, partout où les stoïciens mettent « des biens et des dispositions » même là où on l'attendrait le moins ; les comètes résultant de l'inflammation des vapeurs de terre et d'eau par le feu céleste sont des logoi divins ; le souffle des vents est réglé aussi par un logos ; et si Philon sous une autre inspiration a opposé à ce logos cosmique un logos en dehors de tout sensible, cette théorie n'est pas assez uniforme chez lui pour qu'il n'ait admis aussi que ce cosmos, qui comprend tous les logoi de l'être et qui est « la maison et le temple du Seigneur » n'ait été lui-même notre intermédiaire avec Dieu, et notre paraclet. Le cosmos n'est à cet égard qu'un des noms du logos.

Par là se trouve démontré le point de vue exclusivement moral et religieux de Philon, qui abandonne définitivement tout essai d'explication proprement physique ou métaphysique des êtres. Jusqu'ici, en effet, on pouvait croire que dans cette triade, Dieu, les intermédiaires, le monde, les intermédiaires entraient à titre d'explication du monde. Dieu l'ineffable (c'est là une idée fréquemment acceptée par les interprètes) en agissant directement sur le monde, deviendrait d'absolu relatif, d'immuable changeant et se souillerait au contact du devenir ; Philon aurait donc, à titre d'intermédiaires explicatifs, fait intervenir les puissances. Les textes n'autorisent nullement cette interprétation ; Dieu, à qui tout est possible, ne saurait voir son être limité par ses intermédiaires ; s'il y a des limitations, c'est entre ses puissances elles-mêmes, par exemple sa souveraineté (comme puissance) est bornée par sa bonté. Mais cette interprétation devient tout à fait impossible, si pour Philon, l'univers lui-même, le cosmos que l'on veut expliquer par les intermédiaires, devient, au même

titre que les autres, un intermédiaire. Certes, Philon scinde
l'unité stoïcienne θεός-λόγος-κόσμος en trois êtres différents, et le
monde est parfois séparé de l'Etre par le logos. Mais c'est de la
même façon que la sagesse est séparée de Dieu par le logos ; ceci
n'empêche nullement le cosmos, comme la sagesse, pris isolément, d'être directement en contact avec Dieu. Donc, sous le
nom des intermédiaires (parmi lesquels est compris le monde),
la doctrine de Philon absorbe toutes les théologies issues du
stoïcisme allégorique et populaire. Ce sont non pas des intermédiaires explicatifs entre Dieu et le monde, mais des cultes
moyens entre l'absence complète de religion et le culte difficile,
presque impossible à atteindre de la cause suprême. Les êtres
qui en sont l'objet sont des intermédiaires non pas entre Dieu
et le monde, mais entre Dieu et l'âme humaine avide de religion
et qui, dans l'impossibilité de monter plus haut, les yeux éblouis
par la contemplation, doit s'arrêter à un degré inférieur. La
thèse de Philon, qui explique et produit la doctrine des intermédiaires, n'est pas l'impossibilité pour Dieu de produire le
monde, mais l'impossibilité pour l'âme d'atteindre Dieu directement.

Cet esprit profondément religieux qui voyait la haute dignité
de la connaissance de Dieu, trouve dans ces êtres divins, entre
Dieu et l'homme, un dérivatif à son désespoir ; si l'âme imparfaite ne peut persister immuable dans la contemplation divine,
du moins n'est-elle pas forcée de rester dans les reflets trompeurs et décevants du monde sensible. La véritable explication
de la doctrine des intermédiaires se trouve donc dans la nature
de la piété philonienne, et c'est ce sujet que nous allons maintenant aborder.

LIVRE III

LE CULTE SPIRITUEL
ET LE PROGRÈS MORAL

CHAPITRE PREMIER

LA PROPHÉTIE ET L'EXTASE

Sommaire : 1. — La prophétie — La divination chez Philon. — Critique de la divination inductive. — Les prodiges et les miracles. — La divination intuitive : songes et oracles. — La classification des songes revient à celle de Posidonius. — Théorie de la prophétie : elle vient d'une métamorphose intime de l'intelligence terrestre en pure intelligence (première classe d'oracles). — Deuxième classe d'oracles. — Troisième classe : la possession divine ; description de cet état. — L'interprétation allégorique des songes. — 2. — L'Extase. — La science de Dieu résulte non du raisonnement, mais du désir ; elle est considérée, sous l'influence de Platon, comme terme de la dialectique régressive. — Dieu reste incompréhensible, et la science de Dieu est faite d'une expérience intime qui n'est pas une connaissance, mais le sentiment d'une amélioration intérieure.

La valeur des idées religieuses de Philon repose moins sur des arguments dialectiques auxquels, très consciemment, il donne une place secondaire que sur le sentiment vif et l'expérience intime des faits religieux ; il nous faut donc dans ce livre rechercher ce que fut cette expérience, et tenter de la reconstituer d'après les fragments de confession personnelle épars dans cette œuvre considérable. Philon inaugure peut-être dans la morale grecque cette analyse de soi-même, méthode si différente des portraits du sage idéal, qui constituaient l'essentiel de la plus ancienne doctrine stoïcienne. Certes, les œuvres de Philon ne sont pas des mémoires et restent avant tout des œuvres d'exégèse; mais le moi, exprimé ou sous-entendu, apparaît quelquefois au milieu d'une interprétation du texte sacré dans des récits personnels d'inspiration, des prières, des effusions à la divinité. Cette liaison de l'exégèse allégorique et de l'effusion intime n'est pas rare chez les mystiques[1] : le texte littéral est comme le corps

---

1. Voyez surtout l'*Explication mystique du Cantique des Cantiques* de Mⁱ Guyon qui, en dehors d'une influence extérieure possible à travers un certain nombre d'intermédiaires, présente une analogie profonde intérieure avec le *Commentaire allégorique* de la Genèse. Le Cantique est comme pour Philon la Genèse, le prétexte à l'histoire intérieure des états de l'âme.

sensible, destiné à contenir et à soutenir la pensée incorporelle
et sans substance qui s'échappe au delà[1]. Philon connaît et décrit
l'inspiration divine dans la vie intellectuelle et dans la vie
morale ; il décrit le sentiment de joie confiante, de force que lui
donne la présence de Dieu, et d'autre part le sentiment de néant
des choses dont elle s'accompagne.

Il faut distinguer deux faces dans le phénomène de la communication avec Dieu : 1° l'inspiration dans laquelle l'âme reçoit
des connaissances et des lumières indépendamment de sa volonté
et par l'intermédiaire de l'esprit divin ; 2° l'extase où l'objet de
connaissance est l'être divin lui-même. Les textes confirmeront
assez cette importante distinction : l'inspiration est une des
espèces de divination ; c'est la divination intuitive non apprise
qui s'oppose à la divination technique et artificielle ; l'esprit divin se substitue à l'esprit humain. L'extase est la contemplation de Dieu qui supprime de la conscience tout autre
objet.

1. — *La divination*

L'on connaît la division entre mantique inductive ou artificielle et mantique inspirée ou enthousiaste[2]. Philon rejette délibérément la première qu'il considère comme une invention
humaine et accepte la seconde dans laquelle l'âme communique
plus ou moins directement avec Dieu.

Les critiques de Philon[3] sont bien éloignées de la critique
philosophique des théories stoïciennes de la divination ; elles
sont uniquement d'ordre pratique ; il veut détourner les hommes
des erreurs de la mantique inductive pour les amener au prophétisme juif ; on sait combien, à l'époque même où écrivait
notre auteur, la question des devins inquiétait les gouvernements ; c'est en l'an 16, sous Tibère, que les devins sont expul-
sés d'Italie, et malgré tout, en l'an 20, une affaire d'empoisonnement à laquelle sont mêlés les astrologues éclate de nouveau[4]. Il
y avait là une plaie sociale, non un système philosophique ;
peut-être est-ce à l'imitation du Sénat romain que, suivant Phi-

---

1. *De Migr. Abr.*, 93.
2. Cicéron, *de divin.*, II, 11.
3. Les trois passages essentiels sont : *Legg. spec.*, IV, 8, p. 343 ; *de Mon.*, I,
9, 221 ; *Vita Mos.*, I, 264-285.
4. Bouché-Leclercq, IV, 325 sq.

lon, Moïse « chasse de la cité éternelle » tous les devins[1]. La
question est d'autant plus grave que Philon admet comme universel le désir de connaître l'avenir (πᾶσιν ἀνθρώποις ἔρως τῆς τῶν
μελλόντων ἐπιστήμης). Cette connaissance joue, dans la vie antique,
un rôle dont on peut difficilement exagérer l'importance, et Philon ne songe pas un moment à lui refuser toute satisfaction ;
c'est par ce désir que les devins « séduisent facilement les hommes à caractère faible » qui croyaient trouver chez eux la
vérité[2].

C'est donc à des genres de divination couramment et popu-
lairement pratiqués, plus qu'à la théorie que s'attaque Philon.
Il en énumère de nombreuses espèces : l'art augural[3], les exa-
mens de prodiges[4], les aruspices[5], les purificateurs[6], les enchan-
teurs[7], les sorts et les voix[8] ; il connaît la divination par les
mouvements des reptiles, par l'examen du sang, la nécroman-
cie[9] ; il a pour toutes ces formes une haine égale ; mais les deux
passages critiques les plus importants sont de ton un peu différent. Dans la *de monarchia*, il discute et démontre l'absurdité :
d'abord les affirmations ne dépassent pas le probable (πιθανῶν
καὶ εἰκότων) ; les mêmes choses donnent en des temps différents des idées différentes. Par ce caractère la mantique se rapproche de la sophistique avec laquelle elle est souvent con-
fondue[10].

L'on sait que les Stoïciens considéraient la divination comme

1. *De Mon.*, I, 9.
2. Cf. surtout *V. M.*, I, 265, les prédictions agricoles de Balaam sur la pluie
et le beau temps.
3. Οἰωνοσκόποι, *spec. legg.*, IV, 8 ; *V. M.*, I, 264, 283.
4. Τερατοσκόπους, *de Mon.*, I, 9 ; II, 221.
5. Θυτάς, *ibid.*
6. Καθαρτάς, *de Mon.*, I, 9 ; II, 221.
7. ἐπᾴδοντας, *ibid.* Il faut cependant distinguer des devins ordinaires qui pré-
disent l'avenir, les « agyrtes » et faux magiciens, que Philon (*spec. Legg.*, III,
18, p. 316) attaque beaucoup plus violemment ; leur science a un caractère
plus pratique que divinatoire ; ils purifient, font commerce de philtres magiques ; ce sont eux que Philon accuse d'empoisonnement (pour ce texte de
Philon et l'origine de cette pratique dans les pays grecs. cf. Foucart, *Associations religieuses*, p. 157 : Platon déjà s'en était occupé dans les *Lois* X, 910,
pour les condamner à la prison perpétuelle. Philon donne le droit à tout homme
de les tuer sans jugement). Cependant la confusion est souvent faite. Philon
décrit pêle-mêle les procédés magiques et divinatoires, il appelle ici l'ἔντεχνος
μαντική, μαγική σοφιστεία.
8. Κλήδοσιν ἐπανέχονται, *de Mon.*, I, 9, II, 221 ; *V. M.*, I, 287.
9. Χαμαιζήλων ἑρπετῶν, etc., *de Mon.*, I, 9.
10. *Quod det. pot. ins.*, 171.

une science inductive et qu'ils pensaient qu'elle se fondait sur des lois de la nature, obtenues par l'observation. La divination n'employait pas, comme on l'a fait remarquer, un procédé autre que nos sciences expérimentales (à savoir la recherche de la constance dans les groupes de phénomènes) ; il était donc indispensable pour réfuter la mantique de faire ressortir l'instabilité des objets sur lesquels elle s'appuie. Ces objets[1], dit Philon, n'ont pas une nature fixe ; on suspend les occupations de la vie à des attaches fort incertaines, des vols irréguliers (τῇδε κἀκεῖσε) d'oiseaux, des cadavres en décomposition ; d'autre part (c'est ici la répétition de l'argument contre l'astrologie) voyant en tout cela les causes des biens et des maux, on devient impie, puisqu'on dédaigne la cause suprême[2].

Ici encore la pensée de Philon rejette généralement toute prévision d'avenir fondée sur des inductions ; toutes choses sont possibles à Dieu[3], il s'ensuit que Dieu seul peut connaître l'avenir[4]. C'est à cette vue générale que se rattache ce que l'on peut appeler la théorie du miracle ; il faut pour bien la comprendre l'opposer aux prétentions des devins de connaître l'avenir ; le fait miraculeux est opposé non pas à la véritable loi de la nature (νόμος φύσεως) qui est identique à la raison divine, mais aux opinions incertaines (εἰκότα καὶ πιθανά) par lesquelles nous croyons à tort saisir le cours véritable de la nature et l'avenir[5]. Suivant ce principe, Philon tente souvent une véritable explication naturelle des miracles ; la plus souvent employée est le principe familier à beaucoup de stoïciens du changement des éléments (μεταβολὴ τῶν στοιχείων) : la pluie de feu sur Sodome consiste en une *commutatio* des propriétés des éléments, le feu prenant un mouvement contraire à sa nature[6] ; si en Egypte la terre se

1. Τὰ ὑποκείμενα désignent les objets sur lesquels porte la divination, comme le vol des oiseaux.

2. Cf. *V. M.*, 204. La foi en Dieu suprême, la croyance aux devins.

3. *Qu. in Gen.*, III, 56, 230. A propos du changement de la vieillesse en jeunesse. Ce principe dont les Stoïciens se servaient pour la divination (*numini parere omnia*, Cic., *de Divinat.*) va servir à Philon pour prouver le miracle qui n'est qu'un genre de divination.

4. *Quis rer. div. h.*, 262.

5. *V. M.*, I, 174-196, où Moïse reproche aux Juifs de ne se fier à la vraisemblance, alors que tout est possible à Dieu et que tant de choses leur sont arrivées ἐκ τοῦ παραλόγου, παρὰ τὸ κυθιστὸς ἔθος. Cf. *V. M.*, II, 261, Dieu peut accomplir des choses, qui suivant les représentations πιθανὰς καὶ εὐλόγους, sont impossibles.

6. *Qu. in Gen.*, IV, 51, 285 ; Harris, p. 34.

change en eau dans l'inondation du Nil, l'air peut bien dans le miracle de la manne produire de la nourriture[1]. Dieu peut changer la nature des objets[2], ou manifester des propriétés jusque-là ignorées des choses[3] ; Philon emploie aussi le procédé d'analogie[4]. C'est seulement lorsqu'il ne peut pas faire autrement qu'il recourt à l'action directe de Dieu sans intermédiaire[5]. Il expose déjà l'argument qui deviendra plus tard si banal, que ces faits miraculeux ne sont que des jeux auprès de la production du monde et de toutes ses parties, que l'habitude seule nous empêche d'admirer[6]. Les faits miraculeux sont donc simplement des faits contraires à l'opinion et à l'attente[7] ; nous pensons que les pluies et les saisons dépendent du ciel ; la pluie de feu sur Sodome montre qu'elles dépendent de la puissance divine[8] ; on voit apparaître ici cette liaison intrinsèque du scepticisme dans les sciences de la nature avec la foi absolue en Dieu que nous développerons plus tard[9]. Mais on voit aussi la véritable portée des attaques de Philon contre les devins ; il ne faut certes pas en faire honneur à ses « lumières ». La divination se place pour lui au même plan que les essais des sciences de la nature et c'est presque dans les mêmes termes qu'il repousse ensemble les deux choses. Les mots πιθανὰ καὶ εἰκότα, στόχασμος, εὔλογα, εἰκασίαι désignent à la fois la divination et les conjectures des savants sur le monde sensible. D'ailleurs le miracle inattendu lui-même, qui rentre dans le genre de divination inductive[10], critiqué par Philon, est, selon lui-même, remarquable par sa certitude. Il déclare expressément la volonté divine[11], d'une façon plus évidente même que les oracles inspirés[12], qui s'adressent à l'ouïe,

---

1. *V. M.*, I. 202 ; II, 267.

2. *Qu. in Gen.*, I, 32, 23, les paroles du serpent. Les Stoïciens admettent dans la divination par les entrailles une « *mutatio extorum* » attribuée à la volonté des dieux (Cic., *de Div.*, II, 15).

3. Le bois qui adoucit l'eau, *V. M.*, I, 185 ; la source qui jaillit sous le bâton de Moïse existait déjà cachée dans le rocher, *V. M.*, I, 211.

4. L'origine de la femme comparée à la bouture de la vigne, *Qu. in Gen.*, I, 28, 21.

5. Pour la prospérité d'Israël qui arrive « *sine convenientibus expectatisque mediis* ». *Qu. in Ex.*, II, 76, 521.

6. *V. M.*, I, 212.

7. Παράλογα καὶ παράδοξα, *ibid.* ; παράδοξος, *Qu. in Gen.*, III, 18, 189 (*Wendland*, 670) ; *præter opinionem* (*Qu. in Ex.*, II, 76, 521).

8. *Qu. in Gen.*, IV, 51, 285.

9. Opposition de la πίστις en Dieu et de la croyance aux εὔλογα, *V. M.*, I, 196.

10. Cf. Cic., *de Divinat.*, II, 18 sq., sur les *ostenta* et *prodigia*.

11. Ἀποδείξεις ἐναργίστατας, *Vita Mos.*, I, 196 ; II, 261, 199.

12. *Ibid.*, I, 195.

tandis que les prodiges sont contemplés par la vue. Il y a donc
même dans la divination inductive, une vraie et une fausse divination [1].

Aussi on comprendra qu'acceptant en partie la divination, ce
soit à la personne des devins qu'il s'en prenne. Dans les *Lois
spéciales*, la divination est considérée comme la « fausse mon-
naie de la prophétie »[2]. Il y avait des devins qui prétendaient établir une confusion entre leur art et l'inspiration prophétique : ils
présentaient leurs réponses « non comme des conjectures et des
trouvailles personnelles, mais comme des oracles divins, pronon-
cés invisiblement pour eux seuls ». Ceci ne tendait à rien moins
qu'à confondre deux parties de la mantique, depuis longtemps
séparées[3], et très différemment appréciées, la mantique inductive
reposant sur des observations, amenant à des règles précises et
nullement inspirées[4], et la mantique enthousiaste. L'aruspice,
l'augure, devins inductifs devenaient des inspirés ; et c'est là le
principal grief que Philon répète constamment contre les
devins[5].

Il faut reconnaître cependant que Philon emploie rarement
les signes et les prodiges ; on les trouve surtout dans la *Vie de
Moïse*, destinée comme l'on sait à un public assez large, et quelquefois dans les *Questions*. Ils sont totalement absents du *Commentaire* ; Philon critique vivement le sens littéral des mêmes
miracles, qu'il avait d'abord acceptés et qu'il traite maintenant
de mythes absurdes[6]. Les avertissements et les prodiges sont un
élément étranger dans la pensée de Philon, mais il faut se rappeler qu'ils faisaient partie intégrante de la tradition juive et
que l'idée en était très vivante dans certains cercles de la diaspora ; il n'y a pas longtemps que la sibylle a dépeint les prodiges

---

1. Ce qui explique un passage obscur de la réfutation du *de Mon.* : μήτε
τὰ ὑποκείμενα φύσιν ἔχειν πάγιον, μήτε τὴν διάνοιαν ἀκριβῆ βάσανον πεποιῆσθαι, ᾗ
βασανισθήσεται, τὰ δόκιμα. Le second membre de la phrase implique une acceptation de principe de la divination.

2 « Παράκομμα τῆς ἐντέχνου (?) κατακωχῆς καὶ προφητείας ». Ἐντέχνου est inacceptable puisque la mantique artificielle s'oppose à l'inspiration qui n'est pas
apprise. Je conjecture ἐνθέου.

3. Séparation déjà nette chez Platon (Bouché-Leclercq, *Hist. de la Divination*).

4. Cf. Cicéron, *de Div.*, I, 49, 109, *sine motu atque impulsu deorum*.

5. *De Mutat. nom*, 203 ; un devin ne peut être prophète ; lorsque Balaam
prédit : « Il a chassé de son âme toute mantique inductive ». *V. M.*, I, 277 ;
même idée, *de confus. ling.*, 159.

6. Le miracle de l'origine d'Eve critiqué, *leg. alleg.*, II, 19 sq.

et les signes qui doivent accompagner la victoire des amis de Dieu [1] : c'est sous cette influence que Philon, dans les écrits où il n'emploie pas exclusivement la méthode allégorique, a pu conserver cette idée.

Philon ne critique jamais la divination inductive sans lui opposer la « possession divine » et la « prophétie ». Sa théorie du prophète n'emprunte rien au prophétisme juif, mais se tient tout entière sur le terrain des idées égyptiennes et grecques ; le don de prophète correspond très exactement à ce que les Grecs appelaient la divination intuitive. Elle est de deux espèces : les oracles et les songes (ὄνειροι) [2], mais il n'y a entre les deux qu'une différence de forme puisque le mode d'inspiration et d'interprétation est le même pour chaque espèce d'oracles et de songes. Dans un oracle ou dans un songe deux cas peuvent se présenter : ils sont par eux-mêmes évidents et montrent l'avenir sans hésitation possible ; ou bien ils sont obscurs, énigmatiques et alors au songe ou à l'oracle se joint l'interprétation, qui est un art ayant ses règles, donc bien semblable à la partie inductive de la mantique. Mais de plus l'interprète des songes et des oracles peut être lui-même inspiré. L'on sait que c'est la méthode allégorique qui est bien souvent employée par l'onirocrite et le chresmologue, pour interpréter les songes ou oracles ; or c'est du chresmologue inspiré que Philon fait le portrait lorsqu'il se représente lui-même interprétant les versets sacrés.

Mais il nous faut montrer en détail chacun de ces points ; la principale source sur la théorie du prophète se trouve, outre la suite des passages déjà cités sur la divination inductive, dans la dernière partie du livre II de *Moïse* (187-fin) consacrée, après la royauté, la législation et le sacerdoce, à étudier la prophétie qui en est la condition. Après avoir expliqué le but de la prophétie (Moïse prophétise (θεσπίζει) tout ce qui n'est pas compris par la pensée (ὅσα μὴ λογισμῷ καταλαμβάνεται) [3], il indique que toutes les paroles du livre saint sont des oracles. Il en donne la classification suivante : « parmi les oracles, les uns sont dits de la face de Dieu par le prophète divin comme interprète ; les

1. Les signes de la punition du monde pécheur, *Sib.*, III, 601-623, rapportées par Schürer aux temps pré-chrétiens.
2. Les ὄνειροι θεόπεμπτοι sont opposés aux ἐνύπνια (Bouché-Leclercq, *Histoire de la divinat.*, I, 301).
3. Ce sont les ἄδηλα comme l'avenir, *V. M.*, II (III), 269, les dispositions cachées de l'âme, *spec. legg.*, III, 10, p. 308. Les songes ont aussi pour objet les ἄδηλα.

autres rendus par demande et par réponse ; les troisièmes de la face de Moïse lorsqu'il est dans l'enthousiasme (ἐπιθειάσαντος) et que lui-même il est possédé (ἐξ αὐτοῦ κατασχεθέντος). Les premiers sont tout entiers (ὅλα δι'ὅλων) des signes des vertus divines ; les seconds admettent le mélange et la société puisque le prophète demande et que Dieu répond ; dans les troisièmes Dieu a communiqué au législateur la puissance de prévision par laquelle il prophétise l'avenir ». Il y a un parallélisme frappant avec la classification des songes [1] : dans une première espèce de songes, le divin communique les images par son impression propre ; il est le principe du mouvement ; la seconde naît d'une collaboration de l'âme de l'univers avec notre pensée, qui la rend capable de prédire l'avenir ; dans la troisième l'âme, de son propre mouvement (ἐξ ἑαυτῆς κινουμένη), dans l'enthousiasme, « prophétise l'avenir par une puissance de prévision ». Des deux côtés, nous avons l'action divine seule, l'action d'ensemble de Dieu et de l'âme, l'action de l'âme seule. Or cette classification des songes correspond à celle de Posidonius [2] ; « uno quod animo providet animus ipse per sese (troisième division de Philon) ; altero quod plenus aër sit immortalium animorum, in quibus tanquam insignitæ notæ veritatis appareant (première division ; cf. φαντασίαι τρανῶς πάνυ καὶ ἀριδήλως ἐμήνυσεν), tertio, quod ipsi Di cum dormientibus colloquantur (deuxième division) ». Seule la seconde division de Posidonius qui attribue aux âmes ce que Philon attribue à Dieu offre une difficulté ; mais remarquons que Philon emploie de préférence à θεός, τὸ θεῖον dans la première division, ensuite que dans la division correspondante des oracles, il attribue l'oracle non pas à l'Être, mais à ses puissances (τῆς ἵλεω καὶ εὐεργέτιδος), enfin que chez Philon lui-même, nous trouvons une seconde classification (de Somn., I, 189) qui rapporte les songes, les uns à la cause suprême (ipsi Di de Posidonius) les autres aux anges (les âmes de l'air) ; enfin le caractère de clarté spéciale de ces songes suffit pour les identifier. Il résulte de cette comparaison que c'est fort probablement à Posidonius qu'est empruntée également la division des oracles.

Sur le premier genre d'oracles et de songes, les œuvres de Philon ne renferment que peu de détails : dans le Moïse, il déclare qu'il est au-dessus de la puissance humaine de traiter

---

1. De Somn., I, 1-3 ; II, 1-4.
2. Cic., De Divinat., I, 30, 64.

de cette première classe et il passe tout de suite à la seconde ;
nous avons perdu d'autre part le premier livre *des songes*, où il
traitait de la première classe de songes. Mais on ne peut guère
douter que parmi ces oracles ne se trouvent les commandements
du décalogue appelés θεσμούς, χρησμούς, « que le père de l'univers a prophétisés [1] ». Nous trouvons dans le *de Decalogo*
(32-36) une remarquable explication de cette prophétie. « Dieu
lui-même, y est-il dit, n'a pu émettre une parole, mais il a formé
dans l'air un son admirable (ἦχον), non pas composé d'une âme
et d'un corps, mais une âme rationnelle qui, en modifiant l'air
comme un souffle, a fait retentir une voix si forte qu'on l'entendait autant de loin que de près ». A cette description d'un prodige
qui paraît purement matériel [2] succède l'explication allégorique
suivante : la puissance de Dieu qui souffle cette voix « introduit
dans l'âme de chacun une ouïe autre et bien meilleure que celle
de l'oreille ; cette ouïe de la pensée divine devance, par son
extrême rapidité, les paroles... ». L'auteur décrit donc le phénomène de l'audition intérieure [3] dans lequel l'esprit est entièrement passif ; l'intermédiaire d'un πνεῦμα entre Dieu et l'âme à
qui il parle correspond à l'ἑρμήνευς de la première classe des
oracles ; on retrouve assez fréquemment cette « ἀκοή » spirituelle
à laquelle Dieu parle directement [4].

L'inspiration est présentée d'une façon quelque peu différente
à propos du thème des rapports de Moïse et Aaron [5] ; Dieu souffle à l'intelligence (νοῦς) de Moïse des pensées, et l'intelligence
les souffle à sa parole (Aaron). La parole est l'interprète de
l'intelligence, et l'intelligence à son tour est l'interprète de
Dieu, car les pensées de l'intelligence inspirée ne sont pas alors
différentes des paroles (ῥημάτων καὶ λόγων) divines ; la parole inspirée est vraiment prophétique, ayant la possession et la folie
divines. Nous avons ici, je pense, la clef de la distinction entre
l'interprétation (ἑρμηνεία) et la prophétie [6] : la parole inspirée
(Aaron) est interprète non pas de Dieu, mais bien des pensées

---

1. *De decal.*, 32, 175, ἔχρησεν αὐτὸς ὁ θεός... αὐτοπροσώπως par opposition
aux lois spéciales données διὰ τοῦ τελειοτάτου τῶν προφήτων.

2. Elle a bien des points de contact avec une des descriptions de l'inspiration dans Plutarque, *de gen. Socrat.*

3. Cf. *Qu. in Gen.*, I, 42, p. 28 : *non voce missa audiunt prophetae, virtute
quadam* (c'est notre πνεῦμα) *vocis divinitatis sonanti vel ipsa dicta.*

4. *De Abrah.*, 127.

5. *Quod det. pot. ins.*, 39 ; *de migr. Ab.*, 81 ; *de migrat. Ab.*, 169.

6. *V. M.*, II, 191 : ἑρμηνεία καὶ προφητεία διαφέρουσι.

divines contenues dans l'intelligence ; par rapport à Dieu elle
sera le prophète (τὸ ἑρμήνευον τὰ θεοῦ προφητικόν ἐστι γένος), tandis
que l'intelligence sera, au sens propre, non prophète mais interprète de Dieu ; c'est en ce sens que l'intelligence (et non la
parole) prophétique est fréquemment comparée à l'organe vocal
de Dieu [1] et dans le même passage appelé ἑρμήνευς θεοῦ. Dans
cette description, semble-t-il, l'intermédiaire entre Dieu et l'âme
(la voix divine) disparaît, mais c'est l'âme elle-même ou plutôt sa
partie la plus haute, l'intelligence, qui est prise comme intermédiaire entre Dieu et la parole inspirée.

Enfin parfois, l'intelligence disparaît à son tour, et c'est la
parole inspirée elle-même qui, abstraction faite de toute pensée
intérieure de l'inspiré, devient l'organe, la lyre, le plectre de
Dieu ; la parole prophétique est l'interprète direct de Dieu ; il ne
suffit pas en effet, pense Philon, pour que l'inspiration se pro-
duise de s'abstraire des sens et des passions ; il faut encore sortir
de soi-même ; l'intelligence et ce que nous appelons la conscience
personnelle sont supprimées dans la prophétie ; toute réflexion
(λογισμός) y est définitivement supprimée ; dans l'état de possession divine Philon, d'après son expérience personnelle, ne reconnaît ni le lieu ni les gens présents, ni lui-même [2] ; Balaam possédé de Dieu ne comprend rien ; sa pensée (λογισμός) est absente [3].
La pensée n'est plus en elle-même chez le possédé. C'est à propos de ce phénomène que Philon emploie le terme d'extase [4].

L'être divin chasse donc l'esprit humain pour prendre sa place
et s'exprimer lui-même par notre propre voix. Dans les premiers cas, la prophétie prenait la forme d'une voix intérieure
qui remplit l'âme [5] ; dans le second, celle d'une pensée qui s'exprime à son tour par la parole ; enfin, dans le troisième, celle
d'une parole proférée qui a une origine autre et plus divine que
la pensée.

D'où viennent les contradictions qu'il y a entre les trois principes d'explication ? S'il est contraire à la dignité divine de tou-

1. *Quis rer. div. h.*, 259 ; *de Mon.*, I, 9, II, 222 ; *de spec. legg.*, IV, 8, 343 ;
Qu. in Gen., III, 10, 182.

2. « J'ignore τὸν τόπον, τοὺς πάροντας, ἐμαυτὸν ». *De migr. Ab.*, 35.

3. *Vita Mos.*, I, 283.

4. *Qu. in Gen.*, III, 9, 181 ; *Quis rer. div. h.*, 264.

5. Ce premier genre caractérisé par l'introduction d'un πνεῦμα divin entre
l'âme et Dieu se retrouve : *V. M.*, II, 265, le νοῦς conduit vers la vérité par un
souffle divin. Surtout *de spec. legg.*, IV, 8, II, 343, l'émigration du logismos,
le pneuma divin y habite, *de Mon.*, I, 9, II, 222.

cher l'âme autrement que par intermédiaire, d'où vient la communication directe admise ensuite ? Si dans le deuxième cas
l'intelligence s'interpose entre Dieu et la parole, d'où vient que
Dieu se serve lui-même de l'organe humain ? Des théories à peu
près contemporaines de l'inspiration, comme celles de Plutarque, distinguaient fort bien ces points de vue ; Plutarque rappe-
lant ceux qui pensent que les dieux parlent « en se servant des
bouches et des voix de prophètes comme d'instruments », et qui
font de Dieu un ventriloque [1], paraît s'adresser à une théorie
analogue à celle de Philon. C'est à l'âme seule, pense-t-il, que
Dieu peut faire ses révélations.

Cependant ces contradictions ne sont qu'apparentes, et il sera
assez aisé de les débrouiller ; lorsque dans sa deuxième description, Philon parle de l'intelligence (νοῦς) de Moïse qui reçoit la
révélation, il n'entend pas par νοῦς la même chose que l'âme
dans le premier ou que le νοῦς dans le troisième ; ce νοῦς est beaucoup plus semblable à la voix divine de la première description. De même dans le troisième cas, le νοῦς est remplacé par le
πνεῦμα et l'inspiration divine se fait par la substitution à notre
pensée d'un πνεῦμα divin qui fait chez les prophètes le fond même
de l'âme.

Nous retrouvons ici la distinction rencontrée à propos de
« l'Homme divin » entre Adam, l'intelligence terrestre, et
l'Homme-Dieu, intelligence pure, tout à fait immatérielle.
Moïse, lorsqu'il atteint le divin, est l'intelligence très pure [2], et
la preuve de cette pureté c'est qu'il abandonne le corps [3]. Au
moment de sa mort, il passe de la dualité du corps et de l'âme
à l'unité d'une intelligence très semblable au soleil (νοῦς ἡλιοει-
δέστατος) [4] ; cette pure intelligence est l'extrémité la plus élevée,
la « tête » de l'âme humaine dont la base est constituée par le
corps [5].

Philon indique souvent deux conditions, en apparence tout à

---

1. *De defectu oracul.*, ch. IX : Dieu τοῖς ἐκείνων (s.-e. προφητῶν) στόμασι καὶ
φωναῖς χρώμενον ὀργάνοις. Ce sont les mots mêmes de Philon.

2. *Mut. nom.*, 208.

3. *Mut. nom.*, 209 ; cf. *de Somn.*, I, 84 ; l'intelligence devient pure lorsqu'elle n'est cachée par aucun sensible.

4. *V. M.*, II, 288 ; voyez la métaphore analogue employée à propos de la
vision intellectuelle (ὄμμα τῆς διανοίας) opposée à la vue matérielle : elle est
sans lumière extérieure, ἀστὴρ οὖσα αὕτη, καὶ σχεδόν τι τῶν ἐπουρανίων ἀπεικό-
νισμα καὶ μίμημα (*de fortit.*, 3, II, 377).

5. *De Mut. nom.*, 146.

fait contradictoires, de l'état prophétique : tantôt c'est la purification de l'intelligence, tantôt la suppression absolue de l'intelligence et de la conscience de soi ; par purification il entend la suppression de la vie du corps et des passions et de toute la partie
irrationnelle de l'âme, l'intelligence s'absorbant alors dans ses
objets propres qui sont les intelligibles ; ce retranchement de
l'irrationnel n'a lieu que chez le parfait ; l'homme en progrès
moral se contentant de soumettre le corps à l'intelligence ; ceci
ne suffit pas encore pour l'inspiration. C'est de cette idée générale
que dépendent certaines pratiques que l'on doit rapporter à l'expérience personnelle de Philon. Dans la contemplation philosophique, favorable à l'inspiration, il faut supprimer les impressions
sensibles, en fermant les yeux et en se bouchant les oreilles, afin
de favoriser la contemplation ; la tranquillité de la nuit, la solitude, l'oubli du passé, la fatigue des sens même sont des conditions favorables [1]. Cette intelligence purifiée est présentée parfois
comme le degré le plus élevé de l'âme humaine ; « l'âme a une
base terrestre, mais elle a son sommet ou sa tête dans l'intelligence
pure » [2]. Mais plus souvent encore elle paraît être quelque chose
de différent de l'intelligence humaine, et le prophétisme n'est pas
alors la fin d'une ascension continue vers le plus haut état de l'âme,
mais une véritable métamorphose en un être supérieur et pour
ainsi dire un ravissement. Philon, convaincu de l'impuissance
de l'homme composé de l'âme et du corps [3] à s'élever à l'état
prophétique, ne l'accorde parfois qu'aux natures purement rationnelles [4] ; la puissance divinatrice de Moïse augmente lorsque,
près de la mort, Dieu « le transforme (ἀνεστοιχείου), lui qui était
double, âme et corps, en la nature de l'unité, le métamorpho-
sant (μεθαρμοζόμενος) dans toute sa personne en une intelligence
très semblable au soleil ». Le prophétisme vient donc d'un changement intime et profond de l'être tout entier [5].

Les trois formes types de l'inspiration décrivent chacune une
phase différente du même phénomène plutôt qu'elles ne désignent des choses différentes : il y a trois termes, ce qui reçoit

1. *Migr. Abr.*, 191 ; *Qu. in Gen.*, IV, 94 ; *V. M.*, I, 283.
2. *De Somn.*, I, 146.
3. Νοῦς γεωδέστερος.
4. Cf. le rapprochement *prophetarum nuntiorumque* (= anges), *Qu. in
Gen.*, IV, 8, p. 252.
5. *V. M.*, II, 288 ; voyez les expressions μεταβαλὼν εἰς προφήτην, *V. M.*, II,
280 ; μεταμορφούμενος, *ibid.*, I, 57 ; (Moïse) οὐκέτι μένων ὁ αὐτὸς ἐξαλλάττεται τό τε
εἶδος καὶ τὴν διάνοιαν ; *ib.*, II, 272.

l'inspiration qui est décrit tantôt comme une ouïe intérieure, tantôt comme une parole proférée [1], l'intermédiaire, décrit tantôt comme l'Esprit divin chassant l'intelligence et prenant sa place, tantôt comme une intelligence pure, enfin l'origine de l'inspiration, Dieu ; dans la première et la troisième forme, Philon s'attachait au premier terme, dans la deuxième il s'attache au second. Cette théorie est du mysticisme le plus radical, en ce qu'elle fait évanouir l'âme humaine, qui ne participe nullement à l'inspiration, mais s'efface pour être remplacé par l'Esprit ; de même que, dans la théorie des intermédiaires, nous avions difficilement trouvé le terme final où s'applique leur activité, de même l'âme humaine qui doit contenir l'inspiration se dissipe sous le souffle divin ; il y a plus que possession, il y a suppression de l'âme.

Deux opinions se partagent la philosophie grecque sur la divination inspirée [2] ; d'après Platon l'inspiré perd entièrement sa personnalité par le transport divin ; d'après Plutarque, il y a au contraire combinaison dans l'oracle de l'action divine et de celle du devin ; elle mêle sa nature propre à celle de l'oracle, comme la cire mêle la sienne à celle du cachet qu'on lui imprime : nous avons vu comment Plutarque se moquait du Dieu ventriloque de la théorie contraire. Dans la forme, la thèse de Philon se rattache à celle de Plutarque pour qui « le corps est l'organe de l'âme et l'âme l'organe de Dieu ». Pourtant le fond de sa pensée est platonicien : pour lui comme pour Platon l'inspiration est essentiellement l'entrée dans un monde intelligible.

Dans le monde intelligible « rien n'est ignoré du prophète, parce qu'il a en lui un soleil intelligible et des éclats sans ombres de choses invisibles à la sensation et compréhensibles à la pensée » [3]. Philon rattache donc la prophétie à la dualité des deux mondes sensible et intelligible. Mais, chez Platon, c'est par une dialectique graduelle que l'intelligence s'élève aux Idées ; Philon, au contraire, décrit une métamorphose complète de l'intelligence elle-même. Philon ajoute donc à Platon une distinction nouvelle, celle des deux intelligences : l'intelligence terrestre, entrée dans le corps, et l'intelligence pure qu'il appelle aussi

---

1. Ces différences pourraient provenir de l'expérience intime de Philon et s'accordent bien avec les phénomènes mystiques.

2. Cf. Bouché-Leclercq, *Hist. de la Divin.*, I, p. 350 sq.

3. *De Justit.*, 8, II, 365 ; cf. *Qu. in Gen.*, IV, 90, 315 : *migrans in aliam terram... prophetizat* (ibid., 196, 399).

l'homme céleste ou à l'image de Dieu. Cette distinction a son fondement dans un sentiment plus net de la distance infranchissable des deux mondes, et d'une couleur plus religieuse. Le monde intelligible est au monde sensible comme le sacré au profane et l'être humain avec son intelligence ne peut songer à y pénétrer; les natures intelligibles sont donc incompréhensibles à l'homme. Seul le prophète qui n'est plus une intelligence humaine peut y entrer.

Pour Philon cependant la théorie représentée par Plutarque n'est pas fausse; mais elle correspond à une classe inférieure d'oracles [1], celle qui a lieu par le mélange et la société de l'activité humaine et divine, sorte de dialogue intérieur composé des demandes de l'homme et des réponses de Dieu.

La troisième espèce d'oracles [2], qui a son origine dans le transport de l'âme, paraît être la plus connue du stoïcisme ; c'est celle-ci même et non la première de la division qui est exposée et critiquée dans le *de Divinatione* de Cicéron. L'âme a en elle, parce qu'elle l'a reçue du dehors, de Dieu, la puissance de prédire [3]. Ces oracles peuvent, à l'extérieur, paraître de simples conjectures et des conseils, et ne donnent pas aux assistants le même degré de certitude que les premiers [4]. Cet état de possession divine se produit sous l'influence du sentiment violent qui met l'âme hors d'elle-même : l'étonnement ou la colère [5]. C'est à ce troisième état que se rattache la description de l'accès prophétique.

L'accès prophétique a été décrit avec une précision de détails qui fait bien voir qu'il s'agit ici de quelque chose de vivant. La pureté de l'âme et du corps en est une première condition; il faut entendre par là le jeûne et l'abstinence des plaisirs sexuels [1]; la fatigue des sens ou tout ce qui peut servir à les affaiblir, la solitude, la tranquillité de la nuit, la vieillesse même se rattachent à cette purification [6] ; le sentiment prépondérant est celui

---

1. La deuxième classe décrite, *Vita M.*, II, 192-246.
2. La *Vie de Moïse*, II, § 246 à 288 est destinée spécialement à le décrire.
3. Comp. Philon, *V. M.*, II, 190, μεταδόντος αὐτῷ τοῦ θεοῦ τῆς προγνωστικῆς δυνάμεως; et *de Divin.*, II, 31 : *inest in animis praesagitio extrinsecus injecta atque inclusa divinitus.*
2. Mais de pareilles conjectures (εἰκασίαι), ajoute Philon, sont parentes de la prophétie (*V. M.*, II, 264); surtout *V. M.*, II, 270.
4. *V. M.*, II, 250-264 (καταπλαγείς), 280 (ζέων... ὑπὸ τῆς ἀγανακτήσεως).
5. *V. M.*, II, 68 sq.
6. *Qu. in Gen.*, IV, 94, 320 ; *ibid.*, IV (trad. lat. an., 3, p. 396) ; μονωθείς, *V. M.*, I, 283 ; *de migr. Ab.*, 191 ; les sens sont émoussés par la prophétie, *Qu. in Gen.*, IV, 196, 399.

de l'amour de Dieu qui affole l'âme [1]; la chaleur du désir la
fond en quelque sorte [2], ce désir s'impose à elle par la contemplation continue de son objet [3]; elle est alors attirée vers lui
comme le fer par l'aimant [4]; elle est excitée et sent en elle l'aiguillon divin qui la pousse [5]; mais l'inspiration arrive subite-
ment, sans que l'âme l'ait prévue ni voulue [6]; dans cet état la personne a toutes les apparences de l'ivresse et les ignorants peuvent
s'y tromper [7]; elle sourit et danse ; son corps s'échauffe et rou-
git [8]; la nourriture lui est inutile [9], mais en même temps il y a en
elle, dans son âme, comme dans son corps un accroissement de
santé, de force et de puissance ; elle a le sentiment de la plénitude [10]; cependant tout ceci est ignoré de l'âme elle-même ; elle
ne connaît même pas son propre bonheur et sa propre amélioration [11]. L'inspiration vient par accès, et il y a des hommes en qui
l'esprit divin ne s'est manifesté qu'une fois, ce qui suffit pour en
faire des prophètes [12]. Elle est traversée de périodes de stérilité et
de sécheresse, où, malgré ses efforts, elle ne peut arriver à la
contemplation ; le désir se relâche et l'on redevient homme [13].
Philon paraît admettre comme un désir plutôt que comme une
réalité un état permanent d'inspiration où Dieu ayant suspendu
l'âme à ses puissances l'attire vers lui d'une attraction puissante [14].
Le sort commun de l'homme, intermédiaire entre le mortel et
l'immortel, est un incessant mouvement de montée vers Dieu et
de descente vers le mortel [15].

1. Ἐκμημηνυία, *Quis rer. div. h.*, 70.
2. *De gigant.*, 44.
3. *De gigant.*, 44.
4. *Quis rer. div. h.*, 70 ; *de gigant.*, 44
5. « *Divino œstro* », *Qu. in Ex.*, II, 49, 504 ; *de plantat.*, 39 ; *quod deus immut.*, 138 : διηρεθισμένος τοῖς τῆς μανίας οἴστροις; *de Ebriet.*, 147 (cf. Cicé-ron, *de Div.*, I, 18. Certains présagent le futur : « *Concitatione quadam animi... per furorem* »).
6. Ἐξαιφνῆς, *de migr. Abr.*, 34 ; *V. M.*, I, 283 ; *Qu. in Gen.*, III, 9, 181 ; *de Mon.*, I, 9, II, 222. Absence de volonté : *Qu. in Gen.*, IV, 125, 342.
7. *De Ebriet.*, 146, ὡς παροινεῖν... ἂν δόξαι.
8. *De Ebriet.*, 146-148 (Ovid., Fast. IV : *agitante calescimus illo*).
9. *V. M.*, II, 59.
10. Πληρής, *de migr. Abr.*, 34 ; *Vita Mos.*, II, 69 ; amélioration de ψυχή et σῶμα.
11. *De Sacr. Ab. et C.*, 10.
12. *Qu. in Gen.*, I, 87, 60 : l'âme est prise (*capitur*), *ib.*, IV, 90, 315.
13. *De Somn.*, II, 232-234 ; *de migr. Abr.*, 34.
14. *De Abrah.*, 59.
15. Il n'y a pas un de ces traits qui ne se retrouvent dans le mysticisme pos-térieur. Voyez en particulier la description du soufi (Probst-Biraben, l'*Extase*

Le prophète émet des oracles ; ces oracles forment l'ensemble des livres de Moïse dont tous les mots, l'ordre des mots et les lettres mêmes sont inspirés ; toute l'exégèse biblique est donc, avant tout, une interprétation d'oracles. Comme Cicéron le fait remarquer dans le *de divinatione*, l'interprète de Dieu a besoin lui-même d'interprète, comme le poète d'un grammairien qui l'étudie ; mais cette interprétation à son tour n'est qu'un mode de divination ; le texte sacré reste obscur pour qui ne le considère pas avec les yeux de l'âme dans son sens spirituel ; il y faut une sorte d'inspiration au second degré[1]. Sans doute, il y a d'autres procédés d'exégèse : les deux principaux sont pour Philon, la tradition et la conjecture personnelle et réfléchie ; ils n'amènent cependant qu'à des résultats douteux, d'ailleurs sans accord entre eux ; notre auteur place bien au-dessus l'inspiration personnelle, et c'est à cette occasion qu'il se présente lui-même comme un de ces inspirés capables de pénétrer les symboles du mosaïsme[2] ; il ne faudrait pas attribuer, d'après ces textes, une place trop grande aux « règles » de l'interprétation allégorique ; elles tiennent la place des procédés artificiels et savants de la mantique inductive et doivent céder le pas à l'illumination[3].

Nous comprendrons encore mieux par les songes ce mode d'interprétation allégorique. L'inspiration des songes est, nous l'avons vu, identique par nature à celle des oracles ; même classification et même principe ; c'est là l'idée commune que Philon a pu emprunter aux Stoïciens ou aux péripatéticiens de son temps ; le sommeil en supprimant l'agitation des sens et du corps ne fait que réaliser plus vite et plus parfaitement cette liberté de l'esprit, cette délivrance des liens du corps, cette extase, condition de l'inspiration prophétique[4]. Mais Philon fait, pour les

---

dans le *mysticisme musulman, Revue philos.*, novembre 1906). La préparation de l'extase est la continence, la simplification du champ psychologique ; l'extase elle-même est à la fois « hébétude et ivresse ».

1. D'ap. Cic. *de div.*, 18, ils approchent très près de la divination.

2. Surtout *de Cherub.*, 27 ; *de Somn.*, II, 252, prouve que ces états d'inspiration lui étaient habituels.

3. De la même façon, Ovide présente comme une inspiration personnelle certaines interprétations symboliques des *Fastes* (Liv. IV, 1 sq.). Maxime de Tyr (Dissert.) appelle χρησμοί les textes de Platon. Les exégètes d'oracles cités par Bouché-Leclercq (III, p. 215) emploient aussi l'interprétation allégorique.

4. L'âme, ἀναχωρούσης εἰς ἑαυτήν ; *de Sacrificant.*, 7, II, 252 ; *Qu. in Gen.*, I, 24, 17 (Harris, 15). Il insiste surtout sur l'absence des sensations, *de migr.*, *Abr.*, 190.

trois classes de songes, ce qu'il avait fait pour les trois classes
d'oracles, des distinctions dans leur degré de clarté : les premiers
où l'âme subit passivement l'action divine sont des visions parfaitement claires par elles-mêmes ; les seconds, nés de la collaboration de l'âme avec Dieu, sont plus énigmatiques et leurs
symboles ne peuvent être compris, interprétés que par une vision
spirituelle ; les troisièmes enfin ont besoin de l'onirocritique,
art d'interprétation fondé sur des règles[1]. Or ces deux interprétations, comme on le voit dans le développement, sont des interprétations allégoriques, la première arrivant à la certitude, la
seconde, au contraire, art inductif cherchant les traces de la
vérité par des conjectures probables. C'est dans l'onirocritique
pratique, celle d'Artémidore de Daldas, qu'il faut chercher la
source de ces idées. Philon connaît et emploie toutes les expressions techniques de cette divination : il étudie les ὄνειροι (songes
révélateurs par opposition à ἐνύπνια)[2], et, parmi ceux-là les songes θεόπεμπτοι, c'est-à-dire non pas envoyés par Dieu, mais spontanés par opposition aux songes demandés[3]. Il suit dans l'interprétation du songe de Pharaon les règles d'Artémidore sur les
fixations de l'échéance[4]. Artémidore distingue les songes théoré-
matiques où l'événement futur est représenté en lui-même (c'est
la première classe de Philon), et les allégoriques où il est représenté par symbole ; c'est la troisième espèce de Philon[5]. Pour
interpréter les seconds Artémidore indique une clef des songes,
sorte de lexique des interprètes, analogue à ceux qui avaient été
composés par les interprètes des oracles. Ce lexique suit les
mêmes procédés dans le fond[6] et dans la forme[7] que Philon dans
l'interprétation allégorique ; les résultats sont parfois les mêmes[8],

1. *De Somn.*, II, 1-4; les deux premières catégories ont pour condition la
sagesse (*ibid.*, II, 20).
2. Substituant dans l'explication ὄνειρος au mot des *Septante* : « ἐνυπ-
νιάσθη » (*de Somn.*, I, 133).
3. Cf. Bouché-Leclercq. I, 391.
4. Qui est désignée *de Josepho*, 97, τὴν ὁρισθεῖσαν προθεσμίαν (*Bouché-
Leclercq*, p. 298 sq.).
5. *Bouché-Leclercq, ibid.*
6. L'emploi de l'étymologie (Exemple : *mut. nom.*, 246, et Artemidore, 63,
18, πρόβατον de προβαίνειν).
7. Cf. la forme du lexique chez Philon : *de concupisc.*, ch. IV à X; les
divers sens d'ἥλιος (*de Somn.*, I, 73, 77, 85). de πηγή : *de fuga et inv.*, 177.
8. πρόβατον : l'homme en progrès (Philon) ; hommes (Artémidore),
περίστερα ; νοῦς à cause de la sociabilité de la colombe (Phil.) ; hommes en
société (Art.) ὄφις, plaisir (Phil.) ; ennemis (Artem.), etc.

et il est difficile d'échapper à la conclusion que Philon a utilisé des lexiques de ce genre.

Philon ne conçoit pas d'autre rapport avec Dieu que le rapport mystique fondé sur l'expérience immédiate. Il n'admet donc que la divination intuitive[1]. Déterminer par induction, par des procédés réfléchis et rationnels la volonté de Dieu dans l'avenir, comme le faisaient les devins, lui paraît tout à fait absurde ; c'est soumettre la divinité aux règles du probable. Malgré l'analogie que cette théorie présente avec le péripatétisme de cette époque[2], c'est d'un courant mystique plus profond que proviennent les idées de Philon. Ce qui le prouve c'est que, ne s'en tenant pas à la mantique inspirée, il absorbe en elle une partie de la mantique inductive, ou du moins ne donne de valeur à celle-ci que dans la mesure où elle se rapproche de celle-là.

2. — L'Extase

La divination intuitive est, pour le vulgaire, un art pratique ; elle répond, avec la prophétie, au besoin de connaître l'avenir. Mais en même temps, elle nous met en relation avec le divin. Aussi lorsque ces faits sont rencontrés par un philosophe à tendances religieuses, celui-ci négligera les résultats pratiques pour insister sur l'essence même de l'acte divinatoire, qui est un certain mode d'union avec le principe supérieur ; il y cherchera non plus la prévision, mais l'intuition des principes ; la révélation de l'essence des choses va se greffer sur la révélation de l'avenir. A une époque aussi superstitieuse que celle de Philon, il est naturel que nous ne rencontrions pas chez lui le mysticisme pur, dégagé de l'art divinatoire. Notre auteur les sépare pourtant par le procédé qui lui permet de confondre et de distinguer arbitrairement les côtés les plus élevés et les plus grossiers de la religion, je veux dire la méthode allégorique : sous cette baguette magique, les prophéties d'avenir dont il est fait mention dans la Loi se transforment en intuitions morales et

---

1. Même l'interprétation des songes qui, d'ordinaire, est l'objet d'une technique, dérive pour Philon d'une véritable inspiration. Cf. *de Jos.*, Joseph interprétant (ὑπηχεῖ μοι τὸ θεῖον, § 110 ; οὐ γὰρ ἄνευ θεοῦ, § 117). Il commet ailleurs une impiété en se croyant, par sa propre intelligence, capable d'interpréter les songes (*de Cherub*, 124-128).

2. Cratippe, qui acceptait seulement comme Philon la mantique des songes et des oracles (*de Divin.*, II, 48).

métaphysiques : Dieu donne à connaître en apparence le futur, mais au fond l'éternel [1].

Aussi est-ce en rapport avec l'expérience prophétique et l'enthousiasme que l'on peut déterminer ce qu'était pour Philon cette connaissance intuitive de Dieu que l'on a appelé depuis l'extase. Le mot ἔκστασις n'a pourtant pas ce sens chez Philon ; il garde le sens originaire et purement négatif de sortir de soi-même ; il indiquera aussi bien l'acte par lequel l'intelligence sort de ses objets propres, les intelligibles, pour ne penser qu'au sensible [2], que l'acte inverse par lequel elle abandonne les corps et le monde sensible [3].

Mais la chose existe : la connaissance immédiate de l'Etre est fort souvent opposée à la connaissance médiate et démonstrative. Sans doute l'on peut, avec les stoïciens, constater l'action de Dieu sur le monde, et en conclure par démonstration son existence. Mais autre chose est de saisir Dieu immédiatement et par l'évidence (ἐναργείᾳ). Cette illumination est plus directe, plus vivante que la conclusion d'un raisonnement [4]. De plus, par le raisonnement, on arrive seulement aux puissances de l'Etre ; les choses sensibles nous font connaître sa bonté et sa puissance, mais non pas l'Etre lui-même. Or « le premier bien et le plus parfait, le terme du bonheur et de la félicité, c'est la science de Dieu » [5].

La science de Dieu est donc non pas le résultat d'un raisonnement logique, mais d'un désir fervent. Ce désir est comparable à l'amour décrit par Platon dans le *Banquet*, moteur de toute connaissance intellectuelle. Les descriptions de Philon sont imbues de réminiscences platoniciennes. En tout cas, c'est une analyse psychologique, non une doctrine logique : les contradictions que l'on y trouve sont dues non à l'incohérence de la pensée, mais aux fluctuations de l'expérience intime. La « vision de Dieu » ne sera pas une contemplation stable, comme la θεωρία d'Aristote mais une pensée mobile tantôt traversée d'éclairs et d'éblouissements, tantôt consciente de sa faiblesse et de son impuissance.

Cette analyse prend pour thème en général les versets 18 à 23 du

---

1. Cf. les prophéties à Abraham (*Gen.*, 15, 1) : *Qu. in Gen.*, III.
2. *Leg. alleg.*, II, 31.
3. *Quis rer. div. h.*, 73-75.
4. *De post. C.*, 167.
5. *De Decal.*, 81 ; *quod det. pot. ins.*, 86 ; cf. *Qu. in Ex.*, II, 51, 506.

chapitre XXXIII° de l'Exode. « Moïse dit au Seigneur : montre-toi
à moi. Et le Seigneur dit : Je passerai devant toi avec ma gloire...
Tu ne pourras voir mon visage ... Lorsque ma gloire passera je
te couvrirai de ma main, jusqu'à ce que je sois passé. Et j'enlè-
verai ma main, et alors tu me verras par derrière, mais mon
visage ne sera pas vu de toi ». L'explication la plus complète de
ces versets se trouve aux chapitres V, VI et VII du premier livre
de la Monarchie, mais elle est complétée ou modifiée sur plusieurs points par d'autres explications. Le chapitre IV qui sert
d'introduction distingue dans le problème de Dieu deux questions : d'abord si Dieu est, ensuite quelle est sa substance. C'est
la division stoïcienne bien connue dans laquelle la question
d'existence précède logiquement et nécessairement celle d'essence [1]. La première est résolue dans ce chapitre par la preuve
également stoïcienne, et que l'on rencontre si souvent chez Philon, reposant sur la comparaison du monde à une cité [2]. Nous
obtenons par là la notion de l'existence de Dieu. Puis est abordée
la question de la substance.

Cet ordre est fort singulier chez un mystique : si l'on admet en
effet une vision intellectuelle de Dieu, la question d'existence n'a
pas besoin d'être résolue par une démonstration avant que celle
d'essence ne soit posée. Toutes les deux sont résolues en même
temps dans l'unité de l'expérience intime. La preuve démonstrative et la détermination de l'essence, au lieu de se faire suite l'une
à l'autre sont deux méthodes opposées pour arriver à la solution
de la même question. Aussi bien est-ce plutôt dans la forme que
dans le fond que Philon subit ici l'influence stoïcienne. Dans
un autre passage [3] il s'en dégage au contraire complètement. Il y
expose d'abord, comme dans notre chapitre IV la preuve démonstrative de l'existence de Dieu (monde-cité), puis il décrit l'intuition directe de cette existence, qui ne se fait par l'intermédiaire
d'aucun être. Ce ne sont pas là deux actes successifs dont le
second suppose le premier, mais deux voies entièrement distinctes pour arriver à Dieu et dont la première est fort inférieure
à la seconde. Si ceux qui prennent la première sont « des hommes divins », ceux qui prennent la seconde sont « à ranger
véritablement dans les adorateurs saints, légitimes et amis de

---

1. C'est la division du livre II, *de Natura Deorum*, de Cicéron (ch. Ier).
2. Cic., *de nat. D.*, II, 6, 17.
3. *De præm. et p.*, 7.

Dieu ». La première monte de la conséquence au principe,
comme si l'on déterminait l'unité d'après la dyade, la seconde
descend du principe à la conséquence. Le premier procédé
devient inutile si l'on emploie le second.

Est-ce à dire que, pour Philon, l'âme s'installe tout de suite
et comme d'un bond dans la contemplation de l'Etre suprême ?
nullement : l'intuition suppose, elle aussi, un progrès vers Dieu :
mais, chez les stoïciens, ce progrès était le passage d'un effet à
la cause ; le monde est lié à Dieu, comme le premier terme d'une
proposition hypothétique au second. Il est au contraire, chez
Philon, comme le fonctionnement toujours plus parfait d'un
organe intellectuel et nouveau, d' « un œil de la pensée », destiné à contempler un autre monde que le monde sensible. Pour
les stoïciens, il n'y avait qu'une expérience ; pour Philon, il y
en a deux, et il s'agit d'acquérir progressivement celle du monde
supérieur. Le même problème s'était déjà posé à Platon, dans
le passage du sensible à l'idée. La dialectique régressive de la
République, du *Phèdre* et du *Banquet* a eu sur Philon la plus
grande influence : chez lui aussi est décrit cet approfondisse-
ment intérieur qui fait passer de l'apparence à la vérité, de
l'image au modèle. Le point de départ est la conviction que le
sensible est obscur et indéfini ; c'est alors que « l'œil de l'âme »
s'applique au monde intelligible ; elle l'ouvre avec peine, et
l'obscurité se dissipe ; mais elle voit que le monde intelligible
est gouverné, et s'efforce de contempler le maître qui le gouverne[1]. Le rapport du monde intelligible à Dieu est ici exprimé
en langage stoïcien : on reconnaît la preuve stoïcienne qui va du
monde à Dieu, dans laquelle monde sensible est remplacé par
monde intelligible. De la même façon, dit-il ailleurs, Dieu est
« conclu de ses puissances »[2] (dont les Idées, nous le savons, ne
sont qu'un autre nom). N'y aurait-il donc là, que le transport
d'un monde à l'autre de l'argument stoïcien ? Nous ne le croyons
pas : la formule seule est stoïcienne : le rapport entre les intelligibles et Dieu est connu non pas par la démonstration, mais
par l'évidence ; l'acte de conclure Dieu de ses puissances est
l'objet de l'évidence (ἐνάργεια)[3]. Le rapport entre Dieu et ce

---

1. *De prœm. et p.*, 6, p. 414. Le passage du κόσμος νοητός à Dieu qui le gouverne (ἡνίοχος) est tout à fait parallèle, bien que la preuve ne soit pas indiquée, au passage du monde sensible à un Dieu gouverneur dans le stoïcisme.
Le langage stoïcien s'adapte ici encore à une idée nouvelle.

2. Ἐκ τῶν δυνάμεων συνιστάμενον, *Post. C.*, 167.

3. *Ibid.*

monde reste un rapport de modèle à image, plus que de principe
à conséquence ; la « forme » qui part de Dieu, son image est le
miroir dans lequel nous en obtenons une connaissance directe
et intuitive [1]. Il y a d'ailleurs, dans cette espèce de dialectique,
des erreurs comparables à celles des prisonniers de la Caverne ;
l'âme qui n'a pu monter que jusqu'au logos le prend pour le
Dieu suprême, « comme l'on prend l'image du soleil pour le
soleil même » [2].

Sur ces principes se fonde une théorie toute platonicienne de
l'extase. Dieu est l'éclat pur, sans mélange qui illumine l'âme
de « ses rayons intelligibles », mais qui, regardé de trop près,
l'éblouit et l'empêche de voir. Philon n'emprunte pas tout à
Platon. Il a décrit, avec la précision relative d'un mystique,
incapable d'exprimer son expérience autrement que par des
métaphores empruntées à la lumière, cette connaissance intuitive. Elle n'est pas, ainsi que chez Platon, pénétrée de réflexion
et de raison. Elle est caractérisée par l'oscillation perpétuelle qui
l'empêche de se fixer à l'unité pure, qu'elle voit parfois apparaître : l'œil, vite fatigué par la clarté, papillotte, et croit voir
une multiplicité, là où il n'y a qu'unité. A la place du Dieu un
apparaît le Dieu triple, entouré de ses deux puissances, qui sont
comme des ombres qu'il projette. Cette apparition n'est plus la
vérité pure, mais l'opinion (δόξα), qui, en certains passages
devient une illusion subjective due à la faiblesse de l'œil spirituel, plus encore qu'une réalité distincte. Mais la vue peut
redevenir plus libre et plus lucide, et percevoir à nouveau
l'unité [3].

Jusqu'ici nous ne sortons pas de l'influence platonicienne.
Pourtant sur des points très importants, Philon subit d'autres
influences, et sa théorie de l'extase n'est pas au fond et pour
l'essentiel issue de Platon. La dialectique régressive qui remonte
jusqu'au principe, ne peut aller que du semblable au semblable,
de l'image au modèle. Or le Dieu philonien est, nous le savons,
dissemblable à toutes choses, et non pas seulement supérieur ;
lorsque l'âme s'avance jusqu'à la contrée des intelligibles, Dieu

---

1. *Qu. in Gen.*, IV, 1, 238 ; *Qu. in Ex.*, II, 67 ; Harris, 66.

2. *Qu. in Gen.*, III, 34, 204.

3. Pour la connaissance de Dieu comparée à une illumination, cf. *de Abr.*,
70, 119 ; *de mon.*, I, 5, 217 ; *Qu. in Gen.*, III, 34, 204 ; IV, 1, 238 ; *ib.*, 241 ; IV,
4, 246. Pour la description de l'extase, vision d'Abraham décrite *Qu. in Gen.*,
IV, 2-8 et *de Abr.*, 119.

« la devance dans sa course et reste toujours à une distance infinie »[1]. Il faut, pour monter jusqu'à Dieu, dépasser non seulement le monde sensible, le ciel, mais le monde intelligible lui-même, dont Dieu n'est pas une partie[2]. D'autre part, Philon, sous l'influence du stoïcisme, accepte, sur la nature de la connaissance, des idées qui vont profondément modifier la nature de l'intuition intelligible ; pour les stoïciens la représentation en général, et en particulier la science est essentiellement compréhension : l'objet pénètre en quelque sorte dans l'âme qui le contient, et se modèle pour l'enserrer dans toutes ses parties. Si l'âme est trop étroite pour contenir l'objet, il lui échappe et lui reste incompréhensible. La science est une sorte de prise de possession des choses ; la vue ne va qu'à la surface, et nous laisse étranger au fond de l'être.

On peut prévoir le résultat de cette doctrine dans le problème de la connaissance de Dieu : ou bien l'âme sera capable de posséder Dieu, de le contenir ; ou elle aura une capacité trop limitée, et Dieu restera à tout jamais incompréhensible. La première doctrine devait être celle des mystiques alexandrins postérieurs ; elle n'est nullement constituée chez Philon. L'expression suivante : « l'âme du sage est le séjour de Dieu » ; celle de « porteur du Dieu », appliquée à ceux qui en ont la vision la plus haute[3], sont insuffisantes pour constituer une théorie : la première se trouve dans le stoïcisme[4]. Philon paraît même s'opposer formellement à une théorie de cette nature ; dans un passage, qui s'applique, il est vrai, non à Dieu en particulier, mais aux « meilleures choses » qui doivent être ici les natures célestes et intelligibles, il dit que ces choses ne peuvent pas être possédées, mais seulement vues, et qu'elles restent par conséquent incompréhensibles à l'intelligence[5]. On saisit, par ce passage, comment il peut à la fois concevoir comme possible et décrire la vision de

---

1. *De post. C.*, 18 ; cf. *de Somn.*, I, 66.
2. Cf. *liv.* II, *ch.* Ier, Dieu au-dessus des idées.
3. Θεόφορος, deifer ; *Qu. in Gen.*, IV, 29, 268 ; *Qu. in Ex.*, II, 29, 488 ; *in Gen.*, IV, 25, 264.
4. Lucain., *Phars.*, IX, 566 : *Estne Dei sedes... nisi virtus.* Cf. *de Somn.*, II, 248. La cité de Dieu est en un sens le monde, en un autre l'âme du sage.
5. *Mig. Abr.*, 46. Peut-être le passage suivant : « L'âme désirant la vision de Dieu ne comprend pas que trop près, elle est consumée, et plus loin seulement réchauffée », est-elle un avertissement à des mystiques plus radicaux *Qu. in Ex.*, II, 28, 488).

Dieu, et pourtant soutenir, avec l'insistance d'un Carnéade et par des arguments analogues, que Dieu est incompréhensible.

Le chapitre VI de la *Monarchie*, auquel nous revenons maintenant est le récit des échecs successifs que subit Moïse lorsqu'il veut tenter d'atteindre et d'embrasser la substance de Dieu. Ces chapitres combinés avec les paragraphes 7 à 15 du traité sur le *Changement des noms* contiennent tous les détails de cette théorie. D'abord on ne peut comprendre Dieu d'après le monde, mais seulement d'après lui-même ; seul il peut nous instruire de sa substance, comme la lumière ne nous est connue que par la lumière [1]. Mais encore [2] faut-il que nous ayons en nous une faculté capable de nous le représenter : sera-ce la sensation ? non, puisqu'il n'est pas sensible. Sera-ce l'intelligence ? Philon l'exclut aussi sans donner ici aucune raison : il est possible que cette raison soit donnée au paragraphe 10 lorsque le développement interrompue par plusieurs citations de l'Exode, reprend en ces termes : « Qu'y a t-il d'étonnant, si l'Etre est incompréhensible aux hommes, alors que l'intelligence, qui est en chacun, nous est inconnaissable (dans sa substance) ? » Le traité sur le *Changement* suit ainsi le conseil que Dieu donne à Moïse dans le *de monarchia* de « se connaître soi-même » pour se persuader de l'incompréhensibilité de l'Etre. Cette limitation des facultés humaines est rapprochée plusieurs fois de la thèse de l'extramondanité de Dieu. Ce n'est pas seulement la nature humaine c'est le ciel tout entier et le monde qui ne peut pas « contenir cette conception » [3] : l'acte de comprendre est visiblement ici un rapport de contenance. L'esprit ne peut recevoir (δέξασθαι) la forme claire de la représentation. Il faudrait, pour comprendre Dieu, devenir dieu soi-même [4] ; car lui seul peut se comprendre [5]. Philon est assez attaché à cette théorie pour contredire par elle les déterminations positives qu'il donne souvent à Dieu : on ne peut dire, prétend-il, ni que Dieu est incorporel. ni qu'il est corps, ni qu'il est sans qualité, ni qu'il est qualifié [6].

1. La raison, c'est qu'aucune idée n'est semblable à lui. *Mut. nom.*, 8 (cf. *Post. C.*, 16. Dieu doit devenir μηνυτὴν καὶ ὑφηγητὴν τῆς ἑαυτοῦ φύσεως, *de Præm. et p.*, 6).
2. *Mut. nom.*, 7.
3. Τὴν... ἐμὴν κατάληψιν... χωρῆσαι, *de Mon.*, I, 6)
4. Fragments Mangey, II, 651.
5. *De præm. et pœn.*. 6.
6. *Leg. alleg.*, III, 206.

C'est le premier échec que subit Moïse lorsqu'il supplie Dieu
de se faire connaître. Mais, partant de la conception platonicienne qu'il y a entre la science et l'ignorance un intermédiaire,
l'opinion, il supplie à nouveau Dieu de lui donner l'opinion. De
la même façon dans la recherche de la nature des astres, on doit
se contenter de l'opinion vraie, de la conjecture. Mais lorsqu'il
s'agit de Dieu, l'opinion vraie, c'est la connaissance des puissances qui l'entourent, et que l'on appelle aussi Idées. Ici, cette
connaissance est présentée comme encore au-dessus des facultés
humaines : l'âme ne peut pas comprendre les puissances, plus
qu'elle n'a compris Dieu, et Moïse subit encore un second échec.
En enlevant ainsi progressivement tout contenu à la connaissance de Dieu ou de ses puissances, Philon la réduit finalement
à la simple connaissance de son existence, en dehors de toute
détermination de sa nature, et c'est bien à cette conclusion qu'il
aboutit non seulement ici, mais en bien d'autres passages [1]. Après
avoir distingué deux questions, la question de l'existence et
celle de l'essence, il affirme que l'homme ne peut dépasser celle
de l'existence.

Cette espèce de scepticisme anti-stoïcien rend la pensée de
Philon difficile à saisir. Veut-il donc expulser entièrement de
l'âme la connaissance de Dieu, après avoir dit qu'elle était le
bien le plus haut ? Comment le résidu de cette recherche, la simple notion de l'existence peut-elle agir sur l'âme ? Philon est-il
donc bien le mystique que nous avons dépeint ? Oui, malgré
toutes les restrictions que nous venons d'énumérer. A qui s'ap-
pliquent-elles en effet ? Non pas à tout être, mais uniquement
à la race humaine, et aux êtres qui sont dans le devenir [2]. De
même si la compréhension des puissances est refusée à Moïse, il
est dit au même endroit que ces puissances sont appelées intelligibles parce qu' « une intelligence très pure pourrait seule les
comprendre ». Une pareille intelligence qui n'est plus humaine,
si elle ne comprend pas Dieu, sera du moins très près de lui. En
elle sera presque réalisée cette condition qu'il faut être devenu
Dieu pour le comprendre. Si Philon ne va pas jusque-là il s'en
approche beaucoup lorsqu'il décrit ainsi l'intellect prophétique :
« Il est semblable à l'unité, sans aucun mélange avec ceux qui

---

1. *De post. C.*, 168 ; *de præm. et pœn.*, 7.
2. *De Somn.*, I, 66 : τὴν κατάληψιν αὐτοῦ πάσης ἀνθρωπίνης διανοίας διωχίσθαι,
de Mut. nom., 7, 8, 12 : ὑπ' ἀνθρώπου τινος... τῷ θνητῶν ἀρίστῳ γένει.

participent à la dualité (à savoir qui sont composés de l'âme et
du corps)... il s'est approché de Dieu par sa parenté avec lui : il
a laissé tous les genres mortels, et se métamorphose en un être
divin, de façon à devenir parent de Dieu et vraiment divin » [1].
Pourtant, dans ce cas privilégié lui-même, il ne peut s'agir d'une
véritable possession de Dieu : l'intelligence la plus pure connaît
l'être non d'après l'être même, mais d'après ses premières puissances [2].

Ainsi la substance divine échappe à toutes les prises, déborde,
par sa grandeur, les âmes les plus purifiées. Faut-il donc renoncer à cette recherche ? Oui, si des questions d'ordre purement
intellectuel étaient seules en jeu. Il serait absurde, pour l'homme
ignorant, de persévérer dans des arts qui sont au-dessus de sa
portée. Mais lorsqu'il s'agit de la recherche de Dieu, l'âme est
incendiée de désirs, et l'insuccès ne réussit pas à les apaiser [3].
Elle trouve dans cet insuccès un aiguillon nouveau qui la
pousse à s'acharner à la poursuite de cet être divin, difficile à
saisir.

Ainsi l'intérêt de la vie humaine est concentré non pas dans
la connaissance immédiate de Dieu, à tout jamais impossible,
mais dans le perpétuel mouvement de l'âme qui cherche à saisir
cet objet infini. On chercherait vainement, dans toutes les œuvres
de Philon, un seul passage, où il accepte l'extase, au sens que les
mystiques donnent à ce mot. Il est hors de doute cependant qu'il
admet une espèce de présence de Dieu dans l'âme humaine. Cette
présence n'est nullement une connaissance. Elle est en effet
décrite uniquement par les états subjectifs, les sentiments qu'elle
produit. La contemplation de l'Etre se fait dans le silence [4]. L'apparition de Dieu contient en soi toutes les espèces de bien [5].
Lorsque sa notion est distincte, toutes les pensées d'impiété sont
détruites [6]. Une seule apparition de Dieu emplit l'âme du sage
du désir de ne plus en être séparé [7]. Ainsi, dans cette « connais-

---

1. *Qu. in Ex.*, II. 29, 488.
2. *Ib.*, II, 67, 514 ; Harris, 66.
3. *De Mon..* I, 6 fin. Distinction de la recherche dans les arts qui n'est légi-
timée que par le succès, et de la recherche religieuse, qui est bonne par elle-
même.
4. *De Gigant,*, 52 ; *de Ebriet.*, 70-71 ; *de Confus. lingu* , 37.
5. *Qu. in Ex.*, II, 51,505.
6. *Ibid.*, II, 47, 503 (Harris, 61) : la notion de Dieu comparée à une
flamme.
7. *Qu. in Gen* , IV, 20, 260.

sance » de Dieu, aucun objet n'est décrit, ni déterminé, mais seulement l'expérience intime de l'âme, de nature moins intellectuelle que sentimentale ; c'est le sentiment d'un état qu'elle voudrait définitif et permanent, où elle se sent comme soutenue et améliorée ; elle est pleinement satisfaite, tandis que, au contact des puissances divines ou du logos, sa satisfaction n'était pas entière. Elle est donc remplie du désir de le conserver éternellement. Mais cette constance est au-dessus de l'âme humaine qui, sans cesse, est attirée par des préoccupations mortelles [1]. Elle est possible au contraire à l'intelligence purifiée, et elle constitue, chez celle-ci, l'immortalité.

1. *Ibid.*, IV, 29, 268.

CHAPITRE II

LE CULTE SPIRITUEL

De Dieu dérivent tous les biens, mais c'est, dans le composé humain, l'âme non le corps qui peut recevoir et contenir en partie ces grâces surabondantes ; c'est donc elle seule qui par une action de grâces continue, remerciera Dieu[1]. L'action de grâces est d'ailleurs identique au bienfait lui-même ; elle en est comme le couronnement. Dieu est donc à la fois le principe et l'objet du culte[2]. Tel est, chez Philon, le sens du culte spirituel ;

---

1. *De fuga et inv.*, 91. L'adoration naîtrait... si l'homme était réduit à l'âme et l'âme à sa partie rationnelle.

2. C'est lui qui, d'après le mythe de Mmémosyne (λόγος ἐπαινέτης) crée le culte.

ici encore nous verrons que ce n'est pas l'intelligence engagée dans la matière, mais l'intelligence pure d'une nature toute autre, qui est capable de vie religieuse ; cette vie consiste, comme la prophétie et l'extase, en une métamorphose.

1. — *Le scepticisme et la foi*

Tous les événements de l'univers dépendent de Dieu ; une loi divine règle avec précision et rigueur les moindres actions des hommes, et quand on interprète cette loi au point de vue spirituel, leurs moindres pensées. De pareilles affirmations et les sentiments sur lesquels elles se fondent devaient se heurter dans l'esprit de Philon au rationalisme de la plupart des penseurs grecs ; le bien commun de la philosophie grecque, c'était d'appuyer sur les facultés humaines la connaissance de la vérité ; s'il est vrai que l'on critiquait parfois la valeur de ces facultés, ce n'était pas pour chercher ailleurs une source de vérité, mais il résultait au contraire de cette critique que la vérité était à jamais impossible à atteindre ou inexistante. Un pareil état d'esprit apparaît à Philon comme un dogmatisme athée qui, d'une façon impie, oppose la créature au créateur. C'est ce dogmatisme athée [1], contre lequel Philon appellera à son aide le scepticisme grec, et sur les ruines duquel il élèvera l'édifice de la foi en Dieu.

I. — Il s'agit moins d'un système déterminé que d'un état d'esprit très général. Philon lutte contre « cette philosophie que pratique actuellement la foule des sophistes ». Ce n'est pourtant pas non plus le seul vice moral d'impiété que Philon a en vue. Ces adversaires sont en effet des logiciens subtils, d'autant plus dangereux qu'ils sont passés maîtres dans l'art de la démonstration et du discours [2], des savants qui mettent leur idéal dans un développement facile et prompt de l'intelligence [3].

L'essentiel de leur doctrine est la foi dans l'activité humaine

---

1. Il est exposé en particulier dans la suite des traités du *Commentaire allégorique* qui se rapportent à Caïn (*de Cherub.* ; *de sacrif. Ab. et C.* ; *quod det. pot. ins.* ; *de posterit. Caïni*), qui en est un symbole, et dans le *de Confus. lingu.*

2. *Quod deter. pot. ins.*, 41 ; *de post. C.*, 52 : λόγοι οἱ ἀποδεικνύντες. *Ibid.*, 81, 83, 93, 99, 101 ; fréquentes allusions aux impies qui s'exercent aux discours.

3. *De post. C.*, 79-80.

et ses résultats. Parce que la sensation, en leur découvrant le monde sensible, éclaire l'intelligence qui jusqu'alors était aveugle, ils croient que ce monde dépend de leurs facultés et leur appartient [1]. C'est au développement de ces facultés dans les arts qu'ils demandent tout bien et tout bonheur [2].

La note dominante dans leur doctrine paraît être l'épicurisme, entendu comme négation de toute action divine, la croyance que tout dans le monde se produit spontanément (ἀπαυτοματίζουσα) et que « pour les arts, les métiers, les lois, les mœurs, la politique, la justice individuelle et sociale, c'est l'intelligence humaine qui les a fondés (ἔθετο) » [3]. Ils admettent, comme Epicure, que la sensation et l'intelligence sont des critères irréprochables de la vérité [4]. Ces doctrines sont rapportées encore au dicton de Protagoras (qui, par exception, est ici nommé par Philon) : « l'homme est la mesure de toutes choses ». Ce mot veut dire, suivant Philon, que l'intelligence donne tout à l'homme ; elle donne aux sens leurs sensations, et à elle-même la pensée avec les arts et les sciences [5].

Cette doctrine impie se complète par une « opinion tortueuse et difficile à déterminer », l'opinion péripatéticienne qui donne une activité prépondérante aux choses extérieures, en faisant entrer dans le bonheur, les biens externes et corporels [6]. Philon donne même ici l'exemple d'un de ces discours subtils qui

---

1. *De Cherub.*, 57-65 ; cf. la théorie de la sensation (Liv. II, ch. IV, § 1 fin), *ibid.*, 67-76. Dieu n'est pas pour eux cause, mais instrument ; *de conf. lingu.*, 123.

2. Cf. Caïn recourant d'abord aux secours sensibles ; *de sacr. Ab.*, 56 sq., 70 sq.

3. *Leg. all.*, IV, 29-31 ; cf. l'intelligence mère des doctrines et des arts (*Qu. in Ex.*, II, 3, 470).

4. *De confus. ling.*, 125.

5. *De post. C.*, 35-38 (cf. *leg. alleg.*, III, 81 et *conf. lingu.*, 123). L'interprétation philonienne aurait dû, à notre sens, attirer l'attention des historiens de la sophistique. Gomperz (*Penseurs grecs*, tr. fr., I, 486) soutient contre l'interprétation sceptique et subjectiviste de l'*Homo-mensura* dans le Théétète, une interprétation dogmatique : « Presque toute l'antiquité, ajoute-t-il, a pris pour argent comptant l'interprétation de Platon ». Philon y fait au moins une exception : l'*Homo mensura* y est tellement bien interprété en un sens dogmatique que tout le scepticisme accepté par Philon n'a pas d'autre objet que de le détruire (tout le développement dogmatique qui suit le § 35 est l'exposé du protagorisme, comme on le voit d'après les allusions du § 37 sur ceux qui parlent bien des dieux tout en niant la causalité divine, et l'accusation d'impiété). Philon, bien entendu, ne connaissait pas Protagoras (cf. § 35 : φασίν) et ne faisait donc que reproduire une opinion courante.

6. *Quod det. pot. ins.*, 4-7.

expliquent la force et la victoire de ces adversaires de la piété.

Nous avons une peine d'autant plus grande à préciser quels sont les ennemis auxquels s'attaque ici Philon que, par une bizarre contradiction, quelques-unes de ces idées qui sont ici l'objet de vives critiques se trouvent ailleurs reçues avec sympathie : il n'est pas toujours aussi hostile, nous le verrons plus tard, à la morale d'Aristote. D'autre part, il appelle le sensible et l'intelligible des pousses (βλαστήματα) de l'intelligence et de la sensation [1]. L'idée que l'intelligence, en s'étendant jusqu'aux organes des corps, est la cause de l'exercice de toutes les facultés humaines est longuement développée avec des expressions stoïciennes [2]. L'intelligence, dit-il ailleurs, sème en chacune des parties les puissances qui viennent d'elle, et distribue à ces parties, les actes [3]. Enfin la théorie de la sensation ici réfutée est celle qui en général est acceptée par Philon [4].

Nous devons ici être guidé par cette circonstance que les développements de ce dogmatisme athée précèdent invariablement une critique sceptique, dont la source, comme nous l'établirons, se trouve chez les sceptiques un peu antérieurs à Philon. Il est donc vraisemblable que ce dogmatisme syncrétique qui paraît être constitué uniquement pour servir de matière à la critique des sceptiques prend chez ceux-ci son origine.

Remarquons seulement, comme particulier sans doute à Philon, l'interprétation religieuse et morale de ce dogmatisme. La théorie de la connaissance ne l'intéresse pas pour elle-même ; mais l'affirmation que nos facultés ne peuvent errer contient cette idée que nous pouvons atteindre la vertu et la vérité sans le secours de Dieu, et elle est le produit de l'impiété, de l'orgueil et de l'amour de soi ; ce portrait moral du dogmatique est son principal objet ; c'est « plutôt son impiété que sa sottise » qui est mise en évidence [5].

II. — On connaît cette disposition d'esprit qui consiste à rabaisser la force de la raison humaine pour exalter à son détriment la croyance religieuse. Il s'agit en enlevant toute issue à la raison humaine dans le monde sensible de la forcer à prendre

---

1. *Leg. alleg.*, I, 23-24 ; cf. νοῦς : *unitor distinctorum intelligibilium, sicut concinnator* (*Qu. in Ex.*, II, 111, 540).
2. *Fuga et inv.*, 182.
3. *Migr. Abr.*, 3.
4. Cf. liv. I, ch. IV, § 1 fin.
5. *De Cherub.*, 65 ; leur reproche aussi l'orgueil (τῦφος).

en Dieu son secours et son point d'appui ; on ne pourra jamais
sans doute en trouver d'exemple aussi net que chez Philon, qui,
en pleine conscience utilise les doctrines sceptiques, qui avaient
en elle-même leur fin, pour donner à l'homme le sentiment de
son néant et de son impuissance.

Nous avons ici la bonne fortune de connaître avec précision
la source de notre auteur ; la longue argumentation sceptique qui
va du § 171 au § 206 du *de Ebrietate* est en effet à peu près conforme et pour le sens et pour le texte à l'exposé des tropes d'Enésidème chez Sextus Empiricus [1]. Philon n'a donc fait sans doute
dans ce passage et dans les passages voisins (du § 162 au § 206)
que copier un traité sceptique d'Enésidème ou de ses élèves.
L'objet de la critique est la théorie stoïcienne de l'assentiment ;
elle est exposée clairement au § 165 : l'assentiment suit le choix
volontaire ; avec la volonté, l'intelligence examine et cherche ;
avec l'assentiment elle incline facilement vers ce qu'elle aime.
Après avoir énoncé la condition formelle du critérium de la
vérité (que des mêmes choses viennent toujours les mêmes représentations) il veut montrer par les tropes, l'impossibilité d'appliquer ce critérium, puisque les mêmes objets produisent,
suivant les circonstances, des impressions fort différentes [2].
L'instabilité s'applique donc non aux objets mêmes, mais aux
représentations des choses sensibles, ou comme dans les deux
derniers tropes aux opinions morales et philosophiques sur les
choses invisibles.

Arnim [3] a montré que ce passage était une rédaction des tropes d'Enésidème, rédaction plus primitive que celle de Sextus
qui a été surtout utilisée jusqu'ici par les historiens du scepticisme ; ce passage résout définitivement la question de la limite
inférieure de l'âge d'Enésidème que l'on doit faire remonter
jusqu'au temps d'Auguste, puisque ses idées étaient au début du
deuxième tiers du premier siècle assez populaires pour trouver
place chez notre auteur.

Le dernier argument des tropes porte sur les différences des

---

1. *Pyrrh. Hyp.*, I, 36-163.

2. Le mot τοῦ φανέντος du § 170 signifie la représentation et non son objet,
comme τοῖς φανεῖσι du § 160.

3. *Quellenstudien zu Philon* (dans *Kissling u. v. Wilamowitz philolog.
Untersuch.*, XI, p. 101-40). Indique que Philon s'accorde avec Aristoclès
(*ap.* Eus., *præp. ev.*, XIV, 18, 11) sur le nombre des tropes (9 au lieu de 10 chez
Sextus).

opinions non pas seulement de la foule, mais des philosophes
sur les objets les plus importants, sur l'origine du monde et sur
le bien ; l'exposé des thèses philosophiques (§ 199-202) indique
à la manière des doxographes, les titres des thèses de chaque
système.

Diels [1] conjecture qu'Enésidème se servait contre les dogmatiques de l'opposition de leurs thèses qui devait en montrer
l'inanité ; il ajoute que le sceptique a pu s'aider, dans ce but,
des manuels d'opinions philosophiques qui avaient cours vers le
premier siècle. Nous avons ici même une preuve de ces affirmations. Le premier développement concernant le monde outre
qu'il oppose entre elles les thèses des différentes doctrines se
développe tout à fait suivant le plan des doxographes, examinant
d'abord la question de l'infinité, puis celle de la génération,
enfin celle de la providence [2]. Mais il y a plus, tous les passages
de source certainement doxographique que nous rencontrons
chez Philon [3], ont pour but unique de démontrer par la diversité
des opinions, l'incertitude de nos connaissances. C'est ce que
n'a pas assez remarqué Wendland, dans l'étude qu'il a consacrée à deux fragments doxographiques du *de Somniis* [4] sur l'âme
et sur le ciel. Il s'agit dans ces passages de démontrer que parmi
les quatre éléments qui composent le monde, le quatrième, le ciel,
est incompréhensible par nature, et parmi les quatre facultés de
l'âme, la quatrième, l'intelligence, est également incompréhensible. Les démonstrations se font par la divergence des opinions
des philosophes sur le ciel et sur l'intelligence ; Wendland par
la comparaison de cet exposé avec les *Placita* d'Aétius a conclu
avec justesse qu'Aétius et le texte de Philon dépendaient d'une
source unique qui avait été abrégée par ces deux auteurs d'une
façon différente : le texte d'Aétius peut être complété sur certains points par celui de Philon [5].

Mais quelle est cette source ? Il ressort de ce que nous avons
dit qu'entre les *Placita* primitifs et Philon, il faut placer encore
un intermédiaire sceptique ; il y a beaucoup de chances pour

---

1. *Dox. gr.*, p. 210.
2. Comp. avec Aétius *Placita*.
3. Sauf le passage du *de provid.*, I, 1, dont Diels (*ibid.*, p. 1 sq.) conteste
l'authenticité.
4. *De Somn.*, I, 21 24, 30-33 (Wendland, *Eine doxographische Quelle Philos*
dans *Sitzungsber. der K. preussl. Akad. der Wiss.*, 1897).
5. Sur le ciel : la désignation stoïcienne de feu καθαρώτατον, la définition de
la quintessence, remarques sur la sphère des étoiles fixes.

que cet intermédiaire soit Enésidème. Il résulte, en effet, d'un
passage de Sextus [1], qu'un sceptique, qui est probablement Enésidème, démontrait l'impossibilité pour l'intelligence de se comprendre elle-même par l'impossibilité de déterminer son siège
dans le corps ; « les uns lui attribuant la tête, les autres la poi-
trine, d'autres le cerveau, d'autres la méninge, d'autres le cœur,
d'autres le foie ». Philon emploie au § 32 le même argument [2]
en ne citant, il est vrai, que deux de ces opinions [3]. De plus un
texte de Soranus [4] que Diels rattache à Enésidème pose la question de l'essence de l'âme exactement de la même façon que le
texte de Philon. Soranus expose très brièvement les hypothèses
sur l'essence de l'âme (πνεῦμα ἢ πῦρ ἢ αἷμα) en indiquant qu'il y en
a d'autres (ἢ ὅ τι ἂν δοκῇ τοῖς σοφοῖς). Philon commence de la
même façon (πνεῦμα ἢ αἷμα ἢ σῶμα) puis indique d'autres thèses.
Soranus continue par la question du siège de l'âme, que Philon traite à la fin après avoir parlé de la génération et de la fin
de l'intelligence. Enfin les textes du livre *des songes* ne sont pas
les seuls où les contradictions des philosophes sont employées
dans un but sceptique : c'est un thème que Philon affectionne
pour démontrer les bornes de l'esprit humain. Ainsi, pour
démontrer la thèse de l'incompréhensibilité divine, Philon cite
des thèses opposées au sujet de la nature divine tirées des philosophes (corporel-incorporel, qualifié-sans qualité) [5]. Il la conclut de ce que nous ne pouvons pas même comprendre l'essence
de notre âme « dont l'obscurité a engendré mille disputes chez
les sophistes qui introduisent des opinions contraires ou **même
entièrement opposées** » [6]. Si l'on se rappelle qu'au début du
développement dont nous citons ici la fin, nous avons cru découvrir la trace d'une argumentation d'Enésidème, c'est un indice
de plus que l'idée se rapporte à cette origine [7].

---

1. Cités par *Diels*, p. 209 (*Math.*, VII, 313).
2. Wendland fait remarquer que dans tout ce passage Philon attribue au νοῦς
ce que les *Placita* attribuent à la ψυχή ; or le texte de Sextus présente la
même assimilation.
3. *Post. C.*, 137, il laisse le soin aux philosophes de montrer la place de
l'ἡγεμονικὸν, εἴτε μήνιγγα, εἴτε καρδίαν εἶναι συντετεύχεν.
4. *Ap. Pollux onomast.*, II, 226 (Diels, p. 207).
5. *Leg. alleg.*, III, 206, bien qu'ailleurs il conclut nettement pour le Dieu
incorporel et sans qualités, il utilise ici les doctrines contradictoires.
6. *De Mutat. nom.*, 10.
7. Cet argument suppose la conception stoïcienne si souvent exposée par
Philon ; Dieu est l'intelligence de l'univers et c'est en partant de notre intelligence individuelle que nous pouvons en avoir la notion.

Si nous comparons la rédaction des tropes avec d'autres arguments sceptiques de Philon, nous sommes frappés du fait qu'ils se rapportent presque tous non à l'instabilité de la représentation (comme les tropes), mais à celle de l'objet sensible. Dans le texte même du *de Ebrietate*, en exceptant les tropes, les mots du paragraphe 167 se rapportent aux choses non aux représentations : « une grande obscurité est répandue sur les êtres (corps et choses) et si l'on veut se pencher sur elles, avant d'avoir perçu quelque chose, l'on tombe et reste en arrière ». La conclusion, de même (205-206), parle, comme le fait remarquer d'Arnim, de l'instabilité des choses (« la fin est contraire à ce qui est attendu ; ce que l'on croyait très ferme, apparaît incertain ») et non plus des représentations. Dans la rédaction même des tropes il y a des traces de cette argumentation [1]. Nous en disons autant d'un texte du *de Josepho* [2] ; l'irréalité de la compréhension y est prouvée non pas par les défauts de la représentation elle-même, mais par l'argument héraclitéen du flux perpétuel des choses. Toute la première partie du développement jusqu'au paragraphe 142 est certainement de source héraclitéenne, comme l'a montré d'Arnim, et, s'il s'y trouve des expressions des systèmes stoïciens (κατάληψις) c'est que la doctrine d'Héraclite est utilisée contre les vues nouvelles des stoïciens ; l'étroite parenté qu'il y a entre cette argumentation et le scepticisme d'Enésidème [3], tant au passage étudié maintenant que dans le *de Ebrietate* montre que celui qui l'utilise est le sceptique Enésidème [4].

Après une application des principes sceptiques à l'œuvre du politique (143-145) qui interrompt le développement pour revenir à l'idée fondamentale du *de Josepho*, le développement sceptique reprend, pour se terminer par une opposition de l'instabilité et de l'obscurité des choses terrestres à la stabilité et à la clarté du ciel « semblable à une lumière très brillante et lui-même la lumière la plus pure ». Il semble d'abord que cette exception en faveur du ciel, puisqu'elle limite le scepticisme à la région terrestre, ne puisse appartenir à la source sceptique de Philon ; ce qui nous fait croire qu'elle y appartient, c'est d'abord

1. Cf. 180 : τῆς περὶ τὰ φαινόμενα ἀστάτου φορᾶς.
2. 125-143.
3. Le trope de la relation, le sixième dans le *de Ebriet.*, y est indiqué en passant.
4. Le scepticisme est, pour Enésidème, « le chemin vers la philosophie d'Héraclite » (Sextus, *Pyrrh.*, I, 210).

que les mêmes expressions sceptiques y sont encore employées, ensuite que, si les choses célestes sont réglées « par les règles mêmes de la vérité », il n'est pas dit du tout que cette vérité nous est accessible et que le ciel est compréhensible, enfin que le début de ce fragment limite bien le scepticisme à la vie humaine. Mais attribuer de telles idées à Enésidème lui-même, ce serait contredire formellement sa critique de la vérité qui exclut la vérité de tout être. Il faut donc croire que, dès l'époque de Philon, ce scepticisme, se combinant avec l'idée vulgaire de la séparation du ciel et de la région sublunaire, avait pu servir à l'appréciation pessimiste de la vie terrestre dans son opposition à la vie céleste. De la même façon la critique des opinions sur le ciel dans le *de Somniis* finit par cette espèce de réserve qu' « aucun mortel n'aura jamais la force de le comprendre » [1]. De fait le but de Philon est non pas de montrer que la vérité n'existe pas, mais qu'elle n'est pas dans la région terrestre et que l'homme en tant qu'être terrestre ne peut l'atteindre.

Philon se retrouve finalement beaucoup plus près du platonisme que du scepticisme. C'est non pas l'être en général, mais le devenir seul « qui est couvert d'obscurité, et à qui convient la suspension du jugement »[2]. Mais c'est parce que le sensible n'est que l'image d'un modèle idéal ; cette image qui fausse son modèle, ne saurait engendrer qu'une opinion instable [3]. Or l'homme est incapable de parvenir aux intelligibles ; sa pensée est alors affaiblie par trop d'impressions. La sagesse humaine est « trop mélangée, trop faible pour voir chaque être distinctement ; l'erreur s'y mêle, comme l'ombre à la lumière »[4]. A cette opinion, Philon oppose la connaissance des causes et des Idées, qui sont atteintes par « les dieux »[5].

Cette critique de la connaissance dépend d'un thème beaucoup plus général : c'est le thème de la faiblesse humaine, et la dépréciation de toutes les facultés.

L'idée se développe parallèlement à l'exposé du dogmatisme de Caïn. L'intelligence, d'après Caïn, possède tout le monde sensible ; comment est-ce possible puisqu'elle ne sait pas elle-même ce qu'elle est ? et comment avoir foi aux sensations puisqu'elles

1. *De Somn., loc. cit.*
2. *De fuga et inv.*, 136.
3. *De præm. et pœn.*, 5, II, 412.
4. *Qu. in Gen.*, I, 11, 8.
5. *De fuga et inv.*, 162-163 ; *Qu. in Gen.*, I, 54. 37.

nous trompent à chaque instant [1] ? Passons en revue les préten-
dues possessions de l'intelligence. Les arts et les sciences ne
viennent pas de nous, mais de celui qui nous a instruits ; des mil-
liers de causes, l'oubli, les maladies, la vieillesse nous les font
perdre. Nos raisonnements sont-ils à nous ? Mais les mêmes causes, la mélancolie, la folie, la perte de l'esprit, l'incertitude de
nos imaginations, les erreurs des représentations, l'oubli, nous
en enlèvent la domination ; pour les sensations, les illusions
font voir leur incertitude [2].

L'activité appartient à Dieu seul et tout ce qui est mortel pâtit
plus qu'il n'agit [3] ; l'auteur étendant cette idée à la création
entière critique l'idée péripatéticienne de l'activité continue et
sans fatigue des cieux eux-mêmes : il est permis (θέμις) de dire
que le soleil et les astres éprouvent la souffrance (κακοπαθεῖν). Les
saisons en sont une preuve ; car l'échauffement et le refroidisse-
ment de l'air qui accompagnent les diverses positions des astres
sont des changements et un changement ne peut avoir pour
cause que la fatigue. Que dire alors des choses humides et terrestres [4] ?

Une nouvelle série d'arguments [5] montre que l'homme a non
pas la possession de lui-même et des choses, mais seulement
l'usage ; elle est introduite par cette idée que les êtres étant
imparfaits par eux-mêmes, ne forment le monde qu'en se prêtant
mutuellement appui et en se complétant l'un l'autre. Il passe
ensuite en revue le corps, l'âme, l'intelligence, la sensation. Nous
ne possédons pas le corps puisque nous ne savons ni d'où il
vient, ni où il va ; les âges mêmes qu'il traverse nous échappent
sans retour. L'origine de l'âme, sa destinée future, sa substance
nous sont inconnues ; quand d'ailleurs l'aurions-nous possédée ?
Est-ce avant de naître ? Nous n'existions pas. Après la mort ?
Mais nous subirons une renaissance. Pendant la vie ? Mais elle
nous commande plutôt qu'elle ne nous obéit et sa nature trop
ténue échapperait aux prises du corps, si nous voulions la retenir. Quant à l'intelligence, l'erreur et la folie montrent qu'elle
nous échappe. Enfin la parole peut être atteinte par une maladie, et la sensation nous entraîne vers les sensibles plutôt que

1. *De Cherub.*, 65.
2. *Ibid.*, 68 sq.
3. *Ib.*, 75.
4. *Ibid.*, 88 sq.
5. *Ibid.*, 113 sq.

nous ne la menons. Ainsi toutes nos facultés nous échappent.

Par les arts, l'homme semble avoir une action sur la nature et déterminer à son gré la réalité. A cette opinion impie Philon oppose d'intéressants développements sceptiques : les raisonnements du médecin et des laboureurs sont pleins d'obscurité et d'incertitude puisque leur but est souvent manqué par suite d'accidents involontaires qui déjouent toutes leurs précautions [1]. La croyance qu'un remède peut guérir une maladie s'oppose à la croyance en Dieu [2]. De plus l'inachèvement et l'imperfection des arts est un sérieux argument contre eux. Prenez un art, si humble que vous le supposiez vous n'arriverez jamais à le posséder entièrement et il restera toujours une infinité de connaissances à acquérir [3] ; il faut renoncer à cause de la grandeur de la nature à la pénétrer tout entière ; c'est un orgueil insoutenable d'affirmer que l'on a atteint l'extrémité de l'art [4]. Quand une connaissance ne se réalise que par un progrès indéfini, c'est une raison suffisante pour la rejeter entièrement ; la peine que l'on se donne pour une pratique ne se justifie que par le succès et l'achèvement et n'est pas bonne en elle-même [5]. Seule la recherche de Dieu, même si elle manque son but, procure à l'homme joie et bonheur [6]. Enfin l'activité de l'homme est pour bien peu dans les productions des arts ; car le principe même de cette activité est un don naturel d'intelligence qui ne dépend pas de lui. Pour l'objet même que l'art produit, son principe comme sa fin échappent à l'action de l'homme ; dans l'art du laboureur, la semence et la terre qui en sont le principe, le fruit qui en est la fin ne dépendent pas de lui [7] ; la médecine montre assez combien dans la guérison des maladies l'on doit compter sur la nature [8]. Il reste donc à l'homme l'intermédiaire entre le principe et la fin qui est bien peu de chose puisque, selon le mot d'un ancien, le commencement est déjà la moitié du tout [9].

---

1. *Leg. alleg.*, III, 226-228.
2. *De sacr. Ab. et C.*, 70.
3. *De plantat.*, 81 ; *de Somn.*. I, 7, 8, 9.
4. *Qu. in Gen.*, IV (trad. latine anonyme, 9, 398, Aucher).
5. *Quod deus immut.*, 100 ; *de sacr. Ab. et C.*, 113-114.
6. Cf. l'opposition *Quod det. pot. ins.*, 55.
7. *Quis rer. div. h.*, 121.
8. *Qu. in Gen.*, II, 41, 119.
9. *De agricult.*, 125. Nous agissons entre le milieu et la fin, ἵνα τι καὶ γένεσις πράττειν δοκῇ.

Si l'homme ne peut rien produire dans les arts, inversement les arts ne peuvent être considérés comme des causes actives qui produisent pour lui le bonheur ou le malheur; quand on y réussit on s'y attache comme à des biens; lorsqu'une mauvaise chance survient, on en voit la cause dans les arts eux-mêmes. Dans une prosopopée, Philon les représente prenant la parole pour se défendre contre les accusations. C'est le vent qui est cause de la tempête, non la mer; de même les arts restent toujours identiques, et c'est une autre cause, le logos divin qui produit l'issue heureuse ou malheureuse [1].

III. — Tous ces développements, faits autant de doctrines sceptiques que de bon sens pratique assez plat, aboutissent à un sentiment fondamental, qui forme comme le centre de l'expérience religieuse de Philon, le sentiment du néant de l'homme: l'homme n'est rien, les choses sur lesquelles il exerce son activité ne sont rien non plus [2]. Philon n'exprime pas là un sentiment entièrement nouveau dans la pensée grecque; nous avons assez montré qu'il le rattache à des thèmes connus des doctrines helléniques, aux doctrines héraclitéennes et sceptiques. Mais cette disposition d'esprit n'avait pu aboutir en Grèce qu'à un pessimisme radical; la vie elle-même était gâtée et viciée dans son fond. La tension extrême de l'activité morale, pensait-on, pouvait arriver à nous rendre indifférents au malheur de cette vie; voilà ce que les stoïciens avaient trouvé pour lutter contre le découragement [3]. Cependant, il est vrai que dans des cercles moins connus, l'esprit grec avait trouvé des consolations d'un autre ordre; aux misères humaines les Orphiques ont opposé de très bonne heure la croyance à une vie future. De plus, le stoïcisme tend à se développer à l'époque de Philon dans un sens proprement religieux, puisque l'infaillibilité intellectuelle et morale du sage apparaît de moins en moins due à un effort personnel et de plus en plus à une union intime avec l'essence divine; c'est par là que l'homme peut se soustraire à la faute et à l'erreur. Nous avons pour cette direction de pensée le témoignage de Philon lui-même qu'il nous faut exposer et expliquer, avant de passer à ses propres idées.

Après ces discussions contre la valeur de la certitude, n'y a-t-il

---

1. *De Cherubim*, 34-39.
2. Τὴν ἐν πᾶσι τοῦ γενητοῦ οὐδένειαν : *de Somn.*, I, 60.
3. En considérant comme principale la théorie des ἀδιάφορα.

pas lieu de s'étonner que notre auteur accepte parfois sans y changer un mot la solution stoïcienne du problème que le méchant seul est faillible, mais que le sage dans toutes ses facultés est infaillible ? Quoi ? n'est-ce pas les facultés en elles-mêmes qui ont été critiquées ? Les sens et l'esprit ne sont-ils pas trompeurs par leur nature ? Pourtant Philon affirme que lorsque l'on a atteint la sagesse, les sensations pas plus que les raisonnements ne trompent [1] ; la compréhension certaine du monde sensible est possible ; l'homme sait discerner de petites différences entre les représentations [2], il sait comprendre les œuvres de Dieu, le monde et ce qu'il contient.

Ailleurs l'abandon de toutes les facultés sensibles qui doit nous mener vers Dieu est conçu moins comme une séparation de ces facultés mauvaises, que comme une amélioration intime de ces facultés, une espèce de purification [3].

Cette amélioration consiste à ne pas se les approprier, mais à les employer au seul culte de Dieu, employer la sensation à trouver la vérité, l'âme à rapporter à Dieu tous ses actes [4].

Ce paradoxe se résout tout de suite si nous faisons attention que notre auteur explique cette compréhension par l'union avec Dieu, dont la sagesse n'est d'ailleurs pas distincte. Dieu seul peut découvrir au sage les voiles qui cachent la nature, et c'est sous sa conduite que l'homme s'élève à la vérité [5]. De même que dans le prophétisme, l'accent était mis moins sur la révélation de l'avenir que sur la possession divine, de même le stoïcisme tel qu'il est présenté par Philon, voit bien moins dans la sagesse la science des choses de la nature que la relation immédiate avec Dieu qu'elle suppose.

Ainsi la Grèce avec ses propres ressources avait pu résister au pessimisme ; mais nous n'avons indiqué très rapidement ces idées que pour faire voir combien la solution de Philon y est opposée et nouvelle dans la pensée grecque. Le stoïcien cherche pour supprimer la misère humaine à agrandir la puissance de l'homme par son union à Dieu ; chez Philon au contraire, le sentiment de sa propre faiblesse est cultivé avec un soin jaloux ;

---

1. *Qu. in Gen.*, II, 43, 213 ; *ibid.*, IV, 22, 262.
2. *Vita Mos.*, II, 237.
3. *De nobilit.*, 5, II, 442.
4. *Quis rer. div. h.*, 111 ; *ibid.*, 108 ; *Mut. nom.*, 54-57 ; *de sacr. Ab.*, 106 ; *de fuga*, 133-136.
5. *Qu. in Gen.*, II, 43, 213.

c'est un objet constant de méditation, et c'est dans cette pensée qu'il trouve sa véritable force, à savoir la *foi en Dieu*. La conscience de sa faiblesse et la croyance en Dieu c'est la même chose : la grandeur de Dieu est, en quelque sorte, complémentaire de la faiblesse humaine, « celui qui se méconnaît lui-même, connaît Dieu » [1]. « Croire en Dieu c'est savoir que tout change et que lui seul est immuable » [2].

Mais il faut bien comprendre comment Philon entend le sentiment du néant ; ce n'est pas une simple notion abstraite et théorique, et, si toute l'argumentation sceptique lui vient en aide, ce sentiment est cependant trop vivant pour s'implanter dans la conscience par une simple critique de la connaissance. Il résulte plutôt d'un recueillement intérieur, d'une méditation prolongée sur nos facultés. Ce que nous allons décrire maintenant n'est pas à vrai dire une doctrine mais un véritable exercice spirituel destiné à détacher l'homme de plus en plus de lui-même.

La méthode n'est pas moins nouvelle que l'objet poursuivi : la dialectique platonicienne, dont Philon d'ailleurs emprunte bien des traits avait également pour but l'évasion de l'intelligence hors du monde sensible [3] ; mais elle procédait par un progrès continu de l'imitation au modèle, de l'inférieur au supérieur et suivant elle, la connaissance sensible et les facultés inférieures gardaient toujours leur valeur propre. Philon cherche, au contraire, par la méditation continue, un arrachement brusque, une extirpation complète (ἐκτομή) des facultés qui nous attachent à un objet autre que Dieu. L'« extase » (ἔκστασις) qui en est le résultat est non pas contemplation, suivant le sens que le mot a pris, mais détachement de soi. Mais l'expérience amène Philon à distinguer, dans ce détachement, deux pratiques assez différentes.

Le retranchement des facultés irrationnelles, ce serait pour l'homme la mort. Il peut donc s'en séparer non de fait, mais seulement de volonté [4] ; en méditant sur la nature, les modes et les raisons d'être de ces facultés [5], on s'aperçoit que l'intelligence est incapable de comprendre [6], que les sens sont trompeurs et

---

1. Ὁ δ' ἀπογνοὺς ἑαυτὸν γιγνώσκει τὸν ὄντα, *de Somn.*, I, 60.
2. *Leg. alleg.*, II, 89 ; *Quod deus imm.*, 4 fin.
3. Περιαγωγή, *Rép.* VII, 518 *d*.
4. *De Ebriet.*, 69 : ἀλλοτιοῦσθαι.
5. Plan de méditation donnée *de Confus. lingu.*, 52-55 ; *Migr. Abr.*, 137 : examiner à propos de chaque faculté τί, πῶς, διὰ τί.
6. *Quis rer. div. h.*, 69-74 ; *Leg. alleg.*, III, 41.

séduisent l'âme en l'inclinant vers de faux biens [1], que la parole
n'est qu'une image ou une ombre des choses qu'elle exprime [2].
Cette espèce de préparation à la foi contient donc en somme les
exercices ascétiques qui doivent tuer les désirs du corps, la méditation sur le néant des choses terrestres et le silence, la « mort
du langage », qui doit empêcher les sophismes du discours.

Tel est le premier sens de l'exode de l'âme qui doit amener à
la foi. Il en est un second moins rationnel et plus mystique. En
ce sens la sortie de soi-même se fait non pas par une méditation réfléchie, mais par l'enthousiasme et la possession divine ;
de plus c'est une séparation véritable et essentielle qui laisse
l'intelligence pure de toute alliance avec le corps et les sensations. Ainsi Abraham après avoir laissé ses facultés inférieures
sort de lui-même « comme les possédés et les corybantes, il est
dans l'état bachique et animé d'un transport divin suivant un
enthousiasme prophétique » ; ce transport est dû à l'amour qui
l'affole et à l'attraction que le Dieu exerce sur lui [3]. C'est Dieu
qui le tire de la prison du corps. C'est par l'enthousiasme que
Moïse peut sortir de son âme [4]. C'est un état d'âme bien différent
de la critique calme et froide qui arrivait à ramener les facultés
sous le joug de la raison ; il y a plutôt suppression absolue de
ces facultés ; alors les voix des sensations se taisent tout à fait [5];
l'homme « est véritablement réduit à l'âme » [6], ce qui, dans le
langage de Philon, veut dire qu'il n'est plus un homme, animal
composé de corps et d'âme, mais qu'il a subi la métamorphose
en un esprit, par le retranchement du corps, de la partie irrationnelle et du discours. Il est arrivé à une sorte de simplification et d'isolement de son être. Ce n'est plus la démonstration
du néant de son être ; c'en est l'expérience intime et immédiate. L'exercice spirituel est sans doute peu de chose à côté
de la violence du ravissement divin. Le véritable acteur, dans
le détachement des choses terrestres, c'est Dieu ; malgré tout
le scepticisme réfléchi que contiennent les œuvres de Philon,
ce ne peut être la réflexion seule qui nous fait sortir de nous-

---

1. *De fuga*, 150-151 ; *de Somn.*, I, 55 sq.
2. *Migr. Ab.*, 12 ; symbole des Lévites meurtriers (*de Ebriet.*, 71), qui avec
l'émigration d'Abraham, est le symbole le plus fréquent de cet exercice
spirituel.
3. *Quis rer. div. h.*, 69.
4. *Leg. alleg.*, III, 43-44.
5. *Ibid.*
6. *De fuga*, 91-92.

même ; c'est Dieu qui, selon le mot de la Bible, nous « a conduit au dehors ».

La fin suprême de ce détachement c'est la foi.

Le contenu positif de la foi, c'est la croyance que Dieu est la cause unique de toutes choses et que tout lui appartient [1] : c'est un principe moins spéculatif que pratique ; il ne s'agit pas d'expliquer par lui le monde mais de dénier une causalité effective sur notre vie aux faux biens extérieurs ou corporels comme la richesse, la gloire ou la santé. Ce n'est donc pas une affirmation théorique, une connaissance qui constitue la foi mais une volonté active qui se retire des choses en rapportant à Dieu toutes ses puissances.

Le sentiment dominant dans cette foi est celui de l'universalité de la grâce divine. La grâce n'est pas réservée à un petit nombre d'hommes, puisqu'au contraire tout ce qui existe est une grâce et un don de Dieu [2]. Tout ce que nous possédons est comme un prêt dont il faudra rendre compte à Dieu [3]. C'est lui qui nous a donnés à nous-même, et qui a donné chaque partie du monde a elle-même, et ces parties les unes aux autres [4]. C'est peut-être par ce sentiment intérieur de grâce universelle que Philon s'est approché le plus près de l'idée de création *ex nihilo*. Il faut voir, à l'origine de cette idée, non une thèse philosophique, mais un vif sentiment de l'impuissance absolue de l'homme. La thèse n'est que l'expression de ce sentiment concret et on ne la trouve nulle part explicitement chez Philon.

Ce n'est certes pas là le sens originaire ni ordinaire du mot. Chez les Juifs eux-mêmes [5], la foi était seulement la croyance ferme à l'accomplissement des promesses de Dieu avant toute réalisation. Ce sens pour ainsi dire national se retrouve parfois chez Philon ; et il est en certains passages trop formellement commandé par la lettre de la Bible pour que l'auteur pût songer à le rejeter : c'est ainsi qu'Abraham croit aux promesses de Dieu sans comprendre comment elles se réaliseront [6]. Mais ce n'est pas

---

1. C'est refuser la causalité aux choses extérieures, *quis rer. div. h.*, 92 ; *de sacr. Ab. et C.*, 70 : les incroyants recourent aux secours terrestres.

2. Interprétation du mot de la Genèse : « Noë trouva « grâce ». *Leg. alleg.*, III, 77-78 ; *quod deus immut.*, 104-109.

3. *Quis rer. div. h.*, 162-168.

4. *Quod deus immut.*, 107 : *de Somn.*, II, 124.

5. Les LXX emploient quelquefois le mot : ἐπίστευσεν... Ἀβράαμ (Gen., 15, 6), mais toujours dans le sens indiqué.

6. L'idée courante des signes sensibles qui doivent confirmer les promesses

ici la signification essentielle du mot. Il se produit ici la même
transformation de pensée qu'à propos de la prophétie. La prophétie est d'abord admise et recherchée comme connaissance de
l'avenir, puis la relation avec Dieu que suppose cette connaissance devient le principal. De même ici, la promesse de Dieu est
d'abord l'essentiel ; le croyant est celui qui au milieu de tous les
malheurs et malgré toutes les raisons de désespérer, reste con-
fiant en ces promesses. La foi est en ce sens inséparable des biens
que Dieu promet, sans quoi la promesse n'aurait pas de valeur.
Mais cette confiance implique que Dieu est la cause unique
auprès de laquelle les événements extérieurs ne sont rien ; et
c'est cette source mystique de la confiance en Dieu que Philon
appelle la πίστις. Toujours remonter de la forme extérieure et
superficielle à la disposition intérieure et vivante d'où elle est
issue, c'est le procédé constant de Philon en matière d'expérience religieuse. On voit fort bien à propos d'Abraham le passage d'une idée à l'autre [1]. Philon suppose des contradicteurs
qui demandent comment la Bible peut faire un mérite à Abraham d'avoir cru aux promesses de Dieu : « car, disent-ils, qui
donc, serait-il le plus injuste et le plus impie de tous, ne ferait
attention quand c'est Dieu même qui parle et qui promet » ?
Nullement répond Philon ; à la réflexion « l'on reconnaît qu'il
n'est pas facile de croire à Dieu seul sans l'adjonction d'autre
chose ; car l'union que nous avons avec le mortel, nous persuade de croire aux richesses et à la gloire et à la santé. Se laver
de tout cela, se défier du devenir et croire à Dieu seul c'est le fait
d'une pensée grande et olympienne, qui n'est plus séduite par
rien de ce qui nous entoure » [2]. Ainsi la promesse de Dieu n'entraîne pas mécaniquement la foi ; comme la prophétie elle n'appartient jamais aux indignes.

Si nous cherchons la cause de cette transformation du concept
de la foi, nous la trouvons, semble-t-il, dans une orientation
mystique du stoïcisme. La foi en Dieu est, à bien des égards,
comparable à l'indifférence stoïcienne pour les biens extérieurs.
Ce n'est certes pas dans la foi pratique, agissante, exclusive aussi
des Juifs, mais dans la certitude que rien d'extérieur ne peut
influer sur nous en mal ou en bien, qu'il faut en chercher la rai-

(*Qu. in Gen.*, III, 2, à propos de *Gen.*, 15, 8) est écartée par l'allégorie (*Quis
rer. div. h.*, 101).

1. *Quis rer. div. h.*, 90.
2. *Quis rer. div. h.*, 90 sq.

son. Nous avons vu que la compréhension paraît impossible à Philon ; or la foi est précisément décrite en des termes empruntés à la théorie stoïcienne de la compréhension stable ; elle est elle-même une « compréhension stable » [1]. Elle est comme la science la fin de la recherche [2], elle est formellement identifiée à la science telle que la concevaient les stoïciens dans le passage suivant : « Abraham le premier a cru en Dieu puisque le premier il a eu la notion inébranlable, solide [3], que le Très-Haut était la cause unique. Ayant possédé la plus solide de toutes les vertus, la science, il eut avec elle toutes les autres » [4].

Enfin cette idée même de la πίστις se retrouve dans le stoïcisme : « Le sage n'est pas sans foi (οὐκ ἀπιστεῖν), la foi appartient au sage ; car elle est une compréhension forte qui affirme la chose posée » [5]. Schlatter [6] mentionne avec raison que la foi est pour Philon non pas le fondement premier de la vie religieuse, mais au contraire sa fin, son but. Ceci s'explique par le stoïcisme ; Philon fait de la foi un état stable, une disposition permanente [7] comme la science elle-même.

Il distingue deux degrés dans la foi comme dans la compréhension : la foi stable qui n'appartient qu'à Dieu et aux amis de Dieu, qui est caractérisée de la même façon que la science, et la foi simple sans épithète, analogue à la simple compréhension. La seule différence est que la foi chez les stoïciens s'applique à toutes les représentations vraies, mais chez Philon elle s'applique uniquement à Dieu, puisque Dieu est le seul objet stable. Aussi prend-il l'habitude de désigner la foi en Dieu (πίστις πρὸς θεόν, ἐν θεῷ) par le mot foi (πίστις) sans préciser l'objet [8].

Lorsque la foi est attribuée à Dieu lui-même, cette expression ne peut s'expliquer que par la théorie de la compréhension stable : si la foi solide est identique à la science, si, d'autre part, Dieu est incompréhensible à tout autre qu'à lui-même, il suit qu'au-

---

1. Βεβαίως κατείληφεν, *ibid.*, 101.

2. *Ibid.*, cf. Cic., *Ac. pr.*. II, 26, *quæstionisque finis inventio.*

3. Ἀκλινῆ καὶ βεβαίαν ὑπόληψιν. Cf. chez Philon lui-même (*de cong. er. gr.*, 141) la définition de la science : κατάληψις ἀσφαλὴς καὶ βέβαιος ἀμετάπτωτος ὑπὸ λόγου.

4. *De nobil.*, 5, II, 442.

5. *Stob. ecl.*, II, 111, 18, W. (*Arnim*, II, 147) κατάληψιν ἰσχυράν.

6. *Der Glaube im neuen Testament*, Leiden, 1885, pp. 55-105.

7. *Confus. lingu.*, 21 : ὀχυρωτάτην καὶ βεβαιωτάτην διάθεσιν.

8. *De post. C.*, 13. La foi ayant pour objet les choses autres que Dieu (sensation, raison) est sans cesse opposée à la foi en Dieu considérée comme la seule possible, *de opif. mundi*, 45 ; *Leg. alleg.*, III, 228 ; *de Abrah.*, 263.

cun être autre que Dieu ne pourra avoir la foi véritable et constante en lui : c'est ce que Philon a voulu dire en disant que la foi véritable n'appartenait qu'à Dieu. Dieu, admet Philon, est seul πιστός, c'est-à-dire non pas au sens passif gage de foi, mais au sens actif croyant [1].

Qu'on remarque la forme de paradoxe stoïcien (ὁ θεὸς μόνος πιστός) [2] que présente l'affirmation que la foi n'appartient qu'à Dieu. Suivant la formule stoïcienne et conduit par le texte sacré, il affirme d'autre part que le sage seul a la foi, paraissant l'attribuer à un autre qu'à Dieu. C'est une inconséquence dont il n'y a pas lieu de s'étonner. Philon se trouve en présence d'une liste de paradoxes sur les qualités du sage (seul riche, seul libre, etc.), et bien souvent il donne tels quels ces paradoxes. Mais quand il a lieu d'opposer Dieu à la créature, les paradoxes sont attribués à Dieu seul. Si Dieu a foi en lui parce que seul il se comprend, cependant les sages, amis de Dieu, Abraham et Moïse ont aussi la foi. Cependant le rejet du paradoxe stoïcien est un point de vue beaucoup plus profond et qui touche de plus près à l'essence de la mystique philonienne. Suivant elle il est tout à fait impossible que la foi appartienne à l'homme. On résoudra de cette façon l'espèce de contradiction qu'il y aurait à admettre d'une part que Dieu est incompréhensible, d'autre part que la foi qui repose sur la compréhension de Dieu est possible. Au fond la foi est impossible au même titre et pour les mêmes raisons que la compréhension de Dieu.

La foi que peut atteindre l'homme est nécessairement traversée de doutes et de chutes. Philon décrit avec une grande finesse d'analyse ces doutes légers qui assaillent la conscience du croyant. Après avoir indiqué un doute d'Abraham, le croyant, sur les promesses de Dieu, il ajoute : « Le doute étant incom-

---

1. D'après Schlatter (ov. laud.) πιστός attribué à Dieu a ce sens passif ; l'expression signifie « que la πίστις (foi) subjective du croyant est conditionnée par la πίστις (gage de foi) objective de Dieu ». Certains passages (quis rer. div. h., 93 ; leg. alleg., III 208) peuvent en effet s'expliquer ainsi. On est obligé d'expliquer autrement, leg. alleg., III, 204 : « Aucun ne peut croire fermement à Dieu, y est-il dit, parce qu'il n'a montré sa nature à personne. Seul il aura une opinion ferme (ἰσχυριεῖται) sur lui... ; il est donc juste qu'il jure par lui-même parce qu'il est l'objet de sa propre foi (πιστούμενος ἑαυτόν) ». Ailleurs (de mutat. nom., 82), à ceux qui reprochent à Abraham de ne pas avoir la foi complète, il répond qu'« elle ne peut être chez un homme aussi stable que celle qui est dans l'Etre ». Τῆς περὶ τὸ ὂν πίστεως d'après ce contexte ne peut vouloir dire que la foi de Dieu lui-même.

2. Quis rer. div. h., 95.

patible avec la foi, (Moïse) n'a pas fait durer ce doute, il ne s'est pas étendu jusqu'à la langue et à la bouche, mais est resté dans la pensée très rapide. Le mot de Moïse est : « Il a dit par la pensée », et la pensée court plus vite que les plus renommés des coureurs… Le changement est chez le sage court, indivisible, non sensible, en pensée seulement (τροπὴ… νοητὴ δὲ μόνον). Que l'on ne s'étonne pas que le croyant garde encore des traces d'incroyance, ce serait confondre l'engendré avec l'inengendré, le mortel avec l'immortel, le corruptible avec l'incorruptible, et s'il est permis de le dire l'homme avec Dieu » [1].

Il semble ressortir de ce texte que l'homme arrive à la foi par sa partie immortelle, l'intelligence. Ceci nous met sur la voie de la solution du problème de la foi. L'homme ne peut pas atteindre la foi ; mais une intelligence pure de toute matière qui n'est plus l'homme, qui n'est même plus l'intelligence humaine, engagée dans le corps, mais qui est une intelligence divine ou même un Dieu, peut l'atteindre. C'est en un sens par son intelligence que l'homme arrive à la foi, mais par là même il répudie l'humanité et devient « intelligence très pure » ; il entre dans le monde intelligible ; Juda, qui est un symbole du croyant, est « sans matière et sans corps » [2]. La foi exige donc vraiment une sortie de soi et même de la partie la plus haute de l'âme, de l'intelligence. La vie de foi n'est pas un prolongement, ni un mode supérieur de la vie humaine ; elle est autre chose et exige, comme la prophétie, une intime métamorphose. Le monde intelligible qui paraissait devoir être un intermédiaire permettant à l'homme d'arriver à Dieu, absorbe pour ainsi dire le croyant, le fait pénétrer en lui, et ne lui laisse rien de sensible. Le problème n'est pas d'arriver à la foi dans notre vie, mais bien de substituer par l'extase une vie à une puissance supérieure au regard de laquelle la première n'est qu'un néant. Nous nous contenterons de mentionner ici l'exact parallélisme ou plutôt la coïncidence de cette solution avec celle des problèmes de la prophétie et de l'extase. Mais nous en savons assez pour pressentir que dans toutes ces théories Philon subit l'influence d'un même cercle mystique. C'est ce que notre étude sur le rapport personnel de l'homme à Dieu va nous confirmer encore.

---

1. Toutes les idées précédentes se trouvent dans le *Mut. nom.*, 178-187.
2. *Leg. alleg.*, I, 82. C'est dans des fêtes qui ne sont pas celles des mortels que le croyant donne comme offrande à Dieu sa foi (*de Cherub.*, 85).

2.— *Les relations de l'âme avec Dieu dans le culte intérieur.*

Nous pouvons suivre dans la littérature grecque, particulièrement chez les poètes, le mouvement de critique religieuse qui a abouti à faire de la disposition intérieure de l'homme pieux l'élément essentiel du culte [1]. S'il est vrai que Philon pouvait trouver dans les livres juifs et particulièrement chez les prophètes des tendances analogues, il paraît pourtant, dans l'expression, se rattacher sur ce point au courant d'idées helléniques. Mais à cette réduction du culte à la moralité, Philon superpose une interprétation mystique qui lui donne un sens assez nouveau qui n'est nullement le bien commun du stoïcisme. Le culte a pour condition non pas seulement la moralité, mais une transformation intime qui supprime en l'homme tout ce qui lui restait d'humain.

1. — Sans critiquer les formes extérieures du culte on peut exiger de celui qui le pratique certaines conditions morales, intérieures ; certaines cérémonies matérielles sont prescrites ; mais il faut qu'elles soient accomplies avec une intention pieuse. Un tel point de vue est rare sinon impossible à rencontrer dans la pensée grecque ; la critique religieuse y est bien plus radicale ; on ne trouve pas le moyen d'introduire comme chez Philon dans la pratique matérielle du culte la moralité intérieure ; des deux parties du culte, l'intention pieuse et la cérémonie, la première seule a une valeur [2]. Philon, au contraire, en laissant toute sa force à la loi juive, cherche seulement à imposer à ceux qui la pratiquent de sévères conditions morales.

De là l'élévation des sentiments et des idées dans le portrait du prêtre [3]. Au prêtre sont nécessaires la continence [4], la suppression des affections de famille [5], l'unique préoccupation du culte rendue possible par les dîmes qui assurent sa vie matérielle [6]. Des

---

1. Cf. Decharme, *La critique des traditions religieuses.*

2. *Zaleucus* : prologue des Lois (Mullach, II, 167).

3. C'est l'objet des traités de l'*Exposition de la Loi,* qui après le *de decalogo* jusqu'au *de festo Cophini* sont destinés à ramener sous les cinq premiers commandements du Décalogue les lois relatives au culte.

4. *De Mon.*, II, 7.

5. *Ibid.*, 8-12; cf. contre les affections familiales comme séductions, *de Abr.*, 63 ; *V. M.*, II, 175.

6. *De præm. sac.*, 1 ; il faut peut-être ici songer à la richesse du clergé égyptien.

adorateurs sont exigées la pureté morale[1], la méditation sur eux-mêmes et sur le monde[2], la continence au milieu des fêtes[3], l'adoration continuelle et sans interruption[4]. Les sacrifices sont classés non d'après leurs caractères extérieurs, mais d'après les dispositions intérieures de celui qui les offre : dans l'holocauste, nous honorons Dieu pour lui-même ; dans les autres sacrifices, c'est pour lui demander des bienfaits[5].

II. — Pourtant le culte extérieur n'est pas par là rejeté ou diminué. Cependant il était presque inévitable que le côté moral du culte l'emportât. En effet les cérémonies dont parle Philon se déroulaient loin de lui au temple de Jérusalem ; il n'y assistait pas et n'y participait pas ; s'il est vrai qu'il était lui-même allé une fois en Palestine, et qu'il avait gardé de ce voyage une profonde impression, cette impression était trop lointaine[6], pour ne pas idéaliser dans sa pensée ce culte dont il avait été témoin. Dans le souvenir, tout spirituel par lui-même, s'il n'est pas renouvelé par une perception continuelle, s'efface la notion de la réalité matérielle des objets. Et c'était là la situation non du seul Philon, mais de la colonie juive d'Alexandrie depuis trois siècles. Les synagogues n'étaient pas des lieux de culte ; on y pratiquait seulement l'enseignement religieux et moral, sur le fondement de l'explication des livres saints[7]. Il faut remonter dans l'histoire juive aux prophètes, particulièrement à Isaïe pour rencontrer une disposition d'esprit analogue : le culte n'étant pas fixé dans sa rigueur permettait un libre développement de la piété intérieure ; l'éloignement de Jérusalem produit le même effet chez les Juifs d'Egypte. De là l'affinité interne qu'il y a entre Philon et Isaïe.

Mais en Palestine même l'idée que Dieu s'occupe non du sacrifice, mais de la moralité de l'adorateur se rencontre avant le réveil nationaliste des Macchabées dans les Psaumes[8].

1. *De Sacrificant.*, 1 ; *de circumcis.* ; Wendland, fragm., p. 13, l. 6 ; *de An. sacr.*, 2.

2. *De Sacrificant.*, 2 et 3.

3. Critique des fêtes juives : *de Cherub.*, 91 sq.

4. *De An. sacr. id.*, 6.

5. *De An. sacr. id.*, 4.

6. *De provid.*, II, 107. Voyez la vivante description des fêtes, *de Septenario*.

7. *Vita Mos.*, II, 216.

8. Ps. 15, 24, 140, 50. Friedländer (*Griech. Philos. im. Alt. Test.*, 1904) attribue les psaumes à l'époque postérieure à Alexandre où certains Juifs, sous l'influence des Grecs, ont lutté contre le particularisme. L'idée de l'inutilité du sacrifice est, on le sait, fréquente dans la littérature grecque (Cf. Euripide. fr. 946, 311, 852, 948, 949 et Dieterich., *Nekya*, p. 114).

Philon arrive, en effet, à donner une prédominance presque exclusive au culte intérieur par deux moyens. D'abord, si le sacrifice ne réjouit Dieu que lorsqu'il est offert par une âme pieuse, et si le même sacrifice offert par un impie n'est pas accepté, il suit que l'élément matériel et sanglant du sacrifice n'a aucune valeur. Toutes les victimes sont égales si elles sont offertes par un cœur pieux [1]. Dieu peut-il d'ailleurs se réjouir des sacrifices les plus riches comme des hécatombes? Nullement puisque tout lui appartient et que d'ailleurs il n'a besoin de rien; un simple gâteau de miel offert par un homme pieux est supérieur aux cadeaux les plus riches, ou plutôt il ne faut rien offrir à Dieu que sa propre vertu [2]. Est-ce dans l'espoir de corrompre Dieu qu'on lui offre ces dons? Mais Dieu, la source de toute justice, n'est pas un juge corruptible que l'on peut séduire par des présents; si nous pensons qu'ainsi nos fautes lui échapperont, c'est que nous ignorons sa puissance de tout voir et de tout entendre [3]. De pareils sacrifices rappellent le péché plutôt qu'ils ne l'effacent [4]. Si au contraire l'intention est vertueuse, peu importe que l'offrande ne soit qu'un gâteau de miel, ou qu'il n'y ait pas de victime du tout [5]. C'est la foule qui voit la richesse de l'offrande; Dieu considère l'âme de celui qui offre non l'offrande elle-même [6]; la pure foi est bien supérieure au paiement régulier des dîmes [7]. Le prêtre qui pénètre dans le sanctuaire s'il n'est pas parfait, vaut bien moins que le particulier qui, n'étant même pas de race sacerdotale, s'efforce de vivre par l'âme seule [8].

Pourtant le culte intérieur n'est pas purement et simplement la moralité, mais la moralité accompagnée de la conscience de son origine surhumaine, divine. Il faut planter en notre âme les vertus non pour nous, mais pour Dieu [9]. L'idée juive que nos actes ne valent que par l'obéissance à Dieu est toujours présente et l'idée stoïcienne de la conformité à la nature vient seulement l'altérer quelque peu. L'opposition de la moralité à la vie reli-

---

1. *Qu. in Ex.*, II, 99, 532.
2. *De Sacrif.*, 3, II, 253.
3. *Ib.*, 6.
4. *V. M.*, II, 107; II, 151.
5. *De Sacrificant.*, ch. III fin.
6. *Qu. in Gen.*, I, 63, 42-43.
7. *Qu. in Gen.*, IV (trad. lat., § 6, p. 397).
8. *Quis rer. div. h.*, p. 82.
9. *Leg. alleg.*, I, 49; *de Somn.*, II, 76.

gieuse est assez rare pour cette raison même que la première est considérée comme ayant une source divine : aussi il est utile de présenter au lecteur deux passages où elle est nettement marquée : « L'intelligence pénètre parfois en des opinions sacrées, saintes et pures et toutefois humaines, celles qui concernent les fonctions, les actions droites, les lois positives, toute la vertu humaine ; mais seul est capable de porter le pectoral (symboliquement la parole qui gouverne les passions), celui qui fait tout en vue de Dieu, sans honorer davantage ce qui est après lui... » [1]. Dans le deuxième passage la philosophie éthique est encore plus opposée à la religion : « la philosophie enseigne la continence ; on dit qu'elle est désirable en soi (δι'αὐτὰ αἱρετά) ; mais évidemment elle serait plus respectable si elle était pratiquée en vue d'honorer Dieu et de lui complaire » [2].

La moralité devient donc culte intérieur lorsque l'homme vertueux reconnaissant l'origine divine de ses vertus les offre à Dieu comme des victimes pures [3]. Dans cette offrande il ne fait pas entrer les biens propres à l'homme, comme la bonne vieillesse, la bonne mort qui ne sont des biens que pour les créatures [4] ; il y a donc une espèce de séparation entre ce qui est divin et humain en nous, séparation qui aboutit à purifier la notion de Dieu [5].

Ce culte, en raison même de son intériorité, a naturellement une forme peu arrêtée. Pourtant il se dessine, dans cette œuvre, une tendance très nette à donner des règles à la vie intérieure ; et nous avons l'impression d'avoir affaire à des habitudes déjà établies et vivantes de méditation spirituelle. Le traité *des sacrifices d'Abel et de Caïn* est, par exemple, pour une grande partie (§ 52 à 104) un véritable code des règles de l'action de grâces [6].

---

1. *Leg. alleg.*, III, 126.

2. *De congr. er. gr.*, 80.

3. *De sacr. Ab. et C.*, 97 ; *ibid.*, 51 ; *ib.*, 101-104 ; *de fuga*, 18. L'offrande est parfois l'âme pure elle-même, *leg. alleg.*, I, 21 ; II, 55 ; III, 141 ; *Qu. in Ex.*, II, 98, 531 ; *de Somn.*, II, 67.

4. *De sacr. Ab. et C.*, 98 102. L'âme ne peut être offerte à Dieu que pour sa vertu ; la sensation, que pour la vérité qui est en elle.

5. *Ibid.*, 101 ; l'âme supprime par là tout ce qui est mortel ἀπὸ ἐννοίας τῆς Θεοῦ. Ce culte a donc le caractère d'une connaissance de Dieu.

6. Pourtant la prière définie αἴτησις ἀγαθῶν παρὰ Θεοῦ (*de sacr. Ab.*, 53 ; *de agric.*, 99) et dont la théorie est donnée *de Abrah.*, 6 (on prie seulement pour ce qui dépend du hasard et non pour ce qui dépend de nous) est presque absente de l'œuvre de Philon. Pour lui en effet, outre que les biens de hasard ne sont pas de vrais biens, Dieu a une bonté qui dépasse toutes les prévisions.

Philon paraît avoir senti le danger de l'effusion mystique, qui risque d'aboutir à la confusion des pensées ; il faut méditer sur les effets de la grâce divine pour les fortifier, puis diviser l'action de grâces en autant de parties que nous recevons de grâces [1]. La méditation et la division sont d'ailleurs visiblement comme des cadres, que Philon emploie ici dans un but religieux, mais qu'ailleurs il expose comme conditions de la connaissance en général [2]. C'est une méthode qui se cherche et se crée peu à peu. Telle est la nature et la signification du culte intérieur chez Philon. Au rapport purement extérieur des cérémonies a été substitué un rapport intérieur entre Dieu et l'âme, l'âme qui s'offre et Dieu qui la délivre. Mais les expressions que nous avons jusqu'ici rencontrées laissent indécise la nature de ce rapport.

III. — Chez les prophètes et dans les psaumes, c'est un rapport personnel entre une personne infiniment puissante et une personne infiniment faible ; les sentiments de Dieu à l'égard de l'homme, sa pitié, son irritation, sa colère sont décrits ; l'homme de son côté cherche à connaître et à accomplir la volonté de Dieu. Or nous voyons chez Philon, sans aucune critique de sa part, bien des traces d'une relation analogue. C'est d'abord le sentiment que l'âme est toujours sous la vue de Dieu [3] qui pénètre jusqu'à ses plus secrètes pensées, la surveille et la juge. Les sentiments de Dieu à notre égard règlent nos propres sentiments et notre propre conduite. Il faut surtout chercher à complaire à Dieu, et Dieu se réjouit des actes justes comme d'un hommage [4]. Au contraire sa colère s'élève contre les méchants [5]. D'autre part, l'homme connaissant les bornes de sa nature, ne peut compter sur son propre mérite pour adoucir Dieu à son égard ; ce serait d'un orgueil insupportable. Son être est trop

---

L'homme prie seulement pour que les biens envoyés par Dieu soient proportionnés à sa capacité (*Migr. Abr.*, 101 ; *Quis rer. div. h.*, 31-34) ; le sentiment dominant est donc non pas de demander des biens, mais d'avouer son impuissance à les garder (cf. *Quis rer. div. h.*, 37 ; *leg. alleg.* III. 213). Dans le développement du stoïcisme, le même sentiment d'impuissance dans les choses qui dépendent de nous a amené certaines âmes à la prière (Marc-Aurèle, *Pensées*, 9, 40).

1. *De sacr. Ab. et C.*, 80-86. Sur la nécessité de la division : cf. *ibid.*, 74-75 ; *de An. sacr. id.*, 6, II, 242.

2. *De concupisc.*, 5, II, 353.

3. La pensée à la fois ὁρῶσα et ὁρωμένη ; *leg. alleg.*, III début.

4. *De Somn.*, II, 17.

5. Opposition de εὐφροσύνη et de ὀργὴ θεοῦ, *de Somn.*, II, 179.

limité pour recevoir et contenir les bienfaits surabondants de la divinité. Toute créature mérite par elle-même d'être anéantie par la colère divine. Aussi le sage doit-il seulement espérer que la colère de Dieu sera tempérée par sa pitié et son amour pour les hommes [1]. Outre l'effort pour complaire à Dieu, nous devons chercher à connaître et à accomplir la volonté divine [2].

Dieu est, pour ses suppliants, le maître qui instruit, l'ami qui console et adoucit les peines de la vie, le père, le médecin et le soutien, le sauveur qui délivre.

Le philosophe dans la recherche de Dieu, sent le besoin d'être guidé par Dieu lui-même ; si les objets sensibles sont connus par la lumière, Dieu est à lui-même sa propre lumière. C'est à lui seul que Moïse demande d'être son guide et son maître [3], refusant toute instruction qui viendrait d'ailleurs [4].

Aussi Dieu est-il décrit comme un excellent maître suivant les principes de la pédagogie philonienne. Il proportionnera les connaissances aux facultés des disciples ; satisfait de leur ardeur d'apprendre, il les invite à réfléchir sur eux-mêmes pour voir que ce qu'ils demandent est impossible ; il ne leur dévoile pas sa nature, mais seulement ses puissances [5]. Il laisse beaucoup à faire à son disciple et le quitte pour qu'il agisse de lui-même, après lui avoir donné de ses leçons une mémoire ineffaçable [6].

Pourtant la science que l'homme apprend avec Dieu n'est pas comparable à la science d'un maître mortel : d'abord elle réussit, ce qui la distingue des arts qui chez les mortels n'ont pas de fin. Elle est assez étendue pour que le disciple devienne à son tour maître d'autrui. Ensuite elle n'est pas acquise aux frais de pénibles et longs efforts. Sa rapidité est telle qu'elle est intemporelle ou avant le temps : il n'y a chez lui aucune longue préparation, mais le disciple la trouve toute faite comme un paysan qui, en labourant, rencontre un trésor [7].

1. *Quod deus immut.*, 76-82.
2. *De Somn.*, I, 95.
3. *De post. C.*, 16 ; *de mon.*, I, 6, II, 218.
4. *De post. C.*, 16.
5. *De mon.*, *ibid.* Analogie poussée parfois jusqu'au ridicule. Dieu donnant à Adam les animaux à nommer est comme un maître qui fait faire à son disciple un exercice public (ἐπίδειξιν) (*Qu. in Gen.*, I, 21, Harris, 13).
6. *Mut. nom.*, 270.
7. *De fuga et inv.*, 166-169 ; ce qui est appris par nature ἄχρονόν ἐστι, 172 ; cf. une opposition de la science divine toujours nouvelle et de la science traditionnelle, *de sacr. Ab. et C.*, 76-80.

Quel est donc l'objet de cette science ? Les expressions qui précèdent dépeignent la sagesse autodidacte. Ce mot lui-même désigne plusieurs choses : c'est d'abord la science naturelle et comme inhérente aux facultés de connaître ; l'œil sait voir, l'oreille entendre sans avoir appris [1] ; de cette science dont Dieu est le maître semblent faire partie les notions innées. Mais Philon désigne encore par là la bonne nature qui d'elle-même et sans effort pratique la vertu ; celle-ci est dans une sorte d'enthousiasme et d'extase. L'intuition morale de la vertu, qui n'est pas séparée de celle de l'intelligible, n'est pas apprise comme par les hommes.

Mais en éloignant ainsi la science divine de la science humaine, en la réduisant aux facultés naturelles ou à l'intuition extatique, Philon efface peu à peu ce qu'il y a de vivant et de concret dans le rapport de maître à disciple ; Dieu n'est plus que comme le principe impersonnel de ce savoir naturel. S'il est notre maître, c'est qu'il est « source des sciences et des arts »[2], et ce titre se déduit beaucoup plus de sa nature que de nos rapports personnels avec lui. Il accentue encore l'idée en refusant Dieu pour maître à tout autre qu'à « l'intelligence très pure », qui est, nous l'avons vu, supra-humaine.

Le début du traité sur l'*Héritier des choses divines* nous donne un tableau bien vivant de l'intimité entre Dieu et l'âme pieuse. La joie de la présence divine arrête la voix, et le sage reste muet. C'est par la parole intérieure qu'il s'adresse à Dieu. Quelle liberté prend-il et quelle audace de s'entretenir avec Dieu ? Le franc parler avec les sages convient au sage ; lorsque l'on n'a aucun reproche à se faire, on peut oser prendre la parole ; c'est au méchant qu'il convient de se taire. L'âme sage ne parle pas, elle crie vers Dieu, et avec une franchise que l'on n'oserait pas montrer à un roi ; c'est que la franchise convient entre amis et que le sage est ami de Dieu. Mais cette franchise ne supprime pas la crainte et le tremblement ; Dieu est bon, mais il est aussi un maître tout-puissant et terrible ; et bien qu'il ait dit : « ne crains pas », cette puissance fait trembler l'homme. L'âme passera donc par des alternatives de crainte et de franchise ? Nullement ; les deux sentiments se mélangent intérieurement et s'harmonisent chez le sage. Où pouvait naître ailleurs que chez un juif cette

1. *Mut. nom.*, 256.
2. *Mig. Ab.*, 43.

union étroite entre la tendresse d'ami et le tremblement devant le Tout-Puissant? Ce n'est pas par l'orgueilleuse élévation de soi-même qu'on arrive à rencontrer la divinité, mais au contraire par l'abaissement, l'humilité, la conscience que l'on est terre et poussière.

Tous les rapports qui constituent l'amitié parfaite existent entre Dieu et le sage. Outre la franchise que témoigne le sage [1] à Dieu, comme un véritable ami, il ne garde pour lui aucun bien, mais les offre tous à Dieu, parce qu'il en est considéré comme le principe [2]. Inversement Dieu lui donne en échange tous les biens; à son ami Dieu ne commande pas, ne donne pas d'ordre comme un maître à son esclave, mais seulement des instructions [3]. Il est déjà beau d'être esclave de Dieu, mais la récompense supérieure, qui met le comble aux bienfaits, c'est l'amitié divine [4]; tandis que l'esclavage se rapporte à la puissance despotique de l'Etre, l'amitié se rapporte à sa puissance bienfaisante [5]. On a vu dans le texte qui vient d'être analysé, l'union de l'esclavage et de l'amitié qui se rapporte aux deux puissances à la fois.

Cependant, ici encore, nous voyons à l'analyse s'effacer ces rapports personnels. Cette amitié divine faite d'échange et d'intimité est quelque chose d'essentiellement différent de l'amour divin, désir et soif de Dieu, décrit en termes platoniciens comme degré de l'extase; il y a ici non pas relation morale et volontaire mais ravissement mystique. Mais l'amitié divine s'infléchit peu à peu dans ce sens mystique au point de se confondre avec lui. Elle devient un principe d'affranchissement du corps, et des désirs; c'est par elle que Moïse retranche de son âme la passion [6]; par elle il peut maudire le corps [7], et arriver à une foi ferme [8]. Le compagnon de Dieu est celui qui sort des choses terrestres [9], qui mène une vie droite [10]. En disant que le sage seul est ami [11] ou compagnon de Dieu [12], l'auteur identifie l'amitié divine avec la

---

1. *Sacr. Ab. et C.*, 12 ; *Mut. nom.*, 136, παρρησιάζεται.
2. *Qu. in Gen.*, II, 69 ; *ib.*, III, 5.
3. Ἐντέλλεται, *Qu. in Gen.*, II, 16 (*fr. Wendland*, p. 55).
4. *Ibid.* ; *Migr. Ab.*, 44.
5. *De Sob.*, 55.
6. Θυμός, *leg. alleg.*, III, 129.
7. *Leg. alleg.*, III, 71.
8. *Ibid.*, 204.
9. *Quis rer. div.*, 76, en acceptant la correction ἔξω γηίνων.
10. *De gig.*, 64.
11. *De Sobr.*, 55.
12. *Mut. nom.*, 45.

vie spirituelle et intelligible, en la vidant de tout contenu humain et moral : cette amitié dépasse la limite du bonheur humain.

La filiation divine n'est inconnue ni dans la littérature grecque, ni dans la juive. Mais chez Platon, le mot a un sens pour ainsi dire physique : Dieu est le père de l'univers. L'expression a dans les livres juifs une tout autre valeur ; l'accent y est mis sur les rapports moraux entre les hommes et Dieu, Dieu ayant pour l'homme pieux les sentiments et la conduite d'un père. Nous avons déjà rencontré le premier sens ; occupons-nous du second. La filiation divine apparaît quelquefois comme un rapport personnel de l'homme à Dieu ; le père éternel, toujours présent est opposé au père engendré [1] ; il prévoit pour nous et nous surveille ; il nous châtie. Cette paternité commune fonde la fraternité entre les hommes, et même entre toutes les créatures [2].

Pourtant l'idée se développe peu dans ce sens ; elle acquiert rapidement une signification tout à fait impersonnelle. D'abord la filiation divine n'appartient pas à tous les hommes ; le sage seul devient fils de Dieu, lorsqu'il atteint la limite de la sagesse ; seul, il peut prétendre à cette noble origine [3]. L'homme sage acquiert, par son progrès, ce bien que possède par sa nature l'ange ; c'est pourquoi il est appelé fils adoptif de Dieu [4]. A un degré inférieur de moralité, l'homme est fils seulement du logos [5] ; Philon paraît admettre en plusieurs passages, qu'il ne peut dépasser ce degré ; l'être est trop élevé pour que l'homme puisse supporter et contenir cette paternité [6]. Le logos comme père est avant tout la raison commune qui contient toutes les lois naturelles de la conduite. Le fils de Dieu (ou du logos) n'est donc que le sage au sens stoïcien, sans qu'il y ait trace d'une relation personnelle.

Mais ce n'est pas tout, la paternité divine a un sens beaucoup plus mystique différent du premier : c'est celle de génération spirituelle telle qu'elle est exposée dans ce qu'on pourrait appeler « le mystère de la génération d'Isaac ». Isaac est le symbole de la joie ou du bonheur qui naît de la vertu. C'était une idée

---

1. *De Josepho*, 265.
2. *De decal.*, 64.
3. *De Sobr.*, 58 ; *Confus. lingu.*, 145 ; *ib.*, 103, πατήρ τῶν χαλῶν.
4. Cf. le sage rapproché des anges à ce point de vue, *Qu. in Gen.*, I, 92, 66.
5. *Confus. lingu.*, 145 ; cf. *post. Caini*, 91.
6. *De Ebriet.*, 32-34.

habituelle chez les Grecs de considérer le bonheur, non pas comme un résultat intrinsèque de la vertu, mais une chose divine et un don de Dieu. Aristote exprime fortement cette idée[1]; cette joie intime et spontanée arrive d'une façon inattendue, et ravit l'homme sans qu'il ait pu la prévoir[2]. Enfin elle est à l'opposé du plaisir matériel d'ordre purement spirituel, c'est un « sourire de la pensée »[3]. Il faut donc croire plutôt qu'elle est aussi plus qu'humaine étant purement spirituelle et qu'elle ne peut se rencontrer que dans l' « intelligence très pure » et non pas chez l'homme composé[4]. C'est la génération de ce bonheur intime et sans mélange qui est l'œuvre de Dieu comme père. La mystérieuse triade : Dieu, vertu (Sara), bonheur, où Dieu s'unit à la vertu pour engendrer le bonheur, nous transporte dans un monde autre que celui du devenir. Cette sorte de génération mystique est fort différente, on en conviendra, et du rapport personnel et du rapport moral de paternité. Ici l'âme subit Dieu, est ravie par lui ; la génération toute spirituelle qu'elle est, se présente sous un aspect plus physique que moral[5].

Il serait facile de montrer de même, pour chacun des termes qui indiquent un rapport entre Dieu et l'homme, une transformation de sens analogue. Ainsi Dieu est sauveur dans la littérature juive, en tant qu'il défend les pieux contre les attaques des impies. Philon, dérivant de ce sens, ne voit d'abord dans le salut que la conservation des êtres par la providence[6]; c'est le sens même où les stoïciens expliquaient l'épithète σωτήρ appliquée à tant de Dieux par le paganisme[7]. Mais il y joint le sens mystique du dieu libérateur, le salut consistant essentiellement pour l'intelligence à se purifier complètement du corps et des passions, sous l'influence d'une attraction divine d'espèce presque physique[8].

---

1. *Eth. Nich.*, I, 9, 2 : τὴν εὐδαιμονίαν θεόσδοτον...

2. *Migr. Ab.*, 140 : la pensée ignore le bien qui lui arrive ; *ib.*, 142, enfante le bonheur sans les aides habituelles.

3. Ψυχῆς γέλωτα — μειδιῶν δὲ τῇ διανοίᾳ, *de mut. nom.*, 154.

4. Cf. ci-dessous ch. III, § 1 ; l'impossibilité de la joie chez l'homme ; cf. υἱὸς ἐνδιάθετος de Dieu pour désigner la joie.

5. Cf. les nombreuses métaphores physiques ἐγέννησεν (s.-c. Dieu), *leg. alleg.*, III, 219, σπείροντος καὶ γεννῶντος θεοῦ ; *de Mig. Ab.*, 152.

6. *Qu. in Gen.*, IV, 130 ; cf. *de confus. lingu.*, 98 : Dieu gouverne l'univers salutairement (σωτηρίως).

7. Cf. Cornutus, *Abrégé*, p. 51, 15, Lang.

8. *Quis rer. div. h.*, 60, la libération du corps ; *de sacr. Ab. et C.*, 112-136, qui indique l'affranchissement de la vie pratique et des arts (117 : δεσποτῶν ἀνημέρων).

D'une façon générale la vie religieuse paraît d'abord dirigée
par les sentiments de Dieu à notre égard ; l'âme humaine se
sentant perpétuellement sous la vue de Dieu cherche à lui complaire en exécutant sa volonté ; la joie de Dieu lorsqu'il est en
présence d'un juste, sa colère contre les méchants assurent
notre obéissance. Tous les bienfaits qu'il accorde à la race
humaine viennent de sa pitié pour nous. Mais cette représentation toute juive de Dieu en recouvre une autre plus mystique où
Dieu agit comme une force spirituelle encore mais impersonnelle.

Il résulte de ces analyses que les sentiments proprement
humains ne jouent pas de rôle dans le culte. Si le nom en subsiste, ils prennent, comme l'amour intellectuel de Spinoza, une
tout autre teinte, du fait qu'ils sont dus, non à l'homme, mais
au ravissement mystique. Le culte, comme la prophétie, l'extase
et la foi, nous place pour ainsi dire dans un plan supérieur au
plan humain. *Le culte est impossible à l'homme*, il est l'affaire,
non pas de l'intelligence humaine, mais de l' « intelligence très
pure » qui n'est plus du tout humaine. Ceci va beaucoup plus loin
que l'affirmation que l'homme peut adorer Dieu seulement par la
partie rationnelle de son être [1]. Cette intelligence, si elle est liée au
corps, est incapable de culte, et c'est d'elle qu'il faut se débarrasser
au même titre que du corps et de la partie irrationnelle. Il en est
tout autrement de l'intelligence tout à fait purifiée qui constitue
le véritable « thérapeute » de Dieu ; elle est formellement opposée comme telle à l'homme composé de l'âme et du corps [2]. « L'intelligence lorsqu'elle sert Dieu avec pureté n'est plus humaine
mais divine » [3]. Nous savons qu'une fonction des êtres mythologi-
ques qui entourent Dieu est précisément le culte de l'Etre. Dans les
âmes (identiques, nous l'avons vu, aux anges) la première place
est attribuée à celles qui, « consacrées et attachées au culte du
père, sont pour lui des servantes » [4] ; les anges sont les prêtres de
Dieu dans le monde considéré comme un temple [5] ; le grand-

---

1. Le culte est la langue qui convient à un animal raisonnable, *de Somn.*,
1, 161.

2. *De Ebr.*, 44 ; *de Somn.*, II, 92.

3. *Quis rer. div. h.*, 84. Même idée développée à propos de *Lév.*, 16-17 :
« Lorsqu'il entrera dans le Saint des Saints, il ne sera pas un homme jusqu'à ce qu'il en sorte ». S'il n'est pas homme, dit le *Commentaire* de Philon,
il n'est pas non plus Dieu, mais serviteur de Dieu Cf. *de mut. nom.*, 127 :
prier n'appartient pas à n'importe qui, mais à l'homme « plein de Dieu ».

4. *De gig.*, 12 (cf. *de Somn.*, I, 140).

5. *De Mon.*, II, 1.

prêtre est une des significations du logos [1]. Le culte de Dieu exige l'entrée dans le monde immatériel et divin, fermé à tout ce qui est mortel et irrationnel. Moïse ne commence à adorer Dieu que lorsqu'il a quitté le corps pour entrer dans la contrée invisible [2].

Le salut qui consiste à quitter entièrement la sphère du mortel, sous l'action divine, et à devenir un être divin n'est-il pas alors une sorte d'apothéose et de transformation de l'homme en Dieu? Certes Philon se défend d'une pareille interprétation [3]. Moïse lui-même s'il est appelé Dieu reçoit ce nom par rapport à l'insensé et au méchant [4]. L'intelligence dans le salut ne devient pas Dieu, mais seulement divine. Mais l'insistance même avec laquelle il se garde de cette conclusion, est un indice qu'il pense à des doctrines plus radicales qui, en effet, faisait de l'être sauvé un dieu véritable. Il faut reconnaître que chez Philon, la nuance est parfois bien faible (*leg. alleg.*, II, 10).

3. — *Origine égyptienne du culte spirituel*

I. — Nous avons déjà rencontré, chez Philon, la preuve certaine de l'influence des conceptions religieuses égyptiennes de l'époque hellénistique. La parole divine créatrice est un concept de ce genre. Nous avons la preuve par le traité *sur Isis* que le culte syncrétique dérivant d'une fusion des cultes égyptien et grec, voulue depuis longtemps par la politique des Ptolémées, avait été l'objet d'une élaboration analogue pour une part à la transformation allégorique qu'avait subie, chez les stoïciens, la mythologie grecque. Nous disons : pour une part ; car d'abord, les dieux égyptiens étant déjà de nature des êtres plus ou moins symboliques, avaient moins besoin d'allégorie que les mythes grecs. De plus cette méthode aboutissait, chez les Grecs, à transformer le mythe en une philosophie : en Egypte, elle a ce résultat inverse de donner à la notion philosophique un aspect plus religieux, plus pénétré de vie spirituelle. C'est ainsi que la notion stoïcienne du Logos perd, par son rapport avec celle de la parole

1. *De Cherub*, 17 ; *de gigant.*, 52, etc.
2. *De gig.*, 52.
3. « Moïse, qui n'est pas homme, est-il Dieu ? Je ne voudrais pas l'affirmer » (οὐκ ἂν εἴποιμι), de *Somn.*, II, 189.
4. *De sacr. Ab. et C.*, 9 ; il est dieu du Pharaon (symboliquement le corps).

créatrice, ce qu'elle avait chez les Grecs d'objectif, d'impersonnel, de scientifique pour devenir plus fluide et comme plus pénétrable à l'âme humaine.

Dans ce syncrétisme philosophique qui se superpose au syncrétisme des cultes, l'élément grec prédominant est la philosophie stoïcienne, philosophie officielle et populaire qui se prêtait mieux que toute autre à une pareille élaboration. L'union des théories religieuses de l'Egypte avec la philosophie stoïcienne est témoignée dès le début de l'époque impériale, à l'époque où a vécu Philon. Les renseignements bien rares que nous possédons sur les stoïciens alexandrins de l'époque suffisent à le prouver. C'est d'abord Chérémon, le maître de Néron, qui fut prêtre d'un sanctuaire égyptien [1] ; il a donné de la vie sacerdotale une description dont Porphyre a conservé le résumé ; nous savons qu'il interprétait allégoriquement les hiéroglyphes égyptiens [2] et que, d'après ses doctrines, les astres étaient des dieux et le soleil, le démiurge [3]. Un autre stoïcien de la même époque, Hécatée d'Abdère, compose un livre sur la *Philosophie des Egyptiens* [4]. C'est là sans doute qu'il donne une énumération des éléments où, au-dessus des quatre principes connus, il en admet un cinquième, le πνεῦμα [5]. Cette théorie est à rapprocher de la théorie « égyptienne » que cite Sénèque [6], d'après laquelle les quatre éléments contiennent chacun un couple mâle et femelle. Nous sommes sans doute en présence d'une allégorie physique de l'Ennéade égyptienne, dont le πνεῦμα représente le dieu souverain. Enfin l'importance exceptionnelle que prend l'Hermès Logos dans le stoïcisme, et qu'on peut constater chez Apion, le stoïcien alexandrin commentateur d'Homère et contemporain de Philon [7], nous montre le stoïcisme s'appliquant à allégoriser le dieu Thot, maître de la parole.

C'est le stoïcisme égyptien qui fut la principale source du philonisme dans la théorie des intermédiaires. Or le culte spirituel dont nous cherchons maintenant l'origine, est rattaché par des liens fort étroits au culte du Logos et à la théorie des inter-

---

1. Sur Chérémon, cf. Schürer, p. 776.
2. Joh. Tzctzès, *Comm. in Il.*, pp. 123 et 146, Hermann.
3. Porph. *ap.* Eus., *prep. ev.*, III, 4, 1-3.
4. *Diog. Laer.*, I, 10.
5. *Diod. Sic.*, I, 11, 6.
6. *Nat. quaest.*, III, 14.
7. *Joh. Lyd., de mensibus*, IV, 107, 17, Wünsch.

médiaires. Il consiste essentiellement en effet par une série de
pratiques et d'opérations intérieures, à purifier l'intelligence qui
se transforme et s'élève en dignité jusqu'au rang des êtres divins,
devient le compagnon des anges et des paroles divines. Ne
devons-nous pas chercher dans les mêmes cercles mystiques la
source d'inspiration de ces doctrines ?

II. — La théorie mystique de l'intelligence purifiée absorbe en
les interprétant toutes les idées de la morale stoïcienne sur le
sage. Cette intelligence est expressément identifiée au sage, et
cette identification n'est pas présentée comme personnelle à l'auteur, mais attribuée à ceux qui ont dit que le sage est « inexis-
tant » (ἀνύπαρκτόν), ce qui est l'expression technique de la thèse
stoïcienne [1]. Cette thèse même est interprétée en ce sens tout à
fait mystique que le sage ne peut se trouver sur la terre prison-
nier des liens du corps, mais ne peut être qu'une intelligence
purifiée dans la région des intelligibles [2]. Les mots σοφός et νοῦς
καθαρός sont employés l'un pour l'autre, et le sage qui est moindre que Dieu, mais plus que l'homme, est appelé un intermédiaire entre la nature humaine et divine [3]. Si enfin nous embras-
sons d'ensemble les résultats des chapitres précédents, sur le
prophétisme, l'extase, et le culte, il est frappant qu'ils ne sont
que l'exposition, à un point de vue plus mystique, des célèbres
paradoxes : « Le sage seul est divin, prophète ; le sage seul connaît Dieu, est prêtre, exerce le culte de Dieu » [4].

Philon ne peut être l'auteur d'une pareille interprétation.
Sur bien des points, notamment sur la théorie de la compréhension, nous l'avons vu défavorable au stoïcisme [5]. De plus,
il l'attribue formellement aux stoïciens. Pour chercher l'origine
de cette altération du stoïcisme, il faut voir dans quelles conceptions proprement religieuses s'encadre, chez Philon, cette théorie
du pur esprit. Si le judaïsme a servi de matière à ses symboles,
nous allons voir que le culte intérieur, lorsqu'il tend à s'exprimer en un culte extérieur, choisit les formes les plus étrangères,
les plus hostiles même au judaïsme : d'une part la théorie de
l'immortalité, d'autre part celle des mystères.

1. *De mutat. nom.*, 34-37.
2. *De fortit.*, 3, II, 377.
3. *Quis rer. div. h.*, 83-84.
4. Stobée, *Ecl* II. 67, 13, μάντιν : *ib.*, 67, 20 : ἱερία ; *Diog. La.*, VII, 119 :
εὐσέβης (Arnim., *St. Vet. Fr.*, III. p. 157, 4. 12, 24).
5. Bien qu'il accepte la thèse en ce sens mystique que la compréhension
du sage vient de l'influence divine (cf. ci-dessus § 1, III).

III. L'immortalité ne s'acquiert que par la transformation en pure intelligence ; il est absurde de penser que l'homme soit immortel [1] ; aucun individu ni aucune espèce ne le sont ; seuls, le genre, l'Idée, ou, en termes stoïciens, la semence sont indestructibles. Ce n'est donc pas par son être même que l'âme est immortelle, mais au contraire par l'exclusion de tout ce qu'il y a en elle de périssable et de terrestre, par conséquent d'individuel ; l'être en tant qu'immortel n'est plus un homme.

Les représentations courantes sur la nature de l'âme, issues du platonisme ou du stoïcisme, partent de l'identité de l'intelligence humaine avec un élément plus divin ; elles dissimulent une théorie plus profonde et plus spéciale à Philon. Si l'intelligence était par elle-même de substance divine, comment expliquer cette question à propos de l'intelligence de Moïse, « si elle est humaine ou divine, ou composé des deux » [2]. Il y a donc deux espèces d'intelligences ; l'intelligence divine, qui est l'homme à l'image de Dieu, et l'intelligence terrestre qui étant dans le composé humain est corruptible comme lui. Ce n'est donc pas par cette intelligence que l'âme est immortelle, mais bien plutôt par l'abandon qu'elle en fait et qu'elle fait d'elle-même.

Le lieu de cette vie immortelle est le monde intelligible, conçu non plus seulement à la façon de Platon comme composé de modèles, mais formant un monde véritable d'êtres intelligents. Lorsqu'Abraham « revient vers ses pères », ceci désigne, pour Philon, le retour de l'âme incorruptible aux substances incorporelles habitant le monde divin, que l'on appelle les anges [3]. La mort d'Enoch est « le passage en un autre lieu », qui, d'après le contexte, se trouve être le monde intelligible [4]. Sous la forme symbolique que prend l'idée en un passage [5], Philon décrit les divers degrés du monde intelligible auxquels arrive chacun des sages suivant sa perfection : Abraham et Jacob vont jusqu'aux anges qui, d'après le paragraphe 8, sont ici le symbole des espèces ; Isaac va jusqu'au genre, et Moïse jusqu'à Dieu lui-même. L'incorruptibilité de la pensée n'est que le passage de l'espèce

1. ἀνθρώπων φθαρτὴ φύσις, de Abrah., 55 ; surtout de mut. nom., 210.

2. Vita Mos., I, 27.

3. De cong. er. gr., 25 ; même représentation, Qu. in Gen., III, 11, 184 (Wendland, 67).

4. Ex sensibili visibilique loco ad incorpoream et intelligibilem ideam, Qu. in Gen., I, 86, 59.

5. De sacr. Ab. et C., 5.

qui est « courte, détruite avec celui qui la possède », au genre permanent, qui, dégagé du mortel, subsiste pour l'éternité [1].

Sans doute le lieu de l'immortalité est souvent seulement le ciel, l'éther considéré comme l'origine des âmes, où l'âme revient naturellement lorsqu'elle est délivrée des liens du corps [2]. Cependant Philon a eu parfois conscience de cette opposition du matérialisme stoïcien avec l'idée précédente : il fait une distinction formelle entre « l'homme du ciel », qui, bien que supérieur à la terre, reste dans le monde sensible, et « les hommes de Dieu », prêtres et prophètes, qui, « ayant dépassé tout le sensible, ont émigré dans le monde intelligible et y ont habité comme membres de la société des idées incorporelles et incorruptibles » [3].

Ce qui s'oppose au séjour des bienheureux, c'est la région sublunaire. La terre et, symboliquement, le corps et la passion sont un lieu de misère, et la « contrée des impies ». C'est le véritable Tartare ou Hadès. La vie dirigée vers le devenir, par opposition à la vie dirigée vers Dieu est cachée dans les cavernes du Hadès [4]. A Israël, celui qui voit Dieu, s'opposent ceux qui, les regards inclinés vers la terre, sont habitués aux choses du Hadès [5]. A la contrée olympienne et céleste, séjour des anges, s'opposent les cavernes du Hadès, où les méchants sont morts à la vie véritable [6]. Ce Hadès doit être la « contrée des impies », décrite avec quelques détails « qu'occupent une nuit profonde, une obscurité sans fin, peuplée d'images, de fantômes, et de songes » [7]. Là est chassé le méchant afin d'y subir un malheur sans mélange et continu [8]. Elle est désignée plus précisément comme « la contrée des plaisirs, des désirs et des injustices : ce n'est pas le Hadès fabuleux, mais le véritable Hadès, à savoir la vie du

---

1. *De mutat. nom.*, 78-81. Voyez le passage de Seth ἐκ φθαρτῶν εἰς ἀθάνατα γένη, *de post. C.*, 43 ; *Qu. in Gen.*, III, 53, 228. La vertu individuelle qui meurt se change en vertu générique (*partem in totum, speciem in genus, corruptibile in incorruptum*)

2. C'est la conception de Posidonius *ap.* Cic., *Tusc.*, I, ch. 20 sq. ; cf. Philon : l'âme émigre au ciel (*V. M.*, II, 288) ; la vie immortelle est considérée comme se prolongeant dans le temps aussi longtemps que le monde (*de Jos.*, 264 ; *V. M.*, II, 108 ; *de mon.*, I, 3, II, 216).

3. *De gigant.*, 61.

4. *Quis rer. div. h.*, 45.

5. *Ibid.*, 78; cf. l'abîme (εἰς ἔσχατον βύθον) où est jetée l'intelligence (*mut. nom.*, 107).

6. *De Somn.*, I, 152 ; même opposition *de post. Caini*, 31.

7. *Ibid.*, II, 133.

8. *De Cherub.*, 2.

méchant, maudite et scélérate » [1]. Philon emploie, à l'égard des méchants, les expressions propres que désignent les grands coupables du Hadès : ἀλάστωρ, παλαμναῖος. Dans la peinture des malheurs [2] de la vie terrestre, il paraît s'être souvent inspiré des descriptions du Hadès. Celui qui ne les subit pas avec patience et résignation, dit-il, subit le châtiment de Sisyphe, retombant toujours sous le poids de son rocher [3]. Les passions sont considérées comme des châtiments [4]. Le corps est le Tartare dont les passions sont les flammes [5]. La vie du méchant est bien souvent considérée comme une mort perpétuelle et continue [6].

On retrouve donc facilement sous cette Nekya symbolique, qui ramène l'immortalité à la connaissance intelligible, et les châtiments à la vie dans le corps et dans les passions, la description de séjours plus matériels.

D'où proviennent cette description et ce symbolisme ? Dans un texte important des *Questions sur l'Exode* [7], Philon considère l'immortalité comme une « renaissance » sous forme de prophète. La première naissance de l'homme est charnelle : il vient de parents mortels ; dans la seconde simple et sans mélange, il n'a pas de mère, mais seulement un père, le père de l'univers, et cette naissance se fait « suivant la nature du nombre sept toujours vierge » (c'est-à-dire suivant la sagesse). Le prophète qui renaît ainsi est opposé à l'homme terrestre (πρωτοπλάστου).

Ce passage rapproche la doctrine de l'immortalité du mystère de la génération par Dieu et la Sagesse. Mais elle est non plus une naissance, mais une régénération, un rajeunissement. Il faut donc, pour saisir l'origine de cette représentation, chercher ce qu'étaient ces mystères dont Philon parle souvent.

IV. — Philon trouvait, dans les cultes mystérieux, une de ces formes religieuses que, depuis Platon déjà, les philosophes avaient utilisé pour donner à leur doctrine une couleur plus religieuse [8]. L'essentiel du mystère est, pour Philon, un discours

1. *Congr. er. gr.*, 67.
2. Κῆρις, de *Cher.*, 66-76, mot qui désigne la divinité des Hadès.
3. *De Cher.*, 78.
4. *Quod deus immut.*, 112.
5. *Qu. in Gen.*, IV, 234, 432.
6. *Qu. in Gen.*, I, 75, 49-50 : *malitia = mors* ; *ib.*, II, 9, 88 ; *ibid.*, IV, 173 (Wendland, 83) ; la vie du méchant ἐπὶ θάνατον σπεύδει, *ibid.*, IV, 235, 432 : le trouble, l'avidité *mortuis conveniunt*.
7. II, 46, Harris, 60.
8. Cf. Chrysippe pour qui les discours sur les dieux sont des τελεταί (*Etym. magnum*, p. 750, 16 ; *Vet. St. fr.* d'Arnim, II, 299).

sacré [1], qui donne un enseignement allégorique. On n'en peut douter en voyant qu'il traite également comme un mystère l'interprétation du texte d'Homère considéré comme discours sacré [2]. L'on sait que dans les mystères de la Grèce classique, il est peu probable que l'enseignement allégorique ait tenu une place. Il en fut tout autrement, suivant le témoignage de Varron, à l'époque qui nous occupe. Il s'y donnait un enseignement allégorique, et sans doute est-ce l'écho de ces nouveautés que nous entendons ici.

L'on sait que le culte des mystères comportait plusieurs fonctions dont les titulaires participaient à l'initiation : d'abord le hiérophante qui aux mystères d'Eleusis figure un des personnages de drame, et dit aux initiés les paroles secrètes, le dadouque qui sans doute reconnaissait parmi les mystes ceux qui avaient droit aux plus hauts mystères, le héraut sacré qui fait les proclamations et enjoint aux mystes de garder le silence, le mystaguogue qui donne les enseignements qui précèdent l'initiation [3]. Philon connaît toutes ces fonctions, ou plutôt les mots qui les désignent; mais il les confond toutes. Il ne reste que le guide de l'initié qu'il appelle sans distinction hiérophante, dadouque ou mystagogue. Le personnage qui fait fonction d'initiateur n'est pas mieux déterminé. Tantôt c'est Dieu lui-même qui est le « mystaguogue » de Moïse [4], tantôt c'est « plus symboliquement » la vérité [5]. C'est aussi Moïse lui-même qui a reçu le dépôt des discours sacrés ou bien encore les prophètes [6]. Quelquefois c'est le discours sacré [7] lui-même; enfin l'interprète de ce discours est lui-même appelé hiérophante et Philon lui-même se présente plusieurs fois comme tel [8].

Quant aux mystes, Philon insiste à plusieurs reprises sur les conditions auxquelles ils doivent se soumettre pour recevoir l'initiation. Les conditions matérielles, comme la « purification des oreilles » [9], sont naturellement interprétées en un sens

---

1. La Bible est composée « d'oracles expliqués par un hiérophante » (*quod deus immut.*, 61).
2. *De provid.*, II, 40, p. 76.
3. Foucart, *Les grands mystères d'Eleusis : personnel et cérémonies*.
4. *Vita M.*, II, 71.
5. *Quod deus immut.*, 61.
6. *De Somn.*, I, 164 ; *Migr. Ab.*, 14.
7. *De Somn.*, I, 191.
8. *De Cher.*, 42.
9. *De Cherub.*, 54.

moral. Les conditions purement morales sont dominantes ; le véritable initié c'est « celui qui pratique sans orgueil la piété véritable et sainte » [1]. On doit exclure de l'initiation tous les indignes. Philon insiste avec force sur la recommandation du secret aux non initiés [2]. Une âme incontinente qui laisse échapper le mystère, risque de faire traîner chez le vulgaire, et mépriser par lui des secrets qu'il ne peut comprendre. L'exégète juif avait, nous le savons, à se plaindre des moqueries continuelles dont étaient assaillies ses allégories ; peut-être est-ce l'explication de cette insistance. Nous trouvons, dans une autre recommandation, un indice montrant que le goût général de cette époque et spécialement du milieu alexandrin pour les mystères avait pénétré dans les cercles juifs. « Si vous rencontrez un initié, dit Philon à ceux qui ont participé aux mystères, poursuivez-le et cramponnez-vous à lui (craignez, en effet, qu'il ne sache quelque mystère plus nouveau et qu'il ne le cache), jusqu'à ce que vous en soyez clairement instruit » [3]. Sans doute Philon écrit cette phrase pour dire qu'il a cherché dans Jérémie ce que Moïse ne lui donnait pas, mais elle a un sens plus général.

Jusqu'ici le mystère apparaît bien extérieur à la pensée de Philon. Il semble qu'il a emprunté, et cela d'une façon assez confuse, plus d'expressions que d'idées et une forme oratoire plutôt qu'une doctrine. Suivant ce procédé employé d'ailleurs par des poètes latins [4], une apostrophe adressée sous forme de discours aux initiés semble faite pour éveiller l'attention et donner aux doctrines exposées plus de poids [5]. D'ailleurs ce langage est assez rarement employé : une doctrine exposée sous la forme d'un mystère, sera ailleurs privée de cette surcharge [6]. Le culte des mystères n'a pas trouvé grâce à ses yeux plus que les autres cultes païens [7]. S'il y avait d'ailleurs une religion impropre à prendre cette forme, c'était bien la religion juive dont la propa-

---

1. *De Cherub.*, 42 ; cf. *quod deus immut.*, 61, où la bonne nature et la conduite irréprochable paraissent être les conditions de l'initiation. Cf. chez Plutarque, *de Is.*, 3 fin, la définition du véritable Isiaque ; c'est « celui qui recherche par la raison les spectacles sur les dieux ».

2. *De Cher.*, 48 ; *sacr. Abr. et C.*, 60.

3. *De Cher.*, 48.

4. Ovide, Horace, *Ep.* I, 1, 7.

5. Surtout *de Cherub.*, 42 et les appels aux initiés, *leg. alleg.*, III, 219.

6. La doctrine de la génération d'Isaac n'est pas présentée comme mystère, *leg. alleg.*, III, 85.

7. *De spec. legg.*, 7, II, 307, sur les androgynes initiés aux mystères de Déméter.

gande fut toujours publique et ouverte. Bien des passages sur la
publicité des préceptes divins [1] plus conformes à l'esprit juif
s'opposent à cette théorie.

Pourtant cette impression s'atténue si nous considérons le
contenu des doctrines exposées par Philon comme mystérieuses.
Si la forme des mystères ne lui offre que des métaphores, il en
est autrement du fond. S'il est déjà fidèle à l'esprit des mystères
de son époque en donnant à leur enseignement un fond allégorique, il est encore beaucoup plus influencé pour le fond de la
pensée. D'abord l'initiation en général est définie l'entrée dans
un monde nouveau, la « contrée invisible » qui n'est que le
monde intelligible [2], et nous savons que le passage dans un
autre monde faisait le fond des mystères [3].

Les mystères sont de deux espèces : d'abord les mystères sur
la nature de Dieu et des puissances, puis celui qu'on peut appeler le mystère de la fécondation divine. C'est à propos des premiers et des premiers seulement que Philon fait la distinction
en grands et petits mystères. Les petits qui constituent le premier degré d'initiation se rapportent aux puissances et les
grands se rapportent à l'être premier [4]. Ils consistent, en
somme, à dépasser la multiplicité des puissances pour saisir
au-dessus cet être dans son unité et sa pureté [5]. Il faut remarquer que le monothéisme ainsi présenté est fort loin d'être le
monothéisme biblique, même celui des *Sagesses*. L'unité divine
y est un point d'arrivée, non un point de départ. Il a en effet
comme premier degré l'espèce de polythéisme abstrait de la doctrine des Puissances. Il faut le rapprocher du monothéisme tel
qu'on l'entend dans les hymnes orphiques, l'unité divine conçue
sous la pluralité des formes, et tel qu'on l'entendait, sans doute,
dans les mystères isiaques. Pour le mystère de la fécondation
divine [6], nous avons assez fait voir qu'il correspondait et à la doctrine du traité *sur Isis* et aux allégories orphiques : c'est de
cette seule façon que l'on peut expliquer, par exemple, le texte

---

1. *Qu. in Ex.*, II, 41, 498.
2. *De gig.*, 54-55.
3. Foucart, *Rech. sur la nat. et l'orig. des myst.* (Mém. de l'*Acad. des Insc.
et Belles-Lettres*, 1893).
4. *De Abrahamo*, 122 ; *Sacr. Ab. et C.*, 60.
5. *Quod deus immut.*, 61 sq. ; *sacr. Ab. et C* , 60.
6. *De Cherub.*, 42 sq. ; *leg. alleg.*, III, 3, 219.

qui a paru si obscur à Ziegert [1] sur les femmes qui recouvrent la
virginité par l'intervention divine.

Il y a donc ici une véritable pénétration de doctrines. Si les
rites des mystères ne gardaient pour lui qu'une valeur symbolique, il n'en était pas de même des doctrines.

V. — La doctrine de l' « intelligence très pure » devient plus
explicable, replacée ainsi dans son cadre religieux. Cette intelligence prophétique, seule capable de connaître Dieu et d'exercer
le culte divin, est en même temps l'intelligence régénérée, engendrée à nouveau par une naissance spirituelle et mystérieuse, devenue apte à comprendre les secrets de la nature divine. C'est
donc une histoire spiritualisée et mystérieuse de la destinée de
l'âme.

L'Egypte est la terre classique des préoccupations religieuses
de ce genre. Le culte spirituel de Philon est un héritier lointain
des Livres des morts que l'on retrouve dans les tombeaux des
Egyptiens. Sans doute entre la culture purement égyptienne et
le philonisme se sont interposés de nombreux intermédiaires :
nous avons vu le rôle qu'a joué le stoïcisme. Le rôle que les
idées orphiques ont pu avoir dans cette synthèse est également
vraisemblable [2]. La formule des mystères orphiques : θεὸς ἐγένου
ἐξ ἀνθρώπου, amène à l'idée philonienne que l'intelligence est,
sinon Dieu, au moins divine.

Pourtant c'est dans le Livre des morts et plus particulièrement dans le chapitre concernant la scène du jugement [3], qu'il
faut chercher les éléments les plus essentiels de la doctrine. Là
seulement on trouve les deux idées complémentaires qui forment tout le culte philonien, de purification morale et de transformation en être divin comme sa conséquence naturelle. On sait
quelle est l'élévation morale de la confession du défunt qui
attend son jugement devant Osiris ; il est difficile de croire que
l'idée d'une pureté morale aussi exclusive de toute pureté légale

---

1. Ziegert, *über die Ansätze zu einer Mysterienlehre bei Philo* (*Theol. Stud.
und Krit.*, 1894, p. 706).

2. Proclus *in Plat. Tim.*, V, 291 c ; *in Parm.*, 235, témoigne d'une façon
tardive que les Champs-Elysées étaient interprétés par les Orphiques comme
le monde intelligible. Pourtant le vers de Virgile, dans sa description orphique
des Champs-Elysées : « *Solemque suum, sua sidera norunt* » (En. VI, 646),
si on ne veut pas l'expliquer par l'hypothèse d'une pluralité de mondes sensibles, n'amènerait-il pas à cette interprétation ?

3. Cf. l'analyse récente de Naville, *La religion des anciens Egyptiens*,
Paris, 1906, p. 156.

ait pu chez Philon venir d'une autre source. Le défunt, après avoir surmonté l'épreuve du jugement, est lui-même identifié à un Dieu, et il acquiert la puissance de la parole créatrice [1], de même que, dans un texte assez énigmatique de Philon, l'intelligence purifiée est seule capable de « porter le logos divin »[2].

Si l'on s'étonnait de trouver dans une œuvre du Iᵉʳ siècle de notre ère l'écho de ce Livre des morts dont la rédaction complète date du VIIᵉ siècle avant notre ère [3], il faut d'abord songer au caractère conservateur de la religion égyptienne qui nous donne sans doute l'unique exemple d'une religion restée immuable pendant quatre mille ans. Mais surtout il faudrait se rappeler que le philonisme n'est pas la seule manifestation qu'ait trouvée la religion égyptienne expirante. Nous avons en effet dans les livres que l'on appelle hermétiques, un culte spirituel tout à fait analogue à celui de Philon, et dont l'origine égyptienne n'est aucunement douteuse.

Le *Poimandres* [4] contient une religion du Νοῦς, conçu d'une part comme principe de l'existence des choses, d'autre part commme le principe où l'homme doit s'absorber s'il veut être délivré des liens des passions. L'immortalité vient d'une montée à travers les zones planétaires dans laquelle l'homme se débarrasse successivement du θυμός et de l'ἐπιθυμία pour devenir une pure intelligence, pratiquant le culte divin [5]. La naissance en Dieu, ou la naissance en esprit qui se produit par l'arrachement des sensations et des passions, considérées ici comme des châtiments reproduit au chapitre II du *Poimandres*, la théorie philonienne du salut.

Reitzenstein a pu montrer que, par sa forme (la révélation faite par un Dieu à son fils ou à son disciple), la littérature hermétique peut remonter à une assez haute antiquité, à la période hellénique ou pré-hellénique. Il a de plus retrouvé dans une théorie fort ancienne des prêtres égyptiens connue par une inscription du VIIIᵉ siècle, la première forme de la théologie hermétique. Suivant cette théorie le Logos (Ptah) après avoir ordonné le monde, revient vers le Dieu suprême auquel il est consubstantiel : de même dans les livres hermétiques, l'élément immor-

---

1. Cf. Moret, *Rituel du culte divin journalier*, Paris, 1902, p. 154-161.
2. *Leg. alleg.*, III. 125.
3. Naville, *op. laud.*, p. 144.
4. Cf. l'édition nouvelle de Reitzenstein, *Poimandres*, fin.
5. *Poim.*, ch. Iᵉʳ.

tel s'unit à l'élément mortel, puis, par la connaissance de lui-même à laquelle il arrive par la révélation, il s'en libère et remonte jusqu'au père. Quoi qu'il en soit de cette ingénieuse théorie, les idées hermétiques ont également subi une influence hellénique, et l'influence stoïcienne y est, comme chez Philon, prépondérante. On y retrouve l'idée de période mondiale durant laquelle s'accomplit la formation et la destruction du monde, et l'idée de la montée (ἄνοδος) vers le feu originaire. La cosmogonie en vers écrite sur un papyrus du IVe siècle après J.-C., et éditée par Reitzenstein[1], donne de nouvelles preuves de cette influence. Un égyptologue autorisé, M. Naville, admet cependant que malgré ces influences grecques, auxquelles il faut ajouter des influences juives et même chétiennes, « il y a des morceaux qui paraissent écrits par un adepte de l'ancienne religion, par un de ceux qui, jusqu'à la fin, essayèrent de maintenir les croyances et les cérémonies des vieux prêtres »[2].

La mystique philonienne est donc issue de ce ces mêmes milieux égyptiens dont Plutarque a recueilli les idées dans le traité *sur Isis* et dont la littérature hermétique est une production postérieure. C'est un caractère reconnu de l'ancienne religion égyptienne de manquer totalement d'unité systématique ; « il n'y a point de système, point de logique serrée qui soit à la base de cette philosophie »[3]. Peut-être peut-on expliquer par là ce qu'il y a de choquant pour un lecteur habitué aux productions ordonnées de la philosophie grecque, dans les incohérences si fréquentes des conceptions fondamentales de Philon[4]. On cherche en vain à établir une hiérarchie des intermédiaires divins ; leurs rapports et leurs attributs restent sans fixité, et ils apparaissent chacun à leur tour comme l'être suprême. De même la notion exacte du pur esprit qui d'humain est devenu divin est oscillante et indéterminée.

Philon, en acceptant les notions égyptiennes, ne fut d'ailleurs nullement infidèle à l'esprit du judaïsme alexandrin. Les restes

---

1. *Zwei religionsgeschichtl. Fragen*, Trübner, Strassburg, 1900.
2. *Op. laud.*, p. 268.
3. Naville, p. 93.
4. C'est pour n'avoir pas découvert la présence de cette mythologie égypto-grecque dans l'œuvre de Philon, que certains interprètes modernes comme l'abbé Martin, voyant bien l'inanité des efforts pour systématiser la pensée de Philon sur les intermédiaires, sont réduits à attribuer ce manque d'unité à l' « embrouillement de la pensée » de Philon. Cf. Martin, *Philon*, p. 57, 62, 63, 76, 86.

de la littérature judéo-grecque ne nous montrent guère que des Juifs sycrétistes, comme les historiens Eupolème et Artapan qui unissent les mythes grecs aux récits de la Genèse. Le judaïsme, dans ce qu'il a de vivant, en dehors du culte, est devenu à ce moment interprétation de la Loi, et cette interprétation n'est fixée par aucune orthodoxie définitive. Aux traditions s'ajoutent les inspirations personnelles des interprètes nouveaux. La position du Juif de cette époque par rapport à la Bible, rappelle à cet égard celle des protestants. Il est donc possible et même vraisemblable qu'à la faveur de cette interprétation aient pu pénétrer dans le judaïsme alexandrin les notions religieuses dont le milieu était saturé. C'est cette combinaison que nous voyons le plus clairement accomplie dans le culte intellectuel de Philon.

CHAPITRE III

LE PROGRÈS MORAL

Nous avons vu plus haut que les intermédiaires entre Dieu et
le monde n'expliquaient pas le cosmos, puisque le cosmos est
lui-même l'un d'eux et nous avons dit qu'ils n'avaient de sens
qu'au point de vue du culte divin, pour l'âme suppliante à laquelle
Dieu révèle ses puissances. Mais voici que l'âme suppliante devenue νοῦς purifié prend aussi rang parmi les intermédiaires et
connaît Dieu au même titre qu'eux. Il y a là une méthode d'absorption, bien connue de tous les systèmes mystiques. A force
de ravir tous les êtres en Dieu, elle ne laisse plus hors du monde
divin que le néant et le mal. L'homme n'en subsiste pas moins,

et on ne peut l'éliminer. Certains mystiques radicaux arrivent, il est vrai, à la théorie de l'indifférence complète pour tout ce qui concerne la vie et les actes humains. Philon est loin de tirer cette conclusion : il se préoccupe, au contraire, beaucoup du mouvement progressif dont le terme est la vie religieuse pleine et entière. Aussi si les intermédiaires disparaissent devant le sage qui va jusqu'à Dieu, le sage lui-même et le Logos divin restent des intermédiaires nécessaires pour « nous autres imparfaits ». Grâce à eux, il y a une vie morale et un progrès possibles. C'est cette vie morale qu'il nous reste à étudier.

Mais le problème moral se présente toujours chez Philon d'une façon détournée et comme épisodique. Puisque le but est la purification de l'intelligence qui doit amener à la science de Dieu, il s'ensuit que l'activité morale n'est pas appréciée pour elle-même, mais dans son rapport avec l'activité religieuse. Pourtant ses œuvres fourmillent de développements moraux sans application religieuse directe : une théorie des vertus, des portraits du sage, de fréquentes allusions à des problèmes de casuistique stoïcienne, des critiques du système moral d'Aristote, des développements oratoires, discours ou diatribes : mélange assez confus de notions morales de tout ordre, mais dont l'origine est entièrement grecque.

Il n'y a dans tout cela aucune trace de systématisation, et ce serait être infidèle à notre auteur d'essayer de faire de sa morale un système. Est-ce là pourtant le syncrétisme dénué d'intelligence, que l'on reproche si souvent à Philon ? Nullement. Si la pensée de Philon ne s'arrête à aucun des systèmes que lui présentait la philosophie grecque, c'est pour une raison positive ; le premier, il prend conscience de la complexité mouvante des choses de l'âme. Les Grecs étaient restés en morale des physiciens, plus préoccupés d'établir la vérité objective d'un système de morale, sa correspondance avec la nature donnée de l'homme, que de chercher à quel état intérieur de l'âme il répondait. Ils établissent les natures morales comme les natures physiques, les concepts des vertus, le portrait du sage, sans se soucier des mouvements de l'âme, de ses élans et de ses besoins. La vie intérieure est, chez Philon, le centre de la morale. C'est de ce point de vue qu'il se place, non pas pour accepter un des systèmes de morale, mais pour les juger et en faire connaître la signification. Il nous faut d'abord étudier ce que Philon reçoit de chacun des systèmes régnants.

I. — L'idéal stoïcien et sa valeur

Quelle est la place, dans l'ensemble, des idées morales du stoïcisme ? La morale stoïcienne est d'abord la morale universellement répandue, partie intégrante de toute éducation grecque ; particulièrement celle de Philon en est imprégnée ; elle renferme beaucoup de sentences courtes, aisées à retenir [1], qui sont devenues des dictons. On ne peut méconnaître qu'elle se présente très souvent ainsi chez Philon, à l'état de préceptes et de paradoxes. Il suffit de voir la forme fragmentaire et populaire qu'elle prend presque toujours. Les principes sont rarement démontrés mais seulement posés. Les difficultés théoriques de certaines idées, par exemple la passion considérée comme jugement, les paradoxes, sont masquées par un appel au sens commun. Il y a des fragments de casuistique, de questions.

Aussi les principes de la morale stoïcienne sont présentés ou comme des vérités évidentes, ou par allusion, ou avec la sécheresse didactique d'un manuel. Nous y trouvons le principe de la conformité à la nature [2], dont Philon, comme on le sait, fait le plus grand usage pour fonder la Loi juive, celui de l'honnête bien unique [3], divers points de la théorie des vertus [4]. Pourtant les développements sur la vertu se présentent sous la forme d'éloges des diverses vertus, qui ne sont pas spécifiquement stoïciens, mais plutôt empruntés aux rhéteurs de l'époque [5] ; c'est

---

1. Cf. l'expression ὥσπερ εἰωθὸς λέγεσθαι ou formules analogues à propos d'opinions stoïciennes devenues courantes (par exemple *V. M.*, II. 7).

2. Exprimé en termes différents : *de decal*, 81 ; *de fortit.*, 4, II, 378 ; *de praem. sacerd.*, 5, II, 236 ; *de An. sacr. id.*, 5, II, 241 ; *Vita Mos.*, II, 181 ; *de septen.*, 5, II, 280 ; *spec. legg.*, III, 8, 307. Quelquefois elle devient l'harmonie entre les diverses parties de la vie (c'est-à-dire action, parole et pensée, *V. M.*, II, 130 ; *qu. in Gen.*, IV, 84, 310) comme *de mut. nom.*, 193 ; *de septen.*, 5, II, 280.

3. *V. M.*, I, 59 ; *ib.*, II, 137 ; sur les ἀδιάφορα, *qu. in Gen.*, I, 81, 61 ; IV, 147-148.

4. Se trouvent seulement dans l'intelligence, *de An. sacr. id.*, II, 241 ; *ib.*, 7, II, 244 ; « qui a une vertu les a toutes » (*V. M.*, II, 7) ; la vertu art théorique et pratique, *Leg. alleg.*, I, 56-59 ; la définition stoïcienne du courage est citée comme banale, *de justit.*, 2, II, 360 ; définition stoïcienne des quatre vertus cardinales, *Leg. alleg.*, I, 65 ; *ib.*, 87 ; *ib.*, 68.

5. Cf. dans l'éloge de la justice (*de justit.*, 14, II, 373) : « quel poète ou logographe pourrait la chanter » ?

l'éloge de la vertu en général [1], celui de la justice [2], celui de la continence [3], de la prudence [4], des vertus sociales [5]. Chacune d'elles, à la manière des rhéteurs, est tour à tour considérée comme l'unique ou la maîtresse de toutes les autres. L'idée stoïcienne qui a le plus influé sur Philon, est celle de la fraternité universelle fondée sur l'origine commune des êtres [6]. Chez lui se trouve textuellement le précepte « non seulement de ne pas nuire à ses ennemis, mais tâcher de leur être utile » [7]. Il n'accepte pas sans réserve les dispositions de la Loi qui distinguent entre juif ou étranger ; il est d'une vertu supérieure, de détruire cette distinction [8]. Il insiste plus peut-être qu'on ne le faisait habituellement sur les vertus sociales du sage. La vertu étant un bien commun, le sage qui la possède s'efforce de la répandre dans les bonnes natures. Il exerce envers tous la pitié mais prie seulement pour ceux qui en sont dignes [9].

Philon suit la théorie stoïcienne des passions. L'on trouve les définitions stoïciennes des quatre passions [10]. Le développement sur chacune d'elles prend souvent la forme de discours qui sont la contre-partie des éloges de la vertu [11]. Ces discours sont cependant des lieux communs qui se rattacheraient plutôt à la prédication cynique qu'au stoïcisme orthodoxe. Le discours du *de Concupiscentia* sur le désir finit par la division

1. *Mut. nom.*, 148-151.
2. *De justit.*, 14, II, 373.
3. *De praem. sacr.*, 3, II, 235.
4. *Qu. in Gen.*, III, 22, 194, Wendland, 69.
5. *De sacrif.*, 6, p. II, 256.
6. *Qu. in Gen.*, II, 60, 144.
7. Πρὸς τῷ μὴ βλάπτειν, τὸν ἐχθρὸν ἔτι καὶ ὠφελεῖν, *Qu. in Ex.*, II, 11 (*Wendland*, 96).
8. *De septen.*, 8, II, 284.
9. *Qu. in Gen.*, II, 38, 117 ; 40, 118 ; 44, 122 ; IV, 103, 426.
10. *V. M.*, II, 144. Cf. Stobée, *Ecl.* II, 90, 7 (Arnim, III, p. 95). Comp. chez Philon les verbes désignant l'effet des passions dans l'âme : ἐπαιρούσης, στελλούσης, ἀποκλίνοντος, ἑλκούσης, et Stobée, ἔπαρσιν, συστολήν, ἔκκλισιν, ὄρεξιν. Définition stoïcienne de la passion, *de concupisc.*, 1, II, 348 ; allusion à la théorie physiologique, *Qu. in Gen.*, II, 7, p. 86.
11. Particulièrement le discours contre le désir (*de decal.*, 142-154). Le désir occupe la première place dans les passions (contrairement à la théorie qui donne cette place au plaisir), parce que seul il vient de l'intérieur de l'âme, tandis que les autres viennent des objets extérieurs ; il inflige à l'âme le supplice de Tantale ; il est la cause de tous les maux, des haines de famille, des discussions intestines, des guerres. Le même thème est développé de la même façon avec des additions (comparaison du désir à la faim et la soif) et des retranchements (énumération des passions ; effets du plaisir sur les sens) presque insignifiants au début du *de Concupiscentia*.

platonicienne de l'âme. Dans le discours contre le plaisir [1], il distingue les plaisirs naturels, comme ceux du boire et du manger : lorsqu'on en use sans discrétion, ils sont alors répréhensibles ; mais on peut attribuer leur trop grande extension à des causes corporelles ; au contraire dans l'abus du plaisir sexuel, ce n'est pas le corps mais l'âme qui est coupable.

Les Stoïciens voulaient qu'on supprimât entièrement les passions, Philon aussi voit dans l'apathie l'idéal de la sagesse. Tout ce que nous faisons par colère ou par quelque autre passion est répréhensible [2]. Moïse, symbole du sage parfait, ne s'arrête pas à la métriopathie, mais retranche en lui tous les sentiments violents du cœur (θυμός) ; de même il est pur de tout désir et de tout plaisir. L'apathie est la condition du bonheur et de la vie vertueuse comme le pain et l'eau sont les conditions de la vie [3]. La distinction que l'on trouve une fois [4] entre la véritable et la fausse apathie est assez obscure ; peut-être cette fausse impassibilité qui touche à l'orgueil est-elle celle des mendiants cyniques qui est condamnée ailleurs [5].

A la passion qui accompagne le vice s'oppose l'heureuse passion (εὐπάθεια) qui s'ajoute à la vertu [6]. Quatre εὐπάθειαι correspondent aux quatre passions [7]. Mais parmi elles la meilleure et la plus belle est la joie [8] ; elle est caractérisée dans une page du traité *des Récompenses* [9]. Le sentiment de joie est une espèce de résignation active ; elle remplit l'âme entière qui trouve le calme et la confiance (εὐθυμία) d'une part dans la contemplation

1. *De spec. legg.*, III, ch. II, p. 500.

2. *Quod deus immut.*, 71.

3. *Leg. alleg.*, 129, 132, 140 ; cf. *Qu. in Ex.*, II, 18, 481 : *Qu. in Gen.*, IV, 177, p. 380 ; *ib.*, 45, p. 280 ; *ib.*, II, 25, 106 ; IV, 42, 275.

4. *Qu. in Gen.*, IV, 15, 257.

5. *De fuga et inv.*, 33.

6. « La vertu est même suivant certains philosophes une εὐπάθεια » (*de mut. nom.*, 167).

7. *Qu. in Gen.*, II, 57, p. 141, que l'on comprendra par Cic., *Tusc.*, IV, 6. Ce texte présente des obscurités ; la deuxième passion (*desiderium* = ὄρεξις) est en réalité le désir (ἐπιθυμία) et la quatrième nommée *aviditas* devrait être la crainte (*timor*) qui devient par erreur la quatrième εὐπάθεια (qui est en réalité *cautio* = εὐλάβεια). Ce sont là des erreurs matérielles dues aux traducteurs. Mais il y a autre chose : c'est la doctrine courante du stoïcisme qu'il y a non pas quatre, mais trois εὐπάθειαι, aucune ne s'opposant à la peine. Or Philon y oppose la *compunctio*. Cette *compunctio* vient peut-être d'un adoucissement de la thèse stoïcienne, qui, dans sa rigueur, ne voulait admettre la tristesse sous aucune forme.

8. *Congr. er. gr.*, 36.

9. *De præm. et pæn.*, 5, 413.

de Dieu et du monde, considéré comme une cité bien gouvernée [1], d'autre part dans les actes vertueux [2]. La véritable joie
devient donc tout à fait indépendante du plaisir puisqu'il n'accompagne pas nécessairement les actes vertueux. La joie suit
l'utile et non pas l'agréable, elle s'attache à l'esprit non à la
chair comme le plaisir [3]. La joie s'oppose à toutes les passions
mais plus spécialement à la peine et à la crainte, qui forment,
suivant Philon, le châtiment du vice [4].

Dans la peinture du sage (σοφός, σπουδαῖος ἀστεῖος) Philon suit
les fameux paradoxes stoïciens. On en trouve une liste dans le
traité *sur la sobriété* (56-58). Un traité spécial est destiné à montrer que seul le sage est libre [5]. Cependant, si souvent que ces
paradoxes se retrouvent chez Philon [6], il n'en présente que fort
rarement une justification. La pensée de Philon s'est formée dans
un milieu où le stoïcisme était la philosophie commune, et en
quelque sorte classique. Les démonstrations qu'il donne parfois
de ces paradoxes [7] ont une tendance accentuée à les spiritualiser [8].

1. Comp. *Qu. in Gen.*, III, 38, 207. L'homme joyeux ne se chagrine d'aucun
événement, mais se complaît en tous ; *ib.*, IV, 138, 349 : *Isaac, qui super
omnia a deo facta sine interruptione gaudet jugiter* ; *ib.*, 14.
2. Comp. *de just.*, 1, II, 359 ; la jouissance de la justice.
3. Cf. l'expression ἡ κατὰ διανοίαν εὐπάθεια, de *Abrah.*, 202 ; « τὰς τῆς διανοίας χαράς ; », de *An. sacr. id.*, 3, II, 240. « *Gaudium internum quod superat
omnem cogitationem carnalem* ». *Qu. in Gen.*, IV, 17, 257-258. Elle consiste
seulement dans les biens spirituels, *ib.*, III, 16, 188. Cependant dans une
peinture des fêtes juives (*de festo Coph.*, 1, p. 2), la jouissance corporelle est
liée à la joie spirituelle.
4. *Quod deter. pot. insid.*, 119 ; comparez une autre peinture de la joie,
de Abrah., 202, où il insiste surtout sur le calme. La χαρά a comme espèce
l'εὐφροσύνη définie de *An sacr. id.* (Wendland, 13, 3).
5. Comp. *de Sobriet.*, 57. Nous admettons l'authenticité du *quod omnis
probus liber* qui a été démontrée contre Ausfeld par Wendland (*Archiv f.
Gesch. d. Ph.*, 1888, p. 509), et contestée seulement pour les chapitres sur les
Esséniens par Ohle (*Jahrbb. f. pr. Th.*, 1887, p. 318).
6. Le sage roi, *de agric.*, 41 ; *de somn.*, II, 244, *Qu. in Gen.*, IV, 76. 304 (où
l'opinion est attribuée aux « philosophes »), etc. ; seul riche, *Qu. in Gen.*, IV,
182, 384 ; *ibid.*, 51, 285 ; *de plantat.*, 67 ; seul noble, seul glorieux, *de sobriet.*,
56-57 : a seul une patrie, *Qu. in Gen.*, III, 19, 190 ; seul courageux, *Qu. in
Gen.*, III, 11, 184 ; seul vieillard, *ibid.*, IV, 14, 255. Cf. encore *Qu. in Gen.*,
IV, 51, 286 ; *ibid.*, 228, 426 ; *de Abrah.*, 199 ; *Qu. in Ex.*, II, 20, 482 ; *de proem.
et poen.*, 4, II, 411. Il admet contre quelques stoïciens l'existence de fait du
sage : *Qu. in Gen.*, IV, 184, 385 ; *de mut. nom.*, 36-37. Sur l'immutabilité
du sage, doctrine qu'il attribue aux stoïciens (*quod deus immut.*, 22-23), cf.
de Abrah, 170-174 ; *de gig.*, 48-54 ; *de sacrif.*, 6, II, 256, etc., et l'allégorie
de Rébecca, *leg. alleg.*, III, 88, *de Cherub*, 41. Sur la paix du sage, *de gig.*,
50-51 ; *quod deus immut.*, 26 ; *de An. sacr. id.*, II, 245·
7. Le sage riche, *de plantat.*, 69-73 ; seul citoyen, *Qu. in Gen*, I, 97, 69.
8. La richesse du sage est la richesse spirituelle ; *de plantat.*, 69 sq. ; sa

La casuistique stoïcienne qui se rattache à la théorie des fonctions (καθήκοντα) tient une place particulièrement importante. Des
actes matériellement les mêmes doivent être jugés d'une façon
très différente suivant la pensée dont ils partent. Mais comme les
actes ne correspondent pas toujours aux pensées, il est bien difficile de juger la valeur morale sinon par une enquête et des
interrogatoires [1]. C'est la valeur de l'intention qui est ici mise
en évidence. Dans un passage du *de Plantatione* (100-110), Philon
analyse assez longuement des exemples montrant comment la
restitution du dépôt, les témoignages d'amitié, les actes du culte
peuvent devenir mauvais dans certains cas, être rendus impurs
par la flatterie ou la superstition. Ces exemples paraissent être
classiques : une liste presque identique est citée dans un passage de la traduction latine anonyme des *Questions* [2]. L'exemple
de la restitution du dépôt est fort souvent cité [3].

D'une façon absolue le méchant ne peut jamais rien faire de
bon ; au contraire ce que fait le sage est toujours bon, même si
son acte est contraire à une fonction. Il y a telles occasions où le
sage peut employer la ruse, le mensonge, l'injure ; il peut être
intempérant, imprudent, lâche, injuste, en gardant toutes ses
vertus ; l'espion se fait prendre pour un transfuge, le roi ou le
maître de maison prennent l'aspect d'un particulier ou d'un
esclave pour surveiller [4]. On verra comment Philon a développé,
évidemment suivant le même principe, la théorie du mensonge
éducateur.

---

liberté, l'affranchissement de l'opinion, *de Sobr.*, 56-58 ; sa royauté, la connaissance de l'art utile aux hommes, *Qu. in Gen.*, IV, 76, 304. Parfois les
paradoxes sont attribués à Dieu seul, à l'exclusion du mortel : seul sage ; *de
plantat.*, 38 ; *confus. ling.*, 39 ; *Mig. Abr.*, 134, seul libre, *quis rer. div. h.*,
186 ; seul roi, *de congr. er. gr.*, 117; seul citoyen, *de Cherub.*, 121 ; seul
immuable, *de Somn.*, II, 219 ; seul brodeur, *de Somn.*, I, 207.

1. Ces principes généraux se trouvent : *de fuga et invent.*, 156 ; *Qu. in Gen.*,
IV, 24, 263-264 ; *ib.*, 221, 421. Les méchants font les mêmes actes que les
bons, mais non d'après les mêmes pensées (on trouve le texte grec dans un
passage non identifié par *Harris*, p. 70).

2. Non conservé dans l'Arménien, *Qu. in Gen.*, IV, 210, 413 : la liste composée de la restitution du dépôt, le respect des vieillards, l'amitié.

3. *Quod deus imm.*, 101-102, contient les deux exemples du dépôt et des
actes du culte : le premier est abrégé, ne contient que le § 102. 3 du *de plantat.* Le même passage est répété presque identiquement, *de judice*, 3, II, 340,
ἤδη γοῦν ὀλιγοχρημάτων, etc.

4. Comparer les deux textes, *Qu. in Gen.*, IV, 204-206 (Harris, 45, Wendland, 88) et *ib.*, 228, 426, Harris, 46 ; le second ajoute l'exemple des stratagè-
mes des policiers, des athlètes, des généraux.

Si le sage peut tout faire sans reproche, c'est que la sagesse, une fois acquise est indestructible. Ce principe domine la solution de ces questions (ζητήματα) de casuistique stoïcienne dont Philon nous a conservé le spécimen le plus complet. Il s'agit de résoudre cette question, *si le sage s'enivrera*. Philon avant d'indiquer la solution de Moïse (cette partie est d'ailleurs perdue) indique les idées des philosophes stoïciens [1]. Nous ne reprendrons pas l'étude de ce ζήτημα, si bien faite par Arnim. Pourtant quelques remarques utiles restent à faire. Le fragment conservé par Philon développe en plusieurs arguments l'idée que le sage peut s'enivrer (μεθύειν) ; car il faut faire une différence entre l'absorption du vin (τὸ οἰνοῦσθαι) et l'égarement d'esprit (τὸ ληρεῖν) que l'on identifie souvent à tort à l'ivresse (μεθή). Le ζήτημα démontre que l'ivresse (τὸ μεθύειν) est identique à l'absorption du vin [2], et par conséquent si le sage peut prendre du vin, il peut s'enivrer sans perdre la sagesse. Mais comme pour rendre moins paradoxal ce qu'il y a ici d'étrange, il montre dans les arguments suivants comment l'ivresse produit seulement chez lui la joie et le relâchement des pensées. Cette thèse se dirige donc contre la distinction que l'on fait entre la boisson (οἴνωσις) et l'ivresse, en enlevant à l'ivresse ce qu'elle a de trop inconvenant et indigne du sage. Toute la divergence entre cette thèse et la thèse contraire, dont un seul argument est exposé (175-176), consiste donc dans cette distinction de mots sur le sens de μεθή ; si l'ivresse ne va pas au delà de la simple joie le sage peut s'enivrer [3].

Cette sorte de prédication populaire, qui donne des conseils sous la forme d'un portrait du sage, nous est encore connue par deux autres sources ; l'une, mentionnée par Arnim, est l'épître 83 de Sénèque qui expose l'argumentation des paragraphes 175,

---

1. *De plantat.*, 142 à la fin.

2. Argument développé, 150 à 156 ; il doit être complété par les §§ 173-174, qui doivent être replacés après le § 156. Philon vient de démontrer (jusqu'à 156) par des considérations sur les homonymes que μεθύειν = οἰνοῦσθαι ; c'est la démonstration scientifique (ἐντέχνοις ἀποδείξεσιν) que le § 173 oppose à la démonstration par témoignage des traités sur l'ivresse. Les arguments développés des §§ 156 à 173 n'expliqueraient pas cette opposition.

3. Cette distinction s'éclaircit bien par un texte de *Qu. in Gen.*, II, 68, 154 (Wendland, 63, Harris, 27), qui dépend certainement de cette même « question ». Il distingue les deux sens de μεθύειν, l'égarement d'esprit (ληρεῖν) et la boisson (οἰνοῦσθαι), en ajoutant que la première ivresse n'appartient qu'au méchant, la seconde aussi au sage. Il ajoute que le sage (dans cette ivresse) use du vin sans en abuser.

176, 177 de Philon en l'attribuant à Zénon, puis les raisons par
lesquelles Posidonius renforçait la thèse de Zénon ; ces arguments suivraient sans doute dans le texte de Philon, si notre
fragment n'était tronqué. Nous avons de plus un texte de Plutarque non mentionné par Arnim [1], renfermant une allusion à
la « fameuse question posée par les philosophes » (τὸ ζητούμενον
παρὰ τοῖς φιλοσόφοις) qu'il résout dans un sens négatif en distinguant, contrairement à Philon, entre la boisson et l'ivresse
(= φλυαρία). Ce texte quoique très bref a une certaine importance : en effet en définissant la boisson (οἴνωσις) par le relâchement (ἄνεσις), sans doute d'après une étymologie supposée, il
nous montre la raison du troisième argument de Philon (165 sq.),
dans lequel celui-ci s'efforce également, par l'étymologie, de
réduire l'ivresse du sage au simple relâchement ou repos
(μέθεσις) de l'âme [2].

Tous les arguments de cette dernière thèse qui est celle de la
« question » ont pour fond des considérations de grammaire. Le
premier montre après une définition et des exemples de synonymes que les mots οἰνοῦσθαι et μεθύειν sont synonymes ; le second
et le troisième indiquent deux étymologies du mot μέθη d'où ressort que l'ivresse n'est que le simple relâchement de l'âme ; le
quatrième part de considérations sur les termes contraires. C'est
là le squelette de l'argumentation. Sous cette forme, elle tombe
exactement sous la critique que Sénèque adresse à l'argumentation de Zénon et à celle d'autres hommes très sages en pareille
matière ; elles donnent, dit-il, des choses les plus importantes,
des preuves bien légères et bien embrouillées, au lieu de procé-
der par exemples [3]. Arnim attribue dans la thèse du ζήτημα la
plus grande part à Antiochus d'Ascalon ; à ce stoïcien plus accom-
modant que ses prédécesseurs, plus près du sens commun, le
rôle conviendrait d'avoir rendu plus acceptable au sens commun les paradoxes stoïciens. L'ivresse est en effet réduite à un
simple relâchement de l'âme. Mais nous n'avons aucune preuve
qu'Antiochus ait jamais admis et développé de tels paradoxes.
De plus le caractère grammatical et scolastique de l'argumentation dénote d'une façon bien nette les habitudes de Chrysippe ;
c'est donc de Chrysippe ou d'un de ses disciples immédiats que

1. *De garrulitate*, 4.
2. § 166.
3. *Levissimas et perplexas*, *Ep.* 83, 8.

doit venir le fond de l'argumentation. Des développements peuvent il est vrai avoir été ensuite ajoutés.

La composition de la préface de la question (142-146) nous donne encore une preuve qu'elle est d'origine antérieure à Antiochus. Après un énoncé de la question et des deux thèses contraires, sa partie la plus longue est une digression qui expose une troisième opinion. Cette troisième opinion paraît inacceptable à l'auteur de la « question » et elle ne reviendra plus dans la suite (145-149). Le sage d'après cette opinion a le droit de s'enivrer jusqu'à perdre la raison lorsque cela est nécessaire à l'accomplissement d'un devoir, comme le salut de la patrie, l'honneur des parents, etc. L'ivresse est permise à l'occasion (cf. οἱ καιροί) au même titre que le suicide. Cette digression est évidemment surajoutée. Sans elle le fragment serait complet et de composition plus claire. La théorie qui y est exposée nous est déjà connue ; c'est la casuistique qui permet au sage des actions ordinairement coupables : or cette casuistique, au témoignage de Cicéron [1], n'a commencé qu'après Panétius. Le ζήτημα qui n'en parle que par digression et pour la repousser est donc pour l'essentiel des idées antérieur à l'époque du stoïcisme moyen.

On trouve dans le reste des œuvres de Philon, quelques faibles traces de la même question. Ce sont de courtes indications contre la thèse de l'ivresse du sage [2], et particulièrement une description de l'ivresse opposée presque terme à terme à la description de la question, et qui provient peut-être des adversaires [3].

2. — *L'idéal péripatéticien et académicien*

Nous savons, par le quatrième livre de Cicéron *sur les Fins*, qu'Antiochus avait puisé dans le péripatétisme des arguments destinés à attaquer la morale stoïcienne. L'idéal stoïcien, tel paraît être le principal motif de son attaque, serait bon pour des êtres réduits à l'esprit seulement [4] ; mais pour l'homme les biens

---

1. *De off.*, I, 43, 152.
2. *De An. sacr. id.*, 13, II, 249 ; *qu. in Ex.*, II, 15, 479.
3. *De Mon.*, II, 7, II, 227, comp. : le vin pur détend (ἐπιχαλῶν) les tons de l'âme, et dans la question : le vin pur paraît tendre (ἐπιτείνειν) et renforcer les qualités naturelles.
4. *De Fin.*, IV, 12, 28. *In virtute sola summum bonum recte poneretur, si quod esset animal, quod totum ex mente constaret.*

du corps sont de véritables biens. Nous avons vu que, pour Philon également, la perfection stoïcienne dépassait les limites de la nature humaine et ne convenait qu'à l'esprit pur. C'est aussi par cette raison qu'il trouve une valeur au péripatétisme, cette philosophie douce et sociable [1], qui convient à nous autres imparfaits [2], en affirmant la valeur des biens externes et corporels et de la vie pratique et politique.

Le péripatétisme chez Philon n'est d'ailleurs nullement pur d'éléments stoïciens. Dans la longue exposition de la théorie de la vertu juste milieu, les vertus choisies comme exemples, le courage, la piété, sont définies à la façon stoïcienne [3]. Même ici le stoïcisme impose son langage et ses définitions. De même lorsque admettant la triple division des biens en biens de l'âme, biens du corps, et biens extérieurs, il attribue les biens du corps à la tension de l'esprit qui, par sa vertu, communique au corps tous les biens qui lui sont propres [4], le péripatétisme se trouve interprété en un sens tout stoïcien [5].

Ces expositions d'un péripatétisme très altéré ont au contraire un rapport étroit avec les conceptions d'Antiochus. Avec lui Philon accepte la thèse des vertus innées, comme les affections de famille, et l'heureuse nature [6]. Chez lui on trouve l'explication de cette idée que la doctrine de la triple division du bien est celle du politique [7]. On sait qu'un des reproches qu'Antiochus fait aux stoïciens est précisément d'avoir délaissé entièrement la politique en subordonnant toute l'éthique au portrait du sage, et qu'il montre quelle importance elle avait chez les péripatéticiens [8].

En fait c'est ici que nous trouvons la véritable signification du

---

1. *Migr. Abr.*, 147.

2. *Qu. in Gen.*, IV, 121, 339.

3. *De justit.*, 2, II, 360 ; on trouve d'autres idées analogues : *de concupisc.*, 4, 142 ; *Qu. in Ex.*, I, 6, 451 ; *Qu. in Gen.*, IV, 197, 400 ; *de præm. et pœn.*, 9, II, 416 (définition du courage).

4. *Qu. in Gen.*, II, 76, 161.

5. De même lorsqu'il rapporte les biens extérieurs au corps, le corps à l'âme, et l'âme à Dieu comme fin : *Qu. in Gen.*, IV, 215, 417. Pourtant le point de vue purement péripatéticien, d'après lequel les biens extérieurs sont conditions du bien total, se fait voir, *de Sobriet.*, 38-44 ; *de confus. lingu.*, 16-21 ; *de Migr. Abr,*, 86-90 ; *ib.*, 101.

6. *De Fin.*, IV, 7, 17 ; cf. chez Philon ἡ εὐφυία, *Vita Mos.*, I, 21-23 ; *de Abrah.*, 253.

7. Cf. l'allégorie de Joseph politique et péripatéticien ; voyez *Qu. in Gen.*, III, 16.

8. *De Fin.*, V, 4, 11 ; IV, 2, 5.

péripatétisme : la triple division des biens, la théorie de la vertu juste milieu donnent leur valeur à la vie politique et pratique. Cette vie est imparfaite, bien inférieure à la vie contemplative [1] ; mais loin d'être inutile, elle en est le chemin et le prélude nécessaire [2]. Elle est un intermédiaire entre la vie du méchant, et la vie du sage parfait. Philon se moque des sages qui se retirent tout de suite du monde et dont la vertu n'a pas été éprouvée au contact de la réalité [3]. A la jeunesse conviennent d'une part la recherche des biens du corps et des biens extérieurs, d'autre part la vie pratique ; à la vieillesse sont réservés les biens spirituels, et la vie contemplative [4]. La vertu, au sens péripatéticien, toujours menacée de tomber dans les deux vices opposés est celle aussi qui convient à l'homme instable, qui ne sait encore résister aux tentations [5].

Nous avons ici un exemple clair de la façon dont Philon utilise les morales grecques, au profit d'une théorie, celle du progrès moral, qui leur est tout à fait extérieure.

3. — *Le cynisme et l'ascétisme*

Voir le fondement du mal et du vice dans le plaisir, considérer comme le bien principal la tempérance, qui nous permet de résister aux séductions du plaisir, tels sont les deux traits essentiels de la morale cynique. L'on ne saurait réduire toute la morale philonienne au cynisme ; pourtant il est sûr qu'il y tient une très grande place ; nous allons essayer de montrer que tout son ascétisme en provient.

Wendland [6] a montré le premier, chez Philon, les traces d'un genre de littérature populaire familier aux cyniques et aux stoïciens, la diatribe. Elle était devenue à l'époque de l'empire, un

---

1. La vie théorique est ἄριστος et ἱερώτατος (*de præm. et pœn.*, 8, 416). Ailleurs (*V. M.*, I, 48 ; *de præm. et pœn.*, 8, 416) le rapport n'est pas le même ; la contemplation montre les principes qu'applique la pratique, lui est donc antérieure.

2. *De fuga*, 36 ; tout le développement 24-39 est destiné à défendre la vie pratique. Cf. la définition et l'opposition des deux vies : *V. M.*, I, 48 ; *de sacrific.*, 3, II, 253 ; *Qu. in Gen.*, IV, 138, 349 ; *Qu. in Ex.*, II, 31, 490.

3. Cf. le développement déjà cité *de fuga*, qui commence au § 27 sq. par une définition péripatéticienne des actes vertueux.

4. *Qu. in Gen.*, III, 15, 188 ; *de præm. et pœn.*, 8, II, 416.

5. *Migr. Abr.*, 146-147.

6. *Philo u. die Kyn.-stoïsche Diatribe*, Berlin, 1895.

traité populaire de philosophie, où les principes moraux étaient
suivis surtout dans leurs conséquences pratiques et applicables à
la vie journalière. Stobée a conservé quelques fragments de diatribe d'un stoïcien de l'époque de Néron, Musonius. Wendland
a retrouvé chez Philon un parallèle exact, et, en certains cas,
un accord presque littéral avec ces fragments. Ce sont tous les
passages, épars dans l'œuvre de notre auteur, où le luxe et
l'avidité sont condamnés. Il y passe en revue les principaux
besoins de l'homme, la nourriture, le vêtement, l'habitation, suivant les divisions mêmes de Musonius [1], et il décrit en détail
pour le critiquer le luxe de la table [2], des vêtements [3], des mai-
sons [4]. Il s'élève aussi, suivant les principes du même philosophe,
contre les mœurs dissolues [5] et contre la pédérastie [6]. Il faut donc
voir ici un ensemble de thèmes traditionnels, sorte de prédica-
tions morales, dérivées du cynisme Il y oppose la continence du
sage qui se rapproche d'autant plus de Dieu qu'il a moins de
besoins [7].

I. — Mais l'influence du cynisme dépasse singulièrement ces
limites. Lorsque Philon voit dans le plaisir la source du mal, et
qu'il fait de l'effort pour résister au plaisir, le principe du bien,
il suit les principes de la morale cynique. Ces idées sont dévelop-
pées avec une suite rigoureuse, peu habituelle chez notre auteur
dans les livres II et III des *Allégories de la Loi*, qui constituent
dans leurs parties morales, un véritable traité de morale cynique.

Ces deux traités sont une histoire morale de l'âme. L'intelligence d'abord moralement neutre (I, 95) s'unit aux autres facultés qui lui servent de soutiens (II, 7, 8) ; mais lorsque la faculté
de sentir agit, l'intelligence se laisse entraîner par elle vers les
séductions du monde sensible, et commet ainsi la première faute.
Ni la sensation en elle-même (III, 67), ni l'intelligence ne sont

---

1. Stobée, *Florilège*, I, 84 ; I, 37, Mein.

2. *De Ebriet.*, 217-220 ; *de Vita Cont.*, 6, II, 479 ; *de Somn.*, II, 48-52 ; *de agric.*, 24-26.

3. *De Somn.*, II, 52-54 ; *de pr. et pœn.*, 17, II, 424 ; *de vit. cont.*, 4, II, 477.

4. *De Somn.*, ib.; *de Cherub.*, 104-105.

5. *Quod det. pot. ins.*, 102.

6. *Vita cont.*, 7, II, 480.

7. Cf. le mot de Xénophon dont Joël (*der echte und der xenophontinische Sokrates*, 1901, B. II, p. 664) a récemment montré l'origine cynique : τὸ μὲν μηδενὸς δεῖσθαι θεῖον εἶναι, τὸ δὲ ὡς ἐλαχίστων, ἐγγυτάτω τοῦ θείου (*Mem.*, I, 6, 10). Cf. Philon, *de fortit.*, 3, II, 377.

mauvaises : le mal c'est la subordination de l'intelligence clair-
voyante à la sensation aveugle. Cette subordination se fait par
l'effet du plaisir (II, 5o, 5r, 71 ; III, ro7-rrr) qui attire la sensation et par elle l'intelligence.

Le plaisir se trouve donc être le fondement du péché. L'origine cynique d'une pareille idée est incontestable. Montrons
d'abord que dans ce livre, l'analyse du plaisir et des passions
qui s'y rattachent est directement opposée au stoïcisme et présente même des traces de polémique contre lui. La conception
du plaisir se rapproche beaucoup plus de la conception épicu-
rienne, mais plus ou moins défigurée par un adversaire qui veut
la combattre. D'abord les quatre passions fondamentales sont
définies par les stoïciens indépendamment les unes des autres.
Ici, au contraire, comme chez Epicure, elles sont toutes relatives
au plaisir, le désir n'existant que par l'amour du plaisir, la peine
par sa suppression, la crainte lorsqu'on en redoute l'absence [1].
Ensuite Philon affirme contre le stoïcisme que les passions ne
sont pas des jugements [2] ; il attribue le plaisir ainsi que les autres
passions uniquement à la partie irrationnelle de l'âme. Puisque
la raison, dit-il en reprenant l'argument platonicien connu, combat la passion, elle ne peut siéger dans le même lieu. Le plaisir
n'attaque donc que la partie « populaire » de l'âme, mais ne
semble pas toucher l'intelligence [3]. Enfin les stoïciens distinguaient avec force des passions les tendances naturelles communes à l'homme et aux bêtes. A l'exemple d'Epicure, au contraire,
Philon soutient que le désir, s'il est limité aux nécessités de la
vie, et s'il ne force pas l'intelligence à juger que ses objets sont
des biens, est un secours très utile pour la vie.

La réfutation du plaisir est donc dirigée uniquement contre
l'épicurisme. C'est contre lui qu'il nie l'existence du plaisir stable : il n'y a pas de tel plaisir, dit-il, puisque le plaisir n'est pas
un être inanimé, et que le repos ne convient qu'à ces êtres [4].
Dans un autre argument, « ceux qui ne philosophent pas assez
physiquement », en admettant que les représentations qui pro-

---

1. III, 113.

2. II, 6. La partie irrationnelle, c'est la sensation et les passions qui en sont
issues, « surtout si elles ne sont pas nos jugements ».

3. II, 77-78. Sur la nécessité du plaisir, II, 17. L'argument de Platon se
trouve, III, 116.

4. III, 160. Il admet pourtant une distinction analogue à celle d'Epicure,
III, 138.

viennent des sensations montrent toujours les objets tels qu'ils sont, sont les Epicuriens ; et il les réfute par un argument *ad hominem*, en montrant que le plaisir émousse la sensation auparavant distincte, et quelquefois la supprime entièrement [1]. Dans l'ivresse, dans la réplétion, ajoute-t-il, les tons de la sensation sont relâchés, et le sommeil survient [2]. C'est encore le plaisir qui nous montre utiles et beaux des objets nuisibles et laids [3]. D'autre part, les principaux vices, la ruse et l'injustice sont issus du plaisir [4].

Ainsi le plaisir est le mal principal auquel se rattachent la déchéance de l'intelligence, toutes les passions et tous les vices [5]. C'est là une théorie qui pour l'essentiel est cynique. Sans doute, comme on a pu le voir, elle se revêt souvent de formes platoniciennes. Elle est rattachée plusieurs fois, dans le cours même de cet exposé, à la division triple de l'âme, et à la hiérarchie des fonctions de l'âme qui doit avoir, à sa tête, l'intelligence [6]. Mais nous ne pouvons voir là qu'une forme extérieure de la théorie. Au fond, en effet, il est contradictoire avec le platonisme, et avec le néopythagorisme contemporain de Philon qui en est issu, de considérer le plaisir comme une chose mauvaise en soi : il suffit à la vertu parfaite que le plaisir soit limité et non détruit. En revanche la façon dont Philon décrit le plaisir rappelle beaucoup les expressions qu'emploiera le cynique Dion Chrysostome, un demi-siècle plus tard. Pour Dion le plaisir est, parmi les adversaires de l'homme, « la bête la plus invincible de toutes, rusée et délicate ». Il change l'homme en bête, comme dans la légende homérique de Circé ; il est varié et multiforme et il faut donc le fuir le plus loin possible [7]. Tout au plus devrons-nous noter que la fuite du plaisir est, en même temps, pour Philon, la fuite hors du monde sensible et que, par là, il superpose au cynisme une

1. III, 183-184.
2. III, 183.
3. III, 112,
4. II, 107.
5. Seul le plaisir (avec le corps) est mauvais en lui-même (ἐξ ἑαυτῆς), III, 68-69).
6. Exposition détaillée de la division triple III, 115 ; elle n'a pour but que de séparer (contre les Stoïciens) le siège des passions, de la partie hégémonique.
7. *Orat.* (*Arnim*, I, 105 ; I, 98 ; I, 72). Comp. Philon, II, 74-75 ; cf. encore *Or.*, 80, 10, où le plaisir est « le premier maître, dur et insidieux, qui attire les particuliers, attire les rois... ».

doctrine de la connaissance mystique. Mais l'analyse doit séparer ces deux éléments.

II. — Puisque le plaisir est le principal ennemi, la vertu primordiale est celle qui s'oppose au plaisir, la tempérance ou continence (ἐγκράτεια). Toute la fin du livre II (79-108) et une partie du livre III (118-160) s'occupe du combat intérieur contre le plaisir, les passions et les vices [1]. Cette vertu ne s'acquiert que par une série de peines et d'efforts, toujours à recommencer, et dont l'ensemble constitue proprement l' « ascèse ».

Cette doctrine de l'effort moral (πόνος) se trouve exposée avec netteté dans un long développement du traité sur les *sacrifices d'Abel et de Caïn* [2], imité du célèbre apologue d'Hercule entre le vice et la vertu que l'on trouve chez Xénophon. Cet apologue attribué par l'auteur des *Mémorables* au sophiste Prodicus dérive en réalité, comme on l'a récemment démontré [3], de l'école d'Antisthène. La forme sous laquelle il se présente chez Philon est quelque peu différente de celle de Xénophon, sans qu'il y ait d'ailleurs aucun changement de fond. L'examen de ces différences nous amène facilement à reconnaître que le thème est parvenu jusqu'à lui par des intermédiaires de l'école cynique. D'abord le vice y est remplacé par le plaisir, qui est bien en effet pour le cynisme l'ennemi le plus rude et le fondement de tous les vices.

Quant aux additions, ce sont surtout des développements oratoires, des jeux de difficultés verbales qui trahissent un rhéteur cherchant à développer d'une façon nouvelle des thèmes connus. Nous citerons ici le portrait du plaisir comparé à une courtisane (§ 33) qui n'est que légèrement indiqué dans Xénophon (§ 22) [4], les longues listes des vices et des vertus qui accompagnent le plaisir et la vertu (§ 22 et 27) [5]. Les 147 épithètes d'injures à l'ami du plaisir viennent sûrement d'un exercice de

1, C'est l'importance du point de vue cynique qui explique que chez Philon l'ἐγκράτεια est souvent mis en première place, au lieu de la piété ou de la justice (*de Abr.*, 103 ; *de præm. sacerd.*, 3, II, 235).

2. 20-45. Le développement du § 20 au § 23 qui dans les manuscrits et les éditions précédentes se trouvait déplacé dans un autre traité de Philon a été remis à sa place dans l'édition Cohn.

3. Joël, *Sokrates*, Bd. II, p. 330.

4. Cette comparaison se retrouve chez Dion Chrysostome qui subit de fortes influences cyniques.

5. Cette énumération rappelle l'énumération des vertus dans les vers de Cléanthe cités par Eus., *prep. ev.*, XIII, 13, 37.

rhéteur [1]; le pédantisme du rhéteur se marque bien au paragraphe 36, avec son étalage d'érudition philosophique sur la théorie des couleurs. Un détail montre l'altération que l'apologue a pu subir jusqu'à Philon. Chez Xénophon la vertu finit son discours en exposant les avantages de la vie vertueuse (§ 33), comme pour compenser la peine de l'homme vertueux ; ce développement qui revient plutôt à l'utilitarisme de Xénophon qu'à la vigueur morale des cyniques, est entièrement absent chez Philon. Bien plus le début du discours de la vertu (§ 30) paraît une critique formelle de ce développement ; « je tairai, dit la vertu, ce qui produit de soi-même la joie ; sur ce point, les faits parleront ».

L'éloge de l'effort (πόνος) se trouve dans le discours de la vertu (35-45). Elle soutient que l'effort est l'unique moyen d'acquérir un bien, qu'il s'agisse de la vertu ou des arts, des biens de l'âme ou des biens du corps : Dieu seul qui par nature est infatigable possède le bien sans effort ; mais à la race mortelle, il a donné l'effort comme moyen d'atteindre le bien. Si le corps ne peut pas vivre sans nourriture, l'âme ne peut sans l'effort acquérir le bien [2].

Nous pouvons rapprocher de cet éloge du travail un assez grand nombre de développements d'inspiration semblable. Philon sent et exprime avec une grande délicatesse de nuances les conditions et les nécessités de la vie d'effort moral [3]. Il s'aperçoit que cet effort a du prix en lui-même, même s'il n'atteint pas son but [4].

III. — Les lettres de Sénèque à Lucilius remplies de conseils pratiques, les fragments de Musonius sur l' « ascèse », nous montrent assez que le grand problème qui primait tous les autres était alors celui du progrès moral intérieur, et des conditions de la victoire sur les plaisirs et les passions.

L' « ascèse » de Philon tient, au milieu de toutes ces tentatives, une place honorable, et, si elle n'est pas, comme nous le verrons, toute sa morale comme elle est la morale des cyniques, du moins

---

1. Le terme ῥαστώνη désignant la vie facile de l'ami du plaisir se trouve avec la même nuance chez *Dion Chrysost.*, or. 20, § 14.

2. § 41. La comparaison de l'effort (*labor*) à la nourriture se retrouve chez Sénèque, *ep.* 31, 4.

3. Çf surtout *V. M.*, II, 182-186.

4. On reconnaîtra ici une doctrine du bien fondé sur la volonté, encore beaucoup plus rapprochée du kantisme que celle des Stoïciens.

a-t-elle un rôle fort important. Elle se rattache par des liens très forts aux idées exposées un peu plus tard par Musonius et à la théorie du *proficiens* qui nous a été transmise par Sénèque.

La nécessité de l'ascétisme vient, selon Musonius [1], de ce que la vertu est non seulement théorique, mais pratique ; comme l'homme est composé d'un corps et d'une âme, l'ascétisme doit être corporel et spirituel. Le premier consiste dans la tempérance, et le second dans la connaissance démonstrative des vrais biens, et l'exercice (μελέτη) pour accepter les prétendus maux. Il y a une évidente ressemblance avec l'ascète de Philon, qui, lié au corps par la nécessité [2], exerce à la fois chaque partie du corps et de l'âme [3]. L'ascétisme consiste d'une part à rechercher la vertu, d'autre part à savoir mépriser les faux biens [4]. La lecture, l'exercice (μελέτη), la pratique du culte, la méditation du bien (τῶν καλῶν μνῆμαι), l'accomplissement des fonctions (τῶν καθηκόντων ἐνεργείαι) sont les divers éléments de l'ascétisme [5].

L'ascète est identique d'autre part à l'« homme en progrès » des stoïciens [6]. Philon (*de agricultura*, 157-174) distingue comme Sénèque trois classes dans le progrès moral ; dans la plus haute sont ceux qui sont arrivés à la limite suprême de la sagesse, mais qui l'ignorent (§ 161, διαλεληθότες σοφοί = § 9 de Sénèque *scire se nesciunt*) ; ce qui leur manque encore, c'est la constance et la fixité dans la vertu (§ 160 ; Sénèque, § 9 : *illis adhuc inexperta fiducia est*).

Au milieu de ces influences diverses, la caractéristique propre de Philon est l'importance qu'il donne dans la vie intérieure à la lutte contre la tentation.

Il faut parfois éviter la lutte directe ; la tentation est souvent trop forte pour qu'en l'état de développement où nous sommes parvenus, nous puissions ne pas y succomber ; le remède indiqué, la fuite, est une espèce de recueillement inté-

---

1. Stobée, *Floril.*, II, 13.
2. *De somn.*, I, 46.
3. *Leg. alleg.*, I, 83 ; *de congr. er. gr.*, 31.
4. Portrait de l'ascète, *de congr. er. gr.*. 24-34.
5. *Leg. alleg.*, 18 ; énumération un peu différente : les « parties de l'ascèse » sont : recherche, examen, lecture, audition, attention (tout cela correspond à l'exercice et à la méditation), continence, l'indifférence aux choses indifférentes, correspondant à l'accomplissement des devoirs qui supposent en effet le mépris de la richesse, et de toutes les choses dont on ne se sert que comme matière à la vertu (*quis rer. div. h.*, 253).
6. *Ep. ad Luc.*, 75 (8-18).

rieur où nous évitons de nous représenter les objets des passions[1]. Philon, avec les cyniques d'ailleurs, sait par expérience le peu d'influence que peuvent avoir en ceci le changement de lieu, et les « retraites » dans la solitude ; ce qu'il faut c'est supprimer de sa pensée, les images séductrices du monde sensible[2]. Ce fut en effet un danger et une erreur (tout au moins aux yeux de Philon et des penseurs auxquels il se rattache) de prendre le précepte de la solitude trop matériellement et à la lettre. On arrivait ainsi, pour supprimer toutes les occasions de succomber, à mener une vie de mendicité et d'ascétisme, qui, suivant Philon, ne fait de bien ni à l'âme, ni au corps. Philon attaque avec violence ces philosophes loqueteux[3] et misérables, qui passent leur temps dans l'oisiveté ; il voit dans ce genre de vie le résultat d'un orgueil immense puisqu'ils veulent dépasser les conditions de la vie mortelle, et surtout un prétexte à l'oisiveté et à un repos qui n'a pas été gagné. Les vertus qu'ils affectent d'avoir ne pourraient se connaître que dans le tourbillon de la vie active ; comment savoir si vous avez un vrai mépris des richesses puisque vous n'en usez pas ? ou de vrais sentiments sociables, puisque vous êtes en marge de la société ? Le danger signalé ici n'échappait d'ailleurs pas à tous les cyniques. On le voit dans le discours que le célèbre rhéteur Dion Chrysostome composait une cinquantaine d'années après sur le recueillement (περὶ ἀναχωρή-σεως)[4]. Dans un développement qui a le même mouvement que celui du *de fuga*, il montre comment il est illégitime de fuir les occasions de servir sa patrie ou ses amis ; il recommande à son tour non pas la vie solitaire, mais seulement le recueillement intérieur. Comme l'influence de Philon sur Dion est contre toute probabilité, nous y voyons un thème déjà connu.

Le recueillement intérieur est le côté négatif du précepte ; la méditation intérieure en est le côté positif ; il faut lorsqu'une tentation se présente, méditer sur l'honnête ; cette pensée continue et répétée finira par créer en nous un désir qui nous y

---

1. *De præm. et pœn.*, 3, II, 411 ; *leg. alleg.*, III, 16-17 : les souvenirs continus nuisent à la pensée.

2. S'il aboutit dans l'*Exposition de la Loi* (*loco cit.*) au précepte de la solitude, il en est tout autrement dans le *Commentaire* (*leg. alleg.*, II, 85).

3. Aux cyniques seuls peut convenir le portrait du *de fuga et inv.*, 33, et tout le développement.

4. *Discours*, 20 (Arnim, II, p. 259). Bousset (p. 417) s'est donc tout à fait trompé sur le sens de l'ascétisme en faisant de l'ascète le sage retiré du monde. L'ascète au contraire participe encore (tandis que l'intelligence entièrement purifiée ne participe plus) à la vie du corps et à la vie sociale.

attachera, et délivrera de la tentation [1]. Tous ces préceptes sont,
nous le voyons, des préceptes de prudence, l'art d'exercer utile-
ment et sans gaspillage l'effort moral ; cet art, comparable à
celui de la lutte [2], demande les mêmes précautions : il faut savoir
estimer ses forces et celles de l'adversaire [3] pour mieux lutter ;
il faut également recueillir ses forces avant la lutte.

On saisit ici la naissance de la vie morale intérieure : elle se
produit avec tout son cortège de méditations et d'exercices,
lorsque les chocs extérieurs trop violents forcent l'âme à se
retirer sur elle-même, « à traverser les flots du monde sensible »
pour venir se reposer dans la pensée pure, et supprimer au
moins momentanément et en idée les attaques trop redoutables
de ce monde [4].

Philon connaît l'effet d'une idée constante qui, par sa con-
tinuité, s'imprime dans la pensée et finit par l'entraîner malgré
elle [5] ; autant est dangereuse la complaisance envers une impression mauvaise qui favorise l'éclosion et le développement de la
passion, autant est utile la méditation, qui fixe dans l'esprit
une maxime honnête. La mémoire, la faculté utilisée ici peut
garder dans la pensée une représentation d'une façon continue
et sans jamais la perdre. Elle a, par suite, une haute valeur
dans la vie intérieure ; sans elle une pensée ne toucherait l'âme
que superficiellement et pour un moment ; par elle, l'âme broie
et rumine en quelque sorte ses pensées pour les assimiler intimement [6]. La répétition est un procédé pédagogique fréquemment
loué et employé par Philon lui-même pour affermir les
pensées chez les auditeurs [7]. Mais les exemples nous font bien
voir qu'il ne s'agit pas ici d'une répétition mécanique, mais

1. *De gig.*, 44.
2. Cette comparaison très répétée et suivie chez Philon est habituelle aux
cyniques (Dion, *orat.*, VIII, 12 fin, Arnim, 98, et Philon ; *leg. alleg.*, III, 90 ;
mut. nom., 81-83).
3. *De Migr. Abr.*, 210 : voir la force de la passion à combattre ; *leg. alleg.*,
III, 18.
4. *Leg. alleg.*, 18. Lorsque la passion est ὑπέρογχον, traverser le fleuve des
sensibles.
5. *Leg. alleg.*, III, 16, ἀκούσαν... περιτρέπουσιν.
6. *De post. C.*, 148-149. Sur l'opposition de mémoire et réminiscence, voyez
le symbole des deux fils de Joseph : *leg. alleg.*, III, 90 sq. ; *de congr. er. gr.*,
39 sq. Rôle de la mémoire dans la « bonne nature » ; *de mutat. nom.*, 100-
101 ; *Qu. in Gen.*, IV, 136, 48. Description de la mémoire : *Qu. in Gen.*, IV,
92, 318 ; IV, 94, 320.
7. *Qu. in Gen.*, IV, 106, p. 328 ; *de agric.*, 145.

d'une réflexion qui approfondit. Au lieu d'accomplir ses devoirs, par exemple d'honorer ses parents par la simple coutume, l'homme réfléchi développera en lui les raisons de ces devoirs : c'est que ses parents l'ont engendré, nourri, élevé [1]. La question de l'origine du monde est aussi un sujet de méditation [2] pour l'ascète.

L'ascétisme consiste donc seulement dans un affermissement de l'âme par des exercices préparatoires qui doivent rendre possible la lutte pour la vertu [3].

Mais l'âme de l'ascète est toujours sujette à un changement subit qui la fait descendre d'où elle était montée. « L'ascète est par nature inégal, tantôt s'élevant en hauteur, tantôt s'abaissant en sens contraire... La vie de l'ascète est comme a dit quelqu'un alternante, coupée de veille et de sommeil » [4]. Il s'agit ici de la tentation brusque qui malgré lui attire l'ascète (cf. *de agricult.* 170 sq.). Avec ce vif sentiment des obstacles qui s'opposent au progrès moral Philon cherche tous les moyens de ménager les résultats acquis de l'effort ; c'est ici, nous pensons, qu'il faut placer la continence comme partie essentielle de l' « ascétisme ». Par elle l'ascète s'abstient de tous les spectacles qui pourraient provoquer en lui la tentation. Tandis qu'il est prêt à admettre avec l'auteur de la « question » stoïcienne sur l'ivresse que le sage peut s'enivrer sans perdre la sagesse, il faut au contraire que l'ascète évite par la fuite et l'abstinence toutes les occasions de chute. Dans la vie thérapeutique qui est l'idéal de l'ascétisme, la continence devient la source et le fondement de toutes les vertus [5].

IV.— Il y a un étrange contraste entre cette vigoureuse morale cynique qui donne tant à la personnalité et à la volonté humaines et le mysticisme philonien.

Aussi bien se complète-t-elle chez Philon par un trait qui en restreint singulièrement la signification. L'ascèse par cela même qu'elle est l'œuvre propre de l'homme est, selon Philon, une activité plus apparente que réelle. Elle est l'intermédiaire entre un point de départ, l'heureuse nature, et un point

---

1. *Leg. alleg.*, III, 98-99. La comparaison avec la nourriture de l'athlète indique encore probablement une source cynique.
2. *De somn.*, I, 249.
3. *De agric.*, 160.
4. *De somn.*, I, 150-153.
5. *Vita cont.*, 4, II, 476.

d'arrivée, la perfection, qui ni l'un ni l'autre ne dépendent de l'homme [1].

Philon résout encore en un sens mystique une difficulté qui se présentait dans le système cynique. Si le but est le bonheur dans la vertu, comment le travail et l'effort, qui sont pénibles, peuvent-ils être parties intégrantes de la vertu séduisante? Les stoïciens répondent en classant l'effort dans les « choses indifférentes ». Philon a un sentiment très vif de cette difficulté. La route qui mène vers la vertu est rude et escarpée [2]; en plein effort, pénible et amer, les images de la vie de plaisir facile que nous venons de quitter nous séduisent et nous enchantent parfois [3]; l'injustice est agréable et la justice pénible [4]. Les amis du plaisir raillent la vie dure et sans gloire des amis de la vertu [5]. Cette peine est proprement une épreuve [6], dont on ne sait si l'âme sortira victorieuse. Elle serait sûrement vaincue si quelque adoucissement ne venait jusqu'à elle. Il faut aimer l'effort et la peine, la considérer non comme une souffrance ainsi que le vulgaire, mais comme très agréable. Ce n'est possible que par l'amour du bien qui résultera de cette peine et en fait la véritable nourriture de l'âme [7]. L'amour qui rend l'effort aimable est l'amour mystique que Dieu nous inspire en nous attirant vers lui [8], la parenté intime et la fusion dans l'objet de notre désir [9].

1. *Migr. Ab.*, 33; les produits de l'âme seule sont ἀμβλωθρίδια, ἠλιτόμηνα.

2. *De post. C.*, 154 : la route vers la vertu est considérée comme τραχεῖαν καὶ δυσάντη καὶ χαλεπήν. C'est ainsi que la considère la multitude (*congr. er. gr.*, 162).

3. *De Post. C.*, 155 : les jouissances, ἔναυλοί τε ἦσαν καὶ σφόδρα ἐκήλουν, 156.

4. *De congr. er. gr.*, 163.

5. *Quod det. pot. ins.*, 34.

6. *Congr. er. gr.*, 164. « L'épreuve et l'examen invisible de l'âme sont dans la peine et l'amertume : il est difficile de décider de quel côté elle penchera ».

7. *De post. C.*, 156. Dieu a jeté dans l'âme φιλοπονίαν ἀντὶ μισοπονίας, 158 : « La nourriture de l'âme c'est de trouver la peine agréable, non amère ». *De congr. er. gr.*, 162 : la peine est la véritable fête de l'âme; *ib.*, 166. La cause de la victoire est non la peine simple, mais σὺν τῷ γλυκανθῆναι, et cet adoucissement se fait par l'amour du beau, *de Migr. Ab.*, 36-37.

8. Cf. le rôle de Dieu dans les textes précédents, et dans *Migr. Abr.*, 34-35; *quod det. pot. ins.*, 95, « Dieu reçoit les âmes suppliantes ».

9. Il est difficile de déterminer tous les thèmes propres au cynisme que Philon a développés dans ses œuvres. Nous citerons : 1° les diatribes contre les cités et les lois (*de Josepho*, 30; *de decal.*, 2-14) que nous examinons ci-dessous d'où dépendent les critiques des arts (*de præm. et p.*, 4, II, 412); 2° les développements sur l'égalité des hommes et contre les lois; 3° un développement sur la supériorité de l'animal sur l'homme (*de post. C.*, 131, 2; Dion, *Or.*, 6; Arnim, I, 88; *Or.*, 8, 16, 106 a); 4° un passage de *Qu. in Gen*,

4. — *Les limites du cynisme*

Le cynisme fut une des doctrines morales les plus exclusives de l'antiquité ; l'effort ascétique est pour lui la voie unique de la vertu [1]. Il ne pensait pas que la nature pût prédisposer à la vertu et rejetait avec violence la doctrine sophistique que la fin de la vie peut être atteinte par l'éducation intellectuelle. Socrate ne fut pas si exclusif qui, s'il mettait à la base de la vertu la science des concepts, donnait au développement de cette science une condition volontaire, la maîtrise de soi (ἐγκράτεια). Platon, après avoir longtemps douté si la vertu est chose qu'on apprend, finit par admettre la nécessité d'une part de la science, d'autre part de dispositions naturelles et innées, qu'il attribue au concours divin [2]. Aristote enfin donne une formule définitive de la même idée en admettant que la vertu s'acquiert par la nature, par l'ascèse, par l'instruction (φύσει, ἀσκήσει, μαθήσει), fusionnant ainsi, dans une formule nette et saisissante, les doctrines de ses prédécesseurs [3]. Pour les stoïciens s'ils mirent d'abord l'accent sur le développement de la volonté, ils admirent que la vertu était autant théorique que pratique.

Ce problème était certes à l'époque de Philon un des plus vivants : il s'agissait alors de déterminer quelle place respective devait avoir dans l'éducation morale, le savoir théorique et l'exercice pratique. On a vu avec quelle conséquence et quelle fermeté Philon développait la solution cynique du problème : l'homme à son origine et par nature n'étant ni bon, ni mauvais, ayant seulement la vertu en puissance, puis devenant ou mauvais en succombant au plaisir, ou bon en résistant contre lui par l'effort. S'il y a jusque dans cet ascétisme quelque élément

III, 5 (début) sur les parties symétriques du corps revient à *Mém.*, II, 3, 19 ; *Dion*, III, 104).

Il faut ajouter peut-être la réfutation de la morale du plaisir (*de Somn.*, II, 208-215) où le plaisir est bien considéré à la manière d'Epicure comme s'étendant sur le passé et le futur.

Nous savons par Dion Chrysostome (*Orat.*, p. 657 R.) qu'il y avait à l'époque de Trajan, beaucoup de cyniques à Alexandrie.

1. *Diog. La.*, VI, 11 ; d'après Antisthènes, τὴν ἀρετὴν τῶν ἔργων εἶναι μήτε λόγων πλείστων δεομένην, μήτε μαθημάτων.

2. *Brochard*, La morale de Platon. *Année philos.*, 1906. L'exercice a aussi sa part ; la sagesse est opposée aux autres vertus de l'âme qui s'acquièrent comme celles du corps, ἔθεσί τε καὶ ἀσκήσεσιν (*de Republ.*, 518 *d. e.*).

3. Arist., ap. *Diog. La.*, V, 18.

intellectuel [1], il est bien petit et sacrifié à la volonté. Aussi peut-on s'étonner de voir Philon admettre ensuite avec Aristote les trois moyens de la vertu : la nature, l'exercice et l'éducation. Il y a une apparente contradiction avec le cynisme. Il prend d'ailleurs cette formule en deux sens assez différents : en un premier sens ce sont trois moyens qui doivent concourir ensemble pour produire la vertu. La nature, l'ascèse et l'instruction sont unies entre elles comme les trois Grâces [2]. En un second sens, chacun de ces moyens, pris à part, est suffisant pour amener à la vertu : à l'homme parfait naturellement, sans effort ni instruction, s'oppose l'ascète qui acquiert la vertu péniblement et celui qui l'acquiert par l'instruction [3]. Dans ce second sens le cynisme serait accepté comme un point de vue vrai mais partiel.

Mais le premier sens n'a pas contre l'ascétisme toute la valeur qu'il paraît avoir d'abord. En faisant de la bonne nature le principe de l'enseignement, il ne parle que des qualités intellectuelles non des vertus. En faisant inversement de l'enseignement le principe de la nature (*Qu. in Gen.*, IV, 121 sq.), il veut dire seulement que le sage sait immédiatement ce que l'homme ordinaire met bien du temps à apprendre. Enfin Philon ne parle que rarement de vertus naturelles, comme les devoirs de famille, auxquels il refuse quand il prend le ton philosophique [4], toute valeur véritable.

Il n'en est pas de même lorsqu'il fait de la nature, de l'enseignement et de l'ascétisme, trois modes, exclusifs l'un de l'autre de l'acquisition de la vertu. Il restreint singulièrement par là le rôle de l'ascétisme et de l'effort.

I. — La vertu peut exister dans l'âme par nature ! A cette affirmation optimiste s'opposent toutes les idées de Philon sur le fond naturel de l'homme. D'abord l'homme est présenté comme moralement neutre. Dieu n'a voulu le faire pencher par nature

---

1. Les lectures et les méditations spirituelles.

2. *De Abrah.*, 54. Cf. dans un fragment péripatéticien du *de Sobr.*, 38, les trois sources de la vertu : φύσεως εὐμοιρία, νόμιμοι ὑφηγήσεις, πόνοι. L'ascèse n'est pas possible sans un fond naturel plus ou moins heureux (ce qui est entièrement opposé à la neutralité morale de *leg. alleg.*, I, 95). L'instruction n'est pas possible sans l'effort ni l'effort sans l'instruction (*de Abr.*, 53); cf. les qualités naturelles de Moïse dans l'instruction, *V. M.*, I, 21-23, et les qualités de la mémoire (*mut. nom.*, 212).

3. *De Josepho*, 1. Il y a trois manières d'acquérir la vertu et trois types différents de sages.

4. Ce sont tous les sentiments de famille; cf. *de par. col.*, 4, p. 15 ; 6, p. 19-20, etc.

ni vers le bien, ni vers le mal pour lui laisser la liberté et partant le mérite du choix. D'autre part il admet l'idée d'un mal radical : c'est à la créature en général qu'il attribue cette faute par le fait même d'être né [1]. Ce pessimisme se rattache certes autant à des observations morales qu'à des théories de la matière qui faisaient entrer dans le monde un élément d'imperfection [2], et plus encore à celle des Orphiques sur le corps que l'âme porte avec elle comme un cadavre, dans les liens duquel elle est retenue, fondement de toute impureté et de tout mal [3]. Il y a en effet des natures qui sont unies intimement à l'âme humaine, et qui, par elles-mêmes en dehors de toute faute, sont mauvaises et maudites : c'est le plaisir séducteur, et le corps qui en est le fondement. Cette idée reste assez différente du péché originel auquel on l'a quelquefois comparée [4]. Le péché originel est volontaire, celui-ci est naturel, inné ; le péché originel se rapprocherait davantage de la faute commise par Adam, l'intelligence moralement neutre en se laissant aller au plaisir.

Ces deux idées sur le fond de la nature humaine ne sont inconciliables qu'en apparence. Ce n'est pas au même être que sont attribués l'indifférence morale et le péché. L'être moral neutre est non pas l'homme composé mais l'intelligence qui est prête à s'engager dans le corps et qui n'y est pas encore engagée [5]. Elle fait donc encore partie à ce stade d'un monde supérieur et même, comme il ressort d'un passage sur l'origine des âmes [6], pourrait continuer à en faire partie : ce n'est que fascinée et entraînée dans le tourbillon du devenir qu'elle prend un corps. C'est là, semble-t-il, que commencent la faute et le péché puisque le corps est en lui-même mauvais, et que la vie avec le corps contient nécessairement des plaisirs mauvais par eux-mêmes. L'homme est donc par nature mauvais.

1. *Vita Mos.*, II, 147. Le péché est inné (συμφυές) à la nature du devenir. Chez l'homme le vice pullule dès le premier âge (*Qu. in Gen.*, IV, 157, 365) ; le mal est collé et fixé (συγκεκολλήται καὶ προσηρμόσται) à l'homme *Qu. in Gen.*, II, 54 (Harris, 24).

2. Opposition du monde sublunaire au ciel (*Qu. in Gen.*, IV, 157, 365).

3 *De congr. er. gr.*, 84 : dans *Qu. in Gen.*, I, 45, 30, le vice d'Adam est dû à ce qu'il a quitté l'immortalité pour s'enterrer dans le corps (Voy. la théorie des anges : l'âme humaine, suivant Platon, est considérée comme une âme aérienne attirée par le mal).

4. Renan, *Hist. d'Israël*, V, 359.

5. *Leg. alleg.*, I, 31 et 95 : l'intelligence terrestre n'est ni bonne ni mauvaise.

6. *De gigant.*, 15, qui décrit la chute de l'âme dans le corps.

Comment maintenant concilier cette idée avec la sagesse par
nature ? On songera d'abord au souffle divin qui est dans l'âme
de tout homme ; mais le souffle est une simple puissance inac-
tive de vertu qui par elle-même reste morte [1]. Pour les vertus
auxquelles l'homme serait naturellement enclin, nous venons de
voir ce qu'il faut en penser. La description du sage par nature
augmente encore cette contradiction. Il a une vertu qu'il acquiert
sans maître et qu'il possède sans effort ; il est plutôt son maître
à lui-même ; il persévère sans aucun danger de chute dans les
vertus, et il est préservé de toutes les pensées troubles du vice.
Il est supérieur à l'ascète qui reste toujours sur un sol glissant
et à l'homme instruit qui a dépensé un long temps pour acquérir la sagesse [2]. On a reconnu dans ce portrait bien des traits du
sage des stoïciens et particulièrement l'impossibilité de perdre
la sagesse ; mais, pour ceux-ci, la sagesse est toujours chose
acquise. Il serait plus exact de le comparer (idée que nous allons
justifier bientôt) aux dieux qui, à la différence des hommes sages
possèdent en effet la sagesse par nature.

Il faut pour concilier ces affirmations contradictoires, comprendre la diversité des points de vue de Philon. Le sage par
nature a deux sens. Il désigne d'abord seulement une façon d'être,
un mode (τρόπος) de l'âme humaine. Il désigne ensuite un être
réel, mais cet être n'est plus un homme.

A la fin de notre chapitre sur l'ascétisme, nous avons vu comment un élément étranger à l'effort volontaire de l'ascète s'introduisait pour compléter son œuvre. C'était un désir du bien inspiré par Dieu. Il y a donc dans la moralité une inspiration
brusque et involontaire qui échappe aux prises de l'homme, une
illumination intérieure qui découvre tout d'un coup la beauté de
la vertu. Nous voyons apparaître ici un élément tout à fait étranger aux morales grecques, où tous les principes sont discutés et
réfléchis [3]. Il devait sous le nom d'impulsion immédiate de la
conscience morale et du cœur avoir dans l'histoire des idées morales modernes une éclatante fortune. Ou plutôt n'est-ce pas une
apparition encore timide et gauche de la notion même de la cons-

---

1. *Leg. alleg.*, I, 34, 42, 54 (l'intelligence moyenne est dans le paradis (les
vertus), mais ne les pratique pas).

2. *De Congr. er. gr.*, 37 ; *Qu. in Gen.*, IV. 138, 349 ; *de confus. lingu.*,
148 : *de mutat. nom.*, 263.

3. La contemplation d'Aristote et l'extase de Platon sont d'ordre intellectuel,
non pratique, et elles sont le résultat de l'activité du sujet.

cience morale, considérée comme faculté de juger et de diriger spontanément les actes ? Le Grec visait toujours à se posséder lui-même et le plus haut degré de moralité était aussi la plus ferme et la plus constante possession de soi-même. Ici au contraire l'activité morale est abandon de soi-même et possession de Dieu [1]. Cette possession exprime tout ce qu'il y a d'irréfléchi et d'obscur pour nous-même dans nos plus hautes actions. C'est cette impulsion que Philon désignait sous le nom d'amour. Jamais avec notre nature essentiellement vicieuse nous ne pourrions de nous-même y atteindre.

Il en est de même du sentiment de joie et de bonheur qui naît pour nous de la vertu. Le bonheur était toujours considéré par toutes les morales grecques comme le but dernier. On sait comment les doctrines philosophiques avaient essayé d'accorder le bonheur et la vertu, en distinguant le sentiment supérieur ayant une valeur morale de la passion sensible. Il tirait sa valeur de ce qu'il accompagnait exclusivement la vertu ; Aristote en fait une sorte d'appendice de la sagesse, et les stoïciens distinguent la joie « bonne passion » (εὐπάθεια) qui résulte de l'âme vertueuse, et le plaisir, passion qui trouble l'âme. Toutes ces directions de pensée et ces expressions se trouvent chez Philon [2], mais ce n'est pas pour lui l'essentiel.

Il existe dans la littérature grecque une idée pessimiste qui s'exprime avec clarté chez Euripide [3], d'après laquelle le bonheur est inaccessible à l'homme, mais connu des dieux seulement. Le bonheur, disait-on, dépend du destin, et aussi des dieux. Cette idée forme le thème de presque toutes les tragédies grecques. Elle est susceptible d'interprétations plus ou moins subtiles, suivant que l'on place le bonheur dans les biens extérieurs ou dans la vertu. C'est justement pour s'affranchir du pessimisme de ces théories que les stoïciens placèrent le bonheur dans l'état de la volonté vertueuse qui dépend constamment de nous. Cette théorie ne satisfait nullement Philon : contre elle il affirme l'impossibilité du bonheur pour l'homme ; Dieu seul possède la joie et la paix sans trouble et peut se livrer à une fête ininterrompue [4]. Si l'homme peut éprouver une joie,

1. Cf. le chapitre précédent.

2. Εὐδαιμονία = τέλος, V. M., II, 150 ; εὐδαιμονία = *plenitudo triplicium honorum* (*Qu. in Gen.*, III, 16, 188). Pour la joie εὐπάθεια, cf. ci-dessus § 1er.

3. Eurip., *ap. Aristophane, Grenouilles*, v. 1217-1220 : οὐκ ἔστιν ὅστις πάντ' ἀνὴρ εὐδαιμονεῖ.

4. *De septen.*, 5, II, 280 ; *de Abrah.*, 200-208.

imparfaite il est vrai, c'est seulement en se rattachant à Dieu d'où vient toute joie [1]. Il y a dans le mysticisme une synthèse des points de vue stoïcien et pessimiste ; avec le premier il accepte que la joie est liée à la vertu ; mais faisant de la vertu une entité divine supérieure à l'homme dont il est possédé, plus qu'il ne la possède [2], il y verra également un don divin, une récompense [3]. La joie ne dépend donc pas de l'effort de la personne : elle s'introduit dans l'âme comme de l'extérieur ; elle la pénètre d'une façon tout à fait inattendue, et l'âme ravie par elle, n'ose pas croire à un bonheur si extrême, et s'attribuer cette joie [4]. Elle ne provient ni de l'ascétisme, ni de l'instruction, elle ne peut être résultat d'effort ni d'enseignement. Cette joie étant, comme on l'a dit, incompatible avec l'état mortel, ne peut être engendrée que par l'âme incorruptible qui s'est élevée au-dessus de tout élément mortel, dans le monde intelligible [5]. Cette joie avec ses transports et ses actions de grâce, est sans doute assez différente du bonheur calme qui constitue l'idéal grec. Mais il faut dans ce concept un peu trouble distinguer deux éléments qui se diviseront plus tard : d'abord la joie mystique, le ravissement qui accompagne l'approche de Dieu : cette première idée ne doit pas en cacher une autre, plus obscure il est vrai, celle de la satisfaction morale accompagnant l'exercice de la vertu et lui donnant sa récompense. Cette idée si rebattue aujourd'hui trouve pour la première fois ici une expression.

On comprendra maintenant ce qu'est la sagesse naturelle ou autodidacte. Elle est ce qu'il y a dans l'être moral d'immédiat, qui vient de son propre fond, mais non de son effort. La grande nouveauté du philonisme qui se mêlera si aisément sur ce point aux idées chrétiennes, c'est non seulement d'avoir mis à découvert ce qui dans la conscience morale ne peut s'acquérir mais surtout de lui avoir donné la première place, d'en avoir fait le centre de la vie morale. Sans employer les mots intuitif et discursif, c'est une distinction pareille qu'il veut énoncer, lorsqu'il compare la sagesse autodidacte à la vue et l'enseignement à l'ouïe [6].

---

1. *Qu. in Gen.*, IV, 18, 259.
2. La vertu reine, *Leg. alleg.*, II, 65.
3. *De præm. ac pœn.*, 4, II, 412. La génération de la joie (Isaac) par Dieu est un mystère, *Leg. alleg.*, III, 219.
4. Ἐνθίω μανία (*de fuga*, 168) pour éprouver la joie ; *de Somn.*, I, 71.
5. *Qu. in Gen.*, IV, 122, 340 ; cf. l'explication symbolique de γυναικεία (= sensation, passion) que Sara abandonne pour enfanter Isaac.
6. *Qu. in Gen.*, III, 59.

A cette conscience de l'intuition morale immédiate se rattachent les premiers linéaments d'une théorie de la grâce. Bien que « toute chose soit une grâce de Dieu », l'action divine sur l'âme humaine a en effet des degrés ; la grâce n'est pas un don spécial des bons, puisque sur tout être et continuellement, Dieu fait pleuvoir ses grâces [1]. Mais d'abord les êtres par leur nature sont plus ou moins capables de les recevoir [2] ; chez le sage autodidacte, cette capacité est la plus vaste ; il peut seul s'appeler fils de Dieu et de la sagesse [3], tandis que les autres ne sont que les fils du Logos ; il a pour grâce spéciale la persévérance dans ses actes [4]. Mais la grâce est avant tout le don entièrement gratuit, inattendu et ne reposant pas sur le mérite, et partant sur la nature des êtres. Cette idée ne se rencontre pas chez Philon à l'état développé. Pourtant il observe que Dieu vient quelquefois au-devant du pécheur, que parmi ceux qui travaillent à connaître Dieu, il y en a fort peu, à mérite égal, semble-t-il, à qui Dieu permette la connaissance de lui-même. Philon le premier énonce, sans en avoir l'idée nette, la contradiction fondamentale dans laquelle se débattra plus tard la théorie de la Grâce : d'une part le mérite ou la capacité de recevoir des grâces dépend de la grâce et du don divin et, d'autre part, la grâce dépend du mérite et de la capacité de l'être. Quoi qu'il en soit c'est le sage autodidacte qui montre le mieux que la grâce divine ne dépend d'aucune activité humaine.

Telle est la sagesse par nature considérée comme manière d'être de l'âme. Mais le sage par nature est aussi considéré comme un être réel. Le premier livre des *Allégories* nous fait comprendre sa situation dans le système. Ce n'est nullement une espèce de sage que l'on peut trouver parmi nous autres mortels : c'est une pure intelligence, sans aucune liaison avec le corps et la matière, qui non seulement comme l'intelligence terrestre, possède la vertu, mais encore la pratique avec persévérance [5]. Il représente l'idée intelligible opposée à la réalité terrestre, et il

---

1. *Qu. in Gen.*, I, 96 (Wendland, 49-50) ; *de sacrificant.*, 5, II, 224.
2. *De Ebriet.*, 32.
3. En tant qu'Isaac (sage autodidacte) est identique à la joie.
4. Cf. surtout *migr. Ab.*, 31-36 ; tous les biens lui arrivent spontanément et sans peine : l'âme n'engendre que des avortons, Dieu que des êtres complets. C'est ici que Philon cite une expérience personnelle d'inspiration.
5. C'est le portrait de l'homme céleste, *leg. alleg.*, I, 55 ; comparer Isaac, le sage autodidacte (*Qu. in Gen.*, IV, 127, 343) qui a pour compagne la persévérance.

est identique à l'homme céleste ou divin. C'est le sage stoïcien avec sa vertu indéfectible, mais transporté dans un monde supérieur à nous et dont on peut dire, comme du logos, qu'il est l'intermédiaire entre Dieu est les hommes. Mais cet être réel n'est pas même essentiellement différent du trope de l'âme que nous venons de décrire sous le nom de sagesse autodidacte : il n'y a jamais chez Philon qu'une limite indécise entre la faculté de l'âme et l'être réel : la sagesse autodidacte dans l'âme est plutôt la pénétration de nous-même dans cette personne supérieure et céleste.

On voit comment la sagesse par nature se concilie avec la thèse du mal radical. Elle n'est pas non plus en contradiction avec le principe de l'ascétisme. L'effort et le travail reste l'œuvre de l'homme, œuvre volontaire ; l'influence mystique de la grâce s'y surajoute pour l'achever et l'amener à la perfection. Sans elle, les produits de l'activité humaine restent mal venus et incomplets. Le travail de la vertu a bien sa valeur en lui-même ; mais il a une récompense qui n'est pas en lui-même, mais qui vient à l'âme de Dieu. Le mystique qui attend et reçoit tout de l'influence divine donne son sens et son but à l'ascétisme. C'est ainsi que nous expliquerons l'interprétation du changement de nom de Jacob (l'ascète) en Israël (celui qui voit Dieu). Ce n'est plus là un progrès humain mais une métamorphose en un être plus qu'humain. L'homme comme tel ne dépasse pas l'effort ascétique. « Ce serait assez si nous obtenions les biens nés du travail et de l'exercice ; mais pour les biens spontanés acquis sans artifice ni prudence humaines, il n'y a même pas d'espoir d'y atteindre ; étant divins il faut des natures divines et bienheureuses, séparées du corps mortel pour les trouver »[1]. L'ascète au terme de sa lutte, peut arriver à l'intuition de Dieu. On ne doit pas faire appel seulement aux nécessités de l'interprétation allégorique pour expliquer cette affirmation. Elle signifie encore qu'à l'effort humain s'ajoute pour compléter la sagesse une action divine, puisque la sagesse est connaissance de Dieu et que Dieu seul peut montrer à l'âme sa nature[2].

II. — Lorsque Philon affirme qu'il est possible d'acquérir la sagesse par l'instruction (μάθησις) nous devons tout de suite dis-

---

1. *Mut. nom.*, 219.

2. Cf. *Migr. Ab.*, 26-31. La suite des travaux de l'ascète : la fuite lorsqu'il n'est pas assez fort, puis le combat, enfin le profit du combat qui est la joie. L'ascèse appartient au νήπιοι, la sagesse au τέλειος.

socier deux sens de l'affirmation qui avec nos habitudes modernes
de langage pourraient être confondus.

Le premier correspond à la vieille question qui ressortait de
l'enseignement de Socrate : si la vertu peut être apprise comme
on apprend l'art du laboureur ou du cordonnier. Les comparaisons habituelles de Socrate sur ce point, plus encore que le fond
de son enseignement, amenaient à résoudre positivement la question. Cette solution est encore présentée par Plutarque dans son
petit traité « *que la vertu peut être apprise* ». Sur cette question
Philon est délibérément de l'opinion contraire à celle issue du
socratisme ; il pense que la vertu est à la fois théorique et pratique, comprenant à la fois l'instruction et l'action.

Tout autre est le second sens. A mesure que les sciences se
développaient, le cours d'études s'était considérablement accru.
Il se bornait, en Grèce, au siècle de Périclès, aux éléments et à
la lecture des poètes. On ne sortait pas de l'enseignement élé-
mentaire et moral, et il n'y avait pas véritablement d'enseignement scientifique. Au contraire se trouvait constitué, à l'époque
de Philon, un plan d'études compliqué et chargé où les matières
littéraires et scientifiques se partageaient la place. On attribuait
moins d'importance aux arts pratiques, gymnastique et musique
et davantage à l'étude scientifique [1]. Ces connaissances que l'on
appelait encycliques (ἐγκύκλια) ou arts libéraux précédaient l'enseignement de la philosophie proprement dite. C'est à leur propos que se posait un gros problème, le même qui se pose aujour-
d'hui, et se posera chaque fois qu'un progrès exceptionnellement
rapide des sciences rompra l'harmonie entre les connaissances
acquises et l'instruction de la jeunesse : avant que l'harmonie
ne soit rétablie, il y a une période de trouble dans laquelle
l'usage pédagogique des connaissances nouvelles n'est pas
encore trouvé. Elles apparaissent alors des connaissances de
luxe inutiles au but fondamental de l'éducation, puisque ce but
ne peut être la pure connaissance.

Tel fut le problème que se pose en effet Philon, à la suite d'un
grand nombre de moralistes antiques. Quel est le rapport des
encycliques et de la vertu ? Les encycliques sont-elles nécessaires, et, si oui, suffisantes ? A cette question répondaient bien
différemment, chacun avec leur esprit spécial, d'une part les

---

1. Kappes, *Lehrbuch der Gesch. der Pædagog.*, Bd. I, p. 174 (Münster.
1898 .

professionnels de l'enseignement, d'autre part les philosophes. Les uns, les sophistes, voyaient dans la rhétorique l'art suprême qui suffisait à toute la pratique de la vie ; les encycliques et la philosophie elle-même, sans être inutiles, devaient se subordonner à la fin de la rhétorique ; elles n'étaient, comme le montre Cicéron dans son portrait de l'orateur [1], qu'un trésor d'arguments et de lieux communs qui devaient étoffer le discours. L'opinion toute contraire de la philosophie régnante à cette époque doit être assez bien représentée par le modéré Sénèque. Il démontre longuement que les encycliques ne sont nullement suffisantes pour faire un homme de bien, mais qu'elles sont cependant nécessaires, à peu près comme il faut savoir ses lettres avant de lire les poètes [2]. Tout autre encore est l'opinion radicale qu'exprime un néopythagoricien inconnu dans le *Tableau de Cébès* [3] ; il y rejette entièrement les encycliques comme inutiles à la vertu.

L'opinion modérée de Sénèque régnait dans de larges cercles philosophiques ; nous la retrouvons un peu plus tard chez Plutarque et chez le rhéteur Maxime de Tyr (avec un penchant plus marqué en faveur des encycliques) [4]. Nous allons voir que Philon est également partisan de cette opinion modérée, mais l'accompagne d'une vive polémique contre ceux qui voudraient réduire la sagesse aux encycliques.

Le problème des encycliques est particulièrement développé dans le traité *de Congressu eruditionis gratia*. Nous trouvons au § 11 une classification des encycliques (grammaire, géométrie, astronomie, rhétorique, musique) [5], dont le détail montre que

---

1. D'après Philodème de Gadara comme l'a montré Arnim, *Dio v. Prusa*.
2. *Epist*. 88.
3. Cette œuvre fait partie des anonymes néopythagoriciens du début de notre ère.
4. *Diss*., 37, §§ 2 et 3 ; Plut., *de lib. educ*.
5. Nous trouvons fréquemment des classifications analogues : *de agricul*., 18 : « lire, écrire, l'étude des poètes (qui paraît ici non une simple lecture, mais un commentaire d'où on essayait d'extraire la sagesse) la géométrie et les exercices de rhétorique ». *De Ebriet*., 49, ne cite que la grammaire et la géométrie. *De Somn*., I, 205, donne une classification très complète : d'abord la grammaire dont les premiers éléments (τὰ πρῶτα) sont la lecture et l'écriture, puis dont une partie plus élevée (τελειοτέρας) comprend les poètes, et l'histoire ancienne ; puis l'arithmétique et la géométrie, la musique, enfin la rhétorique avec ses différentes parties : la découverte, la diction, l'ordre, l'économie, la mnémotechnique, le débit (ὑπόκρισις). Dans le *de par. col*. (3, p. 12-13) il distingue la grammaire, le calcul, la géométrie et la musique. Dans ce passage il sépare des arts qui se rapportent aux corps (gymnastique

nous avons affaire à l'éducation proprement grecque. Dans le
tableau de l'éducation de Moïse [1] ces encycliques sont opposés,
comme enseignés par les Grecs, à un autre ordre d'enseignement, la philosophie symbolique des Egyptiens, les lettres assy-
riennes, l'astronomie chaldéenne. Ce dernier passage explique
aussi une exclusion singulière de Philon : c'est l'astronomie.
Elle paraît seulement dans une brève énumération que nous
avons citée, puis ne reparaît plus [2]. Cela tient à la place particulière que lui donnait Philon par rapport à la philosophie ; l'astronomie « chaldéenne » était pour lui une philosophie fausse,
mais complète en elle-même.

Nous connaissons assez bien le sentiment personnel de Philon sur cet amas assez mal ordonné de connaissances de toute
sorte. Il raconte qu'il a lui-même reçu, dans sa jeunesse. cette
éducation grecque et en a recueilli d'excellents fruits [3]. On voit
d'ailleurs dans toutes ses œuvres des traces de cette éducation,
qu'il appelle d'un nom qui lui convient si bien, une « polymathie » [4]. On apprenait en effet bien des choses, mais sans aucun
plan ni idée générale ; l'esprit était chargé de souvenirs de toute
sorte ; mais on visait moins à mûrir par eux l'intelligence
qu'à mettre une quantité innombrable de thèmes à la disposition des gens instruits. De là ce pédantisme qui est si choquant
dans les œuvres de notre auteur. Les exemples que nous allons
en citer dépassent sans doute, pour quelques-uns, le domaine
des encycliques, mais ils montreront tous également la nature
de cette éducation faite de pièces rapportées. Ce sont des fragments de théories astronomiques, des vues physiologiques et
médicales, des explications météorologiques qui la plupart s'introduisent d'une façon assez inattendue dans les développements.

·

et aleiptique) ceux qui se rapportent à l'âme (on trouve la même distinction
chez Maxime de Tyr) : les autres distinctions font voir qu'il donne le plus d'importance aux seconds : la culture prend un caractère presque exclusivement
intellectuel. *Qu. in Gen.*, III, 21, p. 193, donne une énumération de même
mouvement que celle du *de congr.* : *geometriae, arithmeticae, aliarumque
disciplinarum ingenii theorias* (cf. τῇ ἄλλῃ λογικῇ θεωρίᾳ πάσῃ et *Qu. in Gen.*,
IV, 14, 256 : *singulas intelligentiae disciplinas*). Autres classifications : *Qu.
in Gen.*, IV, 37, p. 205 ; *Qu. in Exod.*, II, 103, 535.

1. *V. M.*, I, 23.
2. On sait qu'elle fait pourtant partie des encycliques, Sén., *ep.* 88.
3. *Congr. er. gr.*, 74, νέος ὤν; il ne cite il est vrai que la grammaire, la
géométrie, la musique ; mais ses énumérations sont presque partout incom-
plètes.
4. *Qu. in Gen.*, IV, 191, 392 ; *ibid.*, III, 19, 190, *copiam scientiae.*

Nous touchons ici à un des traits intellectuels importants de Philon : c'est sa passion des voyages qui font connaître des phénomènes physiques et des mœurs nouvelles. Il est probable que lui-même a voyagé ; s'il n'est allé à Rome que dans sa vieillesse, il a pu aller à Jérusalem dans sa jeunesse. La précision relative et le pittoresque avec lesquels il décrit le désert que traversèrent les Hébreux pendant l'Exode par des traits qui ne sont pas tous empruntés à l'Ecriture Sainte [1] peuvent faire croire qu'il l'a traversé.

L'ami de la science [2] apparaît comme un chercheur minutieux (ζητητικόν, περίεργον) s'occupant de tous les détails des choses, s'informant de tout ce qu'il y a de beau à voir et à entendre, bravant tous les inconvénients et tous les périls d'un voyage pour ses recherches. On reconnaît sans peine dans cette peinture les notes de voyage qui ont passionné les milieux grecs après l'époque d'Alexandre. L'esprit de généralisation se perd dans la multitude des détails. C'est contre cette science que Sénèque protestait en montrant qu'elle était inutile, puisqu'elle ne rendait ni meilleur ni plus sain [3]. Elle est, au contraire, suivant Philon, non seulement agréable, mais profitable ; elle nous rend d'aveugles clairvoyants. Son nom propre est ἱστορία qui désigne toutes les connaissances dérivant de l'exploration et de l'information [4].

Le goût personnel de Philon se marque du reste par la quantité d'anecdotes plus ou moins étranges, traits de mœurs, phénomènes curieux qui émaillent ses œuvres. Il les rapporte sans la moindre critique ; ce sont les animaux vivant dans le feu (πυρίγονα) dont l'existence a été, dit-on, constatée en Thrace [5], les gymnosophistes de l'Inde dont l'exemple était d'ailleurs courant dans les traités de morale [6], l'anecdote des Germains attaquant

---

1. *V. M.*, I, 192.
2. *Migr. Ab.*, 216.
3. *Ep.* 104, 15.
4. *De Abr.*, 65 ; cf. *de Ebr.*, 158. Le développement de ce thème se trouve dans Cicéron, *de Fin*, qui dépend lui-même d'Antiochus (V, 18-19, 48-55). Les traits du chercheur sont : les récits et les spectacles (cf. *migr. Ab.*, θεαμάτων, ἀκουσμάτων). La science est plus chère que sa patrie au *cupidus scientiae* (*Migr. Ab.*, 217 : λίχνον). Il désire *omnia scire cujuscumque modi sunt* (*ib*, 216 : περίεργον, πανταχοσε διακύπτον). 51 : *nec vero non inscius esse utilitatem in historia, non modo voluptatem* (*de Abr.*, 65 : ἱστορίαν... τέρψιν ἅμα καὶ ὠφέλειαν τῇ ψυχῇ παρασκευάζουσαν).
5. *Qu. in Ex.*, II, 28, 488.
6. *De Somn.*, II, 56 ; *de Abrah.*, 182.

les flots de la mer montante [1]. Dans l'Exposé de la Loi il mentionne les législations étrangères pour faire voir la supériorité de celle de Moïse. Il cite la législation des Perses sur l'inceste, diverses lois sur le mariage des frères avec les sœurs [2].

Il n'aime pas moins les observations d'histoire naturelle. Il définit les insectes (σκνίπες) qui produisirent une des plaies de l'Egypte. Il admet sur des on-dit (ὡς ὁ λόγος) que les abeilles naissent des cadavres des bœufs et les guêpes de ceux des chevaux. Il parle longuement de la dentition des bœufs. Il s'étend sur les instincts d'amour filial chez les animaux [3].

Enfin pour compléter le tableau de cette polygraphie, ajoutons qu'il parle d'un très grand nombre d'arts, soit pour en indiquer des règles, soit pour en citer seulement le nom. Ce sont sans doute des bribes de ces sortes de *Manuels Roret* que devaient être les nombreux ouvrages technologiques de cette époque. Il développe les différentes fonctions de l'agriculture, la taille des arbres, la greffe [4]. Il cite et décrit l'appareil hydraulique appelé hélice, destiné à l'arrosage [5]. Il s'étend encore sur les règles de l'art hippique [6]. Sur l'art de la guerre, il fait ressortir l'importance de la cavalerie [7] ; il parle de l'emploi des flèches enflammées pour la destruction des flottes [8]. Il donne bien des détails sur les parties de l'art de l'athlète [9]. Il connaît les théâtres qu'il fréquente [10] et il indique le principe de leur acoustique [11].

C'est dans cet esprit de curiosité, sans aucun fond sérieux, que Philon traite les encycliques et les sciences qui s'y rattachent.

La grammaire a pour lui, à cause de son exégèse, une particu-

---

1. *De Somn.*, II, 121.
2. *De spec. leg.*, III, 3, p. 301 ; *ibid.*, III, 4, 303.
3. *V. M.*, I, 108 ; *de sacrif.*, 6, 255 ; *de An. Sacr. id.*, 1, 238 ; *de Decal.*, 113-118. De ce goût est venu le traité *des Animaux*.
4. *De Agric.*, 6-7 ; *quod det. pot. ins.*, 106-109.
5. *De confus. lingu.*, 38.
6. *Ibid.*, 69-72.
7. *Ibid.*, 85-88.
8. *Spec. legg.*, IV, 6, 340.
9. *De congr. er. gr.*, 5, 9, 14, 19 (γαλακτώδεσιν), 72 ; *de Agric.*, 111-119 ; *par. col.*, 7, p. 24 : énumération des jeux divers ; *leg. alleg.*, I, 98 ; *de septen.*, 11 (II, 288) : l'hygiène de l'athlète.
10. Critiques des spectacles de mimes et de danseurs (*V. M.*, II, 211 ; *in Flacc.*, 5, 522). Plusieurs comparaisons empruntées au théâtre : *de Abrah.*, 103. Un passage sur la flagellation d'un fou couronné a été étudié par Wendland (*Jesus als Saturnalien König*, Hermès, XXXIII, p. 175).
11. Qu'il compare à l'oreille, *de post. C.*, 104.

lière importance [1]. Le langage a été, suivant la thèse de Platon (*Crat.* 43o *a b*), inventé par des sages qui ont mis dans les mots les propriétés des choses [2]. Ce langage primitif a autant de précision que le langage mathématique [3], et c'est sans doute ce qui lui permet de découvrir des sens allégoriques des textes sacrés, par les étymologies [4], les divers sens qu'y prend un même mot [5], les emplois particuliers d'expressions [6].

Philon connaît et pratique avec beaucoup d'art les règles de la rhétorique. Beaucoup de ses développements par le soin avec lequel ils sont composés et les précautions qu'il prend pour nous avertir de leurs divisions ressemblent à ces exercices dans lequel les rhéteurs développent des lieux communs ; on en trouve aisément les parallèles chez les rhéteurs de l'époque ou d'une époque un peu postérieure. Souvent ces discours en restent à l'indication d'un plan très bref qui fait songer à quelque manuel de rhétorique. Ainsi le lieu commun (τόπος) de la pudeur se développerait en trois parties (*leg. alleg.*, II, 65). Nous trouvons tous les genres de discours ; les discours de conseil, de blâme, d'éloge, particulièrement les discours de consolation [7].

1. *Leg. alleg.*, I, 14 ; développement sur les éléments du langage.
2. *Qu. in Gen.*, I, 20, début ; IV, 194, p. 395.
3. *Ibid.*
4. Exemples d'étymologie : *quis rer. div. h.*, 211 ; *de Abr.*, 47 ; *ib.*, 54 ; *ib.*, 121 ; *de sacrificant.*, 9, II, 258 ; *Qu. in Ex.*, II, 62 (Harris, 63) ; *ib.*, 230 ; *V. M.*, II, 119 ; *de præm. sacerd.*, 3, II, 235 ; *confus. lingu.*, 156. De ces étymologies plusieurs sont tirées du *Cratyle* (σωφροσύνη, *Crat.*, 411 *e*).
5. *De Somn.*, II, 257 ; divers sens de ἀπό ; *leg. alleg.*, III, 189 ; *ib.*, 221, etc.
6 *De Abrah.*, 10, sur les appellations par excellence ; cf. *leg. alleg.*, II, 21 ; *Qu. in Gen.*, I, 99, 70.
7. Nous essayons ici de rassembler ces discours dont quelques-uns ont été étudiés et d'autres restent à étudier : 1º *Discours parénétiques*. Leur règle est donnée *de decal.*, 39 (ils doivent s'adresser plutôt à chacun en particulier qu'à tous ensemble : discours de la Loi à ceux qui veulent une double récolte (*de justit.*, 12, 371), à ceux qui veulent se substituer dans l'expiation, à leurs parents coupables (*de spec. legg.*, III, 29, 235) ; 2º *Discours de blâme*, à ceux qui méprisent la veuve et l'orphelin (*V. M.*, II, 240-241), aux parjures (*de dec.*, 88-92), à ceux qui n'honorent pas leurs parents (*ib.*, 113-121) ; aux faux nobles (*Qu. in Gen.*, IV, 180, 382-383). Nous ne pouvons pas énumérer tous les discours d'éloge ou de blâme qui émaillent ses œuvres : 3º *Discours d'éloge*. Discours des frères de Joseph à Joseph sur ses vertus (*de Jos.*, 246-250) ; 4º *Discours consolatoires*. Discours d'Abraham où il développe la métriopathie (analysé par Wendland, *Die Kynisch.-st. Diatribe*, p. 56 et rattaché à Crantor d'après Cicéron, *Tusc.*, III, 71). Discours de Jacob sur Joseph (*de Jos.*, 23-28) ; on trouve des parallèles chez Plutarque : *Consol. ad Apoll.*, 17, 31, 30 (sur les diverses espèces de morts). Discours de *Qu. in Gen.*, IV, 73, 303, où l'apathie est recommandée ; 5º *Discours ou développe-*

La parole a une importance primordiale comme arme dans la lutte contre le bon et le méchant. C'est par des démonstrations, des discours sophistiques que le méchant arrive à séduire le bon, lorsque celui-ci n'a pas reçu par son éducation les moyens de se défendre. La parole peut trahir l'homme simple qui ne possède pas l'éducation encyclique. Il vaut mieux alors refuser toute discussion [1].

La médecine ne rentre pas pour Philon dans les encycliques. Pourtant dans certaines classifications un peu postérieures, la médecine est citée au même rang que les autres arts encycliques [2]. Il est sûr en tout cas que Philon reçut une éducation médicale ; il a connu quelques fragments de la collection hippocratique. On rencontre dans cette collection un traité sur le nombre 7, auquel Philon a emprunté des spéculations sur les nombres ; il est remarquable que dans les exemples par lesquels il illustre la puissance de ce nombre, beaucoup soient empruntés à la médecine [3]. Les problèmes de casuistique médicale qui ont été posés en grand nombre par les hippocratiques sont assez souvent cités. Il montre dans leur solution le plus grand rigorisme [4]. Une opinion sur le siège de l'âme dans le cœur que les stoïciens ont empruntée aux médecins est citée par deux fois comme proprement médicale [5].

Mais la médecine est surtout pour lui une mine de comparaisons destinées à expliquer la vie morale. La consultation que le sage donne à l'homme en progrès est dépeinte dans tous les détails comme une consultation médicale [6] ; la passion est com-

---

ments oratoires sur des thèmes variés : sur l'exil (*de Abrah.*, 63-66) ; sur l'union sexuelle ; discours de Joseph à la femme de Putiphar (*de Jos.*, 42-49).

1. *Migr. Ab.*, 72, 79-82, opposition des sophistes à la belle parole et à l'âme vicieuse, aux bons qui ne savent pas s'exprimer.

2. Galien, *Protrept.*, c. 5 (*Scr. Min.*, t. I. p. 106, Marq.).

3. *De opif. m.*, 89-128 ; Hippocrate est cité §§ 105 et 124.

4. *De Jos.*, 76.

5. Cette opinion présentée d'abord comme commune aux médecins et aux physiciens (*leg. alleg.*, II, 6) est ailleurs (*ib.*, I, 59) présentée comme propre aux médecins. Dans d'autres passages les « physiciens » sont également liés aux médecins à propos d'une opinion sur la digestion (*Spec. legg.*, III, 2, 301). Même liaison (*Qu. in Gen.*, II, 14, p. 96) à propos d'une opinion sur la durée de la grossesse. Nous avons ici un témoignage important sur les rapports du stoïcisme avec la médecine au début de l'ère chrétienne.

6. *De provid.*, fr. gr. Mangey, II, 637-638 ; cf. *Qu. in Gen.*, II, 41, 119, sur le traitement moral ; cf. aussi, *Qu. in Ex.*, II, 25, 486 (Harris, 57).

parée à un herpès [1], et son extirpation par le moraliste à une opération douloureuse qu'on fait sans prévenir le patient [2].

L'érudition médicale [3] et physiologique [4] de Philon ne dépassent guère les limites de ces comparaisons.

Il faut encore signaler, pour achever la description de cette « polymathie », les notions et explications météorologiques qui ne vont pas au delà de ce que Philon aurait pu apprendre dans un ouvrage philosophique analogue aux *Placita* d'Aëtius : l'explication de la pluie [5], de l'arc-en-ciel [6], des crues du Nil [7], l'allusion à des phénomènes curieux [8].

III. — Malgré son goût personnel pour les curiosités, Philon est peu sympathique à cette culture. Il réprimande ceux qui s'adonnent exclusivement aux sciences encycliques. Ce reproche s'adresse dans sa généralité à tous les savants spécialistes, grammairiens et géomètres, mais surtout aux rhéteurs qui en effet utilisaient la philosophie comme recueil de thèmes oratoires [9]. Philon n'admet donc pas que toutes les sciences spéciales et tous

---

1. *Leg. alleg.*, III, 124 ; le moraliste emploie les contrepoisons.

2. *Qu. in Gen* , II, 41, 119 ; le mal comparé à une fièvre intermittente, *de confus. lingu.*, 151 ; l'homme en progrès moral, convalescent, *Qu. in Gen.*, III, 19, 190.

3. But de la médecine, *Qu. in Gen.*, II, 9, 87 ; rôle du jeûne, *V. M.*, II, 23-24 ; de la diète, *de decal.*, 12 (cf. *Diod. Sic.*, 182), le régime, *Qu. in Gen.*, IV, 204, 403 ; la boisson, *Qu. in Gen.*, IV, 35, 272 ; sur une médication par les odeurs, *de Somn.*, I, 51. Le scepticisme en médecine, *leg. alleg.*, III, 226 ; *de an. sacr. id.*, 14, II, 249.

4. Principes sur la structure du corps à propos de l'allégorie de l'arche, *Qu. in Gen.*, II, 2, 3, 4, 5 ; énumération des parties du corps, *Qu. in Gen.*, I, 28, 20 ; sur la force vitale, *de sacrific.*, 2, II, 252 ; *de spec. legg.*, 10, II, 309 ; description étendue de la digestion, *de anim. sacr. id.*, 7, II, 244 ; explication finaliste de la structure de l'intestin, *Qu. in Gen.*, II, 7, 84-85 ; sur la graisse, *Qu. in Ex.*, II, 15, 479 ; les menstrues, *de spec. legg.*, III, 6, II, 305 (cf. Plac. d'Aëtius, V, 5) ; sur le développement du fétus, *Qu. in Gen.*, I, 25, 18 ; *ibid.*, I, 14, 95-96 ; *ib.*, IV, 154, p. 362 ; *Qu. in Ex.*, I, 7, 452 (Harris, 47).

5. Par la tension et la raréfaction de l'air : cf. *Qu. in Gen.*, II, 64, 150 (Harris, 26) ; cf. *de Somn.*, I, 20, et l'explication du déluge (*de Abrah.*, 41-47) par un relâchement de l'air non équilibré par la tension.

6. *Qu. in Gen.*, II, 64, p. 348, à comparer à Aëtius, *Placita*, III, 5, 1. 10 ; le mot « *humida* » de Philon s'explique par *ibid.*, 6 : la mer se change en gouttelettes.

7. *Vita Mos.*, I, 115 ; c'est l'opinion attribuée à Thalès par Aëtius, *Plac.*, IV, 1, 1 ; *Diod. Sic.*, I, 38 ; Sén., *Qu. nat.*, IV, avec qui le texte de Philon présente des ressemblances assez grandes.

8. Le halo, *de Somn.*, I, 239 ; les sources d'eau chaude, *ibid.*, 19, les fleuves souterrains, *Qu. in Gen.*, I, 12, 13 (Wendland, 116), les pluies de feu, *de Abrah.*, 138.

9. *Congress.*, 73, 74, 77, 78 ; *Qu. in Gen.*, 23, 195.

les arts soient considérés comme étant à eux-mêmes leur but. Il faut faire hommage de toutes les sciences, à leur maîtresse la vertu, c'est-à-dire n'en prendre que ce qui peut servir à la vertu et à la gloire de Dieu.

Mais la plus grande critique à cet enseignement, c'est qu'il n'est pas assez pratique, qu'il reste théorique et superficiel. Comme la vertu est une science à la fois théorique et pratique, toute l'éducation doit avoir le même caractère ; dès l'éducation familiale il ne faut pas se borner à apprendre à raisonner aux enfants, mais il faut surtout leur inspirer des désirs pour l'utile et des aversions pour le nuisible [1]. Une bonne méthode d'enseignement se compose de trois parties : la division par laquelle on distingue les parties du sujet, la méditation (μελέτη) qui a pour appui la mémoire par laquelle on les fixe dans l'esprit et enfin la pratique par laquelle on accorde les actes avec les choses enseignées. Mais l'enseignement insiste, dit Philon, beaucoup trop sur la première partie, la division, au détriment des deux autres. Le maître se perd dans des divisions infinies et trop subtiles pour la capacité de l'élève qui ne peut les retenir et les utiliser. Il cite en particulier sur ce point la longue division stoïcienne des êtres et en général les divisions par lesquelles chaque sophiste commence ses cours [2].

A ces critiques de l'enseignement s'ajoute une très vive polémique contre ceux qui le donnaient. Les sophistes désignent en général chez Philon, non pas toute espèce d'adversaires, mais les professeurs qui donnaient un enseignement régulier. Ce sont non seulement des chercheurs, mais des grammairiens, des musiciens, des géomètres, ce sont les spécialistes dans chaque science [3]. Ils sont distincts des philosophes qui cependant ont parfois les mêmes défauts qu'eux [4]. Ils sont même opposés à eux ; la philosophie dépend de la sagesse ; la sophistique de l'érudition ou de la propédeutique [5]. D'ailleurs malgré ces vives critiques, Philon atteste la grande abondance de leur science [6],

1. De par. col., 3, p. 11-12.
2. De agricult., 136-142. Une critique analogue se rencontre chez un moraliste stoïcien postérieur, Sénèque : Sén., Ep. 89; dividi illam non concidi (Philon, de agric., 142 : ἀνατέμνη) utile est.
3. De agric., 136-137.
4. Ib., 136.
5. Qu. in Gen., III, 33, 202 ; de Cherub., 8.
6. Qu. in Gen., III, 33, 203 ; IV, 95.

leur exactitude [1], leur grande instruction [2], même leurs connaissances philosophiques [3]. Les traits extérieurs de la peinture
indiquent très certainement des professionnels de l'enseignement. Ils sont nombreux et répandus partout et parlent chaque
jour devant une assistance [4]. Leurs cours sont payants, et d'ailleurs entourés de réclame [5]. Ils font l'éducation d'une cité et
quelquefois de l'univers tout entier [6].

Mais c'est surtout aux maîtres de rhétorique qu'il s'attaque.
Ceux-ci sont en parole les plus vertueux des hommes; ils passent leur vie à faire des discours sur la nécessité des vertus et
sur la laideur des vices [7]; ils y emploient l'éloquence la plus
séduisante et une grande force de conviction; ils peuvent
même être utiles aux autres [8]. Mais tout cela n'est que pour
faire briller leur talent. La parole qui doit être esclave de la
pensée est ici prise comme but. La véritable honnêteté consiste
à conformer ses paroles à sa pensée et ses actes à ses paroles.
Or les sophistes après voir prononcé un éloge de la tempérance,
se conduisent comme des gloutons [9]. Ils ne retirent aucune utilité propre de leurs discours, et vieillissent dans la passion.
Pour les autres ils sont comme des médecins qui raisonneraient
parfaitement le cas de leur malade et ne leur appliqueraient
aucun remède [10]. Ils ont d'ailleurs un orgueil de leur science
accumulée qui leur fait croire qu'ils possèdent la science complète. Tous ces traits se ramènent, nous le voyons, à une critique fondamentale. Il n'y a place dans l'enseignement des
sophistes ni pour la méditation, ni pour l'action pratique. Tout
est donné à la parole. Il leur oppose un idéal d'éducation intérieure où la parole apprêtée et régulière tiendra peu de place.

Le mot sophiste désigne quelquefois une autre catégorie de personnes, catégorie dont les limites sont fort indécises. C'était une
habitude des premiers sophistes de l'époque socratique, pour
montrer leur habileté, de soutenir la thèse, quelle qu'elle fût, qui

---

1. *De agric.*, 136 à.
2. *Qu. in Gen.*, IV, 104.
3. *V. M.*, II, 212; ils usent de la philosophie; cf. *Qu. in Gen.*, IV, 92.
4. *Agr.*, 136.
5. *De gig.*, 39; *V. M.*, II, 212; *Qu in Gen.*, III, 31.
6. *Agric.*, 143.
7. Philon cite quelques-uns des sujets traités.
8. *Qu. in Gen.*, IV, 92.
9. *Migr. Ab.*, 72.
10. *Congr. er. gr.*, 53.

leur était présentée [1]. Ce fut d'autre part un exercice d'école courant dont on peut voir des exemples dans les dissertations de Maxime de Tyr, de soutenir successivement deux thèses opposées. Mais ce fut en même temps un procédé de discussion employé dans les écoles académiques et sceptiques à l'égard de toutes les thèses dogmatiques. On y discutait les propositions de chacun non pas à l'aide de réfutations personnelles, mais d'arguments empruntés à des systèmes adverses.

Philon connaît et critique fort vivement les exercices d'école consistant à développer les thèses opposées : ils lui paraissent indignes du sérieux d'un philosophe. Mais par une confusion probablement volontaire il passe des sophistes proprement dits aux académiciens et aux sceptiques [2]. S'il a en effet pour fonder la foi, utilisé l'argumentation sceptique, il s'oppose de toutes ses forces à leurs discussions sans fin contre tous les systèmes. Ils les appellent des disputeurs, amis des discours éristiques [3]. Ce sont eux qui se servent de la philosophie contre la philosophie [4], et s'en revêtent comme d'un vêtement étranger [5]. Ailleurs les « sceptiques » qui désignent encore les disputeurs sont rangés au troisième rang au-dessous des contemplatifs mystiques et des astronomes ; ils « ne touchent pas aux choses maîtresses dans la nature, sensibles ou intelligibles ; ils usent leur temps à subtiliser sur de misérables sophismes » [6]. Enfin l'emploi du vraisemblable et du persuasif (εὔλογον, πίθανον) qui leur tient lieu d'évidence désigne bien les académiciens. Dans les discours attribués aux sophistes, celui qui revient le plus souvent est un essai de démonstration en faveur des biens du corps. Puisque nous ne sommes pas de purs esprits, dit ce discours, mais que le corps est la maison de l'âme, il faut dans l'intérêt même de l'âme le soigner et lui procurer les biens qu'il réclame [7]. Un thème ana-

---

1. Platon, *Gorgias* ; Cicér, *de Fin.*, II, 1, 1-2.

2. Cf. surtout *Qu. in Gen*, III, 33, clair dans son sens général, mais obscur dans les détails ; il s'agit tout d'abord des sophistes caractérisés par *copia scientiae* (= πολυμάθεια), puis des ennemis de toutes les sectes (*voluntatis oppugnatores* = αἱρεσίμαχοι ; cf. *Vita Mos.*, I, 24) qui sont les académiciens et les sceptiques. Comp. le jugement sur Arcésilas rapporté par Numénius (ap. Eus., *pr. ev.*, 14, 6, 1) : δεινὸς σοφιστὴς, τῶν ἀγυμνάστων σφάγευς (Voy. l'explication symbolique du meurtre d'Abel par Caïn, *quod det. pot ins.*, 35).

3. *Qu. in Gen.*, III, 27, 197 ; *fuga et inv.*, 209.

4. *Vita Mos.*, II, 212.

5. *Qu. in Gen.*, IV, 92.

6. *De congr. er. gr.*, 52.

7. *Quod det. pot. ins.*, 33-35 ; *Qu. in Gen.*, IV, 37 et 77.

logue est l'éloge du désir [1]. C'est bien là en effet la morale que
la nouvelle académie opposait au stoïcisme.

D'une façon plus vague encore, les sophistes désignent tous
les physiciens en tant qu'ils ont sur la nature du monde et de la
connaissance des opinions opposées [2]. Cette idée des sophistes
peut aussi venir de la nouvelle académie qui ainsi que l'on sait
usait des contradictions des philosophes pour réfuter le dogmatisme ; dans notre texte une opinion d'Aristote (éternité du
monde) est opposée à celle de Platon ; l'opinion des stoïciens
(sur la fin du monde) à celle de Platon ou peut être d'autres
stoïciens ; l'opinion de Protagoras à celle des sceptiques. Le nom
de sophiste attribué à ceux qui profitaient de ces discussions
pour montrer l'incertitude de la connaissance a pu facilement
être transporté aux auteurs mêmes de ces discussions.

Philon réserve ses critiques beaucoup moins aux sciences
elles·mêmes qu'au mauvais usage de ces sciences. Pouvant
appartenir au méchant comme au bon [3] elles sont donc indifférentes au point de vue moral. Le bon usage consiste à en faire
un chemin vers la vertu [4]. Pour les jeunes gens, l'enseignement
de la vertu est d'abord trop élevé. Il faut donc user « d'une dis-
cipline plus douce », et qui leur soit accessible. Ainsi se trouve
justifiée la nécessité des encycliques [5]. Mais elles ne s'adressent
qu'à l'imparfait : tandis que les dogmes philosophiques s'adressent à la pensée pure, on doit se servir, dans les encycliques, des
organes du corps [6]. Encore ne peuvent-elles entrer en l'homme
que lorsqu'il est suffisamment purgé du vice [7]. ; elles sont incom-
patibles avec les plaisirs du ventre [8].

Pourtant elles ne sont pas inutiles à la vertu dont elles constituent la propédeutique. Les principes de chaque science sont
comme une image affaiblie des principes de la vertu : l'égalité
géométrique prélude à l'égalité dans la justice, et l'eurythmie

1. *Qu. in Gen.*, IV, 39.
2. *Quis rer. div. h.*, 246-249.
3. *Qu. in Gen.*, IV, 203, 400.
4. *Congr. er. gr.*, 10.
5. *De congr. er. gr.*, 5, 9, 14, 19, 72.
6. *De congr.*, 20-153 ; *Qu. in Gen.*, III, 19-20. Les sens sont indispensables,
à l'origine, à la philosophie, spécialement celui de la vue (*de Abr.*, 167 ;
spec. legg., III, 34, 330).
7. *De congr.*, 88 ; ce passage signifie peut-être que cette éducation doit
commencer à dix ans ; *ibid.*, 121.
8. *Qu. in Gen.*, IV, 191, 392.

musicale à l'harmonie des actes, partie essentielle de la vertu. On se sert des lectures des poètes pour inspirer le mépris des héros et par suite de la fausse religion. La rhétorique seule rendra l'homme vraiment raisonnable [1]. La dialectique combattra l'erreur.

Le véritable rapport des encycliques à la philosophie est traité dans un fragment assez long [2]. Les caractères attribués ici à la philosophie indiquent tous le système stoïcien : d'abord elle est définie comme la science à la manière stoïcienne « une compréhension sûre et certaine, sans chûte possible ». Puis elle est mise en parallèle avec le reste des vertus et elle est donc elle-même une vertu. Son objet est le monde et toute la substance des êtres. Plus spécialement elle s'occupe des fondements de toutes les sciences, des définitions primitives de la géométrie, du langage, des lettres et des parties du discours. On reconnaîtra aisément l'esprit des grammairiens stoïciens dans la revendication très vive pour la philosophie des principes de la grammaire ; ils se plaignent que les grammairiens s'en emparent indûment et les volent. Le fragment veut montrer, sans doute contre les prétentions des sophistes, la véritable place de la philosophie qui est avec les autres vertus au-dessus de tous les autres arts. L'art n'a pas la certitude immuable de la philosophie ; il est suivant la définition stoïcienne « un système de compréhensions utile à quelque fin ». Il se rapporte au vraisemblable, aux choses moyennes (μέσαι τεχναί) de second rang, la philosophie à la vérité et aux principes [3]. Il est à la philosophie comme la sensation à l'intelligence [4]. Comme la sensation connaît les êtres partie par partie, chaque art s'applique à une partie de l'être, la géométrie aux lignes, la musique aux sons. Mais le philosophe qui connaît l'ensemble, par là même saisit mieux les parties que les sciences qui s'en occupent. Philon en cite deux exemples empruntés l'un à la géométrie, l'autre à la grammaire ; la philosophie seule est capable de définir la nature du point, de la surface et du solide ; seule elle peut dire ce qu'est le nom, le verbe, l'énonciation incomplète et complète, et classer les lettres. Elle donne seule leur fondement aux autres sciences. C'est pourquoi le savant se

---

1. *Congr.*, 15-18.
2. *Ib*, 139-151.
3. Cf. *Qu. in Gen.*, 23, 195 et *de Cherub.*, 6 (opposition de ἄκρα et μέση).
4. La théorie de la sensation impliquée dans cette comparaison et indiquée au § 143 est acceptée par les Stoïciens (S. V. F. Arnim, II, p. 231).

laisse conduire et réprimander par le philosophe. Le sophiste est au sage comme l'enfant à l'homme fait. Les encycliques sont comme les servantes et les sujettes de la sagesse ; l'homme en progrès doit y résider passagèrement (παροικεῖν) comme on passe dans un vestibule avant d'entrer dans une maison ou dans le faubourg qui précède la ville. L'éducation qui se fait par la parole sera toujours inférieure à l'intuition, autant que l'ouïe qui peut toujours être trompeuse, à la vue ; elle est comme un miroir qui donne une image du principe de la science [1].

Tout l'enseignement doit donc évoluer vers la philosophie qui se trouve ainsi au sommet de la vertu « apprise ». Nous cherchons ici ce qu'il entend par la philosophie, et la place qui lui est assignée dans l'ensemble de l'activité humaine.

En règle générale, la philosophie veut dire pour Philon le système stoïcien. D'abord ce sont toutes les définitions stoïciennes bien connues : « la sagesse, c'est la science des choses divines et humaines et de leurs causes » [2]. La philosophie c'est la vision du monde et des choses contenues en lui [3]. Puis vient la triple division en logique physique et morale [4], avec la fameuse comparaison de la philosophie à un champ dont la logique forme l'enceinte, le physique les plantes et la morale les fruits [5].

D'après cette comparaison la recherche philosophique a un but excessivement moral. C'est l'espoir du bonheur qui nous élève à la philosophie [6]. En contemplant la nature céleste, l'homme ressent le désir de l'ordre qui est en elle [7]. Il retire de ses études une intelligence belle et heureuse ; il n'a plus aucune pensée basse, relative aux biens extérieurs, il s'unit à la danse harmonieuse des astres et échappe en s'envolant dans l'éther à la domination de maîtres cruels [8].

La philosophie est donc la science du cosmos. En certains passages Philon a senti le besoin de limiter avec précision cet

---

1. *De congr.*, 10, 19, 23, 154-158 ; *Qu in Gen.*, IV, 191. p. 392 ; *de Sobr.*. 9. *De fuga*, 208-213. Pour les métaphores ci-dessus, cf. *congr. er. gr*, 9-10, 22-23, et *leg. alleg.*, III, 244.

2. *Congr. er. gr.*, 79 ; *Qu. in Gen.*, III, 43, p. 213.

3. *Qu. in Gen.*, II, 41, 119 ; *Spec. leg.*, III, 1, p. 229.

4. *Leg. alleg.*, I, 57 ; *de fortit.*, 3, 177.

5. *De agric.*. 14-17 ; *de mut. nom*, 74-77, l'idée est attribuée aux anciens (οἱ παλαιοί).

6. *De præm. et pœn.*, 2, p. 420 ; *Qu. in Gen.*, I, 8, p. 6.

7. *Par. col.*, 3, p. 13.

8. *De spec. legg.*, III, ch. 1er.

objet. Si en effet, elle reste au cosmos, tout ce qui est au-dessus de lui, l'incorporel, l'intelligible la cause suprême lui échappent. La philosophie peut nous amener jusqu'aux confins de cette sphère supérieure, elle peut nous faire saisir par des raisonnements vraisemblables les traces des puissances de Dieu dans le monde, et nous conduire à l'affirmation de la providence. Mais elle ne nous fait pas pénétrer dans cette science supérieure où l'âme voit non seulement le monde créé objet propre de la philosophie, mais le père et le créateur [1].

En somme la connaissance philosophique n'est qu'un degré de la sagesse tout à fait analogue et parfois même identique à l'astrologie dont nous avons déjà parlé. Philon donne la connaissance de Dieu pour autre chose que la philosophie.

D'après le plan qu'il indique toute la philosophie n'a pour but que de conduire à des questions qui la dépassent : après avoir critiqué dans l'*Emigration d'Abraham* ceux qui commencent par l'étude du ciel, il indique le plan suivant : L'homme s'étudie d'abord lui-même, il cherche la nature du corps, puis celle de l'âme ; dans l'âme il étudie les différentes parties, les sensations, le langage et l'intelligence partie hégémonique, puis les passions et leurs remèdes, enfin les vices et les vertus. C'est ensuite seulement qu'on aborde l'étude du monde que l'on considère à son tour comme ayant un corps (τὰ μέρη) et une âme (ἑνώσεως; πᾶσι δεσμός) [2]. Or cette comparaison avec l'homme a justement pour but, comme il est dit bien souvent, de faire reconnaître dans le monde une âme comme celle de l'homme [3].

Tel est le tableau complet de l'enseignement intellectuel chez Philon ; l'esprit de Philon lui est en somme peu favorable. Il rencontre dans les encycliques et même dans la philosophie une espèce de résistance à l'idéal mystique de la connaissance de Dieu, résistance qu'il a blâmée dans la sophistique. On ne peut arriver à la vertu par l'éducation intellectuelle qu'en dépassant toujours l'enseignement acquis. Par lui-même et tout seul il peut être plus nuisible qu'utile. Philon paraît sans cesse redouter les effets de l'éducation hellénique, cette culture de l'intelli-

---

1. La philosophie est placée avec les encycliques dans la propédeutique de la sagesse. *Qu. in Ex.*. II, 103. Infériorité de la philosophie à la sagesse ; *de congr. er. gr*, 80, pour la philosophie morale ; *Qu. in Gen.*, VI, 1, 238, pour la physique.

2. 219-221.

3. *Spec. legg*, III, 34, p. 430, contient un ordre un peu différent.

gence pour elle-même sans résultat pratique, cet exercice du talent qui n'améliore pas l'homme. Tout au plus les encycliques peuvent servir de moyen dans la lutte contre le méchant instruit. L'art de la parole qui en est la partie la plus essentielle est donc totalement inutile dans la contemplation des choses divines, le plus haut degré de la sagesse. C'est seulement lorsque le sage revient dans le monde des corps et des passions qu'elle lui rend service [1]. L'effort moral de l'ascète est apprécié d'une façon exactement opposée ; il est bon en lui-même quel que soit son résultat [2]. Si grande que soit la place donnée par Philon à toute la culture grecque, il reconnaît que le moindre effort moral vaut mieux que toutes les sciences. Elles ne sont en elles-mêmes que vaines parures et ostentation. Tous ces développements sur les encycliques et la philosophie renferment beaucoup plus de critiques, dont quelques-unes très âpres, que d'éloges et d'encouragement à l'instruction.

5. — *La conscience morale et le péché*

Nos remarques sur l'interprétation du péripatétisme et du stoïcisme nous amènent à une conclusion importante : ces doctrines morales sont utilisées au service d'une idée entièrement nouvelle et absente de ces doctrines.

Lorsque les Stoïciens définissaient le bien par l'honnête, ils pensaient uniquement à déterminer pour l'homme un bonheur assuré et indépendant de toute condition extérieure. Lorsque Aristote définit la vertu par le juste milieu, il veut seulement indiquer à l'homme un moyen de l'atteindre, en tendant son activité d'un côté ou de l'autre pour arriver à une moyenne. Or la préoccupation dominante de Philon n'est pas le bonheur, mais le passage du monde sensible au monde intelligible, l'intuition mystique. Ce passage n'aboutit pas à la contemplation purement intellectuelle comme celle d'Aristote ou la sagesse stoïcienne destinée autant à saisir les principes des choses qu'à

---

1. *Migr. Ab.*, 76.

2 Toutefois il y a une réserve à faire ; parmi les « parties » de l'ascèse se trouve certainement un élément d'éducation intellectuelle, commun avec les encycliques, la lecture, la méditation. Peut-être est-ce pour cette raison que les encycliques sont quelquefois associés à la continence, vertu propre de l'ascète (*quis rer. div. h.*, 274).

donner à la vie sa fin et son idéal. La contemplation de Philon est plutôt un ravissement intérieur où toute connaissance précise disparaît dans le sentiment de l'existence d'un être incompréhensible et illimité.

Une autre différence ressort de cette première. On est frappé dès l'abord de l'absence de raisonnements justificatifs chez un moraliste aussi profond. Dans les morales grecques, depuis Socrate, la preuve des affirmations morales n'était pas différente des autres genres de preuves ; on démontrait la valeur d'un idéal en le rapportant à la définition ou à l'essence de l'être considéré. Il y avait donc identité entre la science de la nature et la morale. Mais lorsque l'idéal est devenu la sortie de soi, la négation de sa propre essence, ce mode de preuve est tout à fait fermé. La preuve extérieure qui consistait pour poser les règles de conduite d'un être à les rapporter à une définition toute objective de la nature de cet être, ne peut plus avoir lieu. Reste à la place d'une argumentation rationnelle le sentiment purement intérieur et immédiat du péché et de la perfection ; non seulement le progrès moral est un progrès intérieur, mais il a, dans la conscience intérieure qui avertit, châtie et récompense, son seul principe et sa seule justification.

Toutes les idées morales de l'antiquité classique prennent alors un sens nouveau. La vertu juste milieu c'est l'étape de la vie intérieure où l'âme est encore soumise à l'attraction du vice. La sagesse stoïcienne c'est l'état final où l'âme est pleinement libérée de ses entraves et peut monter vers le monde intelligible pour s'associer au chœur divin des vertus.

Nous sommes à un moment solennel de l'histoire des idées en Europe. Un monde intérieur va s'édifier qui s'opposera au monde sensible comme l'esprit à la chair, la conscience source unique de la morale à la nature sans moralité. Au lieu de cette divine harmonie qui faisait trouver à un Platon et à tous les autres philosophes grecs les principes de la morale dans la nature elle-même, le sage va maintenant se retrancher en lui-même dans son âme. La vie devenue purement intérieure alternera entre le sentiment du péché et l'espoir de la délivrance. Si Philon appelle ce monde intérieur un monde intelligible, que nous sommes loin cependant dn sens de Platon ! Ce n'est plus cette pensée pour ainsi dire condensée que Platon objectivait sous le nom d'Idées, c'est un monde moral pénétrable à l'âme ; c'est le lieu même du progrès moral et de la libération définitive ; c'est d'un seul mot la conscience morale, entité à la fois extérieure parce que différente de nous, et intérieure parce qu'entièrement unie à notre âme.

L'œuvre de Philon présente un intérêt tout à fait exceptionnel parce qu'elle nous fait assister à l'aurore de cette morale nouvelle. Aussi on ne peut pas étudier avec trop de minutie la forme et le sens exact de ces concepts nouveaux de conscience et de péché dont la fortune devait être si éclatante. Mais nous avons d'abord à faire une remarque générale sur l'origine de ces concepts et d'une grande importance pour leur avenir. La conscience morale est, chez Philon, inséparable de la conscience mystique, c'est-à-dire du sentiment de fusion et d'union avec une réalité suprasensible. Les différentes dispositions morales de l'âme, le péché, le progrès moral ne sont que l'écart ou le rapprochement de l'âme avec la réalité divine. C'est une des grandes questions posée par le développement de la morale de Kant de savoir si l'impératif de la conscience morale peut avoir un sens et une valeur, à moins qu'il ne soit fondé sur une communication entre l'esprit humain et une réalité qui le dépasse. Il sera peut-être d'un certain intérêt pour la solution de cette question de revenir à la solution nettement affirmative d'un des premiers maîtres de la vie intérieure.

Les idées qu'exprime ici Philon n'ont pas encore un langage approprié. C'est un langage qui se cherche. Les formules sont empruntées aux morales grecques. Pour cette raison le fil des idées est assez malaisé à suivre au milieu des expressions diverses et souvent métaphoriques que reçoit la même idée.

I. — Le mal moral consiste dans l'éloignement de Dieu. Sans doute au sens propre, personne ne peut véritablement échapper à Dieu, car Dieu enveloppe le monde et il est partout. Il ne s'agit donc pas d'un éloignement matériel qui nous soustrait à la puissance divine, mais d'un éloignement intérieur, d'une direction de l'âme et de la volonté opposée à celle qui reconnaît en Dieu le maître de l'univers [1]. De cette direction dépendent toutes les fausses doctrines sur la nature de Dieu, celles d'Héraclite, d'Empédocle, d'Epicure, qui mettent les dernières causes dans des forces aveugles et spontanées [2]. Philon est un des premiers

---

1. *Leg. alleg.*, I, 4-7.
2. *De conf. ling.*, 114 : *leg. alleg.*, III, 7.

qui attribuent l'origine des doctrines matérialistes au mal moral et au péché. C'est le germe de la notion d'hérésie [1].

Au point de vue de la vie intérieure, le péché aboutit à l'orgueil (οἴησις, τῦφος). L'orgueil consiste à s'attribuer plus qu'à Dieu, à se croire maître de ses facultés et des choses externes ; c'est bien aussi si l'on veut un défaut dans le jugement, un défaut intellectuel. Mais cette erreur ne fait qu'un avec le vice lui-même. C'est un mal insidieux dont on n'est détourné que par la connaissance de soi-même [2]. C'est le mal de ceux qui se croient le pouvoir de prophétiser [3], des princes qui se croient les maîtres de l'univers [4]. Par lui l'esprit s'élève et s'enfle, perdant toute humilité et n'ayant pas la conscience de son néant [5].

L'orgueil est considéré comme produisant l'idolâtrie et toutes les vaines opinions sur les dieux. Sous ce rapport il est plutôt appelé τῦφος. Le paganisme entier est donc un produit de l'orgueil. Ces deux maux sont surtout florissants dans les cités où il faut en chercher la véritable origine ; c'est pour cela qu'ils s'emparent dès le début de la vie de ceux qui habitent les cités [6].

L'éloignement de Dieu indique plutôt la cause du péché que sa nature. Philon en a tenté, particulièrement dans le traité sur la *Confusion des Langues*, une analyse intérieure. Dans l'expression sa pensée oscille entre la conception stoïcienne du vice considéré comme relâchement et absence de tension de la partie hégémonique de l'âme [7], et l'idée platonicienne de la faute, comme insubordination de la partie inférieure de l'âme [8]. Mais son attention est beaucoup moins retenue par ces principes que par la description des péchés afférents à chaque partie de l'âme : le bavardage de la langue, les voluptés illicites de la partie génératrice et des cinq sens [9]. Finalement, les péchés sont attribués à

1. Cf. *ib.*, III, 13, l'athéisme chef des passions ; *conf. ling.*, 144, liaison du polythéisme et du plaisir.

2. *De sacrificant.*, 2, II, 252.

3. *V. M.*, I, 286.

4. *De Somn.*, II, 116-117.

5. *Quis rer. div. h.*, 106, la φιλαυτία et les péchés qui en résultent.

6. *De decal.*, 4, 10 ; *de præm. et pœn.*, 4, 412. Ces idées sont détachées d'une diatribe d'origine cynique contre les cités ; cf. le rôle du τῦφος comme principe du péché chez Dion Chrysost., *Or.* VIII, 33. La liste des vices provenant de l'orgueil (*de decal.*, 5 ; *ib.*, 40 ; *de præm. et pœn*, 8, 416) montre par sa répétition qu'elle était fixée dans une doctrine antérieure à Philon.

7. *Confus. lingu.*, 110, 165-168.

8. *De fuga et invent.*, 190-193 ; le péché des parties irrationnelles de l'âme est dû à ce qu'elles restent sans guide ; *de migr. Ab.*, 66.

9. *Qu. in Gen.*, I, 77, 53, moins complètement dans *de Septen.*, 5, II, 280, et

chacune de ces parties, et il admet que le péché complet vient de l'activité concertée de chacune de ces facultés [1].

Mais le plus frappant et le plus nouveau c'est la nature essentiellement volontaire du péché. Il y a bien des fautes involontaires ; mais ce ne sont pas véritablement des péchés [2]. Le méchant vit au contraire dans le péché comme dans une patrie [3], s'y exerce [4], le justifie par ses démonstrations [5], s'en vante comme d'une action vertueuse [6]. Nous sommes aux antipodes de la fameuse maxime socratique que toute faute est involontaire, et en même temps à l'aurore de cette morale nouvelle, qui considérera le péché comme la corruption de la volonté elle-même. La thèse stoïcienne de l'égalité des péchés est également repoussée, et les péchés classés suivant leur degré d'importance [7].

La conscience du péché est, chez Philon, tellement vive qu'il restreint l'idéal humain à la libération du péché ; l'homme est, par nature, incapable d'aller au delà jusqu'à la possession du bien [8].

II. — Il s'est développé, dans la pensée grecque, en marge de la philosophie proprement dite une morale exempte de préoccupations théoriques, faite non pas de maximes comme la morale des gnomiques, mais de fines observations d'analyse intérieure. Cette morale se révèle à nous dans les œuvres des tragiques, particulièrement d'Euripide, des comiques de la comédie moyenne, et enfin des historiens, comme Polybe. Elle est caractérisée par un souci de précision et d'exactitude dans l'observation concrète. C'est chez ces « moralistes » au sens habituellement donné à ce mot, qu'il faut chercher d'abord le souci de la vie morale intérieure, la première trace des idées de conscience morale et de remords.

---

quis rer. div. h., 109 (péchés de langue et d'oreille, de Abr., 20) ; le premier texte a un remarquable rapport avec le rituel de l'extrême-onction. Le péché porte ainsi sur l'âme tout entière, conf. lingu., 69-71.

1. De septen., 5, II, 280 : les péchés venant de l'activité de l'âme et des malheurs du corps.

2. Qu. in Gen., IV, 64-65 ; 296-297.

3. Conf. lingu., 76.

4. Conf. ling., 75.

5. Ibid. ; cf. de spec. legg., III, 28 : διαιροῦσι τὰς κακίας.

6. Qu. in Gen., I, 65, 45 (Harris, 16) ; conf. ling., 116 ; de fuga, 113.

7. Sur la valeur de l'intention : elle n'est pas un péché si elle n'est accompagnée de l'acte, de Sobriet., 37, 38 sq. ; de spec. legg., III, 15, 314. Ce qui est faute pour le sage est pour l'homme en progrès bonne action (de An. sacr. id., 12, II, 248 249).

8. C'est le bien propre aux mortels, de mut. nom., 47 48 ; Qu. in Gen., III, 40, 208.

Philon a emprunté beaucoup`à ces idées populaires. C'est sur
les vers d'Euripide et d'Epicharme qu'il s'appuie pour l'affirmation si contraire à la morale courante des stoïciens, mais d'une
vérité d'observation si humaine qu'il n'y a aucun homme ni parfaitement bon ni parfaitement mauvais ; tout homme est mêlé de
bien et de mal. Le mauvais est simplement celui chez qui le mal
prédomine [1]. Cette doctrine est opposée à celle de l'âme foncièrement et complètement méchante dont nous venons de parler.
Elle est liée d'autre part à cet optimisme stoïcien qui considère
le germe du bien comme impérissable dans le monde. C'est Dieu
qui dans sa pitié, n'a pas voulu rendre l'âme « entièrement
déserte de toute forme divine » [2].

Cette doctrine est la condition même de la moralité. Suppo-
sons qu'il n'y ait aucune notion du bien dans l'homme. Ses fautes ne peuvent alors être reprises ; il est irresponsable, pur de
tout péché [3]. Le péché volontaire qui compte seul comme péché,
n'existe que par opposition à une nature du bien empreinte dans
l'âme humaine. Cette notion n'est autre que celle de la conscience
morale, présente chez les plus méchants.

La notion même et les principaux caractères de la conscience
morale viennent chez Philon de cette origine. La conscience
morale est un témoin intérieur à l'âme de chacun qui commande
comme un roi, récompense, accuse ou châtie, comme un juge.
Il y a une ressemblance remarquable entre les textes de Philon
et un texte de Polybe, qui d'après Wunderer (*Polybos Fors-
chungen*, Leipzig) a lui-même son origine dans les vers d'un
comique [4].

1. *Qu. in Gen.*, IV, 2o3, 4o6 ; *ib* , 2o5, 4o9. la présence du bien et du mal
dans chaque âme.
2. *Qu. in Ex.*, I, 8, 453.
3. *Leg. alleg.*. III, 34-35.
4. Polybe, 18, 43, 13,
οὐδεὶς γὰρ οὕ-ως οὔτε
μάρτυρ ἐστι φοβερος οὔτε
κατήγορος δεινὸς ὡς ἡ
σύνεσις ἡ κατοικοῦσα
ἐν ταῖς ἑκάστων ψυ-
χαῖς. Pour l'expression
σύνεσις, cf. chez Philon,
τὸ συνειδὸς, *de An. sacr.*
id., 5. II, 241 ; *ib.*. 11 ;
Qu. in Gen., IV, 202,
4o6 (Wendland, 87) ;
ἡ συνείδησις, *de sep-
ten.*, 5, II, 280.

De Decalogo, ὁ γὰρ
ἐν ἑκάστη ψυχῇ συμ-
πεφυκὼς καὶ συνοικῶν
ἔλεγχος μισοπονήρῳ καὶ
φιλαρέτῳ φύσει χρώμενος,
ἀεὶ, κατήγορος ὁμοῦ καὶ
δικάστης ὁ αὐτὸς ὤν.

Quod det. pot. ins.,
23, οὗτος ὁ ἄνθρωπος ἐν
ἑκάστου τῇ ψυχῇ κα-
τοικῶν τοτὲ μὲν ἄρχων
καὶ βασίλευς εὑρίσκεται,
ἐστι δ'ὅτε μάρτυρος ἢ
κατηγορου λαβὼν τά-
ξιν ἀφανῶς ὑμας ἐνδοθεν
ἐλέγχει.... ἐπιστομίζων
ταῖς τοῦ συνειδότος
ἡνίαις (cf. Sénèque, *Ep.*
43, 5 : *hunc testem*).

Le texte de Philon paraît seulement plus complet que le texte
de Polybe ; mais il a évidemment la même source. Le texte de
Polybe ne connaît que la conscience du péché, le remords ; Philon
paraît indiquer par le mot βραβευτής que la conscience a aussi
pour rôle de récompenser, et en général de juger, ce qui est un
attribut royal.

Ce fut certainement une des faiblesses du stoïcisme primitif et
du stoïcisme moyen [1] de ne pas tenir un compte assez grand de
ces sentiments intérieurs de la conscience. Dans le stoïcisme,
celui qui relève et qui réprimande, qui donne des leçons reste
toujours extérieur à l'âme pécheresse qui se repent ; c'est le sage
qui seul a qualité pour faire cette éducation morale, et ce n'est
pas en lui-même que le pécheur peut trouver les ressources suffisantes. Les discours d'exhortation, de consolation, de conseil,
de blâme qui sont communs d'ailleurs à presque toutes les morales antiques ne sont pas des appels à la conscience ; le sage qui
les compose pour le bien du pécheur y étale sa sagesse qui doit
servir de modèle. Ce sont des consultations du savant à un ignorant. Une preuve de cet état d'esprit se trouve chez Sénèque,
qui est obligé de chercher chez Epicure une maxime qui indique
le rôle de la conscience morale. « La connaissance du péché
est le commencement du salut » [2]. Philon, sans doute, connaît et
emploie à l'occasion tous les procédés stoïciens ; le conseil et le
blâme restent une fonction du sage [3] ; il met dans la bouche de
Moïse ou des patriarches juifs, quelquefois dans la bouche de
Dieu lui-même des discours de blâme, de conseil et d'exhortation. Mais la pensée profonde, essentielle du philonisme est ailleurs : elle consiste à attribuer à la conscience intérieure, à l'âme
ce que les stoïciens attribuaient au sage. C'est en lui-même que
l'homme trouve ces conseils, ces exhortations, ces blâmes. Même
si le sage en présence du pécheur se tait par bienveillance, sa
conscience lui reprochera d'avoir fait le mal [4].

Il y a encore un autre point. Sur la nature de cette conscience,
Philon a une théorie bien à lui qui dérive de sa conception mys-

1. Le stoïcisme postérieur à Philon va au contraire dans le même sens que
lui.

2. *Epist.* 28, 9 ; à Epicure encore il emprunte l'idée des tourments de la
conscience, *Epist.* 97, 15.

3. Le sage cherche à corriger, à exciter le désir de la vertu. *Qu. in Gen.*,
II, 40, 118 ; IV, 103, 326 ; IV, 233, 430 (sa pitié pour le méchant).

4. *Qu. in Gen.*, IV, 202, 406, Wendland, 87. Voyez l'injure, l'accusation,
la menace (*Qu. in Ex.*, II, 13, 478) attribués à la conscience.

tique. La conscience n'est en effet pour lui que la présence du divin dans l'âme. Elle n'est qu'un des multiples aspects du Logos de Dieu [1]. Sur ce fondement mystique que le bien est l'approche du divin, s'élève cette théorie qui plus tard deviendra un dualisme moral beaucoup plus abstrait. Philon ne pense pas un moment que l'âme vicieuse puisse enfanter par elle-même cette conscience qui lui résiste et la contredit. Elle est plutôt une grâce que Dieu envoie à l'âme pour l'améliorer. Il y a non pas simple dualisme de deux facultés de l'âme, mais dualisme d'essence. La conscience est l'homme de Dieu, « l'enthousiaste, le possédé, l'être excité par la folie divine, qui donne à l'âme la mémoire de ses anciennes fautes » [2]. Ce n'est pas une faculté innée (συμπεφυκός) à l'âme comme Philon l'avait représentée d'après la notion populaire ; c'est un éclat très pur qui vient à l'âme de l'extérieur pour lui montrer ses dispositions intérieures et ses actions vicieuses [3]. Elle est à la fin du traité de *Congressu eruditionis gratia* la vertu considérée comme essence intelligible et séparée qui donne à l'âme la conscience de son indignité [4]. C'est encore l'ange qui inspire aux vicieux des sentiments de honte [5].

III. — L'action de la conscience sur l'âme est multiple. Elle dépend du degré d'avancement de l'homme dans la voie de la vertu. Chez le méchant la conscience n'est jamais absente ; la connaissance qu'il a du bien augmente son péché [6]. L'aspect du méchant peut être souriant et joyeux ; mais dans son âme il a la terreur des châtiments qui l'attendent et que la conscience leur a fait connaître ; malgré eux ils savent que tous les actes humains sont surveillés par une nature plus haute [7]. La punition des méchants est dans le chagrin et la crainte que leur cause cette menace [8].

Au blâme de la conscience commence pour l'âme l'amélioration qui doit aboutir au changement de l'âme et au repentir. Cette série de progrès est décrite ainsi d'ensemble : d'abord le blâme

---

1. Logos-ἔλεγχος, *Qu. in Gen* , IV, 62, 295; *quod deus immut.*, 182.
2. *Quod deus immut.*, 138; cf. *de fuga et inv.*, 131 ; *quod det. pot. ins.*, 23 ; *quod deus immut.*, 125-127.
3. *Quod deus immut.*, 135.
4. *Congr. er. gr.*, 158, 179-180.
5. *De fuga et invent.*, 6.
6. *Qu. in Gen.*, IV, 192, 393.
7. *De conf. ling.*, 122.
8. Cf. une peinture analogue, Sén., *Ep.* 105, 7, 8.

des puissances divines (de la conscience), ensuite le sentiment
de honte, l'injure pour soi-même, enfin l'aveu ou la confession
des péchés, tant l'aveu intérieur par la pensée qu'une confession publique qui doit être utile aux auditeurs [1]. La honte des
péchés est liée à la croyance que la vie peut devenir meilleure [2],
à l'espoir de l'amélioration. La confession des péchés est accompagnée d'une transformation de l'âme qui est le repentir.

Ce tableau correspond pour l'essentiel au tableau du progrès
symbolisé par la succession des patriarches : le premier, Enos,
est l'espoir, qui distingue véritablement l'homme de la bête,
puis vient Enoch, le repentir, par lequel les anciens péchés de
l'homme sont effacés, et une vie irréprochable commence véritablement [3]. D'une façon plus résumée encore le progrès est considéré comme allant de la crainte de Dieu, à cause de sa justice, à
l'espoir en sa bonté et de l'espoir à l'union avec Dieu ou amitié [4].

Passons maintenant à la description de chacun de ces
moments. Le passage du blâme de la conscience à l'espérance
est décrit à la fin du traité *de Congressu eruditionis gratia* et au
début du traité suivant.

Le blâme de la conscience, tout amer qu'il soit, est d'une
grande utilité pour l'âme ; par lui l'âme a senti la grandeur et
la majesté de la vertu ; si elle la fuit désormais, ce n'est pas par
vice, mais par honte parce qu'elle se croit indigne de l'atteindre ; ce sentiment n'est pas d'une âme vicieuse et sans généro-
sité, il est une image de la tempérance. Ainsi le père resté dans
la vie mondaine n'ose pas fréquenter son fils qui mène une vie
austère [5]. A lui est lié le sentiment d'humilité, non pas l'humilité provenant de la faiblesse, mais la soumission, provenant du
respect et de la pudeur, à des puissances supérieures, tel le respect des vieillards et des parents [6]. Arrivée à ce degré, l'âme n'a
plus besoin de blâme, mais de guide et de conseil. Elle est prête
à l'instruction. Sa conscience l'engage à revenir alors vers la
vertu pour se soumettre à elle, à en prendre le courage et l'audace [7].

1. *De Exsecration.*, 8, II, 435.
2. *De congr. er gr.*. 6.
3. *De Abr.*, 7-8, 17-28.
4. *De Abr.*, 124-131.
5. *De congr.*, 158, 163, 175 ; *de fuga*, 3, 5, 6 ; *Qu. in Gen.*, 29, 200, Wendland, 79.
6. *Ib.*, 30.
7. *De fuga*, 5-6.

C'est à ce moment que naît l'espoir. L'espoir est une sorte de
prélude de la joie, une « joie avant la joie » venant de l'attente
des biens. Il est propre à l'homme et impossible aux autres animaux, car c'est l'entendement seul qui l'engendre [1]. Cette définition paraît faire de l'espoir une de ces « bonnes passions » que
les stoïciens considéraient comme propres au sage ; l'espoir est
au moins tout à fait proche de la joie. Philon va encore plus loin
lorsqu'il déclare l'espoir identique à la confiance (εὐθυμία) considérée dans le langage stoïcien comme une espèce de la joie [2],
et qu'il attribue au sage à la fois la joie des choses présentes et
l'espoir des biens à venir qui s'opposent au chagrin et à la
crainte du méchant [3]. Pourtant il est plus conforme à la ligne
générale de la pensée de considérer l'espoir comme inférieur à
la joie. L'espoir, en effet, comme l'indique son étymologie (ἐλπίς,
ἐλλιπής) a quelque chose de défectueux ; il désire le bien, mais
ne le possède pas [4]. L'espoir n'est vraiment pas le bien tout
entier, mais seulement le germe que Dieu a semé sur la terre
pour soulager nos chagrins [5].

Après l'espoir vient le repentir (μετάνοια). Par ce mot Philon
entend non seulement le sentiment du regret qui accompagne
le souvenir de nos péchés, mais la transformation intime (μεταβολὴ τῆς ψυχῆς) qui en résulte. Le repentir est le passage de
l'ignorance à la science, du vice à la vertu [6]. Le premier principe
du repentir est la confession intérieure en face de Dieu. Cette
confession doit s'entendre d'abord en un sens presque symbolique : le méchant croit que ses injustices ont échappé à Dieu ;
mais lorsqu'il sait que toutes ses actions et même ses pensées
sont connues par le maître de l'univers, il développe alors devant
lui ses actions et ses pensées et se repent des fautes qu'il a précédemment commises [7]. La confession n'est en ce sens que la
conscience de la présence toujours actuelle du divin. Philon
donne aussi à la confession un sens plus positif. D'abord c'est
une confession intérieure des fautes à la conscience : la cons-

---

1. *Qu. in Gen.*, I, 78, 55, Harris, 17.
2. *De Josepho*, 113 ; cf. Arnim, fragm. III, 105.
3. *Quod det. pot. ins.*, 138-141.
4. Comme l'amour de Platon (*de Abr.*, 47).
5. *De præm. et pœn.*, 12, II, 420 ; l'espoir est source de l'activité (πηγὴ τῶν
βίων) puisque lui seul fait agir le commerçant, le navigateur (*ibid.*, 2, II,
410).
6. *De pœnit.*, 2, II, 406 ; *de Abrah.*, 17, 18, 24.
7. *De Somn.*, I, 90-91.

cience morale présente en nous a pour effet de nous donner la mémoire de nos anciennes fautes [1] ; mais c'est plutôt un aveu intérieur qu'une véritable confession [2]. Une allusion vague à l'indulgence du sage qui pardonne facilement les péchés pour en empêcher le retour [3], un texte un peu plus précis sur une confession « des langues » qui se fait en présence d'auditeurs opposée à la simple confession en pensée [4] ne peuvent nous faire conclure à l'existence d'une pratique suivie de la confession [5]. Cette confession se fait dans les soupirs et dans les pleurs ; le pénitent gémit sur sa vie passée d'autant plus qu'il a donné plus de temps aux désirs [6].

Sur l'efficacité du repentir, la pensée de Philon présente des nuances nombreuses, qui, si elles rendent difficile l'accord entre les idées, nous font voir combien cette pratique était pour lui vivante et sentie.

Il faut d'abord distinguer du véritable repentir une sorte d'oscillation de la volonté, subite et involontaire, qui nous fait passer d'un vice à un vice opposé, par exemple de la prodigalité à l'épargne ; elle n'a rien de louable [7]. Ensuite dans le véritable repentir il y a bien des degrés : il y a d'abord le repentir temporaire de ceux qui ont goûté à la vertu, mais qui bientôt après sont revenus au vice, et le repentir définitif qui seul est digne d'éloges [8]. Le repentir se vérifie non pas aux promesses, mais aux actes qui répareront les dommages qui ont résulté des injustices [9]. Le repentir à ses débuts peut être facilement entravé ; il peut être solidifié et raffermi par l'indulgence [10]. Philon décrit bien souvent cette inconstance, et, comme il l'attribue

---

1. *Quod deus immut.*, 138.
2. *De An. sacr. id.*, 11, II, 247. l'aveu de l'injustice.
3. *Qu in Gen.*, II, 43, 121.
4. *De Exsecr.*, 8, II, 435.
5. Peut-être y a-t-il même une condamnation de l'usage des confessions publiques dans un texte de *in Ex.*, 13, 458 : « le véritable pénitent doit purger son âme sans être vu et sans ostentation » qui fait ressortir la supériorité de la méditation intérieure. Nous avons vu précédemment ce qu'était l'examen de conscience.
6. *Qu. in Gen.*, IV, 233, 431 ; *Qu. in Ex.*, I, 15, 459.
7. *Qu. in Ex.*, I, 16, 460.
8. *Qu. in Gen.*, I, 85, 89.
9. *De An. sacr. id.*, 11, II, 247.
10. *Qu. in Gen.*, II, 42-43 ; I, 82, 57 Quelquefois le repentir est décrit non comme résultat d'un progrès, mais comme un changement subit, inattendu, inspiré (*de pr. et pœn.*, 8, II, 410) dont la rapidité étonne le sage (*Qu. in Gen.*, IV, 207, 410).

à la nature humaine elle-même, à la vie avec le devenir, l'on ne sait s'il admet véritablement un repentir définitif, sinon en un sens tout à fait mystique. C'est ce que ferait croire un portrait du repentant (Enoch) où il interprète le mot de la Bible : « On ne le trouva pas » en ce sens que celui qui par repentir a passé à la sagesse ne se trouve plus dans le monde du devenir [1]. Pour l'homme repentant, il est comme l'ascète à la fois dans les ténèbres et la lumière [2], toujours exposé à un changement qui enlève de son âme les pensées honnêtes. Ce changement peut être de deux sortes. D'abord c'est un changement involontaire, subit, qui n'est précédé d'aucune délibération, une sorte de tempête qui arrache violemment de l'âme tout le souvenir des actions vertueuses. La vie dans le devenir est ainsi presque toujours traversée de chutes. Philon recommande de ne pas tenir compte de ces faiblesses passagères et involontaires qui seront bientôt effacées par un retour au bien [3] ; le plus sage lui-même n'en est pas exempt, à cause de sa nature humaine [4]. La méditation intérieure, au lieu d'être continue comme la mémoire, est traversée par des moments d'oubli [5]. Il y a une espèce de changement beaucoup plus grave ; c'est le changement voulu et délibéré vers le mal. Ceux qui restent dans le corps retombent d'eux-mêmes dans le vice ; ils sont à nouveau attirés par le gouffre du Tartare [6]. Ce retour au vice est d'autant plus terrible qu'il est plus difficile de revenir à la vertu, une fois qu'on l'a quittée, que d'y aller d'abord.

Philon a l'occasion de peindre dans l'ennemi des Juifs, Flaccus, ce changement en mal d'un homme d'abord vertueux. C'est la perte de l'espoir, la crainte qui l'a rendu méchant ; elle s'est accompagnée d'un affaiblissement dans l'intelligence et dans la volonté. On voit par là le rôle que joue l'espoir dans la vertu [7].

Le repentir définitif a pour effet le pardon de Dieu et la remise des péchés ; par lui l'ancienne vie a été effacée et nous

---

1. De Abrah. ; Qu. in Gen , 186, 59, le repentir (μετάθεσις) est le transfert du lieu sensible au lieu intelligible.

2. Qn. in Gen., I, 84, 58.

3. De agric., 174-181 ; quod deus immut., 89-90 ; leg. alleg., I, 17.

4. De mutat. nom., 180.

5. Quod deus immut., 89 ; cf. la parenté du repentir avec la réminiscence (ἀνάμνησις) opposée à la mémoire.

6. Qu. in Ex., 77, Harris, 47 ; II, 26, Harris, 58 ; II, 40, Harris, 49. Qu. in Gen., IV, 45, 200 ; IV, 131, 345.

7. In Flacc., 4, 519, 520.

renaissons à une vie nouvelle. Est ce à dire que le repentant est aussi haut dans la hiérarchie morale que celui qui ne pèche absolument pas ? Sur ce point Philon a deux réponses. Tantôt il accorde la première place à l'absence complète de péché et la seconde seulement à la pénitence [1]. « Il reste toujours dans l'âme, dit-il, des cicatrices et des empreintes des vieilles injustices » [2]. Il vaut mieux ne jamais avoir été malade que d'avoir été guéri d'une maladie, avoir bien navigué qu'avoir échappé au danger d'une tempête. L'absence de péché n'apppartient qu'à Dieu [3]. Pourtant l'égalité complète du repentant avec l'être exempt du péché est d'autre part formellement affirmée [4].

L'importance que Philon donne au repentir a sa raison non seulement dans la vie intérieure mais dans la situation politique de la religion juive. Il est de l'intérêt des Juifs de la dispersion de laisser entrer dans leurs rangs et de donner une place égale aux nombreux convertis ou prosélytes. Le petit traité *sur la Pénitence* n'est qu'un magnifique éloge du repentir considéré comme conversion à la religion juive. Les prosélytes qui accomplissent la loi avec soin sont bien supérieurs aux Juifs de naissance qui l'ont quittée. Il faut remarquer que cette promesse du pardon absolu des péchés est une sorte de réclame commune à toutes les religions orientales et mystérieuses qui envahissent, vers cette époque, l'empire romain. Philon emploie formellement le terme d'initiation [5] pour caractériser le repentir ou conversion. Mais c'est justement la grande supériorité de Philon sur ces conceptions bien souvent grossièrement matérialistes, d'avoir intériorisé, pour ainsi dire, le drame de la pénitence. Il a su, par l'acuité de son observation, voir la transformation même de l'âme dans ses différentes étapes vers Dieu.

Par là aussi sa conception du progrès moral se trouve bien différente d'autres conceptions dont on trouve quelques traces chez lui, et qui prennent la question sous un aspect beaucoup plus extérieur. Nous pensons aux idées d'origine péripatéticienne sur les différentes périodes de la vie. Le progrès moral est

---

1. *De mon.*, II, 8, II, 228.

2. *De mon.*, II, 8, II, 228.

3. *De pœnit*, 1, II, 415, « et peut-être, ajoute-t-il, à un homme divin ». Cf. *Qu. in Gen.*. II, 54, Harris, 23 ; le repentir n'est pas un état propre à une puissance divine.

4. *De An. sacr. id.*, Wendland, 12, 1 ; *Qu. in Gen.*, I, 82, 57.

5. μυσταγωγῶν, *de pœn.*, 1, II, 405.

dû, suivant ces idées, au progrès des âges : la première période
de la vie est la période de neutralité morale ; l'esprit ressemble à
une cire lisse, sans empreinte. Puis vient l'enfance où tous les
vices commencent à pulluler : Philon se plaint souvent de l'éducation dangereuse donnée par les nourrices, les maîtres et les
parents ; les lois et les mœurs y collaborent ; d'ailleurs l'âge
même porte vers le vice. Dans un troisième âge arrive la guérison, par les salutaires leçons de la philosophie. Dans la vieillesse
enfin l'âme prend force et puissance dans la vertu. La vertu est
donc une chose acquise seulement au couchant de la vie [1]. Au
même genre de considérations appartient l'aspect suivant du
repentir. Le repentir est le passage de la qualité (ποιόν) à la disposition stable (ἕξις), de l'acte vertueux vite terminé à l'état permanent et indestructible qui doit en engendrer de semblables [2].
Ce sont là des idées sans rapport à la doctrine essentielle du
relèvement intérieur.

Tels sont les multiples aspects sous lesquels se présente, chez
Philon, la pensée morale. Est-ce qu'ils dépendent d'une doctrine
unique et peuvent-ils être coordonnés, en restant fidèle aux textes ? Oui et non.

Non évidemment si l'on veut y chercher une doctrine philosophique unique, stoïcienne, cynique ou académique. On a vu comment Philon a utilisé les différentes doctrines non pas pour
prendre parti pour l'une d'elles, ni pour les fondre en un vague
syncrétisme, mais plutôt pour chercher en chacune un moment
particulier de la vie morale, depuis l'épicurisme qui lui fournit
l'homme ami du plaisir, jusqu'au stoïcisme qui lui montre le
sage, pur esprit entièrement débarrassé des liens du corps. Non
encore si l'on veut chercher l'unité de sa doctrine morale dans
cette idée même du progrès moral, qui monte par des étapes
successives vers le but dernier, la science de Dieu. En effet il y
a chez Philon, plusieurs idées du progrès moral, et il est tout à
fait impossible de les réduire l'une à l'autre, de mettre sur une
ligne unique et continue les états de l'âme qui doivent conduire
à la perfection.

---

1. C'est l'exposé de *quis rer. div. h.*, 293, 307 ; cf. un exposé beaucoup plus
résumé. *Qu. in Gen.*, I, 157, 365. L'exposé du *de congr. er. gr.*, 81-85, se
rapporte aux deux premiers âges d'une façon plus détaillée ; le premier âge
est l'âge des passions, le second selui des vices ; pour les plaintes sur l'éducation de l'enfance, cf. *de pœnit.*, I, II, 405 ; *de judice*, 3, II, 346.

2. *De mutat. nom.*, 123-124.

Nous ne voulons pas seulement parler des voies diverses qui conduisent vers la vertu, l'ascétisme, l'instruction, la nature. En effet, l'amélioration intérieure que nous venons de décrire forme comme un autre ordre de progrès qu'il est impossible de réduire au premier. Philon l'indique clairement lorsqu'il rapporte ces deux ordres de progrès à deux triades successives de patriarches : le premier à la triade Enos-Enoch-Noé, l'espoir aboutissant au repentir, le repentir au calme de la justice ; le second à la triade Abraham, Isaac et Jacob [1]. Mais, dira-t-on, est-ce que Philon n'indique pas une hiérarchie entre ces deux ordres lorsqu'il considère la première triade comme inférieure, la seconde comme succédant à la première et supérieure ? Philon indique en effet que la fin de la première triade, le repos dans la justice forme la transition avec la seconde à laquelle l'homme semble s'élever dans son progrès moral. Les étapes de la vie morale seraient donc l'espoir, le repentir, la justice, l'éducation, la nature, l'ascétisme, la perfection. Il y a *a priori* une telle étrangeté dans cette hiérarchie et elle est si formellement contredite par d'autres textes qu'il faut en chercher une interprétation. Comment en effet admettre qu'il faille monter jusqu'à la justice pour commencer son éducation, alors surtout que le disciple des encycliques est imparfait et que le repentant au contraire qui vient avant lui a atteint la limite de la moralité permise à l'homme ? Cette étrangeté s'explique si nous faisons attention que la deuxième triade Abraham, Isaac, Jacob, comporte une interprétation allégorique double : tantôt en effet ces patriarches sont les types des trois vertus [2], tantôt, pris ensemble, ils désignent la triade consacrée à Dieu (ἱεράτευμα θεοῦ), la piété par opposition à la justice [3]. En ce sens nos textes veulent dire simplement qu'après le repentir, l'âme s'élève de la vertu de la justice à la piété. Le progrès : espoir, repentir, justice, piété, forme donc un tout bien un et bien compréhensible. Mais en même temps cette interprétation exclut la seconde. Il y a donc bien deux manières irréductibles d'envisager le progrès moral.

Si cette interprétation est conforme à l'esprit plus qu'à la lettre du texte, c'est que Philon était amené à confondre les deux sens de la deuxième triade. Passionné de l'ordre, plutôt extérieur

---

1. *De Abrah.*, 48 ; cf. *de post. C.*, 173.
2. *De Abrah.*, 53.
3. *De Abr.* 56. La deuxième triade est à la première comme l'athlète à l'enfant (*ib.*, 48), Noé est le juste, et les trois autres patriarches sont les saints.

qu'interne, et en même temps assujetti par sa méthode à suivre la chronologie de la Genèse, il devra chercher à retrouver dans la suite des patriarches, la série ascendante des états d'âme. Il l'y trouvera, en effet, dans le passage d'Adam (neutralité morale) à Caïn (vice), à la première triade de patriarches, Enos, Enoch, Noé, enfin à la deuxième triade, celle de la piété. Mais pour introduire tous les genres de progrès moral, il superpose une seconde interprétation de cette deuxième triade. Alors l'ordre chronologique est sauf; tous les tropes de l'âme ont reçu leur désignation : mais cet amas de notions ne correspond plus à l'ordre intérieur des états d'âme.

Philon n'a voulu sacrifier aucune des directions qui pût rendre service au perfectionnement intérieur ; mais il n'a pu, ou peut être guidé par l'instinct de la complexité de la vie intérieure, n'a pas cherché à en faire une direction unique.

C'est ailleurs, croyons nous, qu'il faut chercher l'unité de cette morale de Philon. Elle est la première morale de la conscience, nous entendons par là une morale qui cherche son point d'appui non plus dans une théorie physique sur le monde et sur la place de l'homme dans le monde, mais uniquement dans les sentiments intérieurs de la conscience ; le sentiment de crainte et de remords et le sentiment de joie libératrice en sont les deux pôles. Partant de ce point de vue on peut dire que Philon supprime tout ce que la morale antique contenait d'humanité. Ces sentiments intérieurs en effet que l'homme ne crée pas proviennent de l'action du divin sur l'âme. La moralité ne consiste pas suivant les belles définitions de Platon, d'Aristote à remplir sa fonction d'homme, mais plutôt à retrancher tout ce qu'il y a d'extérieur, de physique dans l'homme pour développer l'homme intérieur et divin. Cet homme intérieur est la négation même de l'homme composé tel qu'il apparaît. Le centre de gravité de la morale est déplacé.

CONCLUSION

Nous voulons essayer, à la fin de cette étude, de faire ressortir les traits principaux de la pensée de Philon.

L'idée dominante est celle des rapports de l'âme à Dieu. Ces rapports ne font pas l'objet d'une théorie philosophique à concepts limités et définis : ils sont l'expression même de l'expérience intime de l'auteur. Une telle expérience ne trouve pas d'analogue dans la pensée grecque ; elle n'est ni la « contemplation » d'Aristote, cette connaissance dans laquelle l'être devient aussi transparent à la pensée qu'une essence mathématique, ni la « représentation compréhensive » des stoïciens par laquelle l'âme prend possession de son objet. Une connaissance de ce genre peut être prise pour la perfection à laquelle atteint l'âme par son développement intérieur et spontané ; l'âme atteint Dieu parce que, par sa sagesse, elle est devenue véritablement l'égale de Dieu. Mais, pour Philon, Dieu se refuse à être connu de cette façon, et toute formule qui tente de le définir est nécessairement relative et incomplète. Au contraire la foi en Dieu résulte pour l'âme de la reconnaissance de son propre néant et du néant des choses extérieures ; c'est par le vif sentiment de l'incertitude de la connaissance et de l'insécurité de l'action que l'âme arrive à comprendre Dieu. La connaissance qu'elle a de Dieu est moins une connaissance réfléchie qu'un acte d'humilité. L'âme loin d'étendre ses puissances pour arriver à l'union avec Dieu, doit au contraire se contracter et finalement sortir d'elle-même. Mais que l'on interprète bien cette sortie de soi : ce n'est pas une « extase », telle que la décrivent les mystiques postérieurs, par laquelle l'âme serait un moment ravie à elle-même pour avoir l'intuition de Dieu. Ces expériences intimes d'enthousiasme décrites par Philon, si elles vont quelquefois jusqu'à l'anéantissement de la conscience, ne présentent pas le trait le plus caractéristique de l'extase : la fusion de Dieu avec la personne

humaine. La foi en Dieu est faite plutôt d'une volonté active de
défiance et de désintéressement envers toutes les fins de la vie
mondaine.

Un Dieu ainsi conçu sera nécessairement source de toute certitude à son égard ; c'est par lui seul qu'on peut le connaître. Il
s'ensuit que la seule science qui compte, celle de Dieu ou du
bien, sera révélation. La première conséquence est cette méthode
indirecte de spéculation qui est l'exégèse allégorique. La révélation a pour corps le « discours sacré » qui a été donné aux Juifs
par l'intermédiaire de Moïse. Ce discours n'est pas une autorité
également claire pour tous les hommes. il n'est donné qu'à ceux
qui ont ouvert l'œil de l'âme de pouvoir en pénétrer le sens. La
révélation n'est qu'un signe qu'il faut savoir comprendre ; la
nature divine et intelligible ne pourrait d'ailleurs se faire connaître en elle-même dans le sensible qui est trop imparfait et trop
faible pour la contenir. Le discours sacré est une parole de mystère qui n'a son sens véritable que pour les initiés. Comme plus
tard Hegel fit de l'histoire le symbole d'un développement dialectique, que l'expérience ne permet de saisir que du dehors, et
auquel la dialectique rationnelle peut seule donner un sens,
ainsi Philon voit dans l'histoire de son peuple et les prescriptions
de la Loi l'image d'une histoire intime et plus profonde, celle
de l'âme qui s'approche ou s'éloigne de Dieu. Le symbolisme
est bien près chez lui d'acquérir un sens universel. Chez les
stoïciens, il était un simple moyen de réconcilier la religion
populaire et la philosophie ; pour Philon, tout être, sauf l'Etre
suprême qui échappe à notre compréhension, est symbole d'un
être supérieur. Si la parole de Moïse a un sens intelligible
et caché, le logos de Dieu n'est aussi avant tout qu'une formule,
mais une formule intérieure qui ne s'exprime pas par des mots.
On voit assez que la méthode allégorique est liée à l'idée la plus
fondamentale du système ; elle sera toujours unie d'ailleurs,
dans l'histoire de la pensée humaine, à ces doctrines qui,
repoussant, d'une part, la raison autonome, et n'acceptant pas
non plus la révélation extérieure et cristallisée en formules verbales, mettent la vie de l'âme dans une révélation intérieure et
ineffable.

Ajoutons, pour qu'on ne soit pas tenté de condamner trop
vite la méthode allégorique, avec toute sa lourdeur et ses étran-
getés, que, même dans nos langues, tout mot qui exprime un fait
spirituel est nécessairement une métaphore. La méthode allégo-

rique n'est que le durcissement, la réduction à des procédés techniques de cette méthode si naturelle à l'esprit. A une époque où la vie spirituelle était chose si nouvelle, où elle cherchait ses notions et son langage, un pareil procédé d'exposition était peut-être indispensable.

C'est, pour Philon, le caractère essentiel de la révélation d'être intérieure, et c'est ce qui lui permet de suspendre à cette idée toute la vie morale de l'homme. Si la révélation est extérieure, le conformisme légal des actes qui est également extérieur suffit à la moralité. Philon connaît autour de lui et condamne cette tendance à réduire la vie morale à l'observance légale. Si la révélation du bien est intérieure au contraire, c'est par une amélioration intérieure de la volonté que l'homme atteindra la perfection. La vie morale sera un drame intérieur, oscillation entre la vie de péché, dans laquelle l'âme repousse la parole divine salutaire qui veut l'améliorer, et la vie parfaite, où elle s'y soumet sans restriction, abandonnant tout vouloir propre et s'identifiant finalement avec la parole de vérité. La conscience morale est une des formes ou plutôt un moment de cette révélation ; elle apparaît, au milieu de la vie de péché, pour produire le remords des fautes ; aucun pécheur, si endurci qu'il soit, n'échappe à ses avertissements. Un des plus nobles aspects du philonisme est d'avoir fait de cette révélation intérieure, en même temps que le principe de l'amélioration de l'âme, le principe des vertus sociales Philon a senti et a expérimenté, soit en lui-même, soit dans son entourage, le danger qu'il y avait à se perdre dans les jouissances mystiques de la vie intérieure, en négligeant les devoirs pressants et actuels qu'impose à l'homme sa situation dans la société Il y a chez lui un sincère désir, qui d'ailleurs n'aboutit pas toujours, de concilier la vie intérieure et les devoirs sociaux. Il voit, dans la parole divine, un bien commun que le sage peut partager avec d'autres sans l'affaiblir : son sage est naturellement humain, compatissant avec les pécheurs, et cherchant à communiquer aux autres le bien dont il est rempli. La révélation étend son action, par l'intermédiaire du sage, à ceux qui vivent en contact avec lui. Il n'y a là aucune contrainte, mais seulement une vertu qui s'épand, par sa propre richesse intérieure. Les rapports sociaux, loin d'être supprimés, deviennent donc moins extérieurs, plus intimes et comme plus pénétrés de sentiment. On trouve chez Philon des paroles de

pitié et d'humanité, telles qu'aucun moraliste grec n'en a jamais
prononcées.

La philosophie cartésienne nous a accoutumés à penser qu'il
y avait entre la raison et la foi une séparation absolue et rigoureuse. Renan, dans le bel article qu'il a consacré à Philon, le
compare à un Malebranche qui rechercherait une conciliation
entre les vérités de raison et les vérités de foi. Philon de même
aurait voulu concilier la philosophie grecque avec ses croyances
religieuses. Il n'y a pas de comparaison plus périlleuse. C'est au
contraire un trait fort important du philonisme que révélation
et raison coïncident pour lui. Le culte de Dieu est un culte
rationnel, et la philosophie n'est que la parole divine révélée.
S'il y a une comparaison à chercher, c'est bien plutôt dans le
système de Spinoza : la « connaissance du troisième genre » et
la vie éternelle du Juif hollandais offrent des ressemblances très
nettes avec la métamorphose en pure intelligence et l'immortalité du Juif alexandrin. Chez les deux philosophes, il s'agit d'un
abandon complet des passions et d'une connaissance intuitive et
indicible, certaine et inébranlable ; dans les deux cas, le passage à l'état supérieur a lieu non par une évolution spontanée,
mais par une métamorphose intime et totale de tout l'être. Mais
surtout Spinoza prétend bien faire de cette intuition le plus haut
degré de la raison. Philon y voit également non pas une connaissance irrationnelle, mais une raison supérieure à celle qui
s'exprime par la démonstration et le discours [1]. L'inspiration
philosophique n'est donc différente ni par son objet ni par sa
méthode de la révélation mosaïque [2].

C'est cette conception d'une révélation rationnelle qui permet
à Philon de recevoir dans le judaïsme toute la philosophie grecque. Mais en même temps elle l'altère profondément, et dans
son essence même. Cette altération est au premier abord assez
délicate à apercevoir. Philon écrit des traités de philosophie
grecque et en philosophe grec, comme le *de Incorruptibilitate
mundi* ou le *de Providentia*. Ses écrits exégétiques eux-mêmes

---

1. Une influence directe de Philon sur Spinoza est fort vraisemblable (la
fin de la lettre XXXII des *op. posth.* à Qu. de Blyenbergh sur l'explication
de l'anthropomorphisme est à rapprocher de Philon).

2 Parménide, Empédocle, Zénon, Cléanthe, ailleurs les Pythagoriciens
sont des hommes divins et forment un « thiase très sacré » (*de provid.*, II. 48 ;
quod omn. prob. lib., II, 144). Héraclite dans sa doctrine des contraires ne
fait qu'ajouter d'immenses et laborieux arguments à un dogme qu'il a
emprunté à Moïse (*Qu. in Gen.*, III, 5, 178).

sont pleins de fragments philosophiques, qu'il y introduit sans changement. Il n'a nullement cette attitude combative que prendront plus tard les apologètes chrétiens Il est indubitable cependant que le talent comme le besoin dialectique lui manquent. Il approuve ou s'indigne. Il y a des discussions dans son œuvre ; mais elles sont empruntées à d'autres, et parfois il les interrompt, les jugeant oiseuses et sans portée. Cette absence de critique tient moins au défaut d'originalité que l'on a souvent constaté chez Philon qu'à un changement radical de point de vue.

L'objet de la philosophie grecque, depuis les physiciens jusqu'aux stoïciens est de déterminer les principes des êtres tels qu'ils sont. Mais si l'on accepte comme moyen de cette connaissance la révélation, on interpose alors entre l'intelligence et son objet une personne intermédiaire qui lui sert de guide et de maître. C'est Dieu qui donne aux sens et à l'intelligence les choses sensibles et intelligibles. Mais, tandis que la connaissance pure était l'objet de la philosophie, le rapport avec Dieu qui est la condition de cette connaissance risquera de devenir l'élément principal qui cache tout le reste. L'objet de la philosophie est pour Philon moins de connaître que de rapporter à Dieu, par un culte intérieur, l'origine de nos connaissances, ou plutôt ce rapport est le seul moyen de la connaissance stable et certaine. D'autre part, dans la joie de ce rapport intime à Dieu, de cette présence divine dans l'âme, le contenu même de la connaissance tend à s'effacer. Tout être apparaît un néant auprès du maître divin. La révélation qui était un moyen devient un but. La connaissance des êtres devient la « gnose » au sens que le mot devait avoir un peu plus tard. Nous avons constaté, à propos de la prophétie, cette espèce de transfert de l'intérêt du but primitif au moyen. Mais il en est de même dans la connaissance philosophique qui n'est plus chez Philon son but à elle-même.

Ceci est de grande conséquence. Lorsque la connaissance a pour objet les êtres extérieurs ou les idées, c'est dans ces êtres mêmes que l'on prend la notion de leurs principes, soit que l'on donne, comme les physiciens, à un de ces êtres, une place privilégiée pour en faire l'origine du tout, soit qu'on cherche ces principes dans des êtres analogues aux essences mathématiques idéales, comme Platon. Mais si la connaissance se complaît et se termine comme chez Philon à la révélation de l'être suprême, on verra dans le rapport personnel contenu dans cette révélation, la raison même et l'essence de tous les êtres. Que sont en effet les intermédiaires chez Philon sinon les instruments de la révélation en même temps que les causes et les principes des êtres ? Les anciens principes de la philosophie grecque, le Logos, l'Esprit ne peuvent trouver place dans le système des êtres, que dans la mesure où ils deviennent en même temps que principes physiques, des instruments de la révélation, ou des êtres qui reçoivent eux-mêmes cette révélation. Ainsi se transforme encore le monde intelligible, ainsi encore le monde lui-même, intermédiaire entre Dieu et l'homme. Le seul principe d'existence est le rapport à Dieu, non pas conçu comme un rapport physique, mais comme amour, culte et connaissance inspirés par Dieu. Le néant, c'est ce qui est sans rapport avec Dieu, non pas en ce sens que Dieu ne l'a pas produit physiquement, mais qu'il l'abandonne moralement. L'idée centrale de toute la métaphysique philonienne est de substituer, comme raison explicative, le rapport moral des êtres à Dieu (inspiration, révélation) à un rapport physique ou mathématique.

De ce point de vue, on comprendra l'attitude de Philon par rapport à la philosophie grecque Le platonisme est pour lui particulièrement important ; mais il n'en recueille pas tout, ni même le principal. Il y voit avant tout le démiurge du *Timée* qui crée le monde par un acte de bonté, l'amour intermédiaire entre l'homme et le bien, et le monde intelligible ; ce monde n'est pour lui cependant un principe d'explication du monde que dans la mesure où il est le séjour des prophètes et des inspirés qui y vivent d'une vie éternelle, séparés du corps. Il ne reçoit donc du platonisme que ce qui implique un rapport moral entre Dieu et l'âme humaine.

On chercherait vainement à expliquer par le judaïsme de Philon une pareille transformation de l'esprit grec. Les causes en doivent plutôt être cherchées dans le milieu alexandrin. C'est là, sous des influences multiples et obscures, que s'est accomplie cette fusion entre philosophie et révélation d'où est sorti le philonisme. Là s'est créée la théologie des intermédiaires. Dans cette élaboration, le stoïcisme a joué le premier rôle. Elle a consisté surtout à introduire une différenciation entre les principes que les stoïciens réunissaient en leur unique divinité, identique à l'âme du monde. Dans le stoïcisme orthodoxe l'âme humaine comme tout être est une émanation de la divinité. L'unité est posée comme un fait. Dans l'alexandrinisme qui interpose entre l'âme et Dieu de nombreux intermédiaires, l'union avec Dieu, la vie en Dieu devient un problème, un but d'activité. Le souffle divin, qui constituait l'essence de l'être, devient le principe de l'inspiration, état désiré et rare.

Philon n'a pas pris comme point de départ la philosophie grecque, mais cette théologie alexandrine qui devait produire les systèmes gnostiques et la littérature hermétique. C'est là, et non chez les prophètes juifs, qu'il a pris l'idée de la parole divine et de la révélation. Peut-être seulement sous l'influence juive a-t-il introduit dans ce mysticisme un sens humain et pratique. Sa conception du Dieu suprême, toujours plus élevé que l'âme qui veut l'atteindre et échappant sans cesse à ses prises, reste bien celle du Dieu juif qui, suivant le prophète Isaïe, n'est semblable à aucun être. Elle introduit dans la vie humaine un principe d'activité morale, une recherche sans fin d'un objet toujours désiré qui manque au mysticisme alexandrin des livres hermétiques. De plus, par l'idée que la révélation est de nature morale, qu'elle est révélation du bien et de la vertu, il fait coïncider le développement de la conscience morale et de tous les devoirs pratiques qui en résultent avec le désir et l'amour de Dieu.

Après des siècles de christianisme et d'analyse intérieure, la notion de conscience nous est devenue habituelle et évidente ; c'est ce monde spirituel toujours mouvant et obscur, traversé d'émotions, de joies et de défaites, qui nous reste toujours en partie inintelligible. Philon est un de ceux qui ont découvert son importance et son rôle. Si les philosophes grecs avaient vu dans les choses un sens intelligible, à l'inverse Philon donne un sens pour ainsi dire cosmique aux faits spirituels. Les êtres extérieurs perdent leurs limites arrêtées et précises, leur harmonie stable, pour entrer dans le tourbillon de cette vie spirituelle. Le Dieu suprême et les êtres divins ne se comprennent que par la plénitude de joie qui entre spontanément dans l'âme pour lui donner le sentiment de sa perfection, ou par le sentiment d'un secours, d'un espoir qui sauvera l'âme de l'attrait des passions. Il est un être spirituel, et bien qu'il dépasse la conscience, c'est dans le recueillement de la conscience qu'on le trouve.

Cette connaissance intime, par l'esprit, rend, bien entendu, inutile et sans intérêt toute espèce de connaissance inductive, de tentative d'explication rationnelle. C'est véritablement la fin de la science antique, si même ce n'est pas la négation de toute science.

Et pourtant, après une longue période où les préoccupations de la vie spirituelle ont été dominantes, c'est dans la pensée même, dans l'esprit qu'à l'aurore des temps modernes, Descartes trouvera la base de la certitude scientifique ; et l'idéalisme critique d'un Kant, en cherchant dans la spontanéité de la conscience le fondement de l'expérience sensible, développera la signification profonde de ce monde spirituel dont Philon, un des premiers, a eu le sentiment.

APPENDICE

I. — Le *de Incorruptibilitate Mundi*. — Ce traité, après avoir exposé en un préambule (jusqu'au chapitre V, p. 491 : τοὺς δὲ ἀγέ-νητον...) les opinions de divers philosophes, puis d'Hésiode et de Moïse sur le commencement et la fin du monde, déroule jusqu'à la fin, une série d'arguments destinés à montrer, les uns que le monde est sans commencement et sans terme, les autres seulement qu'il est sans terme. Cumont, dans son édition critique, a montré que l'ordre des pages du manuscrit avait été troublé, et en rétablissant l'ancienne disposition n'a pas peu contribué à éclaircir la marche de la pensée. Même si ce traité est de Philon (et il ne semble pas que l'argumentation d'Arnim soit suffisante pour en montrer l'inauthenticité) [1], nous ne pouvons lui attribuer qu'une valeur purement documentaire, de premier ordre il est vrai pour l'histoire des doctrines philosophiques, surtout stoïcienne et péripatéticienne [2], mais nous ne pouvons songer,

---

1. Les arguments d'Arnim sont les suivants : 1° Philon n'a pas l'habitude de citer ses sources, ce que fait l'auteur du *de incorr*. ; 2° il ne pouvait soutenir l'éternité du monde *a parte ante* ; 3° il était trop stoïcien pour citer Aristote avec respect. Tout ceci s'explique facilement, nous semble-t-il, par le caractère même du traité. C'est, comme l'a montré Arnim lui-même, un exercice d'école, un ζήτημα, où l'on entasse tous les arguments pour et contre sur une question donnée. Ce que nous avons conservé du traité contient les arguments pour l'incorruptibilité ; mais la phrase finale indique qu'il s'achevait par un développement inverse. Le ὥσπερ φασιν, à propos des inondations du Nil (ch. VI) n'indique pas que l'auteur n'habitait pas l'Egypte, puisqu'il reproduit ici une argumentation de Critolaos. Il ne faut pas cependant tenir compte pour l'authenticité de ce qu'une partie du traité coïncide avec le περὶ κοσμου (comme Hilgenfeld dans la recension d'Arnim). Ce dernier ouvrage, sans aucune importance, est composé d'extraits des œuvres de Philon et a pu l'être après que le *de incorruptib*. était entré dans le *corpus* des œuvres.

2. Les sources du traité ont été surtout étudiées par Bernays (*Ueber die unter Philons Werken stehende Schrift « über die Unzerstörbarkeit des Weltalls »*. Berlin 1883, in-4 *Gesamm. Abhandl.* I, 283 sq.) surtout les derniers chapitres sur Théophraste, par Müller (*de Posidonio Manilii auctore*,

avec Cumont, à l'accorder avec l'ensemble du philonisme. Ce ne peut être pour son propre compte que Philon démontre que le monde n'est pas engendré, alors que partout ailleurs il fait constamment de cette théorie le signe de l'impiété, en élevant contre elle l'argument platonicien contre l'éternité du monde *a parte ante* [1]. Rien dans le texte n'autorise Cumont en effet à penser que Philon a concilié la théorie de la création et celle de l'éternité en affirmant que le monde était créé, mais créé de toute éternité. Sans doute il affirme simultanément que le monde est une œuvre divine (θεῖον ἔργον) et éternelle (ἐξ αἰδίου) [2] ; mais l'expression n'implique pas la création de Dieu. La théorie authentiquement philonienne que Dieu agit toujours (principe sur lequel se fonde, dans notre traité, l'éternité *a parte post* du monde, ch. XIII) ne peut non plus s'interpréter dans le sens de l'éternité du monde. Car par cette action, Dieu ne produit pas seulement le monde sensible dont il est seul question ici, mais l'intelligible [3]. La théorie platonicienne de la limitation dans le temps ne revient nullement non plus dans l'esprit de l'auteur, à la théorie aristotélicienne, comme le dit Cumont, puisqu'il s'est donné la peine au chapitre IV d'écarter une fausse interprétation du *Timée* qui tendait précisément à faire soutenir par Platon l'éternité du monde. L'on ne peut non plus rapporter à la fin perdue de notre traité le passage de Zacharie sur lequel s'appuie Cumont. Cet auteur du VIe siècle, après avoir transcrit presque mot à mot un passage du traité *sur l'Incorruptibilité*

diss. Leipzig. 1901) qui ramène à Posidonius tout ce que Philon dit des Stoïciens, par Zeller (*Hermes*, IV), et par Arnim, qui dégage plusieurs sources : 1º un platonicien éclectique auquel se rapportent les quatre premières preuves de l'ἀφθαρσία (ch. V. depuis τοὺς δὲ ἀγένητον à ὑποστῆναι ; ch. X fin, 11, 12, 13) ; 2º une source péripatéticienne qui expose les arguments pour la double éternité, et contre la conflagration (ch. 14, 15, 5 fin, 6, 7, 8, 9, 10, jusqu'à Βοηθός) et à laquelle Arnim rattache toute la suite jusqu'au chap. 20 sur les Stoïciens qui ont abandonné la conflagration universelle, puis la discussion des arguments rapportés à Théophraste (ch. 25 à fin) ; 3º ces arguments eux-mêmes (23-24) sont stoïciens et, rapprochés de *de provid.*, I, 1, 5-19 et de *Diog. L.*, nous permettent de remonter à une source commune stoïcienne, un traité sur la génération et la corruption du monde, bien inférieur d'ailleurs à Théophraste, ce qui empêche de rapporter à Théophraste lui-même les réponses à ces arguments.

1. *De op. m.*, 11, 12.

2. Ch. 8, p. 495, dans les arguments de Critolaüs ; mais « œuvre divine » ne signifie pas l'œuvre d'un Dieu extérieur au monde, puisque, d'après l'argument suivant, le monde est sa propre cause.

3. *Leg. alleg.*, III, 16.

qu'il rapporte faussement à Porphyre, ajoute que suivant le même auteur le monde est devenu, mais qu'il est coéternel au créateur (γεγενῆσθαι μὲν συναίδιον δὲ τῷ πεποιηκότι). Mais pourquoi la mention de Porphyre fausse pour le premier passage de Zacharie, ne serait-elle pas vraie pour le second ? De plus Philon annonce qu'il va traiter dans la fin perdue du traité les arguments pour la corruptibilité du monde et non pour l'éternité [1].

L'argumentation de détail est trop opposée souvent à ce que nous connaissons de Philon, pour qu'elle puisse représenter sa pensée. Par exemple au chapitre VI, il s'élève avec une grande force contre le mythe des hommes « nés de la terre », pour soutenir qu'il faut remonter à l'infini dans les générations humaines. Cette argumentation, empruntée d'ailleurs à Critolaüs le péripatéticien, est trop opposée à l'enseignement biblique dont Philon admet cependant la lettre [2], pour répondre à sa pensée. Il ne peut non plus admettre que le monde soit cause d'existence pour lui même (chap. IX). Au contraire la longue critique de la conflagration universelle est bien d'accord avec les principes de Philon.

II. — *La question des Thérapeutes.*— Il n'y a pas, dans le philonisme, de question qui ait plus préoccupé les critiques que celle du traité de *la vie contemplative.*

Le grand intérêt de ce traité est qu'il offre la peinture d'une pratique de cette vie religieuse, dont nous venons de donner la théorie. Il décrit, sous le nom de thérapeutes des solitaires vivant dans le jeûne et l'abstinence, s'adonnant à la lecture et au commentaire de la loi, à la composition d'hymnes et de poèmes religieux, enfin à la méditation de Dieu et de ses vertus.

Ce traité constitue un des problèmes les plus captivants et peut-être les plus insolubles des œuvres de Philon ; l'énorme littérature qui s'y rapporte depuis les premiers témoignages d'Eusèbe de Césarée jusqu'à l'édition critique de Conybeare [3] n'a pas réussi à l'élucider entièrement. Le traité est en effet la source unique que nous possédons sur ces solitaires. Eusèbe qui est le premier à en faire mention ne les connaît que d'après Philon. Les phrases de Clément, d'Origène et de Lactance dont Conybeare et Wendland ont vu, peut-être à tort d'ailleurs [4], le modèle

1. La phrase finale du traité l'indique.
2. *Qu. in Gen.*, I, 4.
3. Philo, *About the contemplative Life* (Clarendon-Press).
4. *Clem. d'Alex.*, *Strom.*, V, 1, 8 sur l'enthousiasme que Conybeare

21

dans notre traité, ne se rapportent nullement chez ceux-ci aux
thérapeutes ; elles prouveraient en tout cas seulement l'antiquité
du traité mais ne donneraient rien de nouveau sur les solitaires
eux-mêmes. Philon témoigne qu'ils composaient des hymnes. On
a cru découvrir dans des papyrus quelques-uns de ces hymnes [1].
Assurément l'hymne de Dieterich appartient à un cercle judéo-
grec ; mais le genre de syncrétisme qu'on y rencontre, et qui est
le syncrétisme evhémériste d'Eupolème, est une raison suffisante
pour ne pas l'attribuer aux thérapeutes ; ceux-ci emploient la
méthode allégorique et restent parfaitement orthodoxes. Wendland ajoute que les « hommes purs » auxquels s'adresse l'hymne
peuvent être non pas les Esséniens ou Thérapeutes, mais les Juifs
en général.

Si nous nous tournons du côté de Philon lui-même, les
rapprochements ne manquent pas. Mais tous ils portent exclusivement sur la doctrine morale ou théologique des thérapeutes.
Les deux traits principaux, l'abstinence et l'étude allégorique de
la loi, y sont même fréquents. Mais nulle part Philon ne mentionne des personnages qui vivaient à la façon des solitaires de la
Vie contemplative. Si quelques traits de la vie religieuse, telle
qu'elle se présente dans les autres œuvres de Philon, coïncident
avec la description de la *Vie contemplative*, ces traits sont communs à tous les Juifs et ne désignent pas spécialement les thérapeutes. Ainsi il y a une grande ressemblance entre la lecture
et l'explication des textes telle qu'on la pratiquait dans les synagogues alexandrines et les réunions hebdomadaires des thérapeutes pour commenter la loi [2]. On y reconnaît encore plusieurs
détails qui correspondent au culte de Jérusalem : les deux
prières matin et soir correspondent aux sacrifices quotidiens ;
les « éphéméreutes » qui désignent à chacun leur place dans l'assemblée sont à Jérusalem les prêtres du jour qui officient à tour

(p. 203) tire de *Vita Cont.*, 473, peut se rattacher à *Qu. in Gen.*, IV, 20, 260 ;
ibid., VII, 12, 70 (sur l'ἐγκράτεια) à *de Jos.*, 135 ; *ibid.*, V, 4, 22, relate un
proverbe trop banal pour le rattacher à la *Vit. Cont.* Le texte de Lactance
(*div. instit.*, IV, 23) sur le faux mépris de l'argent chez les philosophes grecs
est près de *vita cont.*, 473. Mais le texte de Lactance est plus complet ; il précise autrement l'anecdote de Démocrite et ajoute d'autres exemples. Nous
pensons plutôt que ces deux textes se ramènent à une même source plus
ancienne. Les deux apologètes juif et chrétien ont pu ici profiter des critiques des philosophes qui ne sont pas rares dans la littérature grecque.
1. Dieterich, *Abraxas*, p. 138. Wendland, *Die Therapeuten u. die phil.
Schr. vom beschaulichen Leben (Juhrbb. f. Klass. Philol.*, 1896), p. 751.
2. *Vita Cont.*, 3, p. 476 et *Vit. Mos.*, II, 211-217 ; *de Som.*, II, 127.

de rôle ; la table qui sert au banquet est rapprochée par l'auteur lui-même de la table des pains de proposition dans le temple [1]. Mais sur les particularités de leur manière de vivre, leurs habitations, leurs fêtes sacrées, leurs hymnes, nous en sommes réduits à ce traité. On a cru cependant trouver des allusions [2]. Le texte *du Décalogue* (qui correspond au développement du traité sur l'ivresse) contient un avertissement à ne pas avoir à sacrifier aux devoirs de piété envers Dieu les devoirs de justice envers les hommes : les purs amis de Dieu ne possèdent, dit-il, qu'une moitié de vertu. Ce texte ne peut s'appliquer aux thérapeutes dont la philanthropie est plusieurs fois vantée [3]. Le second texte, un peu plus précis, représente le « thiase » des sages abandonnant volontairement les biens extérieurs et corporels, et « réduits pour la vérité à l'âme, devenus des pensées incorporelles » ; ils se cachent, évitent la rencontre avec les méchants. Mais la suite, (l'émigration de la vie mortelle à la vie immortelle) fait bien voir que Philon désigne ici, non des hommes réels, mais de purs esprits. Dirait-il en outre qu'ils sont si difficiles à trouver chez les Barbares et chez les Grecs (35) après avoir dit dans la *Vie contemplative* [4] qu'on les rencontre partout dans les pays grecs et barbares et qu'ils surabondent en Égypte.

Nous sommes donc bien en présence d'une source unique dont l'existence nous est attestée la première fois par Eusèbe. Aussi toutes les hypothèses ont pu se donner carrière [5]. Nous laissons tout de suite de côté celle de Lucius qui, reprenant et modernisant une thèse d'Eusèbe, voit dans notre traité une œuvre bien postérieure à l'époque de Philon et qui dépeint une communauté chrétienne. L'affirmation précise d'orthoxie judaïque que l'on trouve à la fin du chapitre X, où la supériorité des prêtres du temple sur les thérapeutes est posée en principe, serait une raison suffisante pour la rejeter.

Plus intéressante est la thèse de Friedlænder [6]. Il est, selon lui, impossible que cet écrit ne dérive pas des cercles judéo-alexan-

---

1. *V. C.*, 3, 475 et *de Vict.*, 3 ; *V. C.*, 8, 481 ; *ibid.*, 10, 484.
2. Citées par Wendland, p. 716 ; *de decal.*, 108 ; *Mut. nom.*, 32-35.
3. *Vit. Cont.*, 2, 473 fin, par opposition aux philosophes grecs : ch. 2 fin ; οὐ διὰ μισανθρωπίαν ; 9, 482 fin : les relations filiales entre les vieux et les jeunes thérapeutes.
4. ch. 3 au début.
5. Histoire de ces hypothèses dans Lucius, *die Therapeuten*, p. 2 sq. (Strassburg, 1880).
6. *Zur Entstehunggesch. des Christenthums*, p. 38 97.

drins ; mais il dériverait, non de Philon lui-même, mais d'un parti juif que Philon condamne. La preuve en serait faite par l'opposition qu'il y a entre l'idéal philonien et l'idéal des thérapeutes. Ceux-ci, plus radicaux que Philon, tireraient du principe ascétique de la morale ses conséquences les plus extrêmes en rejetant entièrement toute la vie pratique familiale et civile qui nécessite l'usage du corps et des passions, pour s'adonner à la vie contemplative et solitaire. Au contraire, Philon, plus modéré, exprime souvent la nécessité pour l'homme de se mêler à la vie sociale dans toutes ses manifestations. Les thérapeutes auraient ensuite essayé de rattacher la vie religieuse à Philon, par le faux de la *Vie contemplative*. Mais l'opinion de Philon sur la vie sociale paraît être plus complexe que ne le veut Friedlænder[1]. Tous les textes utilisés par Friedlænder sont tirés du *Commentaire*, mais l'idée thérapeutique est, au contraire, en accord complet avec le désir de solitude et de contemplation que l'on trouve exprimé par exemple au début du livre III des *Lois spéciales*. Pour le grand développement du *Commentaire*[2] sur la vie pratique, nous ne pouvons y voir une condamnation des thérapeutes comme le veut Friedlænder, mais seulement des cyniques qui sont indiqués assez précisément au § 33. Enfin ce texte n'a peut-être pas toute la portée qu'on lui donne. Philon considère en effet, malgré tout, la vie pratique de l'homme comme exclusive de la vie contemplative, propre à l'intelligence purifiée. Celle-ci reste toujours pour lui le but le plus haut, et il a bien en ce sens le même idéal que les thérapeutes. Seulement il pense qu'on doit commencer par la vie pratique comme prélude de la vie contemplative. Or rien ne prouve qu'il n'en fut pas ainsi des thérapeutes ; leur préoccupation de ne pas détruire leurs richesses lorsqu'ils entraient dans la solitude, mais de les laisser à leurs parents et à leurs amis, ferait plutôt croire le contraire. Ils pouvaient n'aborder cette vie que lorsqu'ils s'y sentaient préparés. Donc on peut, sans contradiction, attribuer à Philon un éloge des thérapeutes. Mais il est impossible, en l'absence de témoignages externes, d'arriver à une conclusion plus positive.

1. Cf. Massebieau et Bréhier, *Chronologie de Philon* (*Revue de l'Hist. des Relig.*, janvier à juin 1906).
2. *De fuga et invent.*, 23-48.

INDEX ALPHABÉTIQUE

N.-B. — Les mots en italique indiquent les ouvrages et les auteurs anciens. Les petites capitales indiquent les auteurs contemporains. Les chiffres gras renvoient aux pages où les sujets sont traités pour eux-mêmes.

TABLE DES MATIÈRES

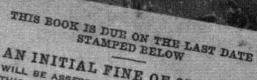

JUL 26 1943

OCT 29 1945

21Apr'59LO

REC'D LD

APR 7 1959

REC. CIR. JUL 7 '7